ལྷ་ས་སྟག་རྩེའི་ལོ་རིམ་མེ་ལོང་།

拉萨达孜年鉴

2020

（总第9卷）

拉萨市达孜区人民政府　主办
拉萨市达孜区地方志办公室　编

中国文史出版社
CHINA CULTURAL AND HISTORICAL PRESS

图书在版编目（CIP）数据

拉萨达孜年鉴. 2020 / 拉萨市达孜区地方志办公室编. -- 北京 : 中国文史出版社, 2020.7
ISBN 978-7-5205-2102-4

Ⅰ. ①拉… Ⅱ. ①拉… Ⅲ. ①区(城市) – 拉萨 – 2020 – 年鉴 Ⅳ. ①Z527.54
中国版本图书馆CIP数据核字(2020)第120112号

责任编辑：牛梦岳

出版发行：中国文史出版社
社　　址：北京市海淀区西八里庄路69号院　　邮　　编：100142
电　　话：010-81136606　81136602　81136603（发行部）
传　　真：010-81136655
印　　装：河南金雅昌文化传媒有限公司
开　　本：889×1194　1/16
印　　张：21.5　　字　　数：544千字
版　　次：2020年9月第1版
印　　次：2020年9月第1次印刷
定　　价：350.00元

西藏自治区测绘院编制

审图号：藏S（2018）022号

2019年6月18日，全国政协常委、中国佛教协会西藏分会第十一届理事会会长班禅额尔德尼·确吉杰布（前排左一）到达孜工业园区了解产业扶贫发展情况

2019年11月10日，西藏自治区党委副书记、主席齐扎拉（左四）一行到达孜区白纳村调研

2019年2月8日，西藏自治区党委常务副书记、自治区政协党组书记丁业现（左二）一行到达孜区调研

2019年6月18日，人力资源和社会保障部党组成员、副部长邱小平（左三）到达孜区塔杰乡检查指导农牧民增收工作

2019年7月12日，司法部副部长熊选国（左二）一行到达孜区司法局调研

2019年9月12日，西藏自治区党委副书记、常务副主席庄严（前排右二）到达孜工业园区调研

2019年1月17日，2019年文化科技卫生法律和爱国爱教宣传服务“五下乡”集中示范活动在达孜区邦堆乡林阿村开展，西藏自治区党委常委、宣传部部长边巴扎西（右七）出席

2019年5月29日，西藏自治区党委常委、拉萨市委书记白玛旺堆（前排右三）一行到达孜工业园区调研

2019年9月25日，西藏自治区党委常委、组织部部长陈永奇（中）到西藏天圣医药贸易有限公司调研

2019年7月17日，西藏自治区人大常委会副主任纪国刚（中）一行到达孜区人民检察院检查指导工作

2019年6月18日，江苏省副省长、政府党组成员马秋林（左三）一行到达孜工业园区调研

2019年8月12日，西藏自治区副主席多吉次珠（中）一行到达孜区扎叶巴寺调研旅游资源开放和文物安全情况

2019年5月15日，西藏自治区副主席汪海洲（左排左三）一行到达孜区章多乡调研城投公司祁连山水泥厂项目

2019年8月27日，西藏自治区副主席江白（中）到达孜区“三岩”片区易地扶贫搬迁点调研

2019年3月9日，西藏自治区政协党组副书记、副主席高扬（前排左一）到达孜区委政法委慰问一线政法干警

2019年4月19日，西藏自治区政协党组成员、副主席卓嘎（前排左一）到达孜区调研

2019年4月30日，西藏自治区经信厅厅长徐飞（左一）一行到达孜工业园区考察指导工作

2019年8月8日，江苏省镇江市委书记、市人大常委会主任惠建林（前排左二）率镇江市党政代表团一行到达孜区对接对口支援工作

2019年4月16日，拉萨市委副书记、市长、城关区委书记果果（中）到达孜区农业产业园检查指导工作

2019年12月9日，拉萨市人大常委会党组书记、主任云丹（前排右二）到达孜区调研

2019年2月25日，中国建筑设计研究院城镇规划设计研究院副院长冯新刚（左四）一行到达孜工业园区考察交流工作

2019年2月26日，西藏自治区发改委党组成员、副主任张秀武（前排左二）一行到达孜工业园区调研

2019年3月6日，西藏自治区党委组织部副部长郭强（右二）到达孜区德庆镇白纳村草莓种植基地参观

2019年3月18日，西藏自治区财政厅副厅长孙金玲（右五）一行到达孜区塔杰乡检查指导工作

2019年3月19日，西藏自治区林业和草原局党组成员、巡视员达娃次仁（左三）一行到达孜区调研“山水林田湖草”工程

2019年3月26日，西藏自治区经信厅党组成员、副厅长安央金（右排右三）一行到达孜工业园区调研

2019年4月9日，西藏自治区政协经济和人口资源环境委员会主任赤列多吉（左一）一行到达孜工业园区调研

2019年5月16日，西藏自治区党委宣传部副部长仁青罗布（右二）到达孜区德庆镇白纳村调研新时代文明实践中心建设事宜

2019年6月7日，西藏自治区公安厅党委委员、市委副书记、市委政法委书记、市公安局党委书记马军（右二）一行到达孜区公安局开展扫黑除恶专项督导工作

2019年7月12日，江苏省纪委驻发改委纪检组副组长马树生（左二）一行到达孜工业园区调研

2019年10月16日，西藏自治区党委“不忘初心、牢记使命”主题教育第一巡回指导组常务副组长贺鹏（左一）到达孜区邦堆乡邦堆村检查指导主题教育工作

2019年3月24日，拉萨市委副书记、组织部部长庄红翔（前排左二）到达孜区白纳村调研

2019年11月11日，拉萨市委常委、常务副市长王念东（左二）到达孜工业园区调研

2019年6月4日，拉萨市委常委、警备区政委肖光富（右一）到达孜区雪乡慰问结对帮扶户

2019年5月10日，拉萨市副市长、北京援藏指挥部副总指挥朱建红（中）到达孜区调研

2019年12月3日，拉萨市副市长张永林（右排右二）一行到广东省广州市参加粤港澳大湾区招商引资活动

2019年5月17日，拉萨市副市长刘广民（左二）一行到达孜区检查援藏项目

2019年7月10日，拉萨市副市长扎西白珍（右二）一行到达孜区章多乡检查指导工作

2019年4月9日，拉萨市副市长贡扎曲旺（后排中）到达孜区出席拉萨市老年人日间照料中心揭牌仪式

2019年7月30日，迪庆藏族自治州副州长李迎宾（中）到达孜区考察娟珊牛、牦牛产业发展

2019年3月23日，拉萨市政协党组副书记、副主席、市总工会主席张勤（左三）到达孜区章多乡寺庙调研

2019年5月31日，拉萨市中级人民法院党组书记、院长李世蓉（右一）到达孜区公安局检查指导工作

2019年7月25日，西藏自治区财政厅后勤服务中心主任次仁卓嘎（左排左二）一行到达孜区调研基层相关制度、经费保障和执行情况

2019年5月6日，拉萨市经济和信息化局党组副书记、局长王旭光（左一）到达孜区经济和信息化局调研工业经济运行情况

2019年9月25日，拉萨市医疗保障局局长韩新强（右一）一行到达孜区人民医院调研

2019年10月15日，国网拉萨供电公司党委书记周勇军（右二）一行到达孜区供电有限公司调研

2019年3月29日，达孜区委书记张干（左）出席退役军人事务局揭牌仪式

2019年2月5日，达孜区委副书记、区长春新（前排右一）藏历年期间看望慰问“五保”老人

2019年8月14日，西藏自治区经信厅经济运行处副处长杜洪涛（左二）一行到达孜区藏缘青稞科技有限公司调研

2019年9月24日，江苏省镇江市中级人民法院副院长陈敏（前排左二）一行到达孜区人民法院调研

2019年5月28日，昌都市委组织部副部长杨海生（左四）到达孜区调研指导非公企业党建工作

2019年9月16日，拉萨市住房和城乡建设局副调研员葛宏柱（右一）一行到达孜区调研住房公积金管理使用情况

2019年4月10日，中国人民政治协商会议第一届拉萨市达孜区委员会第二次会议召开

2019年8月13日，达孜区召开民族团结进步模范表彰大会

2019年12月20日，达孜区召开2019年“遵行四条标准、争做先进僧尼”教育实践活动表彰大会

2019年4月3日，江苏援藏项目集中开（复）工暨达孜区乡村电商物流服务中心项目开工仪式

2019年5月13日，达孜区高原净土健康产业科技示范基地签约及揭牌仪式

2019年5月16日，达孜区委党校邀请国家民族伦理学学科开创人、中央民族大学教授、博士生导师熊坤新到达孜区授课

2019年6月21日，中央扫黑除恶第十三督导组第五下沉督导小组一行到达孜区公安局开展扫黑除恶督导检查

2019年6月29日，欢送第八批江苏省援藏干部

2019年8月8日，南非媒体智库访藏团一行到达孜区参观采访

2019年9月10日，达孜区庆祝第35个教师节暨表彰大会

2019年9月25日，达孜区举办庆祝中华人民共和国成立70周年暨“不忘初心、牢记使命”主题教育爱国歌曲汇演

2019年11月14日，达孜区召开“不忘初心、牢记使命”主题教育调研成果交流会

2019年11月22日，达孜区召开对照党章党规找差距专题会议

2019年12月31日，达孜区召开2019年基层党建工作述职评议会

达孜工业园区

达孜镇江公园

扶贫安置点

高标准奶牛养殖基地

《拉萨达孜年鉴》编纂委员会

《拉萨达孜年鉴》编辑部

编辑说明

一、《拉萨达孜年鉴》2012年开始编纂，每年出版1卷，2020年卷为第9卷。

二、《拉萨达孜年鉴》以马克思列宁主义、毛泽东思想、邓小平理论、“三个代表”重要思想、科学发展观、习近平新时代中国特色社会主义思想为指导，坚持辩证唯物主义和历史唯物主义的立场、观点、方法，始终坚持“实事求是、质量第一、存史资政、服务大众”的办鉴宗旨，全面、系统、翔实地记述达孜区上一年度政治、经济、文化、社会等各项事业的基本情况，为社会各界与国内外人士了解和研究当今达孜区提供翔实资料。

三、《拉萨达孜年鉴》分为正文与彩页两部分。正文采取分类编辑法，以类目、分目、条目为主要框架结构，个别包含多方面资料的条目，则在段落间加插楷体标题提示，方便读者查阅全书。

四、《拉萨达孜年鉴（2020）》载录达孜区2019年经济社会发展的基本资料，设有特载、综述、大事记、政治、援藏工作、军事、法治、经济管理、社会事业、城市建设·环保、交通·通信、金融、乡（镇）概况、附录等内容。

五、《拉萨达孜年鉴》的编辑宗旨，在于求真务实，力求真实生动地反映达孜区在改革开放和现代化建设中取得的崭新成就。

六、《拉萨达孜年鉴》所提供的内容和数据，分别来自达孜区各有关部门和乡（镇）人民政府，经各级领导审核，但由于口径与统计方法不同，恐有不一致之处，使用时应以区统计局提供的数据为准。本书中农田土地面积的计量单位使用“亩”。

目 录

特 载

综 述

大事记

政 治

中共达孜区委员会

中共达孜区委办公室

达孜区人民代表大会常务委员会

达孜区人民代表大会常务委员会办公室

达孜区人民政府

中共达孜区委统战部(民族宗教事务局)

中共达孜区委巡察工作领导小组办公室

中共达孜区委党校

达孜区总工会

共青团达孜区委员会

达孜区妇女联合会

达孜区工商业联合会

达孜区信访局

达孜区藏语文工作委员会办公室（编译局）

援藏工作

军 事

达孜区人民武装部

达孜区消防救援大队

武警达孜中队

法　　治

中共达孜区委政法委员会

达孜区公安局

达孜区人民检察院

达孜区人民法院

达孜区司法局

经济管理

达孜区发展和改革委员会

达孜区财政局

达孜区审计局

达孜区自然资源局

达孜区统计局

达孜区经济和信息化局

达孜工业园区管理委员会

达孜区应急管理局

达孜区税务局

拉萨达孜区旅游发展投资有限公司

达孜区虎峰城市建设投资有限公司

达孜虎峰园林绿化有限公司

社会事业

达孜区民政局

达孜区人力资源和社会保障局

达孜区净土产业投资开发有限公司

达孜区卫生健康委员会

达孜区人民医院

达孜区市场监督管理局

达孜区医疗保障局

达孜区文化和旅游(文物)局

达孜区农业农村局

达孜区扶贫开发办公室

达孜区退役军人事务局

达孜区水利局

达孜区教育局（体育局）

达孜区中学

达孜区供电有限公司

城市建设·环保

达孜区住房和城乡建设局

拉萨市生态环境局达孜区分局

达孜区城市管理和综合执法局

交通·通信

达孜区交通运输局

达孜区邮政分公司

达孜区电信局

中国移动通信集团西藏有限公司达孜区分公司

中国联合网络通信有限公司拉萨市分公司达孜区营业部

金　融

中国农业银行股份有限公司达孜区支行

乡（镇）概况

德庆镇

邦堆乡

塔杰乡

唐嘎乡

雪 乡

章多乡

附　录

特 载

在拉萨市达孜区委一届三次全会上的报告

中共拉萨市达孜区委书记 张 千

（2020 年 6 月 16 日）

同志们：

2019 年，区委常委会坚持以习近平新时代中国特色社会主义思想为指导，全面贯彻党的十九大和十九届二中、三中、四中全会精神，坚持统筹推进“五位一体”总体布局和“四个全面”战略布局，认真落实区市党委关于稳增长、促改革、调结构、惠民生、防风险等各项决策部署，团结带领全区广大干部群众，围绕把达孜建设成为“两岸三区东部宜居城”的目标，鼓足干劲、真抓实干，各项工作有力推进，经济社会发展稳中有进、进中向好的态势更加明显。

一、讲政治顾大局，以实际行动践行“两个维护”

区委常委会持续深入贯彻习近平总书记关于治边稳藏的重要论述，不折不扣落实区市党委各项决策部署，把庆祝新中国成立 70 周年、西藏民主改革 60 周年和开展“不忘初心、牢记使命”主题教育作为凝聚人心、拥戴核心的重要载体，坚决做到“两个维护”。

一是扎实开展“不忘初心、牢记使命”主题教育。聚焦主题教育总体要求、目标任务、方法步骤，创新领导带动示范学、丰富载体推动学、邀请专家辅导学、红色教育感染学“四学模式”，引导党员干部自觉用理论学习滋养初心使命，做到知行合一；开展好“十个一”支部活动，实现党员参与全覆盖；坚持开门搞教育，深入一线调查研究，召开调研成果交流会、对照党章党规找差距专题会、民主（组织）生活会，广泛征求群众意见建议，梳理汇总问题441个，目前已整改完成346个，完成率达到78.46%。在主题教育中，解决了农村客运班线覆盖不全、公交班线调整等一批民生领域问题，全面提升了各级党组织运用习近平新时代中国特色社会主义思想指导实践、解决问题的能力。

二是成功举办庆祝新中国成立70周年和西藏民主改革60周年系列活动。坚持“隆重热烈、务实节俭、安全和谐”原则，举办了达孜区首届庆祝中华人民共和国成立70周年暨“不忘初心、牢记使命”主题教育爱国歌曲汇演，唱响了礼赞新中国、奋斗新时代的昂扬旋律；积极组织农牧民群众赴拉萨参加游园，举行“达孜非遗时光”展演活动。全区各单位积极响应区委号召，组织干部群众集中收看大庆盛况直播，并举办了升国旗、篝火晚会、文艺汇演及讲村史、家史等各类庆祝活动，充分展示新中国成立70年来和西藏民主改革60年来党和国家取得的历史性成就、发生的历史性变革，凝聚起拥戴核心的强大力量。

三是深入学习宣传贯彻党的十九届四中全会精神。区委常委会根据中央和区市党委关于学习宣传贯彻落实党的十九届四中全会部署要求，及时召开常委会和理论学习中心组学习会，围绕党的治藏方针、民族宗教政策、乡村振兴战略、扫黑除恶、安全生产等专题召集全区在家县级领导、各乡（镇）党委书记、区（中）直单位负责人进行集中研讨交流，带动全区各级党委（党组）和各族干部群众深刻领会“十三个显著优势”“十三个坚持和完善”的丰富内涵，进一步坚定了制度自信，提高了党员干部的履职能力和水平。

二、贯彻新发展理念，坚决打好三大攻坚战

区委常委会紧紧围绕全面建成小康社会，主动顺应群众日益增长的美好生活需要，突出抓重点、补短板、强弱项，坚决打好防范化解重大风险、精准脱贫、污染防治三大攻坚战，努力让群众的获得感、幸福感、安全感更加充实、更有保障、更可持续。

脱贫攻坚成果得到全面巩固。完成三岩片区137户842人跨地市易地搬迁工作，坚持“四个不摘”原则，建立脱贫成效监测和返贫预警机制，把产业扶贫作为巩固脱贫攻坚成果的重要保障，持续发展牦牛、奶牛、青稞、藏鸡四大净土健康特色产业，支持鼓励引导贫困群众参与产业运营、管理、发展，不断增强“造血”机能。截至2019年底，全区累计实施扶贫产业项目46个，实现产业分红5892人次1349.55万元，通过土地流转、原材料收购务工就业等多种渠道带动贫困群众增收致富，2019年贫困人口人均可支配收入达到12908.8元，同比增加1614.1元，增长14.3%，全区连续三年没有出现返贫人口。

生态环境治理水平稳步提升。区委、区政府始终坚持“环保优先、生态立区”理念，聚焦中央环保督察反馈问题整改以及生态环境领域突出问题，全面开展水、大气、土壤、固体废弃物污染整治工作，成功创建自治区级生态文明建设示范县。2019年投资1220万元建成自治区首个中水回用项目，实现污水资源化利用；建成达孜工业园区重点监管企业环境安全在线监管监控平台，园区13家企业终端接受实时环保数据测试，切实保障了园区企业绿色、安全生产。

重大风险隐患防控有力。成立了全区防范化解重大风险工作领导小组，全面开展政治、意识形态、宗教、党建等12个领域重大风险防范化解工作，切实增强了新形势下防范化解重大风险的主动性和针对性。专项开展政府债务风险化解排查工作，制定防范化解金融风险实施方案，建立防范和处置金融风险联系工作机制，有序化解政府性债务，规范国企投资行为，坚决守住了不发生系统性、区域性金融风险的底线。

三、创新社会治理体系，社会大局持续和谐稳定

始终把维护稳定作为达孜经济社会发展的基础，积极创新社会治理体系，全面压实维稳安保责任，强化宗教管理，保障全区社会大局长期稳定、持

续稳定。

宗教管理成效显著。持续加强党对宗教工作的领导，扎实贯彻《宗教事务条例》，坚持把藏传佛教不受境外势力操控作为寺庙管理底线，严守“三个不增加”要求，根据2019年大事多、喜事多的特点，全面改进了寺管会日常管理、带班值班等一系列工作制度。创新“遵行四条标准、争做先进僧尼”教育实践活动方式，组织32名爱国守法先进僧尼代表赴内地参观爱国主义教育基地和历史文化遗产，引导寺庙僧尼与达赖集团划清界限，不断增强反分裂斗争的自觉性和坚定性，全面淡化宗教消极影响。

“平安达孜”建设有力。全面开展军警民联勤联动防控工作，常态化开展治安巡逻和安全防范，有效确保了达孜社会面持续稳定。积极探索符合达孜实际的社会治安防控体系建设工作，以群防群治工作为基础，点线面结合，专群结合，人防、物防、技防相结合，充分发挥“护城河”作用，全年共计检查车辆16.58万次，人员34.85万人次，有效防范和堵截“输入型”“潜入型”隐患；不断强化公共安全监管，针对农村客运、建筑施工、消防安全等重点行业和领域，全面开展大检查、大整治专项行动，实现了全区全年重特大安全事故“零发生”。

四、坚持以人为本，倾力增进民生福祉

区委常委会始终把改善民生福祉作为一切工作的出发点和落脚点，坚持以人民为中心的发展理念，扎实推进各项民生事业不断进步。

教育水平全面提升。全区中考上线率（含中职、普高）达到100%，小学教育质量检测连续两年保持在全市前三，内地西藏班参考录取率达到13.8%。全面加强师资队伍建设，开展了教师岗位练兵、业务培训，同时，投入资金82.5万元对表现突出的5个先进集体、团队和62名优秀教师进行表彰，有效激发教师从教热情。累计投入1156.33万元对部分幼儿园进行提升改造，并添置了教学设备，全面改善了学前教育办学条件。

城乡就业持续向好。区委常委会班子带头常态化落实应届大学生就业“321结对帮扶”工作，为应届大学生送岗位、送信息、送培训，2019年我区应届毕业大学生就业率达到99.39%，创历年新高。全面推进农牧民群众就业增收工作，全年开展各类培训23期1238人，实现城镇新增就业934人，开展农牧区劳动力转移就业9095人，全区农牧民人均收入达到15321元，同比增长13.1%。

医疗保障提档优化。出台《达孜区人民政府关于推进“健康达孜”建设的实施方案（2019～2020年）》，全国健康促进县创建顺利启动，区委、区政府为达孜籍每一名农牧民群众购买年度最高报销15万元的超大额医疗保险，减轻了患重特大疾病农牧民家庭经济负担；区人民医院分别与自治区人民医院、军区总医院等7家大型医院签订“先诊疗、后结算”协议，有效解决了建档立卡贫困户看病难、看病贵的问题。达孜区卫生系统整体搬迁项目工程主体进度达80%，今年11月完工。全区5个标准化卫生院有4个已建成并投入使用，基本实现了“小病不出乡、大病不出县”。

社会保障兜底有力。全面开展农村危房改造工作，利用本级资金改造完成20户新增危房，切实保障了农牧民群众的住房安全。排查完成全民参保和社会保障卡发放工作，下大力度提升完善集中供养服务中心的基础设施建设，全区孤寡、特困老人供养率到达100%，区五保集中供养服务中心被评为西藏首个国家级养老服务业标准化单位，达孜养老服务质量迈入标准化管理新时代。

惠民实事落实到位。补充完善区内农村客运班线线路，全区客运班线行政村覆盖率达到100%；恢复原27路公交运营路线，并增加公交车班次及数量，完成了对塔杰乡、雪乡、唐嘎乡搬迁点公路建设工作，极大方便了群众的日常出行。实施镇江公园改造工程，进一步改善城区群众文化生活质量，城区群众有处可去，有处可乐。驻村工作队投入123.3万元解决民生突出问题10件，为群众办实事办好事75件。

五、激发动力活力，持续全面深化改革

区委常委会始终坚持问题导向，认真落实中央、区市党委深化改革的各项部署，扎实推进自我改革，以改革开放的新成效，书写达孜追赶超越的新篇章。

机构改革工作圆满完成。处理好理顺职能和凝聚合力的关系，成立深化党政机构改革工作领导小组，及时完成选优配强部门领导班子，新组建机构7个、撤销机构5个、机构升格1个、机构更名8个，高质量完成全区党政机构改革及人大、政协、群团组织改革，稳步推进事业单位、基层管理体制和综合行政执法体制改革，全区组织机构执行力、落实力不断提高。

放管服工作更加深入。投资3341.45万元，新建便民服务中心，现已进入施工阶段。全区6个乡（镇）级政务服务中心、22个村级政务服务中心均已投入使用，行政审批和便民服务事项按时办结率达到100%。全面推进“互联网+政务服务”工作，电子政务外网网点覆盖44家区直单位、6个乡（镇）20个行政村委会政务服务大厅，覆盖率达90%以上，基本保障了农牧民群众的业务需求。

农村改革稳步推进。全面完成农村土地承包经营权确权登记颁证工作，全区实现土地流转18912亩，通过土地流转实现户均增收2000余元。农村集体产权制度改革推进有力，完成全区20个行政村、135个小组的集体清产核资工作和村民小组成员身份界定登记工作，集体资产管理更加规范。全面开展覆盖全区20个行政村的农机加油一卡通办理工作，极大方便了群众生产生活。

六、提升产业质量，经济实力不断增强

面对严峻复杂的外部环境和经济下行压力，区委常委会坚持新发展理念，紧盯目标、攻坚克难，凝心聚力、真抓实干，经济社会实现连年稳步增长的良好态势，2019年全区地区生产总值达到15.31亿元，超额完成年初预定目标。

农牧业走向科技化、产业化。建成“达孜区高原净土健康产业科技示范基地”，积极开展农牧业科技推广工作，2019年申报科技项目4个，已批项目3个，项目资金达到145万元，全面提升农产品附加值。大力推进农牧业产业化经营，全区合作社达到327家，注册资金超过1.5亿元，吸纳社员2300余人，全区合作社和龙头企业总量不断增加，规模不断壮大，带动辐射作用明显增强，呈现出良好的发展势头。

工业产业转型实体化、集约化。2019年全年引进企业33家，其中实体企业9家，协议总投资12.6亿元。截至2019年底，工业园区累计入驻企业1847家（包含注册型），园区实体企业达到62家，形成了以高原生物医药医疗产业、民族手工业、新能源及科技型新兴产业和现代服务业为依托的发展格局。2019年全年完成工业总产值2.3亿元；完成工业销售值2.2亿元，工业增加值1.1亿元，园区全年实现税收13.6亿元。

旅游产业实现成熟化、知名化。继续打造白纳沟、叶巴村两个重点旅游项目和“藏鹤仙子”系列品牌产品，白纳村被文化和旅游部授予“全国乡村旅游重点村”荣誉称号。拍摄《拉日宁布》、冬游西藏、秋游西藏等多部电影、宣传片，举办2019“圣城拉萨·云上达孜”旅行摄影大赛，收集参赛作品2000余幅，全面提升了达孜旅游在区内和区外的影响力。2019年，全区共接待游客89.21万人次，旅游收入达2750.45万元，带动农牧民参与1150户，人均增收2.65万元。

七、凝聚强大合力，民主政治持续发展

区委常委会注重调动各级各方面和社会各界围绕中心、服务大局的积极性、主动性和创造性，支持人大、政协和法院、检察院依法履行职能，积极引导群团组织开拓工作领域，社会主义民主政治不断发展。

人民当家做主制度保障不断加强。全面支持人大依法履职，充分发挥代表作用，依法行使职权，积极参与推进经济社会发展的重要工作，不断加强我区财政经济监督、司法监督审查程序，切实提高人大监督实效。健全和完善代表履职制度建设，围绕精准扶贫、社会综合治理、美丽乡村建设等工作开展蹲点调研，密切联系群众，全面提高代表履职能力水平。

社会主义协商民主作用发挥显著。团结全区政协委员聚焦区委、区政府重点工作，充分发挥政协委员在脱贫攻坚、扫黑除恶、环境保护等重点工作上的政治协商、民主监督、参政议政作用，着力增进共识、促进团结。积极发挥政协在爱国统一战线大团结大联合的优势，增进各界别委员感党恩、听

党话、跟党走的共识，全面促进社会和谐稳定。

对口支援成果斐然。完成第八批第九批援藏干部轮换，投资1.56亿元在全域旅游、园区提档升级、扶持净土产业方面实施援藏项目16个，带动360人就业。以受援地为培训主阵地，举办各类培训20期，培训党员干部155人次。江苏省镇江市医疗专家进藏开展"师带徒"帮扶工作，全面提升达孜区医疗水平，全年开展院级培训14期，培训245人次；开展手术100台，培训378人次。依托镇江·达孜"民族交往交流交融"平台，分4批安排124人赴江苏镇江参加培训，提升达孜区干部服务经济社会发展能力。

民主政治不断巩固发展。大力支持工商联、无党派人士开展工作，各民主党派、工商联和无党派人士参与经济社会发展作用更加显著。司法机关独立行使职权，群众司法满意度不断提高。党管武装、民兵预备役和国防教育工作得到加强。村居工作不断创新，主阵地、主战场作用更加突出，服务群众、推动发展更加主动。工会、共青团、妇联、老干部、档案等工作都取得了新进展。

八、保护绿水青山，美丽达孜建设成效凸显

区委常委会坚决贯彻习近平生态文明思想，强力推进污染防治攻坚战，污染防治力度显著加大，生态环境质量持续改善。

全面推进污染治理。加大扬尘污染防治力度，增加城区机械洒水和清扫保洁频次，规范道路交通项目建设、建筑工地环境管理措施，开展城市建筑工程垃圾和渣土运输整治工作，全面排查辖区内燃煤锅炉，大力推广玉米秸秆青贮、小麦秸秆氨化等技术，空气质量水平显著提高。水污染防治有效推进，总投资380.2万元实施农村饮水安全项目5个，制定出台2019年全区水质监测计划，并定期对国控、区控和集中式饮用水源点进行水质监测。大力开展以保护饮用水源地和加强废水排污企业环境监管等为重点的专项整治工作，杜绝企业偷排漏排等环境违法行为的发生。

城区绿化面积不断扩大。投资316.5万元，实施2019年重点防护林项目，全区人工造林4330亩，在邦堆乡叶巴村封山育林1万亩。全区林木绿化率达到41%，持续深入开展"无树村""无树户"消除工作，鼓励社会团体、农牧民群众自发植树增绿5000余亩，用实际行动践行"绿水青山就是金山银山"的发展理念。同时，在全自治区率先开展"山水林田湖草"生态系统修复保护工作，选取白纳沟为示范基地，将植物展示与农耕文化、休闲观光、林卡旅游结合，努力将白纳沟打造成层次鲜明、四季有绿、生态宜人、内涵丰富，具有高原特色的"乡土植物园"暨高原植物科普基地。

城乡人居环境得到全面提升。投资1500万元实施全区乡村环境整治工程，对全区五乡一镇路面、排水设施、围栏、太阳能路灯等进行统一修缮，全面提升了乡村人居环境水平。继续开展厕所革命工作，探索建立厕所粪污及畜禽污粪治理长效机制，切实解决农牧区群众如厕及畜禽污粪处理问题。在城区内实施镇江公园提升改造项目和达孜区虎峰大道沿线围墙改造工程，城区基础设施更加完备。投资1300余万元对城乡垃圾处理及运转工作进行市场化运作，全区垃圾实现日产日清，城市面貌焕然一新。

九、抓牢思想教育，全面推进文化建设

区委常委会始终以习近平新时代中国特色社会主义思想为指导，全面做好宣传思想文化工作，凝聚起各族党员干部群众同心同德建设新达孜的强大精神力量。

持续加强党对意识形态领域工作的领导。牢牢占领意识形态领域主阵地，区委理论学习中心组共开展集中学习17次。同时，围绕全区改革发展稳定大局，全面加强突发事件和热点敏感问题舆论引导，建立完善网络舆情监管机制，不断提高互联网建设和管理水平，牢牢掌握话语权、增强主动性。全面利用区内广播电视平台定期播送区内脱贫攻坚、新旧西藏对比等电视节目，并及时联系中央、自治区、拉萨市各相关媒体推送了"草莓书记""致富能人"等一批典型人物，讲好新时代"达孜故事"。

全面推动公共文化事业持续发展。达孜区数字影院正式向社会开放，送电影下乡活动深入开展，农村电影全年放映量超过308场，观看人数达到1万余人次，依托虎峰艺术团开展送文化下乡活

动60余场次，实现文艺演出全覆盖。加强非物质文化遗产传承、保护工作，成功举办首届达孜非遗时光活动。全区6个乡（镇）、20个行政村完成标准化图书阅览室建设，配套图书4万余册，营造出全民读书的良好氛围。持续推进“五有五好”文明村镇建设，全区各乡（镇）、行政村、中小学校精神文明宣传栏和文化大舞台实现全覆盖；开展了“铭记党的恩情”“移风易俗、破迷信、改陋习”“我们的节日”等内容丰富的“五好”活动200余场次，极大丰富了农牧民群众精神文化生活。

十、聚焦从严治党，营造风清气正政治环境

毫不动摇坚持和加强党的领导，坚定不移推动全面从严治党向纵深发展，为新时代达孜改革发展稳定提供坚强政治保证。

*把党的政治建设摆在首位。*区委常委会坚决维护以习近平同志为核心的党中央权威，坚决服从党中央集中统一领导，坚定政治立场和政治原则，严守政治纪律和政治规矩，严格落实管党治党责任，在思想上政治上行动上坚决与以习近平同志为核心的党中央保持高度一致。严格遵守反分裂斗争纪律，严查违反维稳工作纪律和党员信教问题，敦促广大党员干部自觉抵制宗教消极影响，做到“七个严禁”，确保广大党员干部在大是大非面前站稳立场，敢于同歪风邪气做斗争。

*基层党建水平全面提升。*以提升组织力为重点，突出政治引领和政治功能，基层党建工作水平不断提升。完善基层党组织书记抓党建纪实和积分机制，以制度压实责任、推动工作，各领域党组织建设更加规范；搭建党员“组团式”联系服务群众工作平台，不断提升联系服务群众质效；抓实软弱涣散基层党组织排查整顿工作，选派80名村级组织专干，招聘23名高校毕业生任村会计，接收19名乡村振兴专干（转聘1名），村级组织工作力量进一步充实。

*干部人才队伍得到优化。*区委常委会牢固树立人才就是第一资源理念，探索建立“一线工作法”考察干部政治素质，把长期在机关工作的优秀干部交流到乡（镇）、村，把能力突出的乡（镇）干部分配到经济发展、脱贫攻坚、乡村振兴、维稳一线岗位上进行多岗位锻炼。全面加强正向激励，为符合条件的9名干部解决上一级职级待遇，把长期借调区直机关单位且表现优秀的29名干部按照组织程序调入区直机关单位，有效激发了干部干事创业热情。

*党风廉政建设持续加强。*深刻把握习近平总书记关于党风廉政建设工作重要论述，持之以恒纠正“四风”问题，严格落实中央八项规定及其实施细则精神，受理违反中央八项规定精神问题5件，给予党纪政务处分3人；受理参赌涉赌问题4件，给予党纪处分7人；持续开展扶贫领域不正之风和腐败问题专项治理，处置扶贫领域问题线索3件，给予党纪政务处分2人、提醒谈话1人；深挖彻查充当黑恶势力“保护伞”问题，调查核实涉黑涉恶问题线索2件；组织开展漠视侵害群众利益问题专项整治行动，受理相关问题线索7件，给予党纪政务处分6人、约谈2人、提醒谈话2人，挽回群众损失10万余元。全年共处置问题线索31件，给予党纪政务处分17人，诫勉谈话2人，约谈8人，提醒谈话5人，组织处理2人，收缴违纪资金55.37万元。按照“三个区分开来”要求，澄清干部不实举报1人，建立区、市、县（区）三级巡视巡察反馈问题总台账，检查整改问题118项，整改到位109项，整改率达到92.37%，巡察利剑作用充分发挥，营造了风清气正的政治生态。

一年来，区委常委会坚持“打铁必须自身硬”的原则，切实加强自身建设。常委会班子坚决维护习近平总书记的核心地位，坚决维护党中央权威和集中统一领导，带头增强“四个意识”，带头落实党章党规，始终维护团结、坚持务实为民，始终廉洁从政，带领全区各级党组织和广大党员干部不忘初心、牢记使命、奋勇前行，较好地发挥了区委的领导核心和表率作用。这些成绩的取得，是习近平新时代中国特色社会主义思想和习近平总书记治边稳藏重要论述正确引导的结果，是区市党委正确领导和江苏镇江无私援助的结果，是全区广大党员干部群众凝心聚力、团结拼搏的结果，是所有退休老干部和社会各界支持与关爱的结果，在此，我代表区委常委会，向所有支持达孜发展的广大党员和干部群众表示衷心的感谢和崇高的敬意。

拉萨市达孜区人民代表大会常务委员会工作报告

——在拉萨市达孜区第一届人民代表大会第三次会议上

拉萨市达孜区人大常委会主任　米　玛

（2020 年 6 月 19 日）

2019 年工作回顾

2019 年是新中国成立 70 周年，也是全国人民代表大会制度建立 65 周年、地方人大设立常委会 40 周年。一年来，在区委的坚强领导和拉萨市人大常委会的有力指导下，区人大常委会高举中国特色社会主义伟大旗帜，全面贯彻党的十九大、十九届二中、三中、四中全会和中央第六次西藏工作座谈会精神，全面深入学习贯彻习近平新时代中国特色社会主义思想特别是习近平总书记关于坚持和完善人民代表大会制度的重要思想，关于治边稳藏的重要论述，在履职尽责中强化“作为”意识，务实担当，提升自身建设高度；锤炼“能为”本领，持续推动，加强服务发展力度；找准“善为”路径，精准发力，彰显监督为民温度，努力推动人大工作与党委决策扣得更紧、与发展大局贴得更近、与群众期盼靠的更实，为创新发展“达孜经验”，推进全区经济社会高质量发展和民主法治建设做出了积极贡献。

2019 年，区人大常委会召开常委会会议 5 次、主任会议 5 次，作出决议、决定 8 项，听取和审议专项工作报告 10 个，组织视察、调研、执法检查、跟踪检查等活动 15 次，形成调研报告 11 篇，常委会党组理论中心组召开集中学习研讨会议 8 次，撰写读书学习心得体会 20 篇。坚持党管干部和人大依法任免有机统一，依法补选达孜选区拉萨市级人大代表 2 名，任免地方国家机关工作人员 49 人。

一、坚持党的领导、提升政治站位，始终确保人大工作政治方向

一是强化理论武装，提升政治水平。持续深入学习贯彻习近平新时代中国特色社会主义思想和党

的十九大、十九届二中、三中、四中全会精神，深刻领会习近平总书记关于坚持和完善人民代表大会制度的重要思想，准确把握栗战书委员长在各省(市)调研时的重要讲话精神。主动适应推进国家治理体系和治理能力现代化的要求，自觉用新思想统领人大工作，坚持学思用统一、知信行统一，把学习与正在开展的工作紧密结合，提高学习实效，提升政治站位；二是强化政治引领，坚持党的领导。区委高度重视人大工作，坚持把人大工作纳入区委整体工作布局，多次听取人大工作阶段性工作报告，区委主要领导对人大工作多次做出批示指示，进一步明确了人大工作下一步工作方向。强化人大常委会党组政治责任，严格执行常委会党组工作规则，对中央和自治区、拉萨市召开的重要会议、做出的重要部署，及时研究贯彻、推动落实。履行全面从严治党的职责，严格遵循新形势下《党内政治生活准则》和《党内监督条例》，落实中央八项规定精神及其实施细则，以“不忘初心、牢记使命”主题教育为契机，深入贯彻全面从严治党的各项要求，坚持党管干部原则同人大依法行使选举任免权有机统一；三是当好参谋助手，发挥表率作用。常委会紧紧围绕区委的总体要求，以推动发展为使命，坚持紧跟核心、紧扣中心、紧抓重心、紧贴民心，依法行使职权，积极参与推进经济社会发展的重要工作，持之以恒抓创新，坚持不懈抓管理，在“急、难、险、重”工作上，做好解疑释惑，当好参谋助手，发挥凝心聚力的表率作用。

二、坚持求真务实、勇于担当作为，不断增强全区人大工作实效

(一)加强对计划、预算的审查监督

不断完善财政经济监督审查程序，坚持任何预算没有履行人大法律程序就不能执行，任何预算外的资金使用必须经过人大审议通过，切实提高人大财政经济监督实效。年初，组织常委会组成人员及部分人大代表开展了达孜区2018年国民经济和社会发展计划执行情况报告和达孜区2018年预算执行情况报告的审查，听取和审议区政府关于2019年上半年国民经济和社会发展计划及2019年上半年财政预算执行情况的报告，审查、批准2018年度本级财政决算及2019年度本级财政预算，年中，审查、批准2019年度本级财政预算调整议案，并及时下发相关决议文件。坚持邀请纪委监委列席常委会会议制度，多次听取纪委监委主要负责同志相关工作汇报及建议。

(二)加大视察、调研和监督检查力度

2019年组织代表视察活动12次，安排专项调研2次，专项工作检查2次，涉及我区“三大攻坚战”、扫黑除恶、食品安全、重点项目、旅游产业等各方面，通过视察，各级代表对我区经济社会发展建设有了更加直观的认识，履职能力和综合素质得到有效提升。年初，围绕区委中心工作，人大党组班子成员下沉到包乡、包村、包寺联系点，围绕精准扶贫、社会综合治理、美丽乡村建设等工作开展蹲点调研，形成调研报告5篇，年中，班子成员再次下沉到联系点，就群众普遍关注的大学生就业问题进行专题调研，形成调研报告5篇，并及时将调研报告报区委及有关部门，就相关工作提供“人大”建议。按照“多层面、宽领域、走出去、求实效”的要求，组织四级人大代表前往达孜区各乡(镇)、林周县、城关区及江苏镇江等地，通过听取汇报、实地观摩、座谈交流的方式重点针对奶牛养殖、美丽乡村建设、农牧民专业合作社发展等方面开展视察学习，在拓宽代表眼界和思维的同时有效提高了履职能力，切实推动了我区人大工作不断创新。围绕区委阶段性中心工作，就“扫黑除恶”和“食品安全”两项问题开展监督检查，并及时将情况汇总上报。接待自治区人大组织的人大代表学习视察团、现场教学团5批次，拉萨市人大组织的人大代表视察团10批次，各兄弟县(区)及外省(市)县(区)人大代表考察学习团13批次。

(三)不断提升代表综合素质

及时将订阅的《人大代表履职手册》《人大公报》《西藏人大》《拉萨人大》等刊物、学习资料及时发放到基层，畅通代表知政渠道。组织代表召开座谈会，观看《转世活佛》，畅谈建国70周年以来身边的变化，教育引导基层代表积极看待宗教，带头消除宗教消极影响。委托西藏大学继续教育学院对30名基层人大干部和人大代表开展为期5天集中学习培训，用通俗易懂的民族语言授课，重点学习人大业务知识、如何更好履职、矛盾纠纷化解等内容，基层

人大干部和基层代表对这种学习方式反响强烈。联系协调区委党校邀请专业讲师为基层人大代表讲授有关法律法规、时事政策解读、代表作用发挥等专题课，进一步拓展基层人大代表知识面。坚持和完善“联系代表”制度，人大党组班子成员经常性到基层听取和征求代表意见和建议，组织代表参加闭会期间相关会议和活动。

（四）依法做好人事任免工作

2019年常委会依法做好人事任免工作，坚持党管干部原则和人大依法任免相结合，严格执行有关法律规定和人大常委会人事任免办法，全年共依法任免地方国家机关工作人员49人，并依法举行宪法宣誓仪式，有力彰显宪法权威，弘扬宪法精神，教育和激励国家工作人员增强宪法意识，忠于宪法、遵守宪法、维护宪法，更好履行宪法使命，从组织上保证了国家机关工作运行的需要。常委会适时听取新任命人员的工作述职，前往有关部门实地听取意见建议，及时了解掌握新任命人员的工作实绩，并将有关情况报区委。

（五）认真交办、督办代表意见建议

在达孜区一届人大二次会议上代表提出批评意见建议92条，为做好代表建议办理工作，常委会对建议进行了整理归纳并及时报送区政府，组织召开意见建议办理交办会，逐一落实了办理单位，对代表意见建议完成时限和程序提出了严格要求。7月底，人大常委会牵头，联合区委办、区政府办督查室，组织召开一届人大二次会议意见建议督办会，逐项听取承办部门办理进展情况，对下一步办理工作有关要求进行再明确，责任再落实。11月初，前往各承办单位跟踪督查办理进度和成效。截至目前已办结的建议（A类）有37件，正在积极办理的（B类）有37件，目前无法办理需要长期坚持的（C类）有18件。办复率达到100%，满意率或基本满意率达到100%。同时，及时跟踪督促乡（镇）人大代表意见建议办理工作，多次赴各乡（镇）听取办理工作情况、存在问题，提出工作意见。

（六）加大司法监督力度

常委会高度重视司法行政部门的学法、用法、守法情况，多次组织人大代表参加法院和检察院的工作座谈会，就公正司法、公平执法展开讨论，安排视察法院、检察院、司法局日常有关工作开展情况，参加法制知识宣传活动等。印制《达孜区人大代表知识手册》《新宪法》等宣传资料，2019年组织人大代表参与法治宣传活动3次，涉及扫黑除恶、毒品控制、非法侵占及买卖国有土地等内容，听取和审议法院、检察院工作报告2次，参加拉萨市中级人民法院庭审“开放日”活动1次，达孜区法院庭审“开放日”3次，组织代表前往法院、检察院、司法局就《中华人民共和国预防青少年犯罪法》工作落实情况开展检查。

（七）有效指导乡镇人大工作

常委会党组提前统一谋划部署乡镇人代会，拟定会议时间、任务、议程后报区委审批，再按照区委指示有理有序安排乡镇召开会议，对乡镇人代会实行“一对一”工作联络指导，坚持邀请乡人大主席列席常委会会议、学习会议等，通过联合开展视察调研、外出学习考察，形成合力，推动全区人大工作不断创新和发展。进一步巩固和深化乡镇人大规范化、制度化建设成果，持续推进村级人大代表活动室建设，充分发挥基层“人大代表之家”在联络代表、接待群众、学习座谈等方面的主阵地作用。

三、坚持立足岗位，抓强作风，全面提高常委会自身建设

一是切实加强政治建设。通过党组扩大会、“三会一课”、每月集中政治学习等多种形式的学习研讨活动，深刻领会习近平新时代中国特色社会主义思想和党的十九届四中全会精神，提升政治站位。深入开展“不忘初心、牢记使命”主题教育，对照“十八个是否”逐一进行剖析，组织专题交流，深挖思想根源，找出解决办法，努力把主题教育成果转化为推进人大工作的强大精神动力。围绕人大法定职权，结合审议议题，举办宪法、预算法、监察法等讲座，不断提升法治水平。组织人大代表参观红色教育基地、“不忘初心、牢记使命”文献展、参加“10·1”大庆系列活动等，进一步提高政治素养；二是深化能力作风建设。认真落实中央八项规定精神和廉政建设的各项要求，把制度建设作为强化内部管理，提升工作效能的重要抓手。严格落实出勤考核制、岗位责

任制、限时办结制、首问责任制，从严管理公务活动，规范财务开支；杜绝铺张浪费，杜绝公车私用，坚持勤俭办事，节俭办会。大力倡导求真务实的工作作风，扎实开展执法检查、视察调研、走访代表等活动，把工作深入到一线，把责任落实到个人，通过实际工作来锤炼干部作风，通过实际成效来赢得群众口碑。特别在脱贫攻坚、食品安全、扫黑除恶等工作中，全员参与，全力以赴，帮助基层群众解决实际问题。三是加强对外宣传工作。常委会注重新闻宣传在人大工作中的推进作用，坚持正确的舆论导向，充分利用电视、广播、网络等媒介，及时宣传报道“一府一委两院”工作落实情况，及时宣传人大工作重点、工作亮点、工作特点，提高了人大工作的知晓率和影响力，积极向市人大报送达孜人大工作动态，简报报送条数和采纳发表条数居各县区前列。同时，注重横向联系，与周边区、县人大建立了友好交流机制，促进了工作水平和能力提升。

2019年底，新冠肺炎疫情发生后，在党中央、区市党委和达孜区委的坚强领导下，区人大常委会积极行动，常委会班子成员发挥表率作用，赴各乡（镇）村、达孜留观点、柳梧转运点等疫情防控一线开展工作，有效组织各级人大代表投入到疫情防控的阻击战中，全区300多名各级人大代表充分发挥在群众中的桥梁纽带作用，走村入户宣讲疫情防控政策和知识，参与疫情防控服务工作、第一时间反映社情民意，为打好打赢疫情防控阻击战贡献了积极的力量。针对企业复工复产难的问题，区人大常委会于3月20日组织人大代表对我区重点领域、重点企业进行了复工复产专项调研，进一步摸清了我区企业在复工复产方面采取的措施、取得的经验、面临的困难，并及时形成调研报告报送区委，为区委、区政府科学决策提供人大建议。

各位代表，2019年，区人大常委会的工作在继承中发展、在发展中创新，根本在于习近平新时代中国特色社会主义思想的科学指引，在于区委的高度重视和坚强领导，是全体人大代表、常委会组成人员依法履职的结果，是“一府一委两院”密切配合的结果，是达孜区各族人民和社会各界关心支持的结果。在此，我谨代表达孜区人大常委会向大家表示崇高的敬意和衷心的感谢！同时，我们也清醒地认识到，常委会工作与新时代要有新担当、新作为的要求、与人民群众和人大代表的新期待还有不少差距。如：监督工作的刚性约束力需要逐步增强，督促检查后形成的决议、决定落实情况的时效性还不强。代表议案建议办理还存在“重答复、轻办理、未办结”的问题。代表和常委会履职能力需要进一步增强等等，我们将高度重视并认真加以解决。

2020年工作任务

各位代表，2020年是全面建成小康社会和“十三五”规划的收官之年，也是“十四五”规划的谋划之年。2020年，区人大常委会工作的总体任务是：全面贯彻党的十九大和十九届二中、三中、四中全会精神，充分发挥人民代表大会制度在坚持和完善中国特色社会主义制度、推进国家治理体系和治理能力现代化中根本政治制度作用，紧紧围绕区委一届三次全会、达孜区经济工作会确定的目标任务，全面履行宪法法律赋予的各项职责，统筹推进疫情防控和经济社会发展工作，努力将疫情带来的不良影响降到最低，助力打赢三大攻坚战，实现“六稳”“六保”工作目标，为推进达孜治理体系和治理能力现代化，建设宜居宜业“幸福东翼”，不断创新发展“达孜经验”作出人大贡献。

*一是进一步加强和改进监督工作。*紧紧围绕区委中心工作，正确处理好监督与支持的关系，重点加大对重大项目资金使用、巩固脱贫攻坚成果、特色产业发展布局、环境保护等方面的监督力度，加强对“七·五”普法工作的监督，专项视察《西藏自治区民族团结进步模范区创建条例》、《西藏宗教事务条例》等相关条例法规的贯彻落实情况，进一步完善对监察委员会的监督实效，强化人大预算决算审查监督和国有资产监督职能，积极筹建预算联网平台建设，进一步改进监督方法、丰富监督形式、规范监督程序、提高监督实效，督促和推动“一府一委两院”按照各自工作报告提出的目标任务开展工作，确保区委重大决策部署的贯彻落实。

*二是进一步推进民主法制建设。*认真学习贯彻

党的十九届四中全会精神，坚持把党的领导贯彻到依法治区的全过程。大力宣传实施《宪法》，要站在全面实施宪法的新高度，通过多种形式组织区人大常委会委员和人大机关干部带头学习宪法，大力开展《宪法》和"国家宪法日"宣传，增强全社会宪法意识，提高全民宪法观念，加强宪法实施，全面推进依法治区进程。要进一步完善人民代表大会会议、常委会会议和主任会议议事规则，保障人大及其常委会依法履职。建立完善由人大及其常委会选举任命的国家机关工作人员向人大常委会报告履职情况和报告个人重大事项，并进行履职情况满意度测评制度。

三是进一步提升代表工作实效。坚持把代表工作作为一项基础性、全局性工作来抓，密切常委会同代表、群众之间的联系，支持代表依法履行职责，努力为代表提供服务和保障，增强代表工作实效。积极组织代表履职学习，委托西藏大学继续教育学院开办第二期代表培训班，协调区委党校开展培训会、座谈会等，帮助代表提高履职能力和水平。坚持代表列席常委会、参加调研、视察、执法检查等制度，着力扩大代表在常委会活动中参与的广度和深度。健全完善代表建议办理制度，提高代表建议办理质量，推动社会热点、难点问题的有效解决。深入推动乡（镇）人大规范化建设，指导乡（镇）多组织闭会期间代表活动，着力提高乡镇人大整体工作水平。

四是进一步加强常委会自身建设。一要积极参与全区中心工作，加强对区委决策部署、法律法规和人大知识的学习，切实提高履行职责的理论水平和业务能力，加强制度建设，健全完善常委会和人大机关各项规章制度，为人大工作规范高效运转奠定坚实基础。二要加强调查研究，坚持把调查研究与常委会审议议题结合起来，与贯彻落实中央八项规定精神、改进机关工作作风结合起来，与学习外地人大先进经验结合起来，着力提高常委会工作的针对性。三要加强队伍建设，常态化开展"两学一做"主题教育，着力提升人大机关干部的思想政治水平和业务素质，提高常委会工作效能。四要加强人大宣传，加强与宣传部门和新闻媒体联系，扩大对外交流，不断提升我区人大工作的对外影响力。五要加强廉政建设，认真贯彻落实中央八项规定精神和严格执行党风廉政建设的各项规定，坚决反对"形式主义、官僚主义"，坚定不移反对腐败，牢固树立廉洁从政意识。

各位代表，新时代承载新使命，新时代激励新作为。让我们高举新时代中国特色社会主义伟大旗帜，以习近平新时代中国特色社会主义思想为指导，在区委的坚强领导下，不忘初心、牢记使命，只争朝夕、不负韶华，砥砺奋进、开拓创新，切实履行好宪法和法律赋予的职责，自觉担负起新时代赋予人大的历史使命，夺取全面建成小康社会伟大胜利，奋力谱写伟大复兴中国梦的达孜篇章。

政府工作报告

——在拉萨市达孜区第一届人民代表大会第三次会议上

拉萨市达孜区人民政府区长 春 新

（2020 年 6 月 18 日）

2019 年工作回顾

2019 年是新中国成立 70 周年，是决胜全面建成小康社会的关键之年。一年来，在市委、市政府和区委的坚强领导下，在区人大、区政协的监督支持下，区人民政府坚持以习近平新时代中国特色社会主义思想为指引，坚持以人民为中心的发展理念，始终紧扣高质量发展要求，积极应对经济下行压力，重抓重推产业转型、民生改善、绿色发展，团结带领各族干部勇挑重担、真抓实干、砥砺前行。全年完成地区生产总值 15.31 亿元，同比增长 8%；固定资产投资同比增长 24%；社会消费品零售总额 2.4 亿元，同比增长 7%；地方财政收入 6.41 亿元，同比下降 64.79%，其中一般公共预算收入完成 4.81 亿元，同比下降 38.99%；农牧民人均可支配收入达 15321 元，同比增长 13.1%。我区全域旅游、脱贫攻坚、绿化工作在全市形成了经验，创出了特色。相继荣获 2018 年度拉萨市农牧民增收工作一等奖、西藏自治区基层科普行动计划先进单位、西藏农产品质量安全县、全国绿化模范单位等荣誉。

过去的一年，主要做了以下工作：

一年来，我们抓项目、促转型，产业发展迈出新步伐。

一是项目建设高效实施。2019 年全区实施项目 131 个，总投资 62.19 亿元，其中新建项目 101 个，总投资 20.19 亿元。纳入拉萨市重点项目的 2 个，纳入本级重点项目的 3 个，盘活整合有效资金 1.9 亿元，项目资金得到有效保障。二是工业经济求稳保质。2019 年达孜工业园区新引进企业 33 家，园区累计入驻企业达 1530 家。规上工业增加值增速 5.7%。全年共招商引资实体落地项目 24 个（新建项目 12 个），完成招商引资实际到位资金 20.03 亿元。新引进项目涉及健康医疗、绿色生物、电子科技等多个领域，为工业实体注入新活力。圣信工贸、藏缘青稞、优格仓、罗占民族手工艺等骨干企业各获殊荣、稳步壮大，核心竞争力明显增强。三是净土农业纵深推进。全年完成农业总产值 1.998 亿元，增长 8.01%。落实农作物种植面积 8.87 万亩，其中粮食作物种植 5.97 万亩；粮食产量达到 2.5 万吨，青稞产量达 1.06 万吨；肉、蛋、奶、禽产量 2.01 万吨。建立青稞有机试点推广面积 2000 亩，有机认证申报成功，年产量达到 572 吨左右，创收 390 万元。工厂化智能型育苗育种基地逐步开展，2019 年完成育苗 500 万株，50 个品种以上。总投资 1.69 亿元的高标准良种奶牛养殖中心项目已投入使用，泰成乳业全年实现牦牛短期育肥 7000 头，占拉萨市牦牛育肥出栏总任务的 41%，年总产值达 8000 万元。唐嘎原种藏鸡养殖规模达 5 万只，年产蛋量 125 万余枚，年总产值 400 万元以上。四是三产服务融合发展。全年共接待游客 89.21 万人次，旅游收入 2750.45 万元，带动 1150 户农牧民实现增收。"云上达孜"电商创业基地主体已基本建成；"云上达孜"微电影成功发布、产业扶贫摄影（专本）出版发行；主西村徒步营地及停车场项目于 2019 年 9 月投入使用。2019 年 7 月白纳村被文化和旅游部授予"全国乡村旅游重点村"荣誉称号。按照市委部署，完成了《拉萨市白纳沟生态公园总体规划》编制工作。此外，荣成商贸、虎峰沿街扶贫商品房等传统商贸体陆续建设投入使用，新增商业面积 14442.18 平方米，拉动商业消费稳定增长，2019 年全区各类企业电商营业额达 1098 万元。金融机构各项存款余额 20.3 亿元、贷款余额 6.6 亿元，分别减少 6.8%、0.3%。多次组织银企对接活动，签约额 0.75 亿元。

一年来，我们抓建管、增品位，城乡建设焕发新面貌。

一是规划品位持续提升。《拉萨市达孜区分区规划（2018–2035 年）》《拉萨市达孜城区控制性详细规划》完成编制。按照全国第三次土地调查成果，2019 年划定的基本农田面积为 85410 亩，符合目标要求。积极开展达孜城区连片及零星土地储备前期工作，建立了 1 宗 2000 亩零星储备土地档案；对储备土地范围内的违建设施进行实物指标测量，掌握违建信息；报批土地 809.43 亩，完成土地收储 48 亩，出让 855.996 亩，为城市建设提供土地保障。二是城市建设快速推进。市政道路虎峰大道附属配套建设完成、全线规范化通车。东环北线全面开工建设，S5 线全速铺设。修建（改造）公共卫生厕所 33 个，新建垃圾转运站 2 座，设立 20 个乡村垃圾中转点。投资 3000 万元的便民服务中心开工建设，总投资 178.66 万元新建达孜区交警检查站。投入 1824.55 万元实施生态造林 3574.29 亩，完成林木抚育 10000 亩。投入 277.03 万元对达孜区虎峰大道沿线围墙实施统一改造，投入 462.73 万元对镇江公园提升改造，城区面貌焕然一新。哈达集团房产建成、玉雄花园房产加快推进，人民群众居住环境不断改善，强力提升城市竞争力，充分展现了建国 70 年发展成果。三是城市管理水平提高。2019 年 4 月城市管理和综合执法局正式挂牌成立，通过招聘 21 名应届大学生，组建达孜区城管局综合执法大队，城市管理的科学化、规范化、精细化上升到新层面。全年累计开展建筑垃圾、渣土清运不规范以及沿街道路脏乱差、占道经营行为、违规广告牌清理等专项整治行动 300 余场次，共查处不良行为 40 余例，整治清理城区生活及建筑垃圾 60 余方，开展批评教育 120 余人次，共拆除违规广告牌 150 块，进行整改事项 34 项。违法违规建设行为得到有效遏制，市容市貌、人居环境进一步改善，为建国 70 周年营造了整洁喜庆的氛围，受到各级领导一致好评。四是乡村振兴落地见效。新建改建农村道路 46 条，硬化道路 886 平方公里。行政村通客车率已达 100%。2019 年 11 月起恢复原 27 路公交线路，并在原有车辆配置的基础上增加 4 辆公交车，满足群众出行需求。2019 年 10 月成立了达孜区县级养护站，共解决 56 个农村公路养护岗位和 13 个县级养护站工作岗位，共实施养护工程 5 个、涉及 47.726 公里。新建改造乡镇公厕 16 座，新建广场、停车场 1 个。投资 9437.56 万元（国家投资占 80%）完成农网改造工程，完成 8600 户"一户一表"改造任务，改配线路近 40 千米，覆盖率 100%。总投资 380.2 万元建设农村饮水安全工程 5 个。投资 35.45 万元完成农村危房改造 24 户。

投资1290万元除险加固及修复2018年水毁堤坝共1400米，投资350万元排查及处理辖区范围内险工险段9处，完成2394米防洪堤的修建任务，河道清淤3600米。垃圾分类在乡村全面铺开，以唐嘎村为代表的垃圾分类试点工作已初显成效。累计创建20个自治区级生态村、6个自治区级生态乡镇，成功创建自治区级生态县。

一年来，我们抓改革、强合作，发展环境释放新活力。

一是“放管服”改革深入实施。2019年上级取消和调整行政职权事项183项，取消或降低收费项目23项。“多证合一”改革持续深化，工商登记前置审批由226项减至32项，企业开办时间（营业执照审批）由原来的9个工作日压缩至2个工作日。完成认领并发布实施上级目标清单共921项，注册西藏自治区“一网通办”政务服务用户11293人，疏解群众办事堵点问题14个。积极落实小微企业普惠性减税、个人所得税专项附加扣除、深化增值税改革等减税降费各项政策，全区小型微利盈利企业90户，政策受惠面达100%，累计为各类企业减免相关税额8662.25万元。“双随机一公开”工作体系初步形成，营商环境进一步优化。二是“双创”战略成效显著。双创基地于2019年先后被评为拉萨市级科技孵化器和西藏自治区中小企业公共服务示范平台，现已入驻企业共计51家，2019年新增企业3家。新增就业人数53名，现固定就业人数为158人。基地竭力为小微企业提供政策解读、产业合作、信息共享、法律咨询、人事招聘、科技孵化等帮助，助推项目发展壮大。三是援藏交流接续推进。顺利完成八九批援藏干部轮换调整，积极迎合援藏新机制，新增援援岗位3个。投资1.56亿元实施援藏项目16个。全年以受援地为培训主阵地，举办各类培训20期，培训党员干部155人次，第十三批组团式援藏医疗专家开展“师带徒”帮扶工作，开展院级培训及健康讲座22期，培训623人次；开展手术100台，医院的年门诊量较往年增长6.16%；业务收入首次突破千万，增长60.16%。依托镇江·达孜“民族交往交流交融”平台，共安排4批154人赴镇江参加实地考察学习，提升各级干部的专业水平、综合能力。

一年来，我们抓环境、保源头，生态建设取得新进展。

一是防污治理成效明显。投资80余万元实施新仓河饮用水水源地保护项目，新建界桩100座、宣传牌10座、交通警示牌20座，防护栏2465米。对区域施工场地、料场、堆场、沙石运输车辆实施全封闭、全覆盖管理，扬尘污染现象得到明显遏制。加快推进黄标车和老旧车辆治理淘汰进程，累计淘汰189辆。辖区内5座加油站全部完成油气回收改造任务。2019年我区主要河流（拉萨河）断面水质保持在Ⅲ类以上水质标准，城市集中饮用水源地水质达到国家Ⅰ类水质标准，水质达标率均为100%。全区环境空气质量达到标准二级以上且不低于上年，环境空气质量优良，土壤环境持续安全。全年未发生环境安全事故。二是“河长制”工作有效落实。2019年共落实河长制工作经费200万元。开展县级河长巡河6次，乡级河长巡河358次，清理沿河垃圾约336.71吨，利用世界水日、中国水周等契机，向基层群众积极宣传中央全面推行河长制工作的有关政策，发放宣传图册、海报、标语等20000余份。全面开展河湖“清四乱”专项行动，对德庆村德庆曲沿线“乱占、乱建”问题和章多乡尊木采村、德庆镇德庆村乱堆问题进行严查严处，清理德庆曲河道长约700米、河道清淤约4万立方米，拆除德庆曲沿线违法房屋3栋，砖厂1家，转运尊木采村、德庆村堆料20400立方米，并于2019年11月23日全部完成整改销号。三是环保督察反馈意见扎实整改。持之以恒推动中央环保督察组反馈问题的整改工作，紧抓涉及达孜污水处理厂建设个性问题及29个共性问题不放手，共性问题整改办结率达100%，并长期坚持。个性问题“达孜未建成污水处理设施导致园区污水超标排放”的环境保护基础工作薄弱的问题，我们深刻吸取教训，扎实推进整改工作。截至2018年7月，污水管网全线贯通，污水处理厂建设完成。2019年4月，通过专家评审完成公示，5月正式投入使用。投资1220.08万元实施中水回用项目，污水处理厂出水的水质达到国家一级A排放标准后，用于绿化浇灌、道路喷洒等，实现了“污水资源化”。

一年来，我们抓脱贫、促和谐、民生事业收获新成效。

一是脱贫攻坚持续发力。2019年10月，达孜区1074户4250人建档立卡贫困户已全部实现脱贫退出。贫困人口人均可支配收入从2015年底的2855元增长到2019年底的12908.8元，同比2018年底增加1614.1元，增长14.3%，脱贫人口基本实现“两不愁三保障”目标。2016—2019年共确定扶贫产业项目46个，总投资7.43亿元，完工率95.8%。2019年涉农统筹整合资金支出进度达93.09%，无结转结余资金或沉淀资金，且项目、资金公示公告率为100%。全年实现产业分红5892人次1349.55万元，通过土地流转、原材料收购、务工就业等多种渠道，带动贫困群众增收致富。易地扶贫搬迁及旧房拆除复垦工作分批有序推进。“三岩”片区安置点137户842人于2019年12月12日实现搬迁入住。农行“四卡”推广率和普及率达99%，打造“钻石卡村”“金卡村”各1个。扶贫小额信贷37户，贷款162.8万元。2019年顺利通过中央财政绩效考核及区市各级考核。荣获2019年度拉萨市脱贫攻坚综合评价好县区、2019年度拉萨市脱贫攻坚三岩片区跨市易地扶贫搬迁成效显著奖。二是就业社保水平提升。实现城镇新增就业934人，开展各项技能培训23期1250人，培训率达90%以上，培训后就业率达70%以上；创业成功25人，创业带动就业18人；实现农牧区劳动力转移就业9059人、22359人次，创收6450万元。2019年应届高校毕业生就业率99.39%。职工医保、城乡基本养老保险、贫困人口参保率均达100%。全年发放各类社会救助资金553.26万元。退役军人相关政策全面落实。2019年10月，达孜区五保集中供养服务中心评为自治区首家国家级标准化养老服务机构。三是教育卫生持续改善。累计投资3.13亿元按期兑现民生实事。城区第二幼儿园建设完成，4所村级幼儿园续建完成并投入使用。深化落实“五个100%”教育目标，各项指标达标率为100%。南开大学已连续四年共选派20名优秀教师赴达孜中心小学开展支教。我区中小学升学率稳定保持在100%，小学内地升学考录率13.3%，较往年呈增长态势。重点高中录取26人。持续做好22名义务教育阶段残疾学生的送教工作，确保义务教育入学率达到100%，贫困家庭子女义务教育巩固率达到100%，卫生系统整体搬迁项目（新建区人民医院）完成工程进度75%，雪乡、邦堆乡卫生院及周转房项目高效推进，至此达孜区5个乡新建卫生院实现全覆盖，乡镇医疗卫生条件得到大幅改善。风湿病、结核病、肝炎“三病”筛查率达到90%以上。藏医诊疗技术已达15项，年接诊人数达1.3万余人次。调整我区农牧民群众住院费用报销比例，全年为144名贫困户报销医疗费用163.58万元。食品药品监管执法到位，食品抽检合格率达98%。四是其他事业蓬勃稳定。“雪亮工程”已全面竣工并投入使用。圆满完成建国70周年大庆期间各项维稳安保任务，顺利完成10次佛事活动的安保工作，尤其是确保了十一世班禅在达孜开展调研活动的圆满顺畅。组织开展各类安全生产大检查90余次，安全生产形势总体平稳，全年无较大以上生产安全事故发生。信访责任制有效落实，矛盾纠纷化解率和“双拖欠”问题化解率均为100%。深入开展扫黑除恶斗争，对违法用地、违章建筑开展专项集中整治，拆除违法建筑1496平方米，人民群众的安全感、幸福感、满意度不断提高。成功申报国家级非物质文化遗产项目1个，县级非物质文化遗产项目2个，非物质文化遗产传承人8人，对24处不可移动文物点实施立碑保护工作。纵深推进民族团结进步创建工作，建国70周年文化活动丰富圆满，爱国氛围浓厚，中华人民共同体意识全面筑牢。

过去一年，妇儿群团、通讯科技、粮食供销、工商金融、消防武装等工作也取得较好成绩，为全区经济社会发展做出重要贡献。

过去一年，我们顺利完成了政府24个部门的机构改革工作，职能定位得到进一步优化。区人民政府围绕打造为民、务实、高效、诚信、法治、廉洁政府目标，着力加强自身建设，行政效能持续提升。认真开展了“不忘初心、牢记使命”主题教育，坚持用习近平新时代中国特色社会主义思想武装头脑、指导实践、推动工作。全面落实“三会一课”及民主评议党员、区政府常务会法律知识学习等制度。强化政务公开和政府信息公开，网上公开政务信息598件。

自觉接受人大依法监督和政协民主监督，全年办理人大代表建议和政协提案 175 件。全面贯彻“基层减负年”的具体要求，严格落实中央八项规定及其实施细则精神和区市党委有关规定，集中整治为官不为、懒政怠政、文山会海等形式主义、官僚主义突出问题，查处不作为、慢作为典型问题线索 2 条，诫勉谈话并通报 1 人，对 3 家部门开展部门财务审计，对 4 名部门负责人开展经济责任审计，对查出的违规及管理不规范资金逐一推进整改，区政府及政府办公室发文数量同比下降 52%、会议数量同比减少 20%。牢固树立“政府过紧日子，群众过好日子”的思想，开源节流，规范外出学习考察、公务接待等活动，“三公”经费同比下降 39.75%。

2019 年底，新冠肺炎疫情发生后，党中央将疫情防控作为头等大事来抓，习近平总书记亲自指挥、亲自部署，坚持把人民生命安全和身体健康放在第一位。达孜区严格按照“坚定信心、同舟共济、科学防治、精准施策”要求，全面落实疫情防控各项措施，全区 103 名医护人员、196 名公安干警及 430 名各级干部职工奋战在疫情防控一线，由基层党员、双联户、农牧民群众共 1600 余名组成的群防群治力量参与基层防疫工作，从严从细把好拉萨东大门。疫情发生后，安排 200 万元疫情防控专项资金，为西藏天圣消毒制品有限公司融资 700 万元扩增消毒防疫产品生产，调拨青稞、蔬菜、肉蛋等物资 57.5 吨保障群众日常生活，累计收到各方支援口罩 19810 只，向企业发放口罩 20000 只、消毒液 300 公斤助力复工复产，减免小规模纳税人增值税 681.67 万元，减免医疗保险费 237.8 万元，减免房屋租金 19.59 万元，减免电费 412.6 万元，此外向镇江市捐赠价值 33 万元的物资共克时艰。因为疫情，群众生产生活秩序受到冲击，社会经济发展受阻，今年一季度我区项目开复工率仅为 18%，除一产总值增长之外，其他经济指标均出现负增长。克强总理指出：生命至上，这是必须承受也是值得付出的代价。我们理性对待疫情困局，积极落实减税降费各项政策，优化服务保障，着手地方政府专债申报工作，探索发展新契机，助推疫情后经济复苏升温。疫情无情人有情，各族群众风雨同舟、守望相助，筑起了抗击疫情的巍峨长城，14 亿人口大国在较短时间内有效控制疫情，向世界展现了中国精神、中国速度、中国担当，充分彰显了中国特色社会主义制度的显著优势，让我们感受到了祖国的伟大和民族的力量！

各位代表！成绩来之不易，奋斗充满艰辛。这些成绩是在宏观政策趋紧、推动各种转型升级、防范化解重大风险、应对疫情防控的背景下取得的。是以习近平同志为核心的党中央坚强领导的结果，是习近平新时代中国特色社会主义思想科学指引的结果，是区市党委政府精准部署的结果，是区委正确领导的结果，是镇江市无私援助的结果，是人大政协有效监督的结果，更是全区各族干部群众团结奋斗的结果。在此，我代表区人民政府，向全区各族人民，向人大代表、政协委员，向各人民团体，向驻县部队、武警官兵、公安干警、消防战士、驻寺干部，向离退休老同志和所有关心、支持达孜建设发展的社会各界人士，表示最衷心的感谢，并致以最崇高的敬意！

发展永无止境，改革永无止境，拼搏永无止境！在未来的征程中，我们清醒认识到面临的困难和问题：受疫情影响，全国经济回温尚需时日，我区优势产业支撑能力还需壮大，新兴产业尚未形成拉动效应，产业结构优化升级亟待加强，社会治理能力和治理水平还需进一步提升，营商环境还需进一步改善，生态改善任重道远，公共服务供给与民生需求还有差距。对此，我们将高度重视，努力改进，加以解决。

今年发展主要目标和下一阶段工作总体部署

今年是全面建成小康社会的决胜之年，也是“十三五”规划的收官之年。当前，经济形势不容乐观。从国际看，世界经济复苏进程曲折缓慢，中美贸易摩擦持续加深，不稳定、不确定因素明显增加。从国内看，环境资源承载能力达到或接近上限，劳动力、能源、土地等传统优势减弱，再者受疫情影响对我国经济的短期冲击不可避免。这些对我区经济发展都会带来一定影响。但我们也要看到，中央紧扣全面建成小康社会目标任务，统筹推进疫情防控和经济社会发展工作，在疫情防控常态化前提下，坚持新发展理念，明确了“六稳”“六保”政策措施，坚定了我们的发展信心，增强了我们的发展动力。可以说，我区经济长期向好的基本面没有变，经济结构调整优化的前进态势没有变。我们应辩证看待经济发展面临的复杂形势，沉着应对经济下行压力，居安思危、抢抓机遇，精诚团结、敢于拼搏，坚定信心、履职尽责。

2020年政府工作的总体要求是：要坚持以习近平新时代中国特色社会主义思想为指导，认真贯彻落实党的十九大和十九届二中、三中、四中全会精神，增强“四个意识”，坚定“四个自信”，做到“两个维护”。认真落实中央“六稳”“六保”工作要求和区市党委政府的工作部署，按照区委一届三次全会的工作要求，坚持稳中求进的总基调，坚持新发展理念，围绕“脱贫攻坚、乡村振兴”重点任务，突出“转型发展、民生改善”工作主线，狠抓转型发展，加快新旧动能转换；狠抓民生改善，解决热点难点问题，维护经济发展和社会稳定大局，确保全面建成小康社会！

全区经济社会发展的主要预期目标是：地区生产总值增长9.5%，地方财政收入（全口径）增长3%，固定资产投资增长5%，社会消费品零售总额增长10%，农牧民人均可支配收入增长13%。区级财政收支基本平衡，生态环境进一步改善，各项社会事业与经济建设协调发展，同步提高。

围绕上述目标，重点抓好以下五个方面的工作：

（一）实施项目战略，实现新旧动能转换提升

紧紧牵住项目建设“牛鼻子”，以一个个落得下、推得动、建得成的大项目、好项目，持续壮大经济总量。一是紧盯政策抓谋划。积极研究、实时跟进、主动对接上级产业政策、资金投向和扶持动态，抢抓“十四五”项目申报、地方政府专债申报等重大机遇，围绕基础设施、产业培育、生态治理、民生改善等重点领域，挖掘、谋划、包装、申报一批打基础、利长远的大项目。力争全年论证储备重点项目13个，总投资达到20.57亿元以上，争取各级各类资金支持17.27亿元以上。二是紧扣节点抓推进。全面推行政府投资项目联审联批制度，加快推进白纳沟生态公园项目、佳禾·阳光绿洲、虎峰城市广场、盛世未来城等重点项目前期工作；坚持“一对一联系、点对点帮扶”，全程做好项目协调服务，力促2019年公租房项目、基层政权综合服务中心（德庆村、桑珠林村）等千万元以上新建项目尽早开工，确保卫生系统整体搬迁、2018年公租房项目等重点续建项目建成投用。三是紧盯需求抓保障。将进一步完善投融资机制，增强区属国有企业发展的内生动力，增强“造血功能”。积极引导和激发民间投资活力，撬动吸引更多社会资本参与重大项目建设，有力推动各类项目顺利开展。用好用足城乡建设用地增减挂钩政策，加快推进国土空间规划及村庄规划编制，清理低效利用土地，推动项目用地承接工作取得实质进展。

（二）谋求提质发展，实现三次产业优化提速

坚定不移实施转型发展攻坚，加快构建现代产业体系，推进产业提质、结构优化、实体振兴。一是固本培新，加快推进工业转型。着力修编达孜工业园区总体规划和产业发展规划，优化调整空间结构。持续做强主导产业，不断延伸产业链条，优化产业市场，精准招引产业链上下游配套项目和符合产业发展规划的优势项目，不断增强集聚效应。全面开发工业旅游项目，将高原牦牛绒羊绒制品、高原生物医药制品、高原特色食饮品等颇具民族文化及地域色彩的丰厚资源进行科学整合，融合发展，开发工业旅游伴手礼，锻造工业文旅产业，着力打造自治区首家工业旅游示范区。二是提质增效，深入实施乡村振兴。推动邦堆农业产业园区建设，积极申报省级、国家级现代农业园区；做强农产品特色品牌，坚持“特色产业+合作社+电商”模式，依托青稞、牦牛、奶牛、藏鸡、玫瑰、牧草等优势产业，提高农产品精深加工能力和商品化程度，不断提高特色农产品品牌知名度和市场占有率。加大涉农资金整合力度，加快完善农田水利基础设施，提升乡村特色风貌。加强基层文化阵地建设，注重文物保护，积极开展村级文艺队组建工作，扎实推进“三区三州”旅游基础设施项目。三是扩需放活，促进三产繁荣兴旺。做精全域旅游，加快推进实施白纳沟景区项目、扎叶巴村容村貌四期项目、乡村电商物流服务中心二期装修工程项目。打造创建旅游精品村，加快培育休闲农场、特色民宿等新业态。设计落实“一日游”“两日游”等串联达孜各个景区景点的创意产品，丰富旅游体验，

提高旅游知名度。加快建设虎峰广场，增强城区中心商业圈、乡镇商业网点的市场载体功能，完善现代化的商业商务体系。做活商贸物流，推动餐饮、住宿等传统商贸产业提质发展，培育壮大电商主体，不断完善农村物流体系，着力打通工业品下乡和农产品进城双向流通渠道。

（三）致力宜居宜业，实现城乡建管扩容增值

坚持推进“以人为本”的新型城镇化建设，外塑形象，内炼品质，加快提升城乡功能布局和宜居水平。一是突出中心，聚势成核。加快扩容提质步伐，建设功能完善、生活便捷、宜居宜游的中心城区，着力打造城市核心竞争力。优化综合交通体系，全力配合推动东环北线、S5线等道路建设，加快建设达孜县级客运站。完善中心城区配套，提质改造小街小巷3条，安装路灯200盏，持续开展“厕所革命”。维修改建农村公路8.85公里，实施农村公路安防工程5公里。加快新一轮农村电网改造升级，升级改造配电线路3条。全力保障达孜新区整体开发建设，加快本地房产开发，积极探索推进集中供能，满足群众高品质生活需求。二是突出长效，精细管理。实施“最美县域”行动计划，加快卫生城市和文明城市创建。完善城区基础设施配套，合理规划城区农贸市场，扎实推进城区垃圾分类工作。推进城市环境治理，运用好“双联户”力量，探索推行路（街巷）长制，延伸“城管执法触角”。全面加强门前三包、拆违控违等综合整治，打造精细化样板路、精品示范路1条。进一步加强对自来水公司、污水处理厂、天空物业、垃圾中转站的管理，不断提升执法管理水平。推进爱国卫生运动，抓好健康教育、疫情防治防控等工作。巩固全国绿化模范单位创建成果，强化山水修复、绿化景观和公园体系建设，培育壮大生态品牌。三是突出稳控，强化治理。深入推进扫黑除恶专项斗争，聚焦重点地区、重点行业专项整治行动，严厉打击各类违法犯罪行为，切实提升社会治安防控水平。充分发挥公共法律服务作用，确保“七五”普法圆满收官。践行“司法为民、司法惠民”理念，着力解决群众反映强烈的诉求问题，及时化解社会不稳定因素。加强食品安全监管，完善现代化治理体系，坚决防止食品安全事件发生。严格落实安全生产责任制，强化重点行业领域隐患排查，统筹推进疫情防控、区域防火、防汛抗旱等工作，坚决遏制较大及以上安全生产事故发生，不断彰显平安和谐。

（四）筑牢底线红线，实现三大战役突破提档

坚持把提高站位作为根本遵循，保持定力，精准发力，确保“三大攻坚战”取得全面胜利。一是防化风险有力有序。坚持防化兼备原则，严格执行预算管理，全力保运转、保民生，有序化解政府债务；依法健全政府融资机制，严控政府投资类项目，坚决遏制隐性债务增量，保持举债同偿债能力相匹配。严厉打击非法集资等各类金融违法行为，依法加强对国有企业的资本运营监管，强化债务约束，妥善做好小微企业债务清偿。二是脱贫攻坚提质增效。聚焦“两不愁三保障”，围绕持续稳定增收核心，统筹推进产业带动与就业安置，狠抓脱贫项目运行管理，确保发挥长效机制。持续完善危房改造、教育扶持、健康扶贫、低保兜底等保障机制，引导贫困群众劳动增收、就业创业致富。认真开展脱贫攻坚“回头看”，扎实做好“三岩片区”群众后续保障工作，因村因户制定产业扶贫计划，积极扶持龙头企业、产业基地建设，鼓励采取入股分红、委托经营等多种模式，促进贫困户持续稳定增收；发挥扶贫小额信贷等金融杠杆作用，保障贫困户发展资金需求，确保脱贫成果得到长期巩固、经得起检验。三是污染防治稳扎稳打。防治大气污染，联防联控打好蓝天保卫战，加强工业企业、散乱污涉气企业监管，全面落实餐饮油烟散煤整治、垃圾禁焚、扬尘管控等工作。防治水污染，有效落实“河长制”，推进河湖“四乱”专项整治，综合治理拉萨河流域水环境污染问题。防治土壤污染，开展土壤环境污染调查，全面治理化肥农药减量增效行动。稳步推进白纳沟生态公园建设，强力推进“两江四河”植树造林工程，持续巩固“绿色围城”成果。加强环境风险管控，提升环保执法水平，用最严格的制度、最严密的法治保护生态环境。

（五）增强民生福祉，实现社会事业向好提优

时刻把百姓的安危冷暖放在心上，以更大的力度、更实的措施保障和改善民生，不断增强群众的获得感、幸福感。一是全力促进就业创业。把稳就业作为保障和改善民生、维护社会稳定和长治久安的

重要举措,落实就业创业优惠政策。加大就业稳岗、创业担保奖补政策支持力度,支持创业载体建设,切实发挥创业带动就业的倍增效应。抓好高校毕业生、就业困难人员就业,扩大就业见习补贴范围。实现城镇新增就业千余人,城镇零就业家庭动态清零,城镇登记失业率控制在3.6%以内,应届高校毕业生就业率达到95%以上。农村富余劳动力转移就业近万人次。二是坚持教育优先发展。聚焦提升教育教学质量这一主线,优化结构、补齐短板,以普惠性发展为原则,继续深入实施学前三年行动计划,保障学前教育资源,充实学前教育队伍力量,不断扩大学前教育辐射范围;以优质均衡为目标,结合拉萨市教育发展"六大战略",在教学常规管理、教师能力培养和教研教改上持续用力,继续做好中小学质量监测、教学常规检查、教师岗位大练兵、师德师风建设等工作,抓基础、抓载体、抓过程,加快破解农牧区教育质量不高的难题,提高农牧民群众对基础教育的满意度。三是推进健康达孜建设。2020年持续深化医药卫生体制改革,深入推进紧密型区域医共体建设,推进分级诊疗建设,加强全科医生培训,不断提升基层医疗卫生服务水平和家庭医生签约服务水平。协同推进基本公共卫生和基本医疗服务。加强计划免疫,防控重大传染性疾病,抓好结核病、地方病、慢性病防治。大力发展藏医药事业,发挥藏医药在预防、治疗、康养方面的作用,落实免费孕前检查和出生缺陷一级干预项目,提高出生人口素质。推进"互联网+健康医疗"信息化建设,为各族群众提供更加公平、更高水平的健康服务。四是健全社会保障体系。扎实推进全民参保计划,扩大社保覆盖面。整合城乡居民基本医疗保险制度,加快推动异地就医结算。积极推进基本医疗保险、大病保险、医疗救助"一站式服务窗口办理、一单制结算"。成立医疗保障服务中心,优化医疗保障服务。加快老年人、残疾人、精神障碍患者等特殊群体服务设施建设,全面落实残疾儿童康复救助制度,推进我区两个农村试点留守儿童关爱室的建设和运营。加大农村留守老年人、留守儿童关心关爱力度,确保有意愿的城乡特困人员全部集中供养、孤儿全部集中收养。健全完善临时救助制度,消除救助盲区。启动社区养老驿站建设、管理和服务工作。扎实做好退役军人和其他优抚对象的服务管理。

各位代表!民之所望,施政所向。人民对美好生活的向往,始终是我们的奋斗目标,唯有全面加强自身建设,才能不负重托,不辱使命。我们政府要自觉在思想上、政治上、行动上同以习近平同志为核心的党中央保持高度一致,践行以人民为中心的发展思想,落实全面从严治党要求,坚持依法行政,坚持政务公开,提高治理能力。要发扬学者精神,加强政策钻研,建设学习型政府。要争做改革的引领者,全面深化改革,大力推进创新引领开放崛起战略,凝聚创新力量,激活发展引擎,敢于较真碰硬,攻坚克难,全力破解发展瓶颈。要依法接受同级人大及其常委会的监督,自觉接受人民政协的民主监督,强化审计监督,主动接受巡视、社会和人民的监督,不断加强廉洁政府建设,坚决惩治腐败。

各位代表!身处新时代,直面"四个伟大",身负艰巨任务,我们不能退缩,不能犹豫,不能彷徨,唯有恪尽职守,奋发作为,才能创造无愧于党、无愧于人民、无愧于时代的发展业绩。让我们坚持以习近平新时代中国特色社会主义思想为指导,迎难而上,锐意进取,统筹推进疫情防控和经济社会发展,咬定目标不放松、鼓足干劲抓落实,为夺取全面建成小康社会而不懈奋斗。

名词解释

1. 高质量发展:党的十九大首次提出的新表述,中国经济由高速增长阶段转向高质量发展阶段。

2. "厕所革命":指的是对发展中国家的厕所进行改造的一项举措,最早由联合国儿童基金会提出,厕所是衡量文明的重要标志,改善厕所卫生状况直接关系到这些国家人民的健康和环境状况。

3. "河长制":指的是由中国各级党政主要负责人担任"河长",负责组织领导相应河湖的管理和保护工作。

4. 三大攻坚战:党的十九大首次提出的新表述,是指防范化解重大风险、精准脱贫、污染防治。

5. 乡村振兴战略:党的十九大首次提出的新表述,总要求是产业兴旺、生态宜居、乡风文明、治理有效、生活富裕。

6. 全域旅游：是指将一定区域作为完整旅游目的地，以旅游业为优势产业，统一规划布局、优化公共服务、推进产业融合、加强综合管理、实施系统营销，有利于不断提升旅游业现代化、集约化、品质化、国际化水平，更好满足旅游消费需求。

7. 东翼新城：拉萨市提出的“一心两翼、东延西扩”发展战略中把达孜定位为东翼的重要组成部分。

8. “五个 100%”：即中小学双语教育普及率、小学数学课程开课率、中学数理化生课程计划完成率、中学数理化生实验课程开出率、职业技术学校国家目录规定课程开出率均达到 100%。

9. “六稳六保”：“六稳”出自 2018 年 7 月 31 日召开的中共中央政治局会议上提出的概念，具体包括：稳就业、稳金融、稳外贸、稳外资、稳投资、稳预期。“六保”是在 2020 年 4 月 17 日召开的中共中央政治局会议上提出的概念，具体包括：保居民就业、保基本民生、保市场主体、保粮食能源安全、保产业链供应链稳定、保基层运转。

10. “一网通办”：是指依托一体化在线政务服务平台，通过规范网上办事标准、优化网上办事流程、搭建统一的互联网政务服务总门户、整合政府服务数据资源、完善配套制度等措施，推行政务服务事项网上办理，推动企业群众办事线上只登录一次即可全网通办。

11. “清四乱”专项行动：在全国范围内对乱占、乱采、乱堆、乱建等河湖管理保护突出问题，开展的专项清理整治行动。

12. “三区三州”：“三区”是指西藏、新疆南疆四地州和涉藏工作重点省；“三州”是指四川凉山州、云南怒江州、甘肃临夏州”。三区三州是国家层面的深度贫困地区，是国家全面建成小康社会最难啃的“硬骨头”。

13. “两江四河”：指雅鲁藏布江、怒江及拉萨河、年楚河、雅砻河、狮泉河，是西藏生态安全屏障的重要组成部分。

14. “绿色围城”：拉萨市“绿色围城”建设工程建设面积达 54706.5 亩，分别位于拉萨市城关区、达孜区、曲水县、柳梧新区和堆龙德庆区境内，包含南北西环道景观绿化工程、五大门户景观绿化工程、山体生态修复试点工程、南北山坡地造林工程、拉萨河谷荒滩造林工程、防沙治沙工程、低质林改造等。

中国人民政治协商会议拉萨市达孜区委员会常务委员会工作报告

——在政协第一届拉萨市达孜区委员会第三次会议上

政协拉萨市达孜区委员会主席　赵彩娥

（2020 年 6 月 18 日）

2019 年工作回顾

2019 年，在达孜区委坚强领导和拉萨市政协精心指导下，区政协常委会团结带领各界政协委员，坚持以习近平新时代中国特色社会主义思想为指导，全面贯彻落实习近平总书记关于加强和改进人民政协工作的重要思想，深入贯彻落实党的十九大和十九届二中、三中、四中全会精神及中央和自治区党委政协工作会议精神，紧紧围绕自治区党委、拉萨市委、达孜区委重要会议决策部署，聚焦区委、区政府中心工作，坚持团结和民主两大主题，牢牢把握推动人民政协制度更加成熟更加定型、发挥好专门协商机构作用的新方位新使命，把坚持和发展中国特色社会主义作为巩固共同思想政治基础的主轴，把服务实现“两个一百年”奋斗目标作为工作主线，把加强思想政治引领、广泛凝聚共识作为履职工作的中心环节，充分发挥人民政协职能作用，交出了“政协答卷”，为我区改革发展稳定贡献了智慧和力量。

一、坚持党的领导，保证政协工作的正确政治方向

常委会牢牢把握政协组织是政治组织的本质属性，始终坚持把夯实思想政治基础作为首要工作紧紧抓在手上，把学习贯彻习近平新时代中国特色社会主义思想作为统揽各项工作的总纲，着力强化理论武装，增强政治定力，确保党的领导落实到政协工作各方面和全过程。

加强上级党委有关精神学习。政协之“政”是政治之政，是做政治工作的，政治引领至关重要。党的十八大以来，以习近平同志为核心的党中央，就人民政协事业发展做出了新的重大部署，制定了《关于加强社会主义协商民主建设的意见》《关于加强

人民政协协商民主建设的实施意见》《关于加强和改进人民政协民主监督工作的意见》等一系列重要文件,特别是习近平总书记在中央政协工作会议暨庆祝人民政协成立70周年大会、中央统战工作会议上的重要讲话,提出了新阶段关于人民政协工作的新思想、新观点、新论述,为新时期人民政协事业发展提供了根本指导。区政协党组先后召开党组会议、主席会议、常委会议、理论研讨会等,深入学习、专题研讨习近平总书记的重要讲话精神和党中央关于加强社会主义协商民主建设和人民政协工作的重大战略部署,进一步增强政治意识、大局意识、核心意识、看齐意识,牢牢把握人民政协的性质定位、履职原则和政治方向,确保政协工作的正确政治方向。

自觉坚持在区委领导下开展工作。坚持任何时候都坚决维护中央的权威,贯彻落实党委的主张,始终做到与以习近平同志为核心的党中央保持高度一致,自觉地、不折不扣地贯彻落实各级党委的决策部署,始终把政协工作纳入到区委全局工作中去谋划、去推进。提请区委批转区政协常委会工作要点和协商计划,做到党委政府工作推进到哪里,政协履职就跟进到哪里。严格遵守党的政治纪律和政治规矩,认真贯彻执行中央八项规定及其实施细则精神和区市党委实施办法,定期向区委汇报政协工作,平时重要工作主动报告、重要事项及时反映,加强政协工作与党政工作衔接,着力增强贯彻落实党的各项决策部署的思想自觉和行动自觉。

二、围绕中心,致力发展,服务大局成效更加显著

政协常委会自觉把政协工作放到全区发展大局中去思考、谋划和推进,力求各项工作围绕中心不偏离、服务大局不缺位。

助力扫黑除恶谋实招。认真贯彻落实各级党委关于扫黑除恶专项斗争的决策部署,充分履行政协职能。加强学习教育,将扫黑除恶相关内容列入政协党组理论中心组和政协机关支部集中学习计划,教育引导政协班子成员和政协机关干部职工切实提高对扫黑除恶的政治站位。发动委员广泛参与,组织召开"政协委员参与扫黑除恶专项斗争"动员部署会,向委员传达学习扫黑除恶有关精神和应知应会基本知识,并发出《政协委员助力扫黑除恶专项斗争倡议书》,号召委员带头积极主动参与专项斗争,彰显政协优势。做好宣传引导,充分利用"6月综治宣传周"活动契机,在德庆镇桑阿寺沿街设立宣传点,开展"扫黑除恶"集中宣传活动,通过现场讲解、发放宣传资料和印有"扫黑除恶"标语的宣传布袋,进一步提高群众对扫黑除恶专项斗争的参与度、知晓率。开展民主监督,将扫黑除恶纳入政协年度民主监督重点工作,每季度开展1次监督性督查和专项督查。

助力环境保护敢担当。瞄准打好污染防治攻坚战,扎实落实区委决策部署,主动肩负我区巩固"禁白"成果工作主体责任。牵头组织召开"禁白"工作推进会,与24家"禁白"成员单位签订"禁白"工作目标责任书,明确职责分工,层层推进落实。注重加大"禁白"宣传力度,以世界环境保护日为契机,在桑阿寺沿街设点进行宣传,潜移默化增强群众"禁白"意识。强化民主监督,聚焦"禁白"薄弱环节,每季度开展1次监督性督查和专项督查,促进"禁白"工作常态化。同时,以社情民意信息为抓手,发动基层委员广泛参与,紧盯我区环保薄弱环节展开调研,形成了《关于进一步规范餐厨垃圾处理的建议》和《关于进一步规范建筑垃圾清运处理的建议》,得到相关部门的高度重视和及时处理。

助力团结和谐促发展。充分发挥政协爱国统一战线大团结大联合的优势,促进社会和谐稳定。以庆祝西藏民主改革60周年为契机,组织18名来自不同界别的委员召开"3·28"百万农奴解放纪念日座谈会,委员们围绕铭记历史、珍惜今天、开创未来进行发言,以自己亲历、亲见和亲闻讲述60年来西藏波澜壮阔的改革和沧桑的社会巨变,增进各界别委员感党恩、听党话、跟党走的共识。在庆祝中华人民共和国成立70周年之际,召开民族团结进步节座谈会,引导各族委员树牢"三个离不开"思想、增强"五个认同",铸牢中华民族共同体意识,像爱护自己的眼睛一样爱护民族团结,像珍视自己的生命一样珍视民族团结,像石榴籽一样紧紧抱在一起。扎实开展文史工作,对《拉萨文史丛书—达孜史话》进一步修改完善,积极跟进资料终审、排版设计等事宜,助推本书尽快出版,促进发挥文史资料这一独具政

协特色工作“存史、资政、团结、育人”的社会功能和作用。

三、关注民生，提升福祉，为民履职工作务实推进

一年来，常委会把关注群众期待、回应群众关切、促进惠民利民贯穿于履职的各个环节，不断强化协商监督职能，让群众感到政协委员就在身边、人民政协离自己很近。

聚焦堵点难点察民情。引导委员发挥联系群众桥梁纽带作用，当好人民群众“传声筒”，为党委政府体察民情、了解民意、解决民需提供重要依据和参考，既做到勤建言，更做到真帮忙。2019 年共向政府反映群众需求和呼声类社情民意 6 件，包括异地搬迁点群众用水用电问题、桑珠林集体资产流失和管理不力问题、中心小学附近倾倒泔水造成环境污染问题、建筑垃圾清运不及时影响环境问题、318 国道改扩建施工过程中破坏灌溉水渠问题、达孜到拉萨路段换乘公交车不便等问题，这些社情民意均得到政府相关部门的高度重视，并及时进行了整改，群众利益得到保护，群众愿望得以落实。同时，委员们在提案选题上高度聚焦农村道路、安全饮水、教育、医疗、就业等重点难点工作及热点问题，注重借助提案，促进民生问题妥善解决。

致力精准扶贫解民困。全面打赢脱贫攻坚战、如期实现全面建成小康社会是当前我区最大的民生。根据区委统一部署，政协领导班子成员对口联系我区 4 个村，8 户贫困户、8 户边缘贫困户，全年多次深入实地走访慰问、结对帮扶，想对策、出主意、促脱贫，并为贫困户解决就业岗位 1 个，促进其稳定增收。结合开展“不忘初心、牢记使命”主题教育，3 名政协党组成员均聚焦解决扶贫中的“造血”问题进行调研，着力破解我区村（居）集体经济发展“瓶颈”，查摆问题 7 个，提出对策建议 11 条。

四、强化实践，勇于探索，协商民主建设持续深入

政协常委会认真贯彻落实各级政协工作会议精神，秉承传统，致力探索，全力推动协商民主广泛多层制度化发展，不断焕发政协工作活力。

着力加强提案协商办理。制定提案办理实施细则，健全提案征集引导、联合交办、办理协商、答复反馈机制，并坚持把协商贯穿提案提、立、办、督全过程，强化办前提前协商、办中跟踪协商、办后运用协商。加大主席会议督办重点提案力度，强化带案视察、重点督办和办理评议，2019 年主席班子成员带队组成 3 个组先后深入提案承办单位开展跟踪督办工作，极大提高了提案办理实效。二次会议以来，共收到提案 91 件，立案 82 件，办复率 100%，委员满意率保持较高水平。其中，《关于在城市建设中强化科学长远布局意识，避免重复建设造成资源浪费的建议》契合区委、区政府发展思路，得到相关部门高度重视，为有效助推我区科学发展提供决策参考。

竭力拓展民主监督领域。融协商、监督、参与、合作于一体，紧扣群众反映强烈、感受直接的现实问题，有效发挥民主评议、视察、提案、社情民意信息等日常监督作用。创新监督机制，专门选派 21 名委员担任特邀民主监督员组成 7 个民主监督小组委派到 19 家区直行业部门开展民主监督，推动行风作风持续向好。50 余名基层委员参与了项目建设、产业发展、脱贫攻坚、环境保护、河长制落实等工作的民主评议。3 名委员被区人民法院聘任为人民陪审员。3 名主席会议成员先后参加市委组织的为期 10 个月的政治巡察、脱贫攻坚巡查督导活动，坦诚出谋献计，助推相关工作落实。

五、务实创新，固本强基，政协自身建设全面提升

一年来，常委会主动适应新形势新任务新要求，把加强自身建设摆在突出位置，有力提升了科学化管理水平，夯实政协履职的基础保障。

强化思想政治建设。坚持把思想政治建设放在政协各项建设的首要位置，以“不忘初心、牢记使命”主题教育为契机，丰富学习内容，创新活动形式，确保主题教育往深里走、往实里去。按照学懂弄通做实的要求，把习近平新时代中国特色社会主义思想和党的十九大精神等相关内容，作为党组理论中心组重点学习内容，并组织委员召开专题培训会，有计划、分专题推进学习活动有效进行。举办脱贫攻坚知识测试和“迎七一”党建知识竞赛活动等，融知识性、趣味性、教育性为一体，在检验学习成果的同时，也活跃了学习氛围，提高了学习积极性。邀请市委党校老师以“学党史感党恩跟党走”为主题讲党课，引导委员铭记历史，坚定信仰，自觉守初心、担使命。

通过组织研讨发言、开展志愿服务活动、集中观影、实地参观爱国主义教育基地和廉政教育基地的方式,开展形式多样、内容丰富的主题党日活动,并组织委员广泛参与,为委员更好履职,进一步当好党和群众的桥梁纽带,打下了坚实基础。同时,开办半年“政协讲坛”,特别邀请拉萨市政协机关党组成员、提案委主任巴次,围绕习近平总书记关于加强和改进人民政协工作的重要思想开展宣讲,为委员在新时代准确聚焦改革与发展履行职能、建言献策明确了方向。

机关效能持续提升。召开机关党风廉政建设会议,把机关党建工作与政协履职同谋划、同部署、同落实、同考核,基层党组织的政治功能不断显现。把纪律和规矩挺在前面,建立健全机关集体学习、干部职工管理、办文办会办事等各类规章制度,机关管理层级化、规范化、制度化持续推进。高度重视机关干部队伍培养,选派干部参加各级各类培训 5 人次。驻村工作扎实有效,脱贫攻坚成果更加巩固。

坚持联谊汇集力量。主动加强政协组织之间的沟通交流,密切与上下左右的紧密联系。积极与区、市政协对接,配合开展“自治区推进民营经济发展政策落实情况及建议”“我区牧业经济如何走出传统生产方式”“如何有效治理过度煨桑、乱挂经幡、乱放风马纸等乱象对生态环境的污染,淡化宗教消极影响”等调研座谈。加强与兄弟县(区)政协的联谊交流,先后组织委员“走出去”到尼木县、城关区调研学习,切实打开委员视野,形成联动协作、开放共享的良好局面。接待区外政协以及区内各地政协考察团 7 批,积极讲好达孜故事,扩大达孜对外影响力。

各位委员,这些成绩的取得是区委坚强领导的结果,是社会各界关心支持的结果,是全体政协委员和政协工作者恪尽职守、辛勤奉献的结果。在此,我代表区政协常委会,向所有关心支持政协工作的领导、同志们和朋友们致以崇高的敬意和衷心的感谢!向辛勤工作在各条战线上的全体政协委员致以崇高的敬意!

各位委员,在肯定成绩的同时,我们也要清醒地看到工作中存在的问题与不足,主要体现在:一是委员的责任担当意识,以及履职的能力水平还需进一步提升。二是政协工作制度在具体执行过程中还存在落实不到位的地方。三是履职成果转化机制还不够完善,落实工作的意识还需加强等等,这些问题需要我们在下一步工作中认真思考研究,着力加以改进和解决。

2020 年工作思路

2020 年是全面建成小康社会、“十三五”规划收官之年,是实现第一个百年奋斗目标之年,是西藏同全国一道步入全面小康社会之年。今年区政协工作的总体思路是:以习近平新时代中国特色社会主义思想为指导,全面贯彻落实党的十九大和十九届二中、三中、四中全会精神,以及习近平总书记在中央政协工作会议上的讲话精神,按照中央和区党委政协工作会议部署,在达孜区委的坚强领导下,坚持团结和民主两大主题,围绕区委区政府中心工作,坚持统筹推进常态化疫情防控和经济社会发展工作大局,在发挥专门协商机构作用上展现新作为、在凝聚共识上进行新探索、在完善工作机制上实现新突破,不断提高政治协商、民主监督、参政议政水平,为确保完成决战决胜脱贫攻坚目标任务、决胜全面建成小康社会做出新的更大贡献。

一、坚持党的全面领导,在强化思想政治引领上促深化

要坚持把党的政治建设摆在首位,按照《中国共产党党组工作条例》的要求,结合中共中央《关于加强新时代人民政协党的建设工作的若干意见》,以实现“两个全覆盖”(党的组织对党员委员全覆盖,党的工作对政协委员全覆盖)为目标,进一步健全党对政协工作领导的组织体系,形成层层抓落实的政协党建工作格局。以制度建设为根本,在研究制订《达孜区政协加强党的建设工作实施办法》的基础上,探索建立《党组成员联系服务界别工作机制》《党员委员联系党外委员工作机制》“1+2”文件,指导党组成员和党员委员将党的政治建设、思想建设、组织建设、作风建设和纪律建设落到实处,切实发挥好政协党组把方向、管大局、保落实的重要作用,发

挥好政协机关党支部的战斗堡垒作用，发挥好党员委员的先锋模范作用，团结带领各党派、各界别政协委员不断增进对中国特色社会主义的政治认同、思想认同、理论认同、情感认同，夯实团结奋斗的共同思想政治基础。

二、发挥专门协商机构作用，在服务中心大局上善作为

聚焦党政关注重点、改革发展难点和群众关心热点，以及区委重大决策，制定年度协商计划，完善协商机制、丰富协商形式、拓宽履职渠道，更为经常地开展专题协商、对口协商、提案办理协商，搭建界别协商平台，多提有用、好用、管用的协商意见。进一步深化委派民主监督员工作，把推动区委区政府重大决策部署和民生实事的落地落实作为协商式监督的主攻点，提高民主监督的实效。推进政协协商民主向基层延伸，在唐嘎村、白纳村探索建设“委员联络室”，把其作为基层协商民主的活动载体和工作抓手，通过经常性、制度化地开展联系群众、服务群众、调研协商、视察督查、提交提案和社情民意信息等活动，努力使“委员联络室”成为学习交流新载体、团结联谊新方式、凝聚共识新平台、联系群众新桥梁、反映民意新渠道、建言资政新纽带。

三、坚持聚焦民生履职，在服务群众工作中求实效

要坚持以人民为中心，围绕促进大学生就业、食品药品安全监管、基础教育现状、养老事业发展、乡村文化旅游发展、扶贫搬迁中存在的问题等民生领域确定协商议政选题，组织委员到区内外开展专题视察调研，努力拿出一批符合政策、反映区情、代表民意、有助决策的调研成果。要着力提高民生类提案办理实效，协商建立政府领导领衔督办政协提案制度，提高提案办理质量，确保提案办理成果有效转化。要进一步强化社情民意信息“微调研”作用，建立社情民意工作激励机制，对积极报送相关信息的委员给予适当奖励，引导委员切实聚焦民生热点难点献计出力，畅通民意反映渠道。

四、致力广泛凝聚共识，在汇聚各方力量中善作为

要切实发挥人民政协的统一战线组织功能和作用，进一步加强与各族各界统战人士的沟通联系，努力增进最大共识度，形成最大向心力，协助党委政府把各方面的思想和认识统一起来。通过大力宣传区委区政府重大决策部署和改革发展的伟大成就，团结引领各族各界、政协系统统战人士感党恩、听党话、跟党走，深入揭批十四世达赖“三性”反动本质，维护祖国统一，加强民族团结，把政协制度优势转化为治边稳藏的效能。注重与党政部门、党派团体、社会各界的联合调研，在调研视察中增进更为广泛的团结，把党的主张转化为社会各界的自觉行动。加强与党外知识分子、非公经济人士、新社会阶层人士的联系联谊，最大程度地汇集创业创新创造的力量。继续加强与区内外政协组织的友好交往，取长补短，交流经验。做好委员“三亲”资料、达孜区史等文史资料的收集、整理工作，以史育人，以文化人。

五、持续加强自身建设，在发挥好委员作用上促提升

打铁必须自身硬，人民政协只有在自身建设上奋力前行，不断提高能力素质，才能更好完成新时代赋予人民政协的新使命。要全面深化委员履职服务管理，按照“懂政协、会协商、善议政，守纪律、讲规矩、重品行”的要求，加大委员教育培训力度，深化委员履职能力建设；健全委员履职档案，出台提交年度履职报告和大会述职办法，督促做好“委员作业”；严格纪律要求，完善履职考核，畅通退出渠道，全面激发履职热情，不断提升履职实效。持续改进机关作风，着力培养政治过硬、勇于担当、廉洁自律的政协机关干部队伍。切实做到办文规范、办会严谨、办事周全，不断提升机关整体服务水平。

各位委员，海阔潮涌千帆竞，乘风破浪启新程。新征程承载新使命，新目标赋予新作为，让我们更加紧密地团结在以习近平同志为核心的党中央周围，在中共达孜区委的坚强领导下，坚定信心，践行使命，勠力同心，善作善成，不断开创达孜政协事业新局面，努力为达孜打造拉萨市城市副中心贡献政协力量。

聚焦监督重点 提升治理效能
为全面建成小康达孜提供坚强纪律保障

——在中国共产党拉萨市达孜区第一届纪律检查委员会第三次全体会议上的工作报告

拉萨市达孜区纪委书记、监委主任 扎西泽姆

（2020 年 6 月 16 日）

一、2019 年工作回顾

2019 年，在市委的坚强领导下，在市纪委的有力指导和推动下，以张干书记为班长的达孜区委立足全局，切实担负起全面从严治党主体责任，坚定不移推进管党治党工作，政治生态持续向好。全年以来，区纪委坚持一以贯之学习贯彻习近平新时代中国特色社会主义思想，一以贯之督促党员干部自觉做到“两个维护”，一以贯之贯彻落实全面从严治党方针和要求，稳中求进、进中求好，一体推进不敢腐、不能腐、不想腐体制机制，党风廉政建设和反腐败工作实现高质量发展，取得新的更大成果。

（一）以政治建设为统领，不断强化政治监督。达孜区两级纪检监察机关始终把政治监督放在首位，严明党的政治纪律和政治规矩，不断增强“四个意识”、坚定“四个自信”、做到“两个维护”。突出对习近平总书记治边稳藏重要论述贯彻落实情况的监督，全力以赴抓维稳安保领域监督检查，共开展维稳督导 30 余次，检查单位 300 余家次，不断严肃维稳工作纪律。紧紧围绕区委、区政府中心工作，强化对贯彻新发展理念、三大攻坚战、减税降费、党和国家机构改革、新冠肺炎疫情防控等重大决策部署落实情况的监督，做到党委和政府的重大决策部署到哪里，监督工作就跟进到哪里。持续淡化宗教消极影响，签订党员不信教承诺书 3000 余份，引导广大党员干部自觉抵制宗教消极影响，做到“七个严禁”；压紧压实党委主体责任和纪委监督责任，区委召开常委扩大会议，专题研究“两个责任”落实；区纪委第一时间约谈 2018 年度问题线索“零报告”的 3 个乡镇党委书记、纪委书记；严格落实《中国共产党问责条例》，对 9 名党员干部实施问责，以问责倒逼责任落实；严肃党内政治生活，参加各乡镇和区直各单位民主（组织）生活会，督促 26 名受处分或组织处理的党员干部在会上做出说明；严把选人用人、评先评优、职级晋升等关口，做到信访案管室、党风室、巡察办层层审核，主要领导亲自审批，严防带病提拔和违规评先评优，共回复廉政意见 1971 人次。

（二）以人民为中心，坚决维护群众切身利益。结合“不忘初心、牢记使命”主题教育，深入开展漠视侵害群众利益问题专项整治，受理侵害群众利益不正之风和腐败问题线索 7 件，给予党纪政务处分 6 人，挽回群众损失 10 万余元，会同相关部门及时总结公布阶段性整治成果，切实提高群众在反腐败工作中的幸福感和获得感。持续开展扶贫领域作风和腐败问题治理，先后 2 次牵头召开专题推进会，督促行业监管责任落实和反馈意见整改，完成监督责任组 18 项整改任务；编写并发放藏汉双语版《致农牧民群众的一封信》至 7000 余农户家中，进一步畅通信访举报渠道；对 32 个 50 万元以上扶贫项目

招投标、施工、验收等环节存在的腐败和不正之风问题进行摸排，反馈并督促整改问题5个。2019年，达孜区纪委共处置扶贫领域问题线索3件，给予党纪政务处分2人、提醒谈话1人。深挖彻查充当黑恶势力“保护伞”问题，6次召开会议安排部署扫黑除恶工作，组成监督检查组深入公安局、乡镇派出所，通过个别谈话、查阅卷宗、分析问题线索等方式核查问题线索4件；开展问题线索回头看，复核基层微腐败问题线索6件，调查核实涉黑涉恶问题线索2件，未发现党员干部涉黑涉恶腐败问题。

（三）以问题整治为抓手，凝练驰而不息作风韧劲。采取下发一份廉洁过节通知、召开一次节前廉政会议、推送一条廉政短信、开展一次专项检查的“四个一”举措，紧盯节假日、重要时间节点和关键行业部门，对干部职工大操大办借机敛财、党员干部参赌涉赌、行业乱象等问题进行明察暗访、交叉检查。2019年共开展监督检查90余组次，受理违反中央八项规定精神问题5件，给予党纪政务处分3人；受理参赌涉赌问题4件，给予党纪处分7人。牵头对景观亮化工程过度化、办公用房超标、天价烟等问题进行全覆盖自查，组织开展不作为慢作为、文山会海等形式主义、官僚主义问题二次排查，1人被诫勉谈话并通报。督促相关部门对办公用品超标、公款购买礼品、违规接待等12项违反中央八项规定精神问题进行整改，收缴违纪资金36万余元。

（四）以政治巡察为根本，扎实推进巡察工作走深走实。区委书记多次主持书记专题会，研究部署区委巡察工作，确保巡察工作稳步高效推进。区委巡察办开展集中学习和支部学习50余次、组织参加各级巡察业务培训12人次，不断打牢干部巡察理论基础；建立自治区、拉萨市、达孜区三级巡视巡察反馈问题总台账，联合纪委监委、组织、宣传等部门对巡视巡察反馈问题整改情况进行复核检验，共检查整改问题118项，整改到位109条，整改率达到92.37%，做深做细巡察“后半篇文章”；制定出台《巡察工作领导小组会议制度》《巡察整改情况监督检查工作办法》等多项制度，进一步规范巡察工作程序，提高巡察工作效率，年内共完成3轮19家单位18个党组织巡察工作，清退违纪资金6.5万元，反馈问题85个，移交问题线索7件；组织召开问题反馈会，督促被巡察党组织全面彻底推进整改，将巡察发现的共性问题在全区范围内进行通报，要求各级党组织对照自查自纠，巡察“探头”和“前哨”作用进一步彰显。

（五）以安全、规范、高效为标尺，坚持不懈推进纪检监察体制改革。时刻紧绷执纪审查调查安全之弦，严格执行问题线索管理处置、“走读式”谈话安全应急预案等规定，全年累计开展谈话100余人次，实现办案安全零事故的目标。全面完成达孜区监委派出乡镇监察室工作，监察权限逐步下放，全年各乡镇纪委办理问题线索4件。不断完善工作例会制度，纪委监委主要负责人定期听取信访举报受理、问题线索处置、审查调查、廉政宣传、专项问题整治等工作进度和计划安排，统筹推进工作落实。督促民政部门制定《村务监督委员会管理办法》，明确村务监督委员会待遇和职责，激发村务监督委员会成员履职动力，纪检监察机关与村务监督委员会监督合力进一步提升。通过召开纪检系统“双述”会和工作推进会、深入乡镇和村组调研检查指导、约谈年度问题线索“零报告”的乡镇党委书记、纪委书记等方式，帮助和督促乡镇纪委履职尽责，各乡镇纪委共上报问题线索3件，唐嘎乡纪委实现问题线索和立案审查“双突破”。

（六）以标本兼治为目标，巩固发展反腐败压倒性胜利。注重党风廉政教育，切实把纪律和规矩挺在前面。在坚持开展党纪党规理论知识讲座、利用“网信达孜”“e讯达孜”严明纪律要求、转发典型案例通报等常规宣传教育工作的基础上，积极协调区委党校将党纪党规、监察法、违纪干部忏悔录等内容纳入到党校日常培训中。全年共组织190余名党员干部开展廉政理论知识测试、70名副科及以上同志赴自治区监狱接受现身说法、67名乡镇和部门负责同志参观“林周农场”、400余名公职人员参观拉萨市廉政警示教育基地，不断提高党员干部特别是领导干部党性修养和廉洁自律意识。对2016年以来受处分的17人进行回访教育，帮助和消除受处理党员干部思想顾虑。进一步畅通信访举报渠道，广泛发动干部群众监督。2019年，达孜区纪委共处置问题线索31件，立案12件，同比增长71%；给予党纪政务处分17人，同比增长59%，收缴违纪资金55.37万元，澄清不实举报1人，营造了风清气正的政治生态。

（七）以严管厚爱为导向，打造纪律和业务水平过硬的纪检监察干部队伍。自“不忘初心、牢记使命”主题教育开展以来，达孜区纪委先学先行，结合工作实际，利用周学习会、干部全员培训、支部学教、主题党日等平台充分开展集中学习；开展迎“七一”、庆国庆、中秋慰问、参观历史遗迹等活动，传承红色基因，弘扬爱国精神。积极参加区委、区政府组织的各项主题教育系列活动，荣获区红歌汇演第1名、知识竞赛第2名的优异成绩。组织参加中央和区、市纪委组织的各类培训，推行乡镇纪检监察干部跟岗轮训制度，全年共参加中央和区、市纪委培训20余人次，开展周学习会20余场次，开展纪检监察、巡察干部理论知识测试4次，完成干部跟岗轮训10人次。修改完善纪检监察干部管理办法，“刀刃向内”加强纪检监察干部监督、管理、教育工作，对工作落实不到位的6名纪检监察干部进行约谈，将1名违纪干部调离纪检监察系统。

过去的一年，达孜区两级纪检监察机关和全体纪检监察、巡察干部牢记初心使命，各项工作持续深化，作风建设向善向好，干部队伍战斗力不断提升，群众利益得到有效维护。但各级党组织还存在个别班子成员“一岗双责”落实不够到位，深入分管领域和单位检查、调研、指导党风廉政建设工作的次数和深度不够；有的行业主管和监督部门监管职责缺位，不愿担当、不敢担当、不会担当，未能及时发现和处置监管对象存在的违纪违规问题；有的党员干部精神懈怠、工作态度消极、无故旷工，甚至顶风违纪触碰法律红线。纪检监察工作仍存在不少薄弱环节，个别乡镇纪委监督工作乏力、效果不明显，连续多年未发现问题线索；有的纪检监察干部没有养成自我学习提高的习惯，政治业务素质不强；个别纪检监察干部纪律意识、责任意识和时间观念较弱，不能主动、按质、按时完成工作任务等等。这些问题，我们必须高度重视，认真解决。

二、纪检监察工作认识和体会

—必须深入学习贯彻习近平新时代中国特色社会主义思想，做到纪检监察工作方向不偏。十八大之前，达孜区纪委年均处置问题线索维持在3件左右，党的十八大以后，我们的全面从严治党、党风廉政建设和反腐败工作稳步向前，全方位取得突破，实现了历史性跨越。面对来之不易的成绩，我们要以高度的政治自觉，始终把学习贯彻习近平新时代中国特色社会主义思想作为重中之重，灵活运用“六个相统一”“五个必须”宝贵经验，不断夯实思想根基、指导实践、推动工作，确保工作方向不偏不移。

—必须体现和加强党对纪检监察工作的绝对领导，做到政治监督到位不越位。纪检监察机关是党的政治机关，保证党的政治纲领和政治目标实现是纪检监察机关的初心和初衷。我们要在达孜区党委的领导下，紧紧围绕党和政府中心工作谋划部署纪检监察工作，加强对重点工作的监督检查，自觉将党的领导落实到纪检监察工作全过程。

—必须坚持从人民群众中来到人民群众去，做到群众反对痛恨什么就坚决防止纠正什么。中国共产党人的初心和使命，就是为中国人民谋幸福。我们要始终坚持以人民为中心的政治立场，将维护群众切身利益与其他纪检监察工作有机融合，关心和解决群众反映强烈的痛点和难点问题，统筹推进民生领域问题整治、扶贫领域腐败和作风问题治理、深挖涉黑涉恶腐败，以实实在在的工作成效兑现承诺、取信于民。

—必须打通不敢腐、不能腐和不想腐的内在联系，做到治标治本同向发力。我们一定要坚持稳中求进的工作总基调，保持惩治腐败的力度不减、节奏不变，强化不敢腐的震慑；要深入分析监督检查、巡视巡察、群众反映等暴露出的问题，健全机制制度建设，强化日常监督、精准监督；要加强教育引导，督促广大党员干部补足精神之钙，养成敬畏制度、敬畏权力、按规矩办事的思想和行动自觉。

—必须始终加强纪检监察机关自身建设，做到打铁必须自身硬。广大纪检监察干部必须深刻认识到执纪者违纪犹如监守自盗,我们必须坚持打铁必须自身硬的政治要求,增强责任感、紧迫感,以更高的政治觉悟、政治定力,健全内控机制,自觉接受监督,严惩纪检监察干部违纪违法行为,确保履职到位。

三、2020 年主要任务

2020 年是全面建成小康社会和“十三五”规划收官之年,今年工作的总体要求是:以习近平新时代中国特色社会主义思想为指导,全面贯彻党的十九大、十九届二中、三中、四中全会和十九届中央纪委四次全会精神,认真贯彻总书记全面从严治党和治边稳藏重要论述及一系列重要指示批示精神,以贯彻落实九届自治区党委七次全会、九届自治区纪委五次全会、市委九届五次全会、市纪委九届五次全会和区委一届三次全会精神为主线,增强“四个意识”、坚定“四个自信”、做到“两个维护”,忠实履行党章和宪法赋予的职责,积极协助区委深化全面从严治党,坚持和完善监督体系,一体推进不敢腐、不能腐、不想腐机制建设,在推进达孜治理体系和治理能力现代化中充分发挥保障执行作用,建设高素质专业化纪检监察干部队伍,实现纪检监察工作高质量发展,为坚决打赢疫情防控阻击战、巩固脱贫成果、决胜全面小康、维护社会稳定提供坚强纪律保障。

(一)聚焦党的重大决策部署贯彻执行情况,推动政治监督具体化常态化

一是坚决发挥监督保障执行、促进完善发展作用。坚决贯彻落实党中央全面从严治党的重大方针、重点任务、重要举措,各级党组织要认真贯彻落实各级全会精神,坚决查处在落实中央和上级党委重点工作任务中做选择、搞变通、打折扣问题,着力构建全覆盖的制度执行监督机制。二是坚决把“两个维护”落实到纪检监察工作中。各级党组织要把学习贯彻习近平新时代中国特色社会主义思想作为重要政治任务抓紧抓好,自觉坚定做到“两个维护”;要巩固拓展“不忘初心、牢记使命”主题教育成果并抓好整改落实;要加强对党纪党规和法律法规执行情况监督检查,重点加强对贯彻落实习近平总书记重要指示批示精神等情况的监督检查,严肃查处有令不行、有禁不止、阳奉阴违等问题,保持政令畅通。三是坚决消除影响长治久安的重大政治隐患。要强化基层党组织战斗堡垒作用,常态化开展政治纪律教育,把反分裂斗争纪律突出出来,着力甄别和清除党员干部队伍中的“两面人”,对支持参与分裂活动、破坏民族团结、不落实维稳工作纪律的严肃处理;要分类施策、审慎稳妥处置党员信仰宗教问题,对农牧民党员特别是在群众中有威望的老党员要加强思想教育,帮助他们自觉与宗教划清界限,帮助教育后仍无转变的按规定处置,对机关和事业单位中的信教党员从严处理。

(二)聚焦人民群众反映强烈突出问题,全力护航脱贫攻坚决战决胜

一是严惩疫情防控“松劲”问题。进一步坚守职责定位,坚持疫情防控工作部署到哪里,监督检查就跟进到哪里。继续把反对和纠治疫情防控工作中的形式主义、官僚主义问题作为当前重要任务长期坚持下去,督促落实各项防控措施,持续强化防控责任,以坚强纪律保障维护人民群众生命安全和身体健康。二是严惩扶贫领域腐败和作风问题。适时梳理、总结、分析脱贫攻坚中存在的困难问题,督促职能部门加强行业监管,筑牢“第一道防线”。要加强对巡视巡察整改、脱贫工作绩效、脱贫政策连续性稳定性、“四个不摘”等落实情况的监督检查,对搞虚假脱贫、吃拿卡要、优亲厚友的严肃查处。要开展办结线索“回头看”,统筹乡镇纪委力量盯住重要部门、关键岗位、重点人员和扶贫工程推进等环节,严肃查处不担当、不作为和截留、贪污、挪用扶贫资金等问题。三是严惩漠视侵害群众利益问题。要把“打伞破网”与基层“拍蝇”结合起来,认真落实“两个一律”“一案三查”要求,对推进扫黑除恶专项斗争工作不力的严肃追责问责,对在教育医疗、环境保护、食品药品安全、强基惠民等民生领域漠视侵害群众利益的严肃查处,维护群众利益。要加强对《村务监督委员会管理制度》执行情况的监督检查,大力提升乡镇纪委、村级纪检监督员和村务监督委员会合力监督水平。

（三）聚焦作风建设存在的不足和短板，以钉钉子精神抓出优良作风

一是紧盯老问题和新问题。在重要节假日和重要时间节点要持续开展监督检查，盯牢高频常见问题，发现隐形变异问题，充分发挥干部群众监督作用，对自查自纠发现的违反中央八项规定精神问题综合平衡处置，对隐匿不报或重复出现的问题从严处理。二是紧盯重点领域和关键少数。各级党组织和党员领导干部特别是“一把手”要做好表率，带头查摆整改，坚持不懈纠治“四风”，着力发现形式主义、官僚主义问题，对擅离职守、迟到早退、办事效率低下、推诿扯皮等问题发现一起、查处一起、通报一起。三是紧盯问题整改和机制建设。要通过建立台账、列出清单、参加民主（组织）生活会、下发纪检监察建议书等方式，指导督促责任单位举一反三、立行立改，确保问题整改到位。要加强信访举报情况分析，主动收集分析职能部门存在的共性及突出问题，为健全完善行业职能部门配套制度提供决策依据。

（四）聚焦“再监督”职能定位，实现精准高效可持续监督

一是在实现精准监督上发力。严格落实《达孜区纪委监委班子成员、机关各科室联系指导乡镇、区直各部门党风廉政建设工作制度》，重点强化上级纪委对下级党组织的监督，针对性开展年度约谈、提醒谈话工作。二是在改进监督方式上用功。动态更新廉政档案，综合巡视巡察及审计结果、日常监督检查和信访举报情况，做深做细党风廉政意见回复工作，严把选人用人关。继续做好政治生态分析研判工作，把握“树木”和“森林”关系，强化监督检查前的政策解读和纪律教育，提高发现问题、定性问题能力水平。三是在增强监督成效上努力。要坚持“三个区分开来”，体现力度又体现温度，用好第一种形态，多谈少函，以事实为依据依法依规慎重问责，激发党员干部担当作为；对顶风违纪、不收手、不收敛、对抗或是不配合的严肃追责问责。

（五）聚焦发现问题和整改落实并重，不断提升巡察实效

一是坚持政治巡察的职能定位。要紧盯巡察对象领导班子和“关键少数”，深刻理解和把握政治巡察内涵和方向，严守职责边界，依规依纪开展巡察。要加强与组织、宣传、政法、审计、信访等部门的协同水平和信息共享，将巡察监督与其他监督贯通起来。二是坚持提升巡察监督质效。要科学谋划 2020 年巡察任务，全力推动巡察工作向村和基层站所延伸，健全完善日常监督机制，加强对反馈问题整改落实情况的监督检查，力争年底完成一届巡察全覆盖；要协同组织部门把落实各级巡视巡察整改责任与选人用人结合起来，统筹推进干部队伍建设；要有序推进巡察数据管理中心建设，推动巡察工作规范化、制度化。

（六）聚焦纪检监察体制改革，将制度优势转化为治理效能

一是积极协助党委深化全面从严治党。要健全完善对各级主要领导干部监督制度和班子内部监督制度，关注腐败易发多发的重点领域部门、关键岗位，消除监督盲区。要做好达孜区监委向达孜区人大常委会报告专项工作相关事宜，主动接受人大监督。要协调解决人、财、物等问题，加快纪检监察系统举报平台建设，畅通检举举报渠道。二是积极深化纪检监察机构改革。要继续支持乡镇纪委深化“三转”，健全内部分工协作机制，完善双重领导机制，着力解决乡镇纪委独立审查调查能力不足等问题。

（七）聚焦“三不”体制机制建设，大力提高执纪执法效能

一是强化“不敢腐”。对党的十八大特别是党的十九大以后收手不收敛、严重阻碍党的理论和路线方针政策贯彻执行、严重损害党的执政根基的要从严查处；对主动投案、坦白交代、检举立功的要从轻、减轻处理，充分发挥反腐败协调小组职能，凝聚反腐败工作合力，提高执纪执法质量和效率。二是促进“不能腐”。要研究分析问题深层次根源，督促相关部门加强和完善制度建设；要收集汇编近年来各级各部门修订完善的制度规定并下发督促学习执行，培育积极健康的党内政治文化。三是助力“不想腐”。要坚持正面教育和反面警示相结合，教育引导广大党员干部加强家风建设，主动接受组织和群众监督；要做实审查调查对象的思想政治工作，加强以案促改，对影响期满真心悔过、表现良好、符合条件的鼓励组织部门提拔使用。

（八）聚焦干部队伍建设，争做敢于擅于斗争纪检监察战士

一是强抓政治建设。要推进机关党建和业务深入融合，定期组织集中学习和交流讨论，积极向区委、区委组织部推荐优秀纪检监察和巡察干部，提升干部队伍活力。二是强抓能力建设。要认真落实全员培训要求，大力争取派员挂职锻炼机会，完善跟岗轮训制度，组织纪检监察干部深入学习执纪执法使用手册，下大力气解决执纪执法中存在的程序不规范问题。三是强抓监督管理。要继续完善案件统计分析、实名举报问题处置结果反馈等制度，合理安排干部职工休假、补休，合情合理解决纪检监察干部个人及家庭中存在的困难和问题，提高内部监督管理水平。要加大对《达孜区纪检监察工作人员管理办法》执行情况的监督检查，严格落实《西藏自治区纪委纪检监察干部问题线索管理办法》，坚决防范被“围猎”和“灯下黑”。

同志们，新时代赋予纪检监察机关新的使命、指引纪检监察工作新的征程。让我们紧紧团结在以习近平同志为核心的党中央周围，在拉萨市纪委和达孜区委的坚强领导下，在全体纪检监察干部的不懈努力下，以坚如磐石的初心使命、勇于斗争的奋进姿态，全力推动我区党风廉政建设和反腐败斗争工作开创新篇章，为坚持和完善中国特色社会主义制度、推进国家治理体系和治理能力现代化、实现“两个一百年”奋斗目标做出新的更大的贡献。

名词解释

1.“六个相统一”：2018 年 1 月 11 日，习近平总书记在十九届中央纪委二次全会上提出“六个相统一”，即：坚持思想建党和制度治党相统一，坚持使命引领和问题导向相统一，坚持抓“关键少数”和管“绝大多数”相统一，坚持行使权力和担当责任相统一，坚持严格管理和关心信任相统一，坚持党内监督和群众监督相统一。

2.“五个必须”：2019 年 1 月 11 日，习近平总书记在十九届中央纪委三次全会上提出“五个必须”，即：必须坚决维护党中央权威和集中统一领导，确保全党步调一致、行动统一；必须坚持治国必先治党、治党务必从严，确保党成为中国特色社会主义事业的中流砥柱；必须坚持以人民为中心，确保立党为公、执政为民；必须坚持改革创新、艰苦奋斗作风，确保党始终走在时代前列；必须坚决同消极腐败现象做斗争，确保党永葆清正廉洁的政治本色。

3.“四个不摘”：贫困县摘帽后，不摘责任、不摘政策、不摘帮扶、不摘监管。

4.“两个一律”：对涉黑涉恶犯罪案件，一律深挖其背后腐败问题；对黑恶势力“关系网”“保护伞”，一律一查到底、绝不姑息。

5.“一案三查”：指落实党风廉政建设开展责任追究，一查当事人的违纪违法责任，二查党委（党组）的主体责任，三查纪委（纪检机构）的监督责任，做到有错必究、有责必问。

6.“三个区分开来”：把干部在推进改革中因缺乏经验、先行先试出现的失误和错误，同明知故犯的违纪违法行为区分开来；把上级尚无明确限制的探索性试验中的失误和错误，同上级明令禁止后依然我行我素的违纪违法行为区分开来；把为推动发展的无意过失，同为谋取私利的违纪违法行为区分开来。

拉萨市达孜区人民法院工作报告

——在拉萨市达孜区第一届人民代表大会第三次会议上

拉萨市达孜区人民法院院长 蔡 宏

（2020 年 6 月 19 日）

2019 年主要工作

2019 年，达孜区人民法院高举习近平新时代中国特色社会主义思想伟大旗帜，在区委坚强领导下，在区人大及其常委会有力监督、区政府大力支持、区政协民主监督、上级法院的有力指导和社会各界人士的关心支持下，深入贯彻落实党的十九大、十九届四中全会精神，紧紧围绕“努力让人民群众在每一个司法案件中感受到公平正义”的目标，坚持服务大局、司法为民、公正司法，忠实履行宪法法律赋予的职责，各项工作取得新进展，为奋力开启新时代新达孜提供了坚强有力的司法保障。

一、坚持党对人民法院工作的绝对领导

达孜区人民法院坚持把学习贯彻习近平新时代中国特色社会主义思想和党的十九大精神作为首要政治任务，增强“四个意识”，坚定“四个自信”，做到“两个维护”，始终在政治立场、政治方向、政治原则、政治道路上同以习近平同志为核心的党中央保持高度一致，确保人民法院工作正确政治方向。继续深入学习贯彻习近平总书记全面依法治国新理念新思想新战略，确保党中央决策部署在人民法院得到不折不扣贯彻执行，严格落实重大事项请示报告制度，对党忠诚、对国家忠诚、对人民忠诚。

二、“不忘初心、牢记使命”，扎实推动审判执行工作

人民法院作为国家审判机关，做好审判执行工作意义尤其重大。2019 年，院党组牢固树立起“抓执法办案是尽职、不抓执法办案是失职”的思想，增强改进工作、推进工作的紧迫感、责任感，科学分析审判执行工作态势，充分激发每一名干警的责任心和积极性，把“不忘初心、牢记使命”主题教育成果和庆祝新中国成立 70 周年激发出的高昂爱国热情转化为做好审判执行工作的实际行动，以实干苦干、一干到底的顽强作风和务实举措，知难而进、迎难而上，既加快了新收案件审理，又做好了旧存案件清理。

（一）推动多元化纠纷解决机制，从源头化解矛盾纠纷

2019 年，法院坚持把非诉讼纠纷解决机制挺在前面，积极争取相关部门的支持，将人民调解、律师调解、行政机关等具有解纷职责的第三方力量引入人民法院诉讼服务中心，坚持“调解为先、诉讼断后”，对一般的矛盾纠纷，劝导、引导当事人通过自主协商和解、人民调解、行政调解进行化解，对特殊类型纠纷引导走仲裁、公证等程序，对经过层层过滤后矛盾尖锐复杂、不可调和的，及时立案办理，做到能调则调、当判则判、调判结合、案结事了，为人民群众提供多途径、多层次、多种类的救济渠道，引导更多纠纷通过社会力量以非诉讼程序解决，进一步降低解纷成本，让法院集中精力解决更具规则意义的案件，真正回归到人民法院维护社会公平正义最后一道防线的职能定位上来，2019 年启动诉调对接参与处理各类民商事纠纷 113 件。

（二）发挥审判职能，为社会和谐发展保驾护航

2019年，共受理各类案件402件（含旧存26件），审（执）结381件，综合结案率94.78%。诉讼标的额6431.14万元，法定审限内结案率100%，结案率位列全市基层法院第二名，荣获2019年度全市法院先进集体，旦增达瓦和任裕芬两位同志获得个人嘉奖和先进个人荣誉称号。

依法惩罚犯罪、保护人民。法院认真把握社会治安形势变化，严格执行刑事法律，深入贯彻宽严相济的刑事政策，有力维护达孜长治久安、社会和谐和人民安居乐业。2019年刑事收案9件、审结7件，结案率为87.5%、同比去年上升350%。

持续推进扫黑除恶专项斗争。2019年是扫黑除恶专项斗争治本之年，法院紧紧围绕达孜区委部署，在区委政法委的组织领导下，积极作为，切实发挥法院在专项斗争中的主力军作用。院内召开5次扫黑除恶小组专题会议，6次全院干警会议，研究讨论并积极推进扫黑除恶工作的部署落实。加大宣传力度，充分发挥包村法官、驻村法官的宣传阵地优势，张贴通告150余张，发放藏汉宣传资料300余份，设置举报箱2个，讲解法律法规、解答群众法律咨询300余次。借助法院微信公众号、LED显示屏等新媒体更新扫黑除恶专项斗争相关内容，积极占领宣传新阵地，严防黑恶势力侵蚀基层政权。

坚持司法为民，满足人民群众司法需求。2019年，达孜法院对依法应该受理的案件，做到有案必立、有诉必理，为群众诉求敞开大门，充分保障当事人诉权。一是开通涉军案件、“双拖欠”、“涉民工”案件绿色通道和网上立案、跨域立案，确保相关案件快立、快审、快执，解决群众立案难、诉讼累等问题；继续深化立案、咨询、调解、接访、流程公开等“一站式”诉讼服务中心建设，当场立案率达99%，一次性告知补正材料100余件，利用12368诉讼服务热线服务群众上百余人次。二是积极推进多元化纠纷解决机制，与21家相关单位对接，进一步发挥特邀调解员、特邀调解组织作用，化解矛盾纠纷190余件，司法确认案件113件，有效地减轻了当事人诉累，节约了司法资源，提高了司法效率。

推动民商事审判取得新发展。2019年，受理各类民商事案件287件（含旧存17件），已结282件，结案率98.26%。民商事审判工作紧紧围绕服务民生、经济发展综合开展，一是妥善审理家事案件，把改善、维护、稳定婚姻家庭关系作为家事审判工作最基本的功能定位，充分发挥案件审理对婚姻家庭关系的诊断、修复、治疗功能，共审理婚姻家庭纠纷案件14件，占民事案件总数4.9%；二是依法审理合同纠纷案件，裁判本着既尊重契约自由又维护契约正义的原则，为达孜经济发展提供有效的司法保障，共审理合同纠纷类案件251件，占案件总数87.5%；三是将调解工作贯穿于案件审判活动始终，借助妇联、村民委员会等调解联动资源，增强案件的调解力度，努力达到“案结事了人和”的目标，以调解方式结案90件，撤诉39件，调撤率为77.24%。

巩固“基本解决执行难”成果，确保胜诉权实现。2019年，执行收案91件（含旧存8件），已结77件，未结14件，结案率84.62%，执结标的额2852.4万元，执结率居全市法院前列。一是充分借助网络手段。强化执行信息化手段运用，通过网络查控平台查控被执行人车辆、证券、银行及互联网银行账户资金、不动产情况，全年共查控执行案件80余件。利用网络强化信用惩戒，通过执行专网向全国各交通运输、银行、酒店、出入境口岸等部门发布失信人员名单，限制高消费11人次，7名失信被执行人主动到法院履行义务。2019年上半年，通过淘宝网络司法拍卖平台成功拍卖一宗土地使用权和一批砂石设备。二是推动执行模式创新。继续推进“反规避执行”行动，加大对被执行人隐瞒、藏匿、转移财产行为打击力度，司法拘留3人，发布悬赏令1人。在拉萨电信大楼等公共场所LED显示屏和法院公众号张贴公告，发布失信被执行人员2批次9人，形成打击失信被执行人的高压态势，让司法裁判真正成为惩治违法失信的利剑。三是建立执行联动机制。联系达孜区执行联动领导小组，统筹执行联动各项事宜。为了夯实联动成果，特将9名失信人员名单嵌入到本级部分执行联动单位工作系统，强化失信人员“一处失信，处处受限”的局面。四是执行救助暖人心。对符合法律规定的申请执行人，积极向区委、区政府汇报因执行不能造

成的各种困难和问题，争取支持，共筹集司法救助资金2.5万元，对2名特困申请执行人进行救助，执行局收到来自当事人的锦旗6面，多项工作得到当事人肯定。

三、立足中心工作，服务发展大局

履职尽责，服务法治政府建设。2019年，开展法制宣传活动14次，发放各式藏汉双语宣传资料2000余份，受教育群众达2000余人，制作《我与宪法》微视频1期，注重实际效果，营造"学习宪法、研究宪法、应用宪法"的良好氛围，为人民群众增强法律意识，积极维护自身权益奠定了良好的法治基础。

助力脱贫攻坚，共享发展成果。提高政治站位，按照区委要求和部署，紧紧围绕全区脱贫攻坚任务展开帮扶工作，严格落实精准扶贫工作责任，组织干警50人次，深入村组与帮扶贫困户、边缘户群众、未就业大学生见面，"回头看"了解情况，宣讲政策，听取意见建议，提供帮扶措施，送去慰问金、物资共计一万余元。

四、牢记初心使命，践行司法为民

加大司法救助力度，彰显人文关怀。把"决不让老百姓打不起官司"承诺落到实处，认真贯彻执行诉讼费用缓、减、免相关规定，对符合条件的困难群众一律予以缓、减、免诉讼费用，为困难群众打官司扫清障碍，全年共为37件案件困难当事人缓、减、免诉讼费用36846.11元，减免缓案件占比14.53%，减免缓金额占比12.72%。

深化巡回审判，便民诉讼。秉持"法官多跑路，群众少跑腿"的司法理念，在审判工作日趋繁重的情况下，坚持把路途遥远、涉及老弱病残等弱势群体及相邻、土地纠纷等，需到现场实地勘验以便查明案件事实的案件作为巡回审理的重点，采取集中立案、集中送达、集中审理的"三集中"工作机制，切实打通司法服务群众"最后一公里"，全年共开展巡回办案193件，利用巡回审判系统异地开庭1件。

以信息化助推审判执行工作。2019年开年就加大现代科技与司法规律、信息化与审判执行工作深度融合的研究，推动司法审判真正实现质量变革、效率变革、动力变革，持续推进电子卷宗随案同步生成，全年电子卷宗随案同步生成率100%。2019年下半年，在全区范围内率先自主建成四级数字法院网络，能远程指挥派出法庭办案并实现内网联网。为推进审判流程公开，完善了1个具备同步录音录像功能的标准数字化法庭，同时接入中国庭审公开网，实现庭审同步网络直播。进一步推进裁判文书公开、审判流程信息公开、执行信息公开以及庭审公开四大司法公开平台建设与运用，让"正义触手可及"。2019年，通过网络直播庭审案件58件，公众访问、观看量达79025人次；上网文书374件，大数据文书质量报告及时率100%，居全区前列；在中国裁判文书网公开裁判流程信息374条，裁判文书59件，制作电子卷宗374份，电子档案374份，保障了人民群众对司法活动的知情权、参与权、表达权和监督权，促成了有效的外部监督机制。

五、落实司法责任，推进司法体制改革

以落实员额制为核心，开展人员分类管理改革。推进职能部门"大团队"改革。将原有8个内设机构整合为综合审判庭、执行局、综合办公室、诉讼服务中心、司法警察大队5个部门，同时进一步优化法官办案责任制，通过全面推进人员分类管理改革，法官之间职责清晰、各司其职、齐抓共管、运转顺畅，院庭长提高政治站位，把加强审判管理作为政治责任、法律责任、管理责任，在完成规定办案数量的同时，带头办理重大疑难复杂案件、拖欠民工工资等涉民生案件，由"一把手院长"从立案到审判到执行各个环节审核把关，确保案件零瑕疵，在高压模式下，合计平均办案天数由过去的两个月缩短为43天，院庭长审理案件共188件，占全院案件数的47%。使得我院审判工作进入了良性的"快车道"。

六、坚持全面从严治党，建设过硬法院队伍

把党的政治建设摆在首位。始终坚持以习近平新时代中国特色社会主义思想把航定向、指导工作。牢牢坚持党对人民法院工作的绝对领导，牢固树立"四个意识"，不断增强"四个自信"，坚决做到"两个维护"，对党忠诚、听党指挥、勇于担当。严守党的政治纪律和政治规矩，全面加强党的政治纪律教育，把维护党的政治纪律放在法院纪律建设的首

位，结合“不忘初心、牢记使命”主题教育、“两学一做学习教育”常态化制度化，全年党支部召开专题学习会10次，讲专题党课3次，开展专题研讨10次，开展集中学习3次，召开支部委员会议12次，党员大会3次，把讲政治的要求贯穿于推进全面从严治党、全面从严治院全过程。

加强作风建设促廉洁。严格落实党风廉政建设和反腐败工作新要求，认真履行主体责任，大力开展集中整治不作为慢作为、文山会海等形式主义、官僚主义突出问题，深入查摆存在问题，落实整改措施。切实履行好监督责任，重大节庆期间，先后就审判执行、作风建设、车辆管理等开展院内审务督察8次。继续加强制度建设，全面加强监督管理，严格责任追究，根据我院实际情况，汇总各类廉政制度共计10余条，工作中增强责任感，执法中坚持公平与正义，做到警钟长鸣，防患未然。

加强队伍司法能力建设。实施“法官接力计划”，促进内涵式发展。采取请进来和送出去18人次参加各类培训并开展庭审观摩、文书评比、案件评查、绩效考核等活动，让法官“开口能说、坐下能判、提笔能写”，真正提高法院干警综合能力，树立能力恐慌意识。

七、自觉接受监督、提升司法工作水平

自觉接受人大监督、政协民主监督，加强联络工作机制。针对疑难复杂或有较大社会影响的案件，主动邀请人大代表、政协委员旁听庭审，共同参与、列席有关会议，积极听取代表、委员的意见和建议，并在庭审结束后召开“阳光评议”座谈会，主动接受委员的监督和评议，查找庭审各个环节存在的问题和不足，真正将司法公开、司法为民落到实处。截至目前，邀请人民陪审员参审案件38件，邀请人大代表、政协委员旁听3起案件。

各位代表，2019年区人民法院在改革与挑战中砥砺前行。一年来，办案压力与日俱增，司法改革纵深推进，工作机制不断创新，2019年度法院获得全市法院执行先进集体等荣誉称号。这是达孜区委坚强领导、人大有力监督、政府大力支持、政协民主监督和社会各界关心支持的结果，是代表、委员积极建言献策和监督支持的结果。在此，我代表区法院表示崇高的敬意和衷心的感谢！

2020年工作计划

回顾过去一年的工作，在取得成绩的同时，我们清醒地认识到法院工作中还存在不少问题和困难：一是随着改革不断推进，立案登记制的全面实施，案件数量逐年攀升，“案多人少”矛盾更加突出；二是审判管理机制有待完善，如何做到既强化对审判权运行的监督制约，又充分尊重和保障法官主体地位、增强法官的责任感和荣誉感，需要我们进一步探索；三是司法队伍能力有待优化提升，个别法官独立认定事实、正确适用法律、妥善化解纠纷的能力有待进一步加强。

审判执行工作任务重、压力大，在党的领导下，法院将把工作重心放在抓审判执行质效上，把人员、时间、精力集中到审判执行一线，切实履行一岗双责；时刻牢记司法为民初心，为统筹推进疫情防控和经济社会发展工作，确保完成决战决胜脱贫攻坚目标任务，全面建成小康达孜提供有力司法服务和保障。

*一是始终坚持服务大局不动摇，坚持党对政法工作的绝对领导。*深入坚持把学习贯彻习近平新时代中国特色社会主义思想和党的十九大精神作为首要政治任务，增强“四个意识”，坚定“四个自信”，做到“两个维护”，始终同以习近平同志为核心的党中央保持高度一致，确保人民法院工作正确政治方向；进一步严肃党的纪律和政治规矩，严格执行重大事项报告制度，严格执行“八项规定”和作风建设要求，构建队伍管理制度化、常态化机制，提升队伍建设，坚决严惩司法腐败行为，营造清正裁判的良好氛围。

*二是发挥司法职能，全力保障疫情防控和经济社会发展。*依法严惩暴力犯罪、侵害生命财产安全犯罪以及涉黑涉恶案件，提高人民群众安全感，维护社会和谐稳定；在常态化疫情防控中做好司法应对，依法保障人民生命安全和身体健康，把谋民生之利、解民生之忧作为审判工作重点，认真审理好婚姻家庭、涉民工工资、民间借贷、建设施工等各类

涉民生案件；以规范执行行为、推进执行公开为着力点，常态化开展专项集中执行活动，积极采取曝光、拘留等措施，认真实施失信被执行人“黑名单”制度，严厉打击失信行为，推进司法诚信和社会诚信建设。

三是提升司法质效、践行为民服务宗旨。完善落实审判执行工作流程规范等管理机制，明确法官及其他工作人员的权、责、利，强化对审判权、执行权的监督制约，积极构建“让审理者裁判、让裁判者负责”的司法权力运行机制。全面深化司法公开、进一步加强审判流程、裁判文书、执行信息公开、庭审信息四大公开平台建设，积极运用信息化手段，构建开放、动态、透明、便民的阳光司法机制。

各位代表，努力让人民群众在每一个司法案件中感受到公平正义，是人民法院始终为之努力奋斗的工作目标，法院将高举习近平新时代中国特色社会主义思想，以高度的责任感和使命感，不忘初心、牢记使命，忠诚履职、锐意进取，为决胜全面建成小康社会和达孜经济社会发展做出更大贡献。

名词解释

1.“四大公开平台”：审判流程信息公开平台、庭审活动公开平台、裁判文书公开平台、执行信息公开平台。

2.“反规避执行”：人民法院及其他协助单位对规避执行行为进行反击、压制和处罚的各项体制机制和措施手段的总和。

拉萨市达孜区人民检察院工作报告

——在拉萨市达孜区第一届人民代表大会第三次会议上

拉萨市达孜区人民检察院检察长 达 珍

（2020 年 6 月 19 日）

2019 年工作回顾

一年来，达孜区人民检察院在区委和自治区、拉萨市两级检察院的坚强领导下，在区人大及其常委会的有力监督下，在区政府大力支持、区政协民主监督和社会各界的关心支持下，深入贯彻党的十九大、十九届二中、三中、四中全会精神及习近平总书记系列讲话精神，增强“四个意识”、坚定“四个自信”、做到“两个维护”，紧紧围绕服务保障达孜工作大局，忠实履行宪法赋予的法律监督职责，为满足达孜人民对民主法治、公平正义、社会安全稳定等方面的新需求贡献了检察力量。

一、以政治建设为“魂”，将学好用好新理论新思想新战略作为首要政治任务

——学习是最紧任务，在学懂弄通上求实效下功夫。以开展“两学一做”常态化制度化教育、“不忘初心、牢记使命”主题教育、“全面加强政治建检，打造过硬检察队伍”等活动为契机，坚持读原著悟原理，逐字逐句领学规定篇目，确保学习教育不断档，长期坚持。一年来，召开党组理论学习中心组学习和党支部读书会各 12 次，开展专题研讨 4 次，撰写心得体会 60 余篇，会议 12 次。

——民心是最大政治，在贯彻落实上抓重点求突破。一是我院采取扎实有效的举措，联合达孜区教育主管部门在达孜双语幼儿园、达孜中心小学开展以加强校园建设预防性侵害为主要内容的“一号检察建议”监督落实工作。二是由为保护未成年人身心健康，保障未成年人合法权益，有效地预防未成年人犯罪，我院由一名副检察长受聘为达孜区中学法治副校长，前往达孜区中学和达孜区中心小学开展了 2 次法治授课活动。三是结合“谁执法、谁普法”、法制政府建设及“扫黑除恶”专项斗争活动为主题的法治宣传等活动，开展“法律七进”活动，选择典型案例，以案释法，进行法律咨询、法律服务活动，发放印宣传品 1000 余份，发放检民联系卡、藏汉版宣传材料 3000 余份，着力提高了群众的法律意识。四是按照“强基础，惠民生”的具体要求，我院选派 1 名干警到我区塔杰村驻村。驻村期间，充分发挥自身主观能动性，开展扫黑除恶、十九大、十九届四中全会精神以及中央和自治区惠民政策宣讲，发放宣传资料 140 余份。五是我院党组组织全院干警深入结对认亲帮扶点叶巴村、唐嘎村，开展“321”结对认亲工作 6 次，深入“三岩片区”搬迁点，对 7 户结对户进行慰问 3 次，了解掌握结对户、边缘户和搬迁户的生产生活状况，并进行了详细记录。一年来，走访慰问帮扶资金共计 3 万余元。

二、以维护稳定为“基”，充分发挥检察职能，全面参与社会治理创新

——切实做好疫情防控工作。我院坚持疫情防控全国一盘棋的思想，按照“疫情就是命令，防控就是责任”的要求外防输入、内防扩散，针对节后返藏人员集中实行隔离或严格居家隔离措施，严防人员串门集聚活动，自觉降低传播疫情的风险，坚决做好检察机关自身疫情防控工作，领导干部做到了靠前指挥，党员干部充分发挥了战斗堡垒和先锋模范作用，主动引导家庭、亲友和群众不信谣、不传谣，坚定合力打赢疫情防控人民战争、总体战、阻击战的信心。

——推动扫黑除恶向纵深开展。为确保扫黑除恶打非治乱专项斗争工作取得实效，结合检察工作实际制定实施方案、重大事项报告、领导小组工作职责等多项制度，并按照“一把手”履职、责任人工作动态、线索举报、涉黑涉恶案件等17类台账，召开2次专项斗争推进会，5次党组专题研究会议，深入我区乡镇调研督导1次，形成调研报告1份。院党组严格按照相关规定和案件质量评查标准，对近2年的所有案件是否存在涉黑涉恶问题进行全面细致地梳理。经检查，未发现群众反映强烈、容易滋生腐败、容易发生违法、涉黑涉恶等领域的案件。

——依法打击各类犯罪活动。我院始终坚持以审判为中心的司法体制改革要求，加大对受理案件的证据审查把关，不断促进侦查质量的提高。一年来，共受理批准逮捕案件8件9人（未成年人案件2件2人），其中批准逮捕2件2人，不批准逮捕6件7人。受理提起公诉案件7件8人（未成年人案件1件1人），其中依法向法院提起公诉6件6人，不起诉1件2人。全年未办理涉黑涉恶案件，无错捕、错诉和无罪判决案件，办案中秉公执法、严格执法，无违纪违法行为。

——做好矛盾纠纷排查工作。为更好的架起我院与人民群众的沟通桥梁，及时倾听人民群众的呼声，力争把矛盾化解在基层、把问题解决在当地。我院利用德庆镇“检警联系点”为平台，积极开展检察长接待日工作，深入基层开展检察长接待日2次，接待来信来访2人次，耐心听取群众诉求，细致解答群众反映的每一个问题，引导群众要通过不同救济途径维护自身合法权益。

三、以强化监督为“本”，为推动治理体系和治理能力现代化贡献检察智慧

——在办案中监督，扩展延伸监督触角。一是在立案监督方面，2019年开展立案监督案件1件，对相关部门下发口头纠正违法通知1次，下发纠正违法通知书2份。二是加强对案件流转各个环节的动态监管，明确专人对办案期限届满前及时向办案人提示，做到不超期羁押，不超时限办案。三是与区司法局就社区矫正工作多次交流和沟通，与社区矫正人员进行谈话，积极研究如何进一步规范社区服刑人员的心理矫正问题，根据《关于对“四类罪犯”减刑、假释、暂予监外执行、提前释放相关案件进行排查》的要求，对2012年以来的我区社区矫正服刑人员进行全面过滤、逐一排查，详细了解了我区社区矫正工作情况。

——履行检察职能，切实做好公益诉讼。一是在达孜区“两会”召开期间，开展了检察机关公益诉讼宣传进“两会”活动，向人大代表、政协委员及列席人员发放由我院制作的公益诉讼藏汉版宣传材料200余份，积极开展生态环境和资源保护、食品药品安全、国有财产保护、校园、民营企业等领域提起公益诉讼的相关法律依据及检察机关办理民事行政公益诉讼的案件范围等内容的宣传工作。二是向达孜区市场监督管理局制发诉前检察建议1份，要求其依法履行法定职责，加强对达孜区内零售药店的监督和管理，严格落实药品管理制度。三是根据市检察院下发的《拉萨检察机关公益诉讼“回头看”专项活动工作方案》，对2018–2019年2件公益诉讼案件开展了“回头看”，我区相关单位对存在的问题进行了及时整改并制定了长效机制。四是我院进一步深化“保障千家万户舌尖上的安全”检察公益诉讼专项监督活动，对达孜区中心小学附近的超市和菜店进行了监督检查。重点对保质期短及学生极易购买的销售价格低廉的小食品、膨化食品等进行随机抽查，调查是否销售未经检疫的肉类及其制品，是否销售不符合食品安全标准的农产品、食品，是否销售过期、“三无”食品的行为。五是我院对在达孜区塔杰乡塔杰村黑颈鹤保护基地非法采砂、破坏植被的情况，抽派干警与相关部门赴现场进行了查看，对相关部门执法情况进行了全程跟踪。

四、以阳光司法为“责”，将检察权关进制度的笼子确保自身正自身净

——锻造严肃认真的党内政治生活。深入学习贯彻《关于新形势下党内政治生活的若干准则》《中国共产党党内监督条例》，发挥党组织优势，健全党建工作责任体系，层层签订《党建工作责任书》《党风廉政建设责任书》《目标责任书》，将院党组主体责任落实到每个领导班子成员的具体工作职责中，防止主体责任虚化。对重大事项坚持民主决

策，全年召开党组会议13次，召开检察委员会8次。坚持召开民主生活会，严格认真做好“两个责任”约谈工作，采用“一对一式”的层层约谈工作，共约谈18人次，达到了及时提醒，早打招呼，防微杜渐，筑牢拒腐防变的思想道德防线的效果。

——从严从实强化纪律作风建设。我院把反腐倡廉教育纳入干部教育培训计划，领导班子和干警集中学习党风廉政建设内容18余次。结合“书记上党课”活动，主要领导上廉政党课1次，7名副科级以上干部报告了个人有关事项，19名党员干部和公职人员签订了《严守政治纪律和廉政纪律承诺书》和《共产党员不信教承诺书》。同时，严格执行《检察机关党风廉政责任制实施办法》和《检察机关党风廉政责任制责任追究暂行规定》等廉政建设有关规定，不断加强领导班子作风建设。一年来，组织党员干部参观西藏民主改革纪念馆、清政府衙门旧址、拉萨市廉政警示教育基地等活动5次，组织全院党员干部开展升国旗仪式、重温入党誓词、集中观看警示教育片9次，受教育干警达120人次。科级以上干部参加各类教育活动学习考试2次，干警纪律作风显著提升，达到了预期的效果。开展节假日、重要节点督导检查10余次。

——主动接受上级检察机关的巡察和外部监督。一是接受了市检院巡察二组对我院开展为期二个月的巡察工作，全面加强领导班子和干警的思想、组织、作风和制度建设，进一步理清工作思路，完善工作措施，健全工作制度，规范工作程序，改进工作作风，提高工作效能，为推动我院检察工作迈上新台阶、实现新发展提供有力的保障。二是抽派干警分组听取了区人大代表对我院工作报告的审议意见，将收集的意见分门别类，及时制定相应的落实措施，将任务分解到人，确保落实到位。三是我院以“检察护航民企发展”、“我将无我奋斗、不负人民重托”、“携手关爱、共护明天”为主题，邀请人大代表、政协委员、民营企业家和小学生开展检察开放日活动3次46人，进一步加大了对检察职能的外部监督力度。

五、以自身建设为“根”，为检察工作长远发展奠定坚实的人才和物质基础

——扎实推进检务公开力度。一年来，我院着力构建开放、动态、透明、便民的阳光司法机制，认真做好案件受理流转、检察统计、案件质量评查、案件信息公开等工作，实现电子卷宗系统正常运行，扎实开展案件流转工作，做到依规对案件办理流程、案件材料进行监控、审查。网上公开法律文书8份，完善电子卷宗制作，完成制作电子卷宗15卷，电子卷宗制作率达100%，法律文书公开率达100%，提升了检察工作透明度，保障了人民群众的知情权。截至目前，充分利用了“两微一端”，微信公众号更新信息91条，更新微博107条，头条新闻58条；网页上传简报101期，《拉萨检察》上传简报101期；《达孜网信》、e讯达孜上投稿101期采用50条。

——不断提升自身发展能力。我院始终坚持以领导班子建设带动队伍建设，大力推进法律监督能力和执法公信力建设，着力造就一支高素质、专业化的检察队伍。一年来，抽派9人次参加员额检察官培训、司法考试培训、岗位实践锻炼、藏汉双语等各类培训，参与“中国检察教育培训网络云课堂”及“学习强国”，激发干警“比学赶帮超”的进取意识，保密测试、主题教育测试等达标率100%。

——为未成年人设立心理疏导室。为更好地对存在心理障碍，再犯罪风险较高，对抗性较强的涉罪未成年人进行一对一的心理疏导，保护未成年人的隐私，我院成立了未成年人心理疏导室，配置了室内基础设施。

各位代表！一年来，我院检察干警齐心协力、奋勇拼搏、扎实工作，取得了较好的成绩，7名干警获得了县（区）级以上表彰，单位先后荣获“基层检察院综治工作先进单位”“2017—2019年青年维权岗”“拉萨市人民检察院不忘初心、牢记使命暨庆祝中华人民共和国成立70周年文艺汇演二等奖”等诸多荣誉。这些成绩的取得，得益于区委和区、市检察院的正确领导，得益于区人大及其常委会的依法监督，得益于区政府的大力支持和区政协的民主监督，得益于各位代表、社会各界和人民群众的关心帮助。在此，我代表达孜区人民检察院向长期关心支持检察工作的各级党委、人大、政府、政协及有关部门，向区人大代表、区政协委员和社会各族人民群众，表示衷心的感谢和崇高的敬意！

在看到成绩的同时，我们也清醒地认识到，检察工作仍然存在不少问题：一是贯彻落实新发展理念、服务大局能力亟待提升；二是检察职能调整后，一些员额检察官和检察人员在工作思路和工作方式上还未完全适应；三是民事行政监督力度和效果与社会要求、群众期盼还有差距；四是人民群众对公益诉讼知晓度还不够高，公益诉讼的社会效果没有充分显现等，对这些问题，我们将紧盯不放，下大力气解决。

2020年主要任务

2020年是决胜全面建成小康社会、巩固脱贫攻坚成果和"十三五"规划收官之年，我院将紧密团结在以习近平同志为核心的党中央周围，以习近平新时代中国特色社会主义思想为引领，深入学习贯彻党的十九大、十九届二中、三中、四中全会精神，按照上级检察机关的部署，坚持服从服务达孜工作大局，全力维护社会稳定，全面履行法律监督职责，为实现社会主义现代化新达孜提供坚强有力的司法保障。重点做好以下几个方面的工作：

一是更加全面地开展思想政治建设，确保检察工作向正确政治方向前进。继续深入学习贯彻习近平新时代中国特色社会主义思想、党的十九大及十九届历次全会、全国政法工作会议精神及各级检察长工作会议精神，切实增强"四个意识"、坚定"四个自信"、做到"两个维护"，把坚持党的绝对领导贯穿于检察工作全过程，持之以恒抓好检察机关思想政治建设和意识形态工作。

二是更加细致地做好疫情防控常态化工作，坚持把人民群众生命安全和身体健康放在第一位。在疫情防控工作中，继续坚守检察初心和使命，按照区市党委、达孜区党委和上级院的要求，切实担负疫情防控与检察履职双重职责，加大对危害疫情防控行为的司法力度，依法严惩扰乱社会秩序的违法犯罪行为，维护防疫工作秩序，维护社会稳定、公共安全和国家安全。

三是更加深入地开展扫黑除恶专项斗争，强化检察机关政治担当。把扫黑除恶作为当前的重大政治任务、重大民生工程抓紧抓实。按照上级的统一部署，加强落实与公安、法院等相关部门的协调机制，在办案过程中坚持依法严惩、从严从快，确保办案质量经得起历史的检验。同时，在办案中，要深入分析黑恶势力犯罪及危害国家安全等方面涉及的新领域、采取的新手段、出现的新规律，及时提出检察建议，促进和完善社会综合治理工作。

四是更加努力地开展"四大检察"工作，切实履行法律赋予的检察监督职能。要将我们检察机关积极融入网络化治理体系，落实"谁执法谁普法"责任，做好防治污染，强化生态工作。综合运用刑事、民事、行政检察和公益诉讼职能，助力达孜经济发展。加强与行政机关的沟通协调，在共同解决问题中实现双赢多赢共赢。

五是更加扎实地推进党的建设、队伍建设和业务建设，塑造达孜检察新形象。做好基层党建工作，发挥党组织的引领凝聚作用。针对检察改革对办案工作带来的新变化，通过模拟、实训等方式，促进员额检察官办案能力的适应和提升。坚持全面从严治检不放松，确保检察权规范行使和检察队伍清正廉洁。深化检务公开，主动接受人大、政协和社会各界监督，提升公正司法良好形象。适应修改后的《刑事诉讼法》规定，认真落实认罪认罚从宽制度、速裁程序、值班律师等制度要求。

六是更加深入地贯彻检务公开制度，不断提升群众对检察机关的满意度。始终坚持以人民群众满意为检验标尺，进一步加强检察宣传和检察长接待日建设，以公开促公正，以公平提公信，全面贯彻落实案件信息公开、法律文书公开等检务公开规定，不断提高检察工作的透明度和公信力，充分保障人民群众对检察工作的知情权、参与权和监督权，树立检察机关良好社会形象。

各位代表！新的一年，我院将在达孜区委和市检察院的正确领导下，紧紧围绕区委、区政府中心工作和检察工作主题，深入学习贯彻习近平新时代中国特色社会主义思想，牢牢把握检察工作新时代坐标，按照上级检察机关的部署，抓住当前主要矛盾和特殊矛盾变化，管好班子、带好队伍、履好职责，进一步推动中国特色社会主义检察制度治理优势转化为治理效能，以检察队伍新气象、检察工作新作为更好的服务达孜工作大局。

拉萨市达孜区 2019 年国民经济和社会发展计划执行情况与 2020 年国民经济和社会发展计划的报告

——在拉萨市达孜区第一届人民代表大会第三次会议上

拉萨市达孜区发展和改革委员会主任 孙 浩

（2020 年 6 月 18 日）

一、2019 年国民经济和社会发展计划执行情况

2019 年，面对严峻复杂的经济形势，全区上下坚持以习近平新时代中国特色社会主义思想为指导，深入学习贯彻党的十九大和十九届二中、三中、四中全会精神，全面落实中央“六稳”工作总要求，牢牢把握稳中求进工作总基调，坚定践行新发展理念，深入实施“三大攻坚战”，以供给侧结构性改革为主线，全力以赴抓贯彻、抓执行、抓推进、抓见效，经济社会持续健康发展，主要预期目标基本实现。全年地区生产总值完成 15.31 亿元，同比增长 8%，其中，一产完成 1.94 亿元，同比增长 6.2%；二产完成 5.73 亿元，同比增长 8.5%；三产完成 7.64 亿元，同比增长 8.1%；三产产业结构由 9.9:59.4:30.7 调整为 12.67:37.43:49.9。社会消费品零售总额完成 2.4 亿元，同比增长 7%；一般公共预算收入完成 4.81 亿元，同比增长 -38.99%；农牧民人均可支配收入达到 15321 元，同比增长 13.1%；全社会固定资产投资同比增长 24%；规模以上工业增加值同比增长 5.7%。主要特点如下：

（一）三次产业协调发展，结构调整不断优化。一是现代农业高效推进。在粮食、蔬菜、畜禽养殖等领域扎实开展科技推广，全年实现粮食产量 2.5 万吨、蔬菜产量 5.9 万吨、其他作物 1.5 万吨，总畜存栏 5.18 万头（只、匹）。推进第一、二批高标准农业生产基地开工建设，大力推进农牧业产业化经营，全区合作社 336 家，注册资金超过 1.5 亿元，吸纳社员达到 2300 余人。投入资金 183 万，培育扶持涉农龙头企业、合作社 32 家。二是工业发展提档升级。深入推进园区基础设施项目及企业投资项目进程，完成建设项目固定资产投资 8860 万元。截至目前，工业园区累计入驻企业 1530 家，其中实体企业 63 家，规上企业 9 家，龙头企业 8 家，高新技术企业 4 家。成功打造了“羌塘布”青稞酒、“赛牦岗”牦牛绒、“雪域吉顺”青稞醋、“阿佳”牦牛肉、“卓玛秀”玫瑰精油等近 30 个品牌。三是旅游产业纵深发展。加大达孜全域旅游推介项目，拍摄秋游达孜和冬游达孜两部全域旅游宣传片，年受众达 8000 万人次。在全国各地召开推介会 20 余场，参与群众 1000 余人次。成功申报“藏鹤仙子”商标品牌，开发完成 33 个系列“藏鹤仙子”文创产品。白纳村获得文化和旅游部授予“全国乡村旅游重点村”荣誉称号。全年，共接待游客 89.21 万人次，旅游收入 2750.45 万元，带动农牧民 1150 户。

（二）大力实施乡村振兴战略，城乡一体统筹发展。一是加强规划编制引领。按照拉萨市委九届三次全会提出的构建“一心两翼、北联南通，带动五

县五区、辐射特色小城镇”的发展格局，委托江苏省城市规划设计研究院，编制完成了《拉萨市达孜区分区规划（2018-2035）》，已通过专家评审，进一步明确了总体发展目标和具体措施。二是城乡基础设施不断完善。2019年，累计实施园区4条道路、镇江公园提升改造、扎叶巴景区基础设施提升改造、村级供暖工程、净水工程、塔杰奶牛专用公路等各类基础设施项目27个，总投资约1.4亿元。加快实施达孜区便民服务中心项目建设力度。农村客运班线全面开通，覆盖率达到100%。三是乡村振兴有序推进。编制完成《达孜区乡村振兴战略规划（2018—2022）》、《拉萨市白纳沟生态公园总体规划》，为乡村发展提供了坚实的基础。坚持按照“一村一特”的总体要求，积极发展乡村旅游服务员和高质量农牧业。着力打造扎叶巴旅游景区和唐嘎奶牛养殖业，不断促进村居发展和农牧民群众的增收致富。

（三）项目带动作用明显，投资活力切实增强。一是投资总量稳中有升。全年实施建设项目131个，总投资约62.19亿元。其中，续建项目30个，总投资42亿元；新建项目101个，总投资20.19亿元。全年开复工项目116个，开复工率88.55%。二是投资渠道更加多元化。民间投资完成2.8亿元，同比增长215.8%。服务业投资提速，其中房地产开发投资完成投资0.61亿元，同比增长30.19%，高于同期全社会固定资产投资增速6.19个百分点。三是重点项目推进顺利。2个市级重点项目达孜区医院整体搬迁项目和达孜区2018年公租房项目累计完成投资1.96亿元，完成年度计划投资的115.3%；3个县级重点项目高标准奶牛养殖中心、三岩片区易地扶贫搬迁工程、云上达孜电商创业基地累计完成投资1.65亿元，完成年度计划投资的94.26%。四是招强引优量质并举。充分利用高峰论坛为契机，深入开展“走出去、引进来”招商引资活动，全年新引进企业33家，协议总投资4.8亿元。

（四）三大攻坚战持续发力，重点领域弱项短板加快补齐。一是脱贫攻坚持续推进。2019年，各项扶贫措施和优惠政策得到有效落实，实现建档立卡贫困户1074户4250人全部脱贫退出，贫困人口人均可支配收入从2015年底的2855元增长到2019年底的12908.8元，脱贫人口基本实现“两不愁三保障”目标。完成“三岩”片区跨地市易地搬迁137户842人集中搬迁入住任务。二是污染防治措施有力。围绕“三大计划”，扎实推进大气、水、土壤污染治理，推进污染减排工作。2019年4月，顺利通过《拉萨市达孜区污水处理厂及配套管网一期工程竣工环境保护与监测验收报告》（藏以勒（2018）环验字第004号）专家评审，并于2019年11月19日解除对达孜工业园区企业新增项目环评文件的限批。投资480余万元实施达孜工业园区环境安全在线监管监控平台建设项目，已成像42个，与市局联网并实时传送数据。全年主要河流断面水质保持在Ⅲ类以上水质标准，水质达标率为100%。城市集中饮用水源地水质状况达到国家Ⅰ类水质标准，水质达标率为100%，城市居民生活用水安全可靠。空气质量达到二级以上标准且不低于上年，环境空气质量优良。积极响应国家关于开展垃圾分类的安排部署，投入约140万元在区政府大院、市政道路沿线等放置分类垃圾桶并张贴“可回收垃圾”“其他垃圾”“有害垃圾”“餐厨垃圾”，保障垃圾分类工作的顺利推进。三是防控风险更加周密。深化国库集中支付改革，提升财政运作效率，将原TPS系统转为TIPS系统，大大提高了非税电子化交款系统等工作的办公效率，切实提升了对财政支出、会计信息质量的监督，提高了财政资金运行的安全性和效率，增强财政资金的调控能力。

（五）各项重点改革持续深化，经济发展要素有效激发。一是农村改革取得突破。完成全区5乡1镇20个行政村131个村民小组5960户、9.38万亩的外业测量、公示复测、登记、成果资料归档和信息平台建设工作。截至目前，全区耕地保有量达6.85万亩，林业绿化面积62.01万亩，全年完成流转土地18912.34亩，通过土地流转实现户均增收20000余元。完成全区所有村居的集体清产核资工作和成员身份界定工作。全区核查账面资产78716.38万元，集体土地37.78万亩。二是营商环境更加改善。全面落实“多证合一”、商事制度改革、互联网+政务服务等各项改革举措。在认真落实“一审一核、审核合一”的同时进一步健全措施，优化流程，缩短时限，实现了企业两日办结，个体农专当日办结，申报材料全程电子化，领取执照零见面，为辖区市场主体发展打造优质高效便捷的服务环境。三是减税降费初见成效。深化落实减税降费、个人所得税改革和增值税改革，让纳税人充分享受改革红利，全年区域内小型微利盈利企业政策受惠面达到100%，涉及享受减免税纳税户累计减免增值税税额131.15万元；涉及享受减免税纳税户减免税税额331.51万元。1026户企业享受企业所得税优惠政策减免税额872.6万元。

（六）着力保障和改善民生，人民群众幸福感持续增加。一是民生保障工作有序推进。扎实推进养老服务标准化建设工作，顺利通过国家级养老服务业标准化试点验收。低保兜底保障靶向精准，全年兑现低保资金191.43万元，救助城乡困难群众15人次，发放临时救助金额7.03万元，发放残疾人“两项补贴”73.44万元。二是教育水平和质量全面提升。学前三年入园率94.67%、小学入学率100%、初中毛入学率110.34%，义务教育巩固率达到98.14%。全面完善了政府控辍保学一条线和教育系统控辍保学一条线“双线”责任体系建设和责任监督落实，确保了义务教育入学率达到100%，贫困家庭子女义务教育巩固率达到100%。三是社会保障不断向好。各项社会保险工作不断完善，服务水平再上新台阶，参保人数和金额稳定增长。全年开展各类培训共计23期1250人，实现城镇新增就业934人，高校毕业生就业324人，就业率达99.39%。四是医疗卫生事业不断进步。深入开展健康“一对一”帮扶工作，进一步调整建档立卡贫困户住院费用报销比例，建档立卡贫困户农牧区医疗报销金额163.58万元。卫生基础设施条件进一步完善，唐嘎乡、章多乡标准化卫生院投入使用，雪乡、邦堆乡标准化卫生院建设稳步推进，卫生系统整体搬迁项目完成工程量的84.5%。

总体来看，我区经济社会发展稳中有进、稳中向好，但与高质量发展要求相比，还存在一些差距。一是谋求高质量发展的主动性不够强，结构不优、质效不高、核心竞争力不强的状况没有得到根本改变；二是农业农村发展活力不足，村集体经济发展和基础功能仍相对薄弱，发展不够平衡；三是基本公共服务、民生领域还存在一定短板。对于这些问题，我们将采取更加强有力的措施，认真加以解决。

二、2020年国民经济和社会发展总体要求、主要目标和重点任务

2020年是实施“十三五”规划收官之年、也是全面建成小康社会的决胜之年，做好2020年的经济和社会发展计划至关重要。全区上下要以习近平新时代中国特色社会主义思想为指导，深入贯彻落实党的十九大和十九届二中、三中、四中全会精神，按照各级经济工作会议的安排部署，坚持稳中求进、进中求好、补齐短板工作总基调，贯彻新发展理念，按照高质量发展的要求，以深化供给侧结构性改革为主线，正确处理好“十三对关系”，深入实施“六大战略”，切实抓好稳增长、促改革、调结构、惠民生、防风险各项工作，打好防范化解重大风险、精准扶贫、污染防治的攻坚战，克服新冠肺炎疫情对经济发展带来的短期冲击影响，全力保障和改善民生等工作任务，确保顺利完成“十三五”规划目标任务，高起点、高标准、高质量编制“十四五”规划。

2020年达孜区经济社会发展主要预期目标为：地区生产总值同比增长9.5%；全社会固定资产投资同比增长5%；一般公共财政预算收入同比增长3%；规模以上工业增加值同比增长10%；农牧民人均可支配收入同比增长13%；社会消费品零售总额同比增长10%。

（以上预期目标为拉萨市征求意见稿数据，若与后期市委、市政府下达具体目标不一致，以市委、市政府下达具体目标为准，并及时向各位代表报告）。

为实现上述目标，我们将坚定信心理性分析科学研判，落实中央、区市一系列政策措施举措，努力把新冠肺炎疫情对经济社会发展的影响降到最低，重点抓好以下六个方面工作：

（一）推进乡村振兴战略，促进农牧业优化升级

深入实施乡村振兴战略，同步推进各分项规划

进程，坚持农业农村优先发展，按照产业兴旺、生态宜居、乡风文明、治理有效、生活富裕的总要求推动城乡统筹和一二三产融合发展。坚持落实“一乡一品、一村一特”的要求，因地制宜发展特色鲜明、产城融合、充满魅力的特色优势产业和乡村旅游基地，提高产业整体规模效益。进一步优化种植业结构，加快农牧业基础设施建设进程，稳定粮食作物面积，提升经济作物收益，推进牦牛育肥进程，加快建立繁育一体合作社或家庭牧场。依托农业产业园、工业园区优势，建立健全“基地＋合作社＋农业产业园＋工业园区”的农产品产加销产业集群集聚发展，加强培育新型经营主体，积极培育农牧业品牌，打造一批熟悉营销体系的农牧业龙头企业，以净土公司为依托，加快形成一批农产品加工优势产业开展农产品生产加工、综合利用技术研究与示范，以达孜特色加工技术和特色产品提升农产品价值。推进农业与达孜全域旅游的结合，将农业产业与西藏特殊文化相结合，与拉萨市老年人日间照料中心等康养产业相融合，形成农产品的多种功能和多重价值，提升农牧业整体水平和效益。

（二）加强园区规划引领，促进工业高质量发展

依据《拉萨市达孜区分区规划（2018–2035）》，着手修编达孜工业园区总体规划和产业发展规划，重点以优化调整空间结构为核心，注重园区带动效应的广泛扩散和聚集效应的不断凸显；继续推进园区基础设施配套建设和盘活存量土地工作，吸引更多新兴产业项目落地发展；加快“工业旅游”进程，充分依托拉萨市创建全域旅游示范点、达孜区构建全域旅游产业的重要历史机遇，全面开发工业旅游项目，着力打造自治区首家工业旅游示范区。将工业园区涵盖的工业旅游产品如藏香、藏纸、藏香水、唐卡、锻铜佛像及手工艺品、藏毯卡垫、高原牦牛绒羊绒制品、高原生物医药制品、高原特色食饮品等颇具浓郁西藏民族文化及地域色彩的丰厚资源进行科学整合，不断深化，开发工业旅游伴手礼，锻造工业文旅产业；突出高效益招商选资，做好双创基地的相关运营工作。做好双创基地的提档升级工作，完善基地硬件基础设施的建设，充实各类项目扶持优惠政策，以优质的软硬投资环境吸引发展前景好的各类项目入驻双创基地，实现双创基地的标准化运作。不断健全完善载体功能，升级服务，让各小微企业进得来、留得住、留的久，争取培育几家具有代表性的成功创业案例。

（三）依托区位资源优势，促进服务业增强活力

加快旅游、物流、商贸等特色产业和服务业的发展进程和水平提升，不断增加第三产业GDP比重。积极推动《达孜全域旅游发展规划》各项工作措施落地，结合《达孜区扎叶巴产业综合扶贫区建设规划》安排部署，加紧实施好扎叶巴村景区项目建设工作。加快《拉萨市白纳沟生态公园总体规划》的建设进程，按照先急后缓、逐步建设、滚动发展的原则推动白纳沟建设进程，不断提升达孜旅游整体形象，打造旅游龙头品牌。进一步推进电子商务进农村综合示范县创建工作，完善服务站点基础设施建设，加快“云上达孜”电商创业基础项目（一、二期）、乡村农牧产品电商销售推广项目建设进程，加强创新合作模式，不断扩大农牧产品网上销售渠道，促进农牧民群众有效增收。推动虎峰城市广场、佳禾·阳光绿洲、盛世未来城等房地产的建设进程，尤其重点推进达孜新区整体开发项目建设，尽快完成土地征收、民房拆迁、叶巴片区地质灾害评估、林草地占用可行性研究报告等前期工作，促进项目早日建设和投入使用，充分发挥对投资、消费、就业等方面的带动作用。

（四）加大项目建设力度，促进投资拉动作用

坚持落实抓项目就是抓经济，抓项目就是抓发展的理念，积极推进2020年项目建设。建立健全项目建设管理制度，完善一把手调度，部门联动的工作机制，加强项目建设的沟通衔接，形成部门间会商联动常态化制度，进一步优化可研、环评、用地等审批服务，最大限度缩短项目建设周期，促进我区项目早日开工建设。积极探索创新融资模式，加强与银行等金融机构沟通合作，鼓励社会资本参与城市基础设施建设、园区建设，采取争取国家投资、财政投入、社会融资、招商引资等办法，加大申报地方专项债券，推进拉萨市达孜区白纳沟生态旅游建设项目、达孜区净土生猪养殖基地建设项目等6个

地方政府专债项目的申报工作，进一步拓宽融资渠道，切实解决项目融资难、贷款难的问题。整合资源，抓好土地征管、储备和经营，加大对闲置土地的处置力度，有效盘活存量土地，足额保证各项补偿款到位，加强充实征地拆迁机构工作力量，制定完善工作预案，加快推进依法征地、依法拆迁，保证项目按期实施。继续做好卫生系统整体搬迁、2018 年公租房、便民服务中心的建设工作，确保项目早日投入使用，切实发挥对投资、就业、增收的拉动作用。同时，做好“十四五”规划项目库建设工作，围绕补短板、强弱项、提质量研究提出一批事关全局、意义深远、带动力强的重点重大工程项目，为我区“十四五”经济社会发展提供强有力的支撑。

（五）打好三大攻坚战，促进全局均衡发展

一是巩固精准脱贫成果。坚持把产业扶贫作为脱贫攻坚的重要保障，管理运营好 2016—2019 年产业项目，加快 2020 年产业项目落地，做好 2019 年产业分红与带动就业工作，完善利益联结机制，支持鼓励引导贫困群众参与产业运营、管理、发展，不断增强“造血”机能。继续落实和推进“七脱”扶贫措施和政策，开展决战决胜脱贫攻坚大型主题宣传活动，深入开展群众性教育实践活动，激励和动员全区广大干部群众一鼓作气、迎难而上，确保 2020 年如期全面打赢脱贫攻坚战。二是加强生态文明建设力度。进一步做好环评审批和事中事后监管力度，把入口关，坚决杜绝“三高”企业入驻园区，加强区域内排污企业的日常监管，及时发现及时处置。完成将剩余的生态村和生态乡的创建工作。继续推进水污染、大气污染、土地污染的防治力度，全面推进生活垃圾分类工作，深入实施河长制湖长制，深入推进山水林田湖草二期、“两江四河”流域造林绿化工程、2019 年重点防护林等生态环保项目。三是继续做好防范风险化解。牢固树立底线思维和风险意识，既对以往强调的各类风险隐患保持高度警惕，又充分估计发展过程中的新挑战，分类施策、精准施措，有效防范化解金融风险、政府债务风险、社会领域风险等，坚决守住不发生区域性系统性风险的底线，为转型发展、高质量发展“保驾护航”。

（六）提升社会保障水平，促进民生福祉加快改善

一是推动社会保障可持续发展，加强协作配合，继续对全面参保登记信息数据进行全面核实、完善，确保数据准确可靠，为群众编织更可靠更牢固的社会保障网。继续加强和改进就业创业服务工作，以农村新成长劳动力为重点，对有外出务工愿望和返乡创业人员，在项目对接、创业培训、创业担保贷款等方面予以扶持，扎实做好高校毕业生、农牧民等重点群体就业工作。二是加强社会救助体系进程。全面落实全民参保计划，进一步发挥民政职能，做好低保兜底、困难群众医疗救助、临时救助等工作，充分发挥老年人日间照料中心作用，将养老服务业标准化建设推向深入。完成“三岩片区”易地搬迁户 137 户 842 人的低保、五保、残疾人核查、认定工作。三是深入推进“健康达孜”建设实施方案进程，深化公立医院综合改革，进一步加快卫生基础设施项目建设进程，促进卫生系统整体搬迁、乡镇卫生院早日完成建设并投入使用，不断完善医疗条件，为全区广大群众提供更好的医疗卫生服务。四是全面提升教育质量、促进教育公平。继续做好中小学幼儿园质量监测、教学常规检查、教师岗位大练兵等工作，抓基础、抓载体、抓过程，加快破解农牧区教育质量不高的难题，提高农牧民群众对基础教育的满意度。加强教育项目建设进程，完成中心双语幼儿园标准化、各乡镇足球场建设项目尽早落地。五是持续加强社会治理，确保社会大局和谐稳定。继续推进扫黑除恶专项斗争，严厉打击各类违法犯罪行为。全面落实安全生产责任制，加强行政执法检查力度，保持高压态势，狠抓隐患排查治理，坚决遏制安全生产事故发生。加强应急管理体系建设工作，进一步完善消防安全基础设施建设，加强防灾减灾救灾能力建设，强化消防技术人才培养和应急逃生、救援等方面的宣传教育，提升抵御自然灾害的综合防范能力。六是加大食品药品安全监管力度。以“四个最严”为准绳，把食品药品安全工作摆上重要位置。进一步落实各方责任，完善食品药品监管体系，力争 2020 年校园食堂“明厨亮灶”率达到 100%、餐饮服务单位“明厨亮灶”率达到 90% 以上、食品抽样检测达到每年每千

人 3 批次等，强化常态规范、质量检测、专项整治和社会共治，不断提升食品药品质量整体水平。

各位代表，2020 年我区经济和社会发展任务艰巨而繁重，我们必须更加紧密地团结在以习近平同志为核心的党中央周围，按照市委、市政府的部署要求，在区委、区政府的坚强领导下，强化担当担责、不断开拓创新，高水平高质量地完成全年各项目标任务，以优异的成绩推动“十三五”规划圆满收官，为夺取全面建成小康社会伟大胜利而努力奋斗。

拉萨市达孜区 2019 年财政预算执行和 2020 年财政收支预算的报告

——在拉萨市达孜区第一届人民代表大会第三次会议上

拉萨市达孜区财政局局长 尼 玛

（2020 年 6 月 18 日）

一、2019 年财政预算执行情况

2019 年，是中华人民共和国成立 70 周年、西藏民主改革 60 周年，是全面建成小康社会的关键之年。一年来，在区委、区政府的坚强领导下和区人大的有效监督指导下，坚持以习近平新时代中国特色社会主义思想为指引，深入贯彻区党委第九次党代会，九届五次、六次全会和经济工作会议精神，按照上级财政预算工作要求，充分发挥财政职能作用，坚持稳中求进工作总基调，着力保障改善民生，深入推进财政改革，切实落实更大规模的减税降费政策，全力推进我区经济平稳健康发展和社会和谐稳定。

（一）一般公共预算执行情况

达孜区一届人大二次会议批准，2019 年一般公共预算总财力 183915 万元，其中一般公共预算收入 66000 万元；一般公共预算支出 158215 万元。在年度预算执行过程中，根据《中华人民共和国预算法》规定，经达孜区一届人大常委会第十次会议审查批准，一般公共预算收入调减 17880.14 万元，2019 年全年一般公共预算收入完成 48119.86 万元，比上年同期减少 30753.24 万元，下降 38.99%；一般预算支出完成 158215 万元，比上年同期增加 13552 万元，增长 9.3%。安排预算稳定调节基金 25700 万元。

一般公共预算收入减少主要原因是：一是我区企业西藏达孜汇鑫投资管理合伙企业（有限合伙）在我区属于股权转让行为，为一次性税收收入，直接导致本级个人所得税收入减少 3.2 亿元；二是减税降费政策等原因，导致我区地方财政收入减少 0.22 亿元。

（二）政府性基金预算执行情况

达孜区一届人大二次会议批准，在年度预算执行过程中，根据财力变化情况，政府性基金预算总财力完成 16064 万元，政府性基金支出为 16064 万元。

（三）2019 年预备费动支情况

达孜区一届人大二次会议批准，我区 2019 年预备费 3943.6 万元，未动用预备费。

二、2019 年财政预算执行与管理主要体现了以下重点

2019 年，面对财政收入来源乏力和刚性支出增加的矛盾，财政局坚持在区委、区政府的统筹安排下，财政妥善应对减收增支压力，紧紧围绕区委、区政府的重大战略部署和区人大常委会各项决议，积极发挥基础性、支柱性作用，确保了财政基本平稳运行。

（一）强化脱贫攻坚统筹资金整合力度，全力推进精准扶贫。

打好精准脱贫攻坚战，是以习近平同志为核心

的党中央做出的重大决策部署，是全面建成小康社会必须打赢打好的硬仗。一是整合资金精准使用，支持打赢脱贫攻坚战。2019年，我区制定了《拉萨市达孜区2019年统筹整合财政涉农资金使用方案》，整合了中央、自治区、拉萨市资金8592.23万元，县级配套资金4606.41万元，共计整合13198.64万元，重点投入产业发展、生态岗位、基础设施建设领域，确保"建一项、成一项、发挥效益一项"。二是达孜区现有建档立卡贫困户1074户4250人，已全部实现脱贫退出。贫困人口人均可支配收入从2015年底的2855元增长到2019年底的12908.8元，同比2018年底人均可支配收入11294.7元，增加1614.1元，增长14.3%，脱贫人口基本实现"两不愁三保障"目标。通过村干部、第一书记、驻村工作队、党员致富带头人的带头作用，借助思想帮扶、项目帮扶和为民办实事等方式，助力贫困群众脱贫和贫困村经济发展。江苏省镇江市通过"组团式"医疗援藏、教育援藏，采取产业投入、资金帮扶、结对帮带、干部培训等方式助力脱贫攻坚，签订《镇江达孜一家亲·携手致富奔小康》《抓党建促脱贫共建协议》，实现达孜5乡1镇、工业园区与镇江7个辖区结对挂钩共建的良好格局。三是有力保障扶贫产业项目。2019年产业项目开工率100%；完工率100%。建立资金整合机制与公示公告制度，产业项目资金按照施工进度拨付，2019年涉农统筹整合资金支出进度达93.09%，无结转结余资金或沉淀资金，且项目、资金公示公告比例为100%。四是大力支持就业扶贫。截至2019年12月底，已开展各类培训23期1238人（其中建档立卡贫困人口558人），其中建档立卡贫困户实现转移就业60人。达孜区易地扶贫搬迁安置点有劳动力528户899人，为保障搬迁群众就近就便、不离乡不离土实现就业增收，有针对性地组织开展精准扶贫易地搬迁户春风行动人力资源洽谈会、易地搬迁专场岗位对接会等招聘活动共计8场，已实现就业515户830人，有力解决了搬迁群众民生保障和后续发展问题。此外，我区新成立的阳达劳务派遣公司已正式运营，目前已帮助农牧民劳务输出84人（建档立卡贫困户58人）。五是做好易地扶贫搬迁工作，让搬迁群众获得幸福感。新建达孜区易地搬迁安置点6个，建设安置房644套，总投资4.23亿元，实现621户2461人搬迁入住。乡镇拆旧复垦目前已完成280户旧房腾退协议签订。此外，我区"三岩"片区跨地市易地搬迁137户842人，安置点搬迁136户841人（安置房136套，1户1人集中供养），已于2019年12月12日实现搬迁入住。

（二）加强预算绩效管理，提高财政资金使用效益。

一是牢固树立法治理念，稳步推进财政各项改革深入推进预决算信息公开。细化公开内容，公共财政预决算全部公开到具体的项目，扩大公开范围，除涉密信息外，全区48家部门在人大会议批准后20日内公开了预决算，主动接受人大、审计和社会各界的监督，进一步增强了预算的透明度，提升了预算管理水平。二是落实减税降费政策。认真落实国家减税降费决策部署，严格实施增值税减税、企业所得税优惠等政策，及时清理和规范行政性事业性收费，全年我区为纳税人、企业新增减免税9316.11万元（含中央级和自治区级）。三是落实政策创新机制。积极盘活存量资金，收回财政存量资金1.9亿元，并全部重新安排用于民生项目、产业发展等重点领域。深化政府采购改革，优化采购流程，提高效率。坚决打赢防范化解重大风险，稳妥化解政府隐性债务。四是加强财政管理。深化国库集中支付电子化改革。推行公务卡和"无现金财务结算"改革。规范政府采购行为，优化政府采购程序。加强财政投资评审力度，提高评审质量和效率，2019全年我局财政评审项目11个，送审资金6506.74万元，审定资金6186.06万元，审减金额320.68万元，审减率4.93%。

（三）倾力惠民生，增强人民群众幸福感和获得感。

坚持尽力而为、量力而行的原则，积极调整优化支出结构，认真落实各项惠农政策，新增财力持续向改善民生倾斜，支持基础设施建设，改善农村生产生活条件。一是进一步提高社会保障水平。社会保障就业支出完成7559万元，比上年同期增加1671万元，增长28.3%，重点用于城镇职工医疗保险、养老保险、职业年金、城乡低保、新型农村养老保险、城镇居民及寺庙僧尼养老保险、“三老”人员补助、农村“五保户”供养、住房公积金、公益性岗位配套等方面。严格按照拉萨市农低资金标准即4550元/人/年的标准实行差额发放,2019年达孜区农村低保为85户243人,发放资金54.4万元;2019年全区特困人员共计123人,其中集中供养100人,分散供养23人,发放特困人员供养金140.15万元,其中集中供养金124.8万元,分散供养金15.35万元,供养金标准为集中每人每年12480元,分散供养标准为每人每年6675元。二是保障教育优先发展。全区教育支出完成21573万元,比上年同期减少2332万元,下降9%。其中区本级财政对教育投入为8000万元,占地方公共财政收入的20%,重点用于教职工的住房公积配套资金、精准扶贫易地搬迁点幼儿园建设配套资金、农村教师各项补贴等经费;区本级财政投入3307.27万元,用于非义务教育阶段农村户口和城镇低保户口学生(大学、中职)助学基金补助;投入1487.82万元,全年落实义务教育及学前教育“三包”经费;投入253.72万元,支持农村义务教育学生营养改善计划等其他支出。三是积极落实卫生医疗资金。卫生健康支出完成22280万元,比上年同期增加7662万元,增长52.4%,主要用于达孜区医院整体搬迁、全民健康体检、村医基本报酬资金、包虫病综合整治工作等经费。投入350万元,用于农牧民大病统筹配套资金等其他支出。2019年以来,达孜区人民医院“先诊疗、后结算”建档立卡贫困户141人报销金额91.97万元、新农合基本医疗报销1854人报销金额1800.68万元,医疗救助报销327人报销金额138.33万元。四是大力度推进环境整治工作。节能环保支出完成2189万元,比上年同期增加485万元,增长28.46%。主要用于五乡一镇辖区清理陈年垃圾和垃圾转运站政府购买服务市场化运作等其他支出。2019年,严格执行自治区3500元/人/年的补贴标准,上半年岗位工资2457人429.98万元,下半年岗位工资2149人376.08万元,已全部通过“一卡通”兑现完成。五是进一步加大基层文化建设资金投入。文化体育与传媒完成2765万元,比上年同期增加1867万元,增长2.07倍。全面实现了公共文化设施免费开放。用于群众文化经费、电影场次补贴、支持民间艺术团体建设和推进农村电影放映工程等其他支出。投入1.7亿元,高标准高质量完成18个村级组织活动场所标准化建设,打造党群服务阵地。建设4G基站50个,电信扶贫业务套餐办理935个,叠加“扶贫专属致富包”199个,免费为村级党建活动室或文化室提供20部100M宽带。达孜区20个行政村通广播电视率、移动信号覆盖率、互联网覆盖率均达100%。六是确保支农支出稳定增长。农林水事务完成31919万元,比上年同期减少3582万元,下降10.08%。主要用于支持发展高效农业、农业综合开发、水利事业、净土健康产业、“四业工程”、农村人居环境建设和环境综合整治、小型农田水利、农业科技推广、农作物补贴、牲畜良种补贴、农牧业特色产业、区级农牧业防抗灾物资储备库建设、重点防护林工程项目、农村安全饮水巩固提升工程项目等方面。七是继续投入保障住房建设。住房保障支出7564万元,比上年同期减少2866万元,下降27.47%。主要用于城镇棚户区(危旧房)改造项目、德庆镇棚户区(危旧房)改造项目、基层政权建设村级综合服务中心项目配套资金等为全区重点项目建设。2019年达孜区无上级危房改造任务,但经排查鉴定,新增危房20户(均为一般户,C级5户、D级15户),通过县级资金启动改造工作,已完成改造。

(四)全力维护社会稳定,建设和谐平安达孜。

按照区委、区政府统一部署,进一步加大维护社会稳定方面的投入,强化公共安全,以确保政法机关有效履行职责,维护人民群众合法权益,促进社会和谐稳定,政法经费投入不断加大。2019年全区用于维稳方面的支出主要落实了政法系统法定加班补助、驻寺干部生活补贴、安检守油库人员补贴、协警人员工资(协警、辅警的生活补助)及全区2018年维稳补贴等。支持深入实施干部驻村驻寺、全区网格化管理、先进“双联户”创建评选表彰等活动,大力推进平安达孜建设,夯实民族团结基础,深入开展打击非法组织、扫黑除恶等行动。支持依法管理宗教事务,创新寺庙管理,全面落实利寺惠僧政策，积极推进公共服务进寺庙。

（五）提高财政科学管理水平，控制和压缩一般性支出。

以制度建设为突破口，强化财政监督职能。采取多种方式，加强了对行政事业单位财政拨款和支出报账的日常监管，对有关单位整个收支过程的每个环节、每个项目，进行经常性全程监督，积极参与区纪检等部门对各项资金使用的检查工作，进一步规范了财政资金的拨付程序，提高了资金的使用效益。2019 年我区“三公”经费预算为 849.68 万元，比上年同期减少 0.47 万元，略有下降；2019 年实际支出 501.64 万元，比预算减少 384.04 万元，比上年同期减少 544.32 万元，下降 52%。

2019 年，全区财政运行总体平稳、稳中有进、稳中提质、财政改革发展不断推进，民生民计不断改善，经济社会持续健康发展。这是在区委、区政府科学决策、正确领导的结果，是全区人大、政协及代表委员们依法监督、加强指导的结果，是各部门和全区人民共同努力的结果。同时，我们也清醒地认识到，我区财政改革和发展仍存在一些矛盾和问题。财政收支平衡特征明显，财政收入增长缓慢，支出刚性需求持续增长，收支矛盾日益突出。对此，我们将高度重视，进一步强化措施，认真加以解决。

三、2020 年度财政收支预算（草案）

根据《中华人民共和国预算法》、《国务院关于编制 2017 年中央预算和地方预算的通知》，结合我区实际，认真编制完成了 2020 年达孜区财政预算（草案）。

（一）预算编制指导思想

以习近平新时代中国特色社会主义经济思想为指导，全面贯彻落实区、市第九次党代会，九届五次、六次全会和经济工作会议精神，在区委、区政府的坚强领导下，统筹推进“五位一体”总体布局和协调推进“四个全面“战略布局，坚持稳中求进、进中求好、补齐短板工作总基调，深入推进供给侧结构性改革，坚决打赢三大攻坚战，优化财政资源配置，确保经济社会持续健康发展，确保生态环境良好，确保各族人民生活水平不断提高。加大财政资金统筹力度，有效盘活存量资金，集中财力办大事。财政政策加力提效，大力实施减税降费，有效降低企业负担。全面实施预算绩效管理，加快建立全方位、全过程、全覆盖的预算绩效管理体系，着力全面构建规范透明、标准科学、约束有力的部门预算管理制度。持续转观念、提效能、强服务，为达孜经济社会高质量发展提供坚实财力保障。

（二）预算安排总体情况

1. 公共财政收支预算总财力

2020 年全区公共财政总财力为 148638.01 万元，比上年增加 17184.49 万元，增长 13.07%，其中：地方公共财政预算收入 53000 万元，上级补助收入 69932.01 万元，调入国有资本经营收入 6 万元。调入预算稳定调节基金 25700 万元。

2. 上级补助收入构成情况

总财力中上级补助收入 69932.01 万元的主要构成：一是返还性收入 10080 万元，二是一般性转移支付收入 56448.91 万元，三是专项转移支付收入 3403.1 万元。

（三）2020 年公共财政预算支出安排情况

2020 年安排公共财政预算支出 148638.01 万元（后附 2020 年公共财政收支预算明细表）。

（四）完成 2020 年预算任务的主要措施

一是抓财源盯收入。加大财源培植力度，积极培植新税源，加强对重点税源企业的服务力度，保证重点税源企业的可持续增加。

二是抓支出提绩效。围绕“保工资发放、保法定支出、保稳定需要、促重点建设”，科学调度资金，加大对预算单位的督促力度，尽快形成实物工作量，加快支出进度。进一步清理盘活存量资金，推进财政资金统筹使用，开展预算绩效评价工作，提高财政资金使用效益。牢固树立节支也是增收的观念，坚持过“紧日子”，严控一般性支出。

三是抓民生兜底线。严格按照自治区财政厅规定的财政支出顺序安排财政资金，支持做好教育、医疗卫生、社会保障、脱贫攻坚等基本民生资金保障，继续加强涉农资金整合，千方百计筹措资金，集中财力，使扶贫资金直接惠及贫困户，确保完成精准扶贫各项任务。

四是抓改革建机制。加强全口径预算统筹，提高国有资本经营预算、政府性基金预算调入一般公共预算的比例，推动预算编制科学化、标准化，进一步做实部门预算项目库，完善预算支出定额标准，强化预算评审作用；实施政府支出经济分类科目改革，更加科学地反映财政支出活动；稳步推进财政一体化要求、国库集中支付、电子支付改革，规范财政库款和银行账户管理，加快构建现代国库管理体系；继续完善财政资金信息公开，主动接受社会各界监督，扩大财政信息公开范围，细化公开方式，实现财政信息的公开化、透明化；加强对财政专项资金的动态化监控，优化专项资金编制程序，健全专项资金设立和退出机制，对财政专项资金的拨付、使用、绩效等方面进行全程动态管理。

五是抓统筹保重点。将继续加强对各项专项资金的清理，特别是历年来结余的专项资金，对于一些绩效不明显，资金较分散的专项资金或长期“趴窝”的专项资金，在尽可能不改变资金用途的情况下，实行捆绑使用，统筹安排用于民生项目支出。

六是抓作风出成绩。以习近平新时代中国特色社会主义思想为指导，进一步加强学习教育，深入贯彻落实党的十九大精神和十九届三中、四中全会精神，推进“两学一做”学习教育常态化、制度化，将在区委、区政府的领导下，以饱满的精神状态，坚定信心、振奋精神，以只争朝夕，不负韶华，进一步转变工作作风，推进各项工作有序开展。加强党的建设，坚决落实全面从严治党，不忘初心、牢记使命，锐意进取、砥砺奋进，扎实做好新时代的财政工作，为全区经济社会更好更快发展做出新的应有的贡献。

2020 年公共财政收支预算明细表

科　目	2020 年预算	与上年对比	备　注
当年财力	148638.01	比上年增加 17184.49 万元	
一、一般预算收入	53000	比上年减少 13000 万元	
二、转移性收入	69932.01	比上年增加 14483.08 万元	
（一）返还性收入	10080	比上年增加 2790 万元	
1. 增值税返还	10000	比上年增加 2790 万元	
2. 所得税返还	80	持平	
（二）一般性转移支付收入	56448.91	比上年增加 14936.65 万元	
（三）专项转移支付收入	3403.1	比上年减少 3243.57 万元	
三、调入国有资本经营收入	6	比上年增加 1.41 万元	
四、调入预算稳定调节基金	25700	比上年增加 15700 万元	
财力分配	148638.01	比上年增加 17184.49 万元	
一、工资福利支出	20755.31	比上年增加 3323.31 万元	
二、商品服务支出	2462.7	比上年减少 103.3 万元	
三、社会保障基金补助	6319.48	比上年增加 1202.48 万元	养老、职业年金、医保、工伤、生育、失业
四、住房公积金	1934.46	比上年增加 228.46 万元	
五、资本性支出	117166.06	比上年增加 12533.54 万元	

续表

科　　目	2020 年预算	与上年对比	备　　注
（一）农林水事务	26224.26	比上年减少 16242.33 万元	
1. 农牧业	7301.33	比上年增加 322.84 万元	
1. 农机具购置补贴	345	比上年增加 90 万元	345 万元市级提前告知
2. 畜牧良种补贴	27	比上年增加 7 万元	27 万元市级提前告知
3. 中央草原禁牧补助和草畜平衡奖励统筹用于扶贫（生态补偿脱贫岗位补助）	886	新增	886 万元市级提前告知
4. “厕所革命”整村推进	134.45	新增	60 万元市级提前告知
5. 耕地地力保护补贴	349.78	新增	349.78 万元市级提前告知
6. 优势特色主导产业发展资金	180	新增	180 万元市级提前告知
7. 培育新型农业经营主体资金	27	新增	27 万元市级提前告知
8. 基层农技推广改革与建设资金	41	新增	41 万元市级提前告知
9. 绿色高效技术推广服务资金	20.94	比上年减少 59.06 万元	20.94 万元市级提前告知
10. 草原草场保护资金	1	新增	1 万元市级提前告知
11. 农牧统计监测与信息服务补助资金	3	新增	3 万元市级提前告知
12. 农作物良种补贴	42	新增	42 万元市级提前告知
13. 病死猪无害化处理资金	0.59	新增	0.59 万元市级提前告知
14. 农业保险保费补贴	179.57	持平	其中 125.57 万元市级提前告知
15. 本级安排投入	5064	比上年减少 963 万元	
1. 农业技术推广	80	持平	
2. 重大动物疫病防控经费	110	持平	
3. 净土健康配套资金	2000	比上年减少 3000 万元	
4. 防抗灾物资储备经费	50	持平	
5. 病虫草害防治经费	50	持平	
6. 乡镇农牧综合服务站运行经费	60	持平	
7. 高标准农田建设	414	新增	414 万元市级提前告知
8. 乡村振兴建设	2000	比上年增加 1900 万元	人居环境、小农水利（乡村产业规划 50 万元）
9. 青稞牦牛育肥及种植转化加工补贴	250	持平	
10. 农村集体产权制度改革（培训费）	50	比上年减少 100 万元	
2. 林业	1520	比上年减少 267.7 万元	
1. 草原确权	150	新增	
2. 水车修理、油料费	10	比上年减少 40 万元	

续表

科　　目	2020年预算	与上年对比	备　　注
3. 保护区保护经费和救助资金	5	比上年减少5万元	
4. 草原生态保护补助奖励资金	195	新增	195万元市级提前告知
5. 重点生态功能区转移支付	1120	新增	1120万元市级提前告知
6.2018、2019年野生动物肇事补贴及野生动植物保护	40	新增	
3. 水利	889	比上年减少2354.95万元	
1. 防汛抗旱资金(河水环境综合治理)	200	比上年减少100万元	
2. 水库安全运行经费	30	新增	
3. 河长制流域	200	持平	
4. 农村饮水水源地保护项目	60	比上年减少259万元	
5. 节水型社会达标建设	350	新增	350万元市级提前告知
6. 山洪灾害县级非工程措施运行维护经费	13	新增	
7. 水质监测费用	36	新增	
4. 扶贫	14982.43	比上年增加6412.48万元	
1. 精准扶贫配套资金	4523	比上年增加323万元	其中:3500万为涉农整合资金
2. 政府债券利息	300.65	比上年减少249.35万元	
3. 中央财政发展扶持资金	6340	比上年增加3413.8万元	6340万元市级提前告知
4. 市级财政扶贫专项资金	1951.31	比上年增加1057.56万元	1951.31万元市级提前告知
5. 自治区财政扶贫发展资金(第二批)	1867.47	新增	1867.47万元市级提前告知
5. 国土规划	1531.5	比上年减少20355万元	
1. 地质灾害群测群防员补助	1.5	持平	1.5万元市级提前告知
2. 土地确权	50	持平	
3. 不动产统一登记	30	比上年减少50万元	
4. 国土空间规划及乡村规划	1200	新增	4个乡和18个村庄
5. 增减挂钩编制、农用地专用编制	70	新增	
6. 基准地价方案编制	30	新增	
7. 土地评估费、测绘费	100	新增	各50万元
8. 地灾、勘界报告编制	50	比上年减少50万元	
(二)科学技术	419	比上年增加308万元	
1. 科技特派员生活补助	32	比上年增加8万元	其中24万元市级提前告知数
2. 区特色产业融合发展模式创新与示范项目(中科院)	300	新增	

续表

科　　目	2020 年预算	与上年对比	备　　注
3. 科学技术普及经费	87	持平	
(三)教育事业	23032.77	比上年增加 3841.94 万元	
1. 教育事业费	13191.77	比上年增加 2000.94 万元	13191.77 万元市级提前告知数
2. 本级教育投入	9200	比上年增加 1200 万元	按上年收入的 20%
3. 大学生资助	641	持平	
(四)社会保障和就业	2648.51	比上年减少 2185.54 万元	
1. 医疗保险基金	36	持平	36 万元级市提前告知
2. 抚恤和社会福利救济	100	持平	
3. 城镇低保	30	持平	
4. 农村低保	115	持平	
5. 救灾物资储备库运营管理费	30	新增	
6. 应急自然灾害救助经费	200	持平	
7. 农村社会救助	35	持平	
8. 农村医疗救助	179	比上年减少 171 万元	其中:139 万元市级提前告知(包括退伍军人家属医疗救助)
9. 三老人员生活补贴	112.64	比上年增加 8.52 万元	112.64 万元市级提前告知
10. 优抚对象等人员抚恤和生活补助资金	60.2	持平	60.2 万元市级提前告知
11. 干部职工意外伤害保险	40	持平	
12. 监察委员会业务经费	20	持平	
13. 监察委员相关订阅报刊经费	5	新增	
14. 巡查办工作专项经费	25	持平	
15. 党风廉政、纪检监察办案、廉政宣传培训经费及订阅相关报刊经费	52	持平	岗位津贴 20 万元、对外交流 10 万元、监督、审计调查 15 万元
16. 劳动监察制服及设备费、宣传费	10	新增	
17. “两创示范”办公经费、20 个行政村劳动协理员补贴	6	持平	
18. 三大节日慰问	200	持平	
19. 民政事务经费	10	持平	
20. 五保户供养服务中心运转经费	374	比上年增加 9 万元	65 万元市级提前告知
21. 困难群众救助补贴资金	275.66	比上年增加 102.66 万元	275.66 万元市级提前告知
22. 残联两项补贴	81.63	比上年增加 11.63 万元	59.06 万元市级提前告知

续表

科　　目	2020年预算	与上年对比	备　　注
23. 困难人员救助供养	142.4	比上年增加78.05万元	142.4万元市级提前告知
24. 残疾人综合服务中心	33.18	持平	综合服务人员工资
25. 60岁以上退役士兵补贴	10	持平	
26. 就业补助	250	比上年增加190万元	其中：170万元市级提前告知
27. 第三方残疾人等级清查鉴定费	20	新增	
28. 村务监督委员会基本报酬和业绩考核	100.8	比上年增加10.8万元	其中：36万元市级提前告知
29. 高龄老人健康补贴（寿星老人）	20	新增	20万元市级提前告知
30. 干部救助基金	70	新增	
31. 双拥经费	5	新增	
（五）文化体育传媒	969	比上年增加357万元	
1. 群众文化经费	20	比上年减少96万元	
2. 宣传经费	28	比上年减少12万元	
3. 扫黄打非专项经费	10	持平	
4. 村级文艺演出队	20	新增	20万市级提前告知
5. 县区艺术团	150	新增	110万市级提前告知
6. 贫困地区戏曲进乡村	18	新增	18万市级提前告知（3万元/乡镇）
7. 民间艺术团保障运行经费	50	持平	
8. 电影场次补贴、数字影院运行费	20	比上年减少10万元	
9. 电视台运行经费及设备维护费	30	持平	
10. 县级综合文化活动中心	32	持平	32万元市级提前告知
11. 乡镇综合文化活动站	24	持平	24万元市级提前告知（4万元/乡）
12. 村村通维护经费	15	新增	
13. 文化执法经费	5	持平	
14. 精神文明建设经费	5	比上年减少20万元	
15. 宣传部融媒体建设	400	新增	网信、电视台融为一体（各县区要求先推行）
16. 非物质文化遗产传承人补贴和文物保护经费	25	比上年增加12万元	传承人2000元、非遗项目保护经费1万元、文物保护10万元
17. 拉萨日报覆盖工程赠阅资金	72	持平	
18. 报纸征订经费	45	持平	

续表

科　目	2020 年预算	与上年对比	备　注
（六）医疗卫生	12583.79	比上年增加 9627.84 万元	
1. 城乡居民医疗保险县级配套	230	持平	其中：5 万元市级提前告知
2. 大病统筹县级配套资金	320	比上年减少 30 万元	包含超大额保险经费 60 万元
3. 医保系统维护费	2	新增	
4. 新农合免筹（5411 人）本级配套	47	新增	其中：17 万元市级提前告知
5. 城乡居民暨在编僧尼健康体检补助经费	156.02	比上年增加 24.02 万元	156.02 万元市级提前告知
6. 出生缺陷项目	45.59	比上年减少 35.54 万元	45.59 万元市级提前告知
7. 降低孕产妇死亡、消除新生儿破风伤项目经费	20		20 万元市级提前告知
8. 住院分娩补助、奖励待产生活补助	49.55		49.55 万元市级提前告知
9. 农牧民孕产妇住院分娩奖励、护送与提前待产项目资金	2.17		2.17 万元市级提前告知
10. 危控应急储备金	22	比上年增加 2 万元	包括水痘疫苗经费、鼠防津贴 2 万元
11. 包虫病、三病综合防治工作经费	50	持平	
12. 基层医院信息化建设	100	比上年减少 100 万元	
13. 卫生与健康	70	比上年减少 30 万元	
14. 县级以下医疗卫生机构实施国家药物制度的补贴	147.6	持平	147.6 万元市级提前告知
15. 基本公共卫生服务经费	194	比上年增加 11.9 万元	194 万元市级提前告知
16. 公立医院改革补助	52.86	比上年增加 0.06 万元	52.86 万元市级提前告知
17. 人民医院整体搬迁项目建设	5300	比上年增加 1300 万元	
18. 医院二甲创评聘请医护人员工资	468	新增	聘请 62 人（医生、护士、工勤）
19. 医务人员综合能力提升费	50	新增	奖励资金、学历提升学费及工资
20.10 种儿童血液病及恶性肿瘤体检、筛选经费	20	新增	中央巡查组健康扶贫要求安排
21. 人民医院医疗设备配置经费	4900	新增	
22.60 岁以上老年人、婴幼儿流感疫苗经费	15	新增	
23. 全民健康免费体检经费	118	比上年减少 10 万元	其中 88 万元市级提前告知
24. 农村义务教育学生营养监测	2	新增	2 万元市级提前告知
25. 农牧区医疗制度提标	202	新增	202 万元市级提前告知
（七）城乡社区事务	2355	比上年减少 2148.2 万元	
1. 城市维护费	400	持平	

续表

科　　目	2020年预算	与上年对比	备　　注
2. 基础设施建设	400	持平	
3. 城乡环卫一体化	800	持平	
4. 工程质量监督工作经费	30	比上年增加25万元	包括外聘人员工资、日常工程运行经费
5. 专网网费(房产证)	5	新增	
6. 人民政府机关物业	400	持平	
7. 城市公共用电费	100	新增	
8. 城管执法人员服装及执法装备	20	新增	
9. 精准扶贫环卫工人工资(含三岩片区)	50	持平	30人环卫工人(2000元)、5人组长(2500元)
10. 工业园区物业公司运营费	150	持平	
(八)节能环保	935	比上年减少1197万元	
1. 环境生态文明建设资金(包括园区环保经费100万元)	935	比上年增加435万元	乡镇环卫工资270万元、垃圾转运站490+75
(九)农村税费改革	984.46	比上年增加114.03万元	
1. 村干部基本报酬和业绩考核奖励资金	638.03	比上年增加94.03万元	314.95万元市级提前告知
2. 村级组织党建工作经费	220	比上年增加20万元	其中：市级提前告知84万元、每村10万元(含党建工作经费)
3.131个村民小组组长岗位补贴	117	持平	
4. 经济困难高龄、失能等老年人补贴	9.43	持平	9.43万元市级提前告知
(十)公共安全	4162.42	比上年增加437.97万元	
1. 维稳应急处置	200	持平	
2. 社会治安综合治理	171	持平	
3. “双联户”户长补助	117.96	持平	117.96是市级提前告知
4. “先进双联户”表彰奖励资金	45.48	比上年减少0.99万元	45.48是市级提前告知
5. 涉宗领域工作经费	340	比上年增加8.46万元	含各寺管委会僧尼成员岗位补贴
6. 市、县两级党外政协委员生活补贴	39	比上年增加3万元	政协28.9万元、统战民宗9.65万元
7. 爱国守法、先进僧尼；民族团结表彰暨工作经费	40	比上年减少20万元	其中：18.4万元市级提前告知
8. 寺庙“九有”工程资金	7.45	持平	7.45万元市级提前告知
9. 驻寺人员岗位津贴(包括聘用驻寺干部生活补助)	99	持平	其中：市级提前告知89万元

续表

科　目	2020 年预算	与上年对比	备　注
10. 武装部经费（营房改造）	170	比上年增加 50 万元	
11. 消防业务经费	550	比上年增加 350 万元	基本支出 250 万 <含运行经费 80 万>、训练建设 120 万、高山、水域、地震三大救援装备 100 万、专项规划 80 万
12. 中队经费	36	持平	
13. 维稳日常督查经费	10	比上年减少 20 万元	
14. 维稳指挥部专项经费	60	比上年增加 30 万元	添置
15. 公安业务及装备经费	381.38	比上年增加 100.5 万元	381.38 万元市级提前告知数
16. 检察院业务及装备经费	42.55	比上年增加 2.4 万元	42.55 万元市级提前告知数
17. 法院业务及装备经费	78.08	比上年减少 5.02 万元	78.08 万元市级提前告知
18. 法律援助经费	30	比上年减少 1.56 万元	其中 1.56 万元市级提前告知
19. 执行救助资金	15	持平	
20. 司法业务及装备经费（含社区矫正经费）	19.02	比上年减少 2.21 万元	19.02 万元市级提前告知
21. 政法系统全年政策性法定补贴	323	比上年减少 136.48 万元	
22. 驻寺民警岗位补贴	8	比上年增加 1 万元	
23. 辅警、协警生活补助	57.6	比上年增加 17.6 万元	
24. 普法宣传、安置帮教等	21.5	持平	司法 8.5 万元，政府 13 万元
25. 辅警、协警保险费及意外险	200	持平	116 人 *1395 元 *12 月 =194.2
26. 协警工资、辅警工资	577	比上年增加 104 万元	协警 66*3000 元 *12=237.6 万元、辅警 50*5662.64*12=339.76 万元
27. 交通整治费	30	增加 15 万元	
28. "天网工程" 重点路段监控及测速点电费	60	新增	
29. 协警、辅警服装费	22.2	持平	
30. 安邦智库年续合同及年鉴、法律援助等	53	持平	
31. 专网维护费及维修费	15	比上年减少 10 万元	
32. 便民服务大厅的各项经费	100	新增	
33. 放管服工作专项培训经费	30	新增	
34. 政府宣传拍摄录制费	30	比上年减少 30 万元	
35. 公安禁毒经费	0.2	持平	0.2 是市级提前告知

续表

科 目	2020 年预算	与上年对比	备 注
36. 禁毒委专项经费	10	新增	
37. 扫黑除恶专项经费	30	持平	
38. 综治视联网(20 个行政村综治专项及区综治办五乡一镇)	78	持平	每网点各 3 万元
39. 五年规划(全区藏传佛教教职人员培训经费)	20	比上年减少 10 万元	
40. 遵行四条标准争做先进僧尼学习教育经费和参观学习经费	45	持平	
(十一)一般公共服务及其他支出	38182.71	比上年增加 18965.93 万元	
1. 基层政权建设、村级活动建设	1158.72	比上年增加 158.72 万元	其中市级提前告知 158.72 万元
2. 人大代表履职经费	60	比上年减少 20 万元	
3. 乡镇人大代表专项经费	60	持平	其中 30 万元市级提前告知
4. 人代会专项会议经费	10	新增	
5. 政协开展委员视察、参政议政调研等经费	40	比上年减少 20 万元	
6. 政协专项会议经费	10	新增	
7. 协税户税专项经费	200	比上年减少 100 万元	
8. 强基惠民专项经费	150	比上年减少 50 万元	其中包括工作经费 3 万元
9. 乡镇、机关单位党建工作经费	210	持平	
10. 党员干部教育培训经费	30	持平	
11. 组织部深化党政机构改革专项工作经费(乡镇、事业单位)	10	比上年减少 10 万元	
12. 专项教育实践活动经费	90	持平	
13. 村级组织“1+3”专干补助和安家费	104.2	比上年增加 28.2 万元	第一书记(22 人)每人 720 元、专干(66 人)每人 520 元、每人发放一次性安家补助 5000 元(88 人)
14. 人才激励保障经费	5	持平	
15. 老干部活动经费及疗养经费、老年护理经费	160	持平	含活动经费 40 万
16.“两新”组织党组织建设工作经费	10	新增	
17. 专招大学生生活保障经费	7	比上年减少 3 万元	
18. 年度优秀公务员奖励资金	30	比上年增加 15 万元	
19. 离任村干部月生活补贴	50.88	新增	村干部 53 名 *800 元 *12 月
20. 干部职工直系亲属去世慰问金	7	比上年增加 2 万元	

续表

科 目	2020 年预算	与上年对比	备 注
21.2019 年干部职工未休假补助	100	比上年减少 190 万元	
22. 工会会费	200	持平	
23. 基层团组织建设经费	20	持平	其中 12 万元市级提前告知数
24.2019–2020 年志愿者生活补贴和车费报销等	28.16	比上年增加 11.16 万元	
25. 全区重点青少年群体服务管理和预防犯罪工作经费	6	持平	
26. 基层劳动就业社会保障公共服务经费	100	持平	包括乡镇基层平台 14 人工资平均 5500 元
27. 信访疑难经费	200	持平	2018 年结余 130 万元
28. 欠薪应急周转金	200	比上年减少 200 万元	
29. 安全生产宣传、应急预案演练经费	50	比上年增加 20 万元	其中工业园区安全生产经费 20 万元
30. 综合减灾示范社区经费	8	新增	
31. 油站安监员生活补助	36	持平	
32. 妇女事业发展经费	5	持平	
33. 儿童事业发展经费	3	持平	
34. 妇儿工委经费	20	持平	
35. 乡镇、村级妇联工作经费	52	比上年增加 2 万元	各乡镇妇联 2 万元、各村级妇联 2 万元
36. 妇女之家建设经费	19	持平	包括“三八”活动经费和培训费
37. 工商联非公经济培训、宣传、党建等经费	10	持平	
38. 520 加密视频会议室备份建设	3	新增	
39. 保密及督查专项设备费	3	新增	
40. 机要室专项经费和购置类	15	持平	
41. 档案经费	5	比上年增加 2 万元	包括培训费 2 万
42. 统计经费、第七次人口普查经费	20	比上年减少 10 万元	
43. 全民运动专项经费	25	持平	
44. 区域旅游专项经费	350	比上年增加 150 万元	
45. 车辆购置费及车辆购置税	200	持平	
46. 食堂师傅工资、食堂补贴	450	比上年增加 216 万元	工资 100 万元

续表

科　　目	2020 年预算	与上年对比	备　　注
47. 审计业务及服务租赁费	80	比上年减少 20 万元	
48. 项目前期	500	比上年增加 200 万元	
49. 生态综合补偿试点县实施方案编制费	50	新增	
50. 招商引资工作经费	100	比上年增加 50 万元	经信、园区各 50 万元
51. 民爆应急预案编制费	2	新增	
52. 财政一体化系统软件、财务软件等维护费用	60	比上年减少 102 万元	网费 6 个单位 *2400 元 *12 月 =17.28 万元
53. 聘请第三方绩效考核经费	50	新增	
54. 国定资产管理系统	50	新增	
55. 财政投资评审费	200	比上年增加 130 万元	
56. 罚没代收、工资短信服务费	10	新增	
57.2019 年全区维稳补助经费	700	持平	
58.2019 年度全区目标绩效奖	200	比上年减少 70 万元	
59. 无纸化改造经费	30	新增	
60. 工业园区运转经费	270	新增	展销中心设施维护费、企业服务中心运营费、国网通信光缆整修费以及水电费
61. 园区规划编制费	200	新增	修编园区总体发展规划 100 万、产业发展规划 50 万、规划环境影响评估费 50 万
62. 达孜工业园区转型升级创新发展奖励	28000	新增	
63. 达孜区污水处理厂运营费	200	新增	政务常委（2019）6–7
64.2018 年公租房项目审计费	180	新增	
65. 城镇低收入住房困难家庭租赁住房补贴	1.15	新增	1.15 万元市级提前告知
66. 食品安全专项经费	20	新增	包括食品快检、抽检、协管员工资 5.2 万元
67. 市场专管专项经费	40	新增	产品质量抽检、12315、打击传销、知识产权保护、物价监管（包括服装费）
68. 食品安全举报奖励	10	新增	
69. 行政复议及行政诉讼经费	5	新增	
70. 质量强区工做第三方评估费	20	新增	

续表

科　目	2020年预算	与上年对比	备　注
71. 两会意见办理经费	800	持平	
72. 章多乡办公楼及食堂维修款	65	新增	
73. 雪乡食堂维修款	50	新增	
74. 云上达孜项目配套	1000	新增	
75. "双创"配套资金	100	比上年减少300万元	
76. 喜迎建党100周年虎峰大道景观绿化改造	415.85	新增	
77. 统筹	242.75	比上年减少228.25万元	
(十二)交通运输支出	210	比上年增加138.36万元	
1. 农村"四好"创建(养护、损毁)农村客运班线运行补贴	200	比上年增加128.36万元	72.34是市级提前告知
2. 道路运输管理所工作经费	10	持平	
(十三)预备费	4459.14	比上年增加515.54万元	3%包括疫情防控资金200万元

综　述

【地理位置】 达孜，藏语意为“虎峰”。达孜宗初建于1354年；1959年民主改革后，原达孜宗、德庆宗合并成立达孜县，2018年2月1日撤县设区，隶属拉萨市。地理坐标为北纬29.40°—29.667°、东经91.21°—91.35°。达孜区地处拉萨河两岸河谷平原地区，西与拉萨市城关区毗邻，北与林周县相连，东靠墨竹工卡县，南接山南市扎囊县，318国道贯穿而过，距离拉萨城区仅20公里，素有拉萨“东大门”之称，交通便利，战略位置十分重要。

【概况】 达孜区总面积1373平方公里，耕地面积6.85万亩。2019年4月，顺利完成机构改革工作，职能定位得到进一步优化。全区共辖5乡1镇，20个行政村，131个村民小组，总人口31444人，其中农村人口28148人，辖区内有中小学校各1所，幼儿园20所，县级人民医院1所，乡镇卫生院5所，五保老人集中供养中心1所。县域境内共有寺庙、日追拉康14座；其中始建于公元15世纪初、已有600多年历史的藏传佛教格鲁派六大寺之首的甘丹寺，其宗教、建筑、艺术等方面的成就在区内外享有盛誉，1961年被列为全国重点文物保护单位；始建于公元7世纪、至今已有1400多年历史的扎叶巴寺，其建筑风格独特，被誉为“隐修圣地”。

【经济发展】 2019年，完成地区生产总值15.31亿元，同比增长8%；固定资产投资同比增长24%；社会消费品零售总额2.4亿元，同比增长7%；地方财政收入6.41亿元，同比下降64.79%，其中一般公共预算收入完成4.81亿元，同比下降38.99%；农牧民人均可支配收入达15321元，同比增长13.1%。达孜工业园区累计入驻企业1530家，其中实体企业62家，投产企业26家，规上企业8家，龙头企业8家，高新技术企业4家，获得国家驰名商标3枚、自治区知名商标近30枚，产品种类达到800余种。园区新引进企业33家，协议总投资4.8亿元。完成规上工业增加值5.7%；实现税收13.39亿元，同比下降51%。

2019年共招商引资实体落地项目24个，其中新建项目12个，续建项目12个，协议资金35.85亿元，已完成招商引资实际到位资金20.03亿元，完成本年度任务的100.13%。2019年度圣信工贸、藏缘青稞评为“十佳诚信民营企业”、罗占工艺荣获自治区级“文创西藏品牌使用权”、尤格仓工贸荣获“全国民族特需商品定点生产企业”、春光食品有限公司荣获“第二十届中国绿色食品博览会金奖”，骨干企业稳步壮大，核心竞争力明显增强，带动工业不断崛起。

【气候】 达孜区属高原温带半干旱季风气候区。全区平均海拔4100米，河谷最低海拔3730米，年平均气温7.5℃，年平均日照3065小时，平均降雨量450毫米。空气稀薄，气温低，日温差大，冬春干燥，多大风，年无霜期130天左右。年降水量444毫米，80%—90%集中在夏季，多夜雨。自然灾害主要有旱、涝、山洪、泥石流、冰雹、霜灾、虫灾等。

【地貌】 达孜区地势南北高、中间低，北部和南部分别是东西横贯的恰拉山、郭嘎拉日山，中间为拉萨河谷地，是典型的“U”型地貌，全区平均海拔4100米，河谷最低海拔3730米。

【旅游资源】 达孜旅游覆盖生态、人文、产业三方面，旅游资源特点以历史文化型（藏民族传奇人物阿古顿巴出生地）、宗教文化型（千年古寺甘丹寺、扎叶巴寺、桑阿寺）、休闲度假型（白纳村生态林卡、拉木孜民俗度假村等）、徒步旅游（甘丹寺—桑耶寺徒步旅游、主西沟—桑耶寺徒步旅游、白纳村—桑耶村徒步旅游）、生态观光型（巴嘎雪湿地、白纳沟）为主。依托“全域旅游”发展契机，大力发展旅游产业项目，旅游市场稳步拓展。罗占、玉佤仓、卓玛、优格仓、吞柏古等文化产业品牌不断壮大，创办“藏鹤仙子”品牌，成功开发出33个系列“达孜有礼”特色文化旅游产品。2019年7月白纳村被文化和旅游部授予“全国乡村旅游重点村”荣誉称号。2019年共接待游客89.21万人次，旅游收入达2750.45万元，带动1150户农牧民人均增收2.65万元。

（杨　蒙）

大事记

1月

3日　达孜区委组织部（党校）党支部召开2019年第一次专题学习会议。

7日　达孜区举办2019年度农牧民增收记账员培训会议。

10日　团中央青年志愿者行动指导中心党组书记张朝辉一行到达孜区中心小学慰问南开大学研究生支教团成员。

11日　达孜区对联合执法过程中没收的过期食品进行销毁。

16日　达孜区公安局举行执法装备发放仪式。

17日　西藏自治区政协副主席、区总工会主席洛桑久美等区市领导一行，代表自治区总工会到达孜区公安局交警大队开展节前慰问活动。

22日　拉萨市文联、拉萨市书协藏汉书法家到达孜区举办"送万福进万家"迎新春送福送春联活动。

同日　拉萨市农牧局副局长洛桑索朗为组长的考核组一行到达孜区，以听取汇报、查阅资料台账、现场提问等方式对达孜区农牧业相关工作进行考核。

24日　西藏自治区农业农村厅副厅长林木、自然资源厅副厅长李亚军带队的自治区"大棚房"督查组一行到达孜区督导现代农业产业园区"大棚房"问题整改工作开展情况。

28日　拉萨市政协党组副书记、副主席、秘书长张勤到达孜开展慰问工作。

31日　西藏自治区科技厅厅长赤列旺杰、自治区农科院院长尼玛扎西、拉萨市科技局局长黄前敏一行到达孜区调研涉农企业运行情况。

2月

1日　西藏自治区党委政法委副书记、公安厅党委书记、厅长张洪波，自治区公安厅政治部主任黄东升，拉萨市副市长、市公安局党委副书记、局长赵涛等一行到达孜区公安局看望慰问因公受伤民警王之景。

2日　拉萨市政协党组副书记、副主席、秘书长张勤到达孜区扎叶巴寺慰问驻寺干部和寺庙僧人。

5日　达孜区委副书记、区长春新，区委常委、统战部部长拉巴顿珠，副区长边次一行看望慰问新春佳节坚守在一线岗位上的值班干部、部队官兵、政法干警、敬老院老人及工作人员。

8日　西藏自治区党委常务副书记、区政协党组书记丁业现，自治区党委常委、拉萨市委书记白玛旺堆一行到达孜考察基层组织建设工作。

14日　拉萨市交通运输局局长扎西平措及拉萨市交通综合执法支队副队长永革到达孜区检查指导非法营运整治工作。

19日　西藏自治区农业农村厅草原处处长曹

长伟到达孜区现代农业产业园区调研智能牧草工厂工作开展情况。

同日 西藏自治区公安厅党委委员、拉萨市委常委、政法委书记、市公安局党委书记马军到达孜区章多乡尊木采村走访慰问结对帮扶贫困户。

20日 拉萨市纪委常委丹增塔杰一行到达孜区检查领导干部利用名贵特产谋取私利问题整治工作开展情况。

21日 达孜区副区长、脱贫攻坚指挥部副指挥长边次主持召开达孜区脱贫攻坚指挥部2019年第三次工作例会。

25日 中国建筑设计研究院城镇规划设计研究院副院长冯新刚、山南市江北新区筹委会副主任阎伟隆一行到达孜工业园区考察交流工作。

26日 达孜区人民法院组织召开全体干部职工大会，进一步推进扫黑除恶专项斗争工作。

3月

2日 拉萨市政协党组副书记、副主席、市总工会主席张勤一行到塔杰乡检查指导工作。

6日 拉萨市委副书记肖志刚到达孜区检查指导工作。

同日 西藏自治区党委组织部副部长郭强一行到达孜区调研基层组织工作。

7日 达孜区卫计委主任尼玛卓嘎、区人民医院院长杨江洲到拉萨市迎接江苏省镇江市派驻达孜第十三批“组团式”医疗援藏医生。

8日 农业部种植业管理司副司长吴晓玲一行到达孜区检查督导“大棚房”问题专项清理整治工作。

9日 拉萨市政协党组副书记、副主席、市总工会主席张勤一行到达孜区调研。

同日 西藏自治区政协副主席、自治区工会主席洛桑久美一行到达孜区塔杰乡调研。

同日 西藏自治区政协党组副书记、副主席高扬到达孜区调研。

10日 拉萨市副市长刘广民到达孜区调研农业产业园净土产业。

同日 拉萨市民宗局局长达娃陪同自治区有关领导到分寺（强康）检查指导各项工作要点，在督导检查中工作组以实地查看、听取汇报、询问干部、对干部和僧人在岗情况、履行请假手续、消防安全等进行全面细致的检查和指导。

13日 拉萨市农牧局党组书记、副局长，市脱贫攻坚指挥部产业组副组长其米旺姆一行到达孜区塔杰乡主西村检查指导工作。

22日 拉萨市公安局党委委员、副局长强久一行到达孜区公安局调研。

同日 拉萨市纪委常委、监委委员李荣锋带队的拉萨市中央巡视反馈问题整改情况调研组到达孜区检查指导工作。

同日 拉萨市副市长刘广民到达孜区考察《拉北环线扶贫产业交流中心暨“云上达孜”电商创业基地项目》。

27日 拉萨市副市长张永林一行到达孜区卫生系统开展调研活动。

29日 同步举行达孜区医疗保障局、退役军人事务局等13家涉改单位挂牌仪式。

30日 达孜区中心小学举办庆西藏民主改革60周年系列活动之朗诵比赛。

4月

3日 山南市浪卡子县委常委、常务副县长扎西一行到达孜区参观考察扶贫产业项目。

4日 中国共产党拉萨市达孜区第一届委员会第二次全体会议开幕。

同日 西藏自治区广播电视局党组成员、副局长刘俐一行到达孜区检查安全播出和网络安全工作。

8日 中共拉萨市达孜区委经济工作会议召开。

同日 拉萨市2019年“讲党恩爱核心、讲团结爱祖国、讲贡献爱家园、讲文明爱生活”群众教育实践活动动员部署暨启动仪式在达孜区邦堆乡林阿村举行。

10日 政协第一届拉萨市达孜区委员会第二

次会议开幕。

同日　拉萨市政府副秘书长马恩兵、拉萨市经信局局长王旭光携江苏产业合作考察团到达孜工业园区参观考察。

11 日　达孜区第一届人民代表大会第二次会议第一次全体会议开幕。

12 日　达孜区组织召开 2019 年基层党建工作会议。

17 日　西藏自治区卫健委基层卫生健康处副调研员旺姆带队督导达孜区健康促进县（区）建设情况。

同日　西藏自治区人大常委会副主任维色一行到达孜调研指导财经工作。

18 日　拉萨市农业农村局副局长支建军到达孜区检查春播及深耕深松工作开展情况。

19 日　西藏自治区政协党组成员、副主席卓嘎，带领自治区农业农村厅有关领导、自治区政协农业和农村委员会办公室相关同志一行到达孜区围绕“达孜区牧业经济如何走出传统生产方式”开展专题调研。

22 日　西藏自治区动物疫病防控中心专家拉巴次仁、拉萨市农业农村局副局长白玛德吉和拉萨市畜牧总站书记宋廷坚一行到达孜区督导检查非洲猪瘟防控工作。

23 日　西藏自治区水利厅拉洛管理局长助理、小浪底援藏干部邓从响到达孜区考核 2017—2018 年度水利工程建设质量。

24 日　西藏自治区副主席江白到白纳村调研达孜区国土绿化及“山水林田湖草”生态修复工程（白纳村）建设情况。

25 日　拉萨市副市长张永林、拉萨市卫健委副主任尹美玲到达孜区调研卫生系统整体搬迁项目。

26 日　拉萨市纪委常委丹增塔杰带队到达孜区，通过召开座谈会方式检查了解达孜区党政机构改革纪律执行情况。

30 日　西藏自治区政协党组成员、副主席卓嘎带领自治区政协经济和人口资源环境委员会、自治区生态环境厅、自治区宗教事务局、自治区林业和草原局负责同志一行到达孜区开展围绕“如何有效治理过度煨桑、乱挂经幡、乱放风马纸等乱象对生态环境的污染、淡化宗教消极影响”专题调研。

5 月

5 日　达孜区在全区范围内集中开展矛盾纠纷摸排化解工作，对矛盾纠纷做到情况清、底数明，集中化解摸排出来的各类矛盾纠纷。

6 日　达孜区开展“扫黑除恶打非治乱”主题宣讲，并向农牧民发放《拉萨市“扫黑除恶打非治乱”专项斗争应知应会基础知识手册》。

同日　拉萨市委常委、统战部部长阿努次仁带队的拉萨市规范非法宗教临时活动地点工作领导小组一行到达孜区木材交易市场非法宗教临时礼拜点督导检查依法取缔非法宗教活动点“回头看”工作开展情况。

7 日　达孜区 2019 年教育工作会在区中心小学礼堂顺利召开。

9 日　西藏自治区党委政法委副秘书长、巡视员、区扫黑办副主任汪峰一行到达孜区检查指导扫黑除恶工作开展情况。

同日　西藏自治区纪委案件审理室主任张新，拉萨市纪委副书记、监委副主任拉巴次仁及相关工作人员一行到达孜区纪委调研。

10 日　拉萨市副市长朱建红到达孜区调研文化工作。

13 日　四川省红原县政协一行到达孜区考察学习产业发展、旅游、社会事业等新举措。

15 日　西藏日报社党委副书记、总编辑廖嘉兴带队西藏日报社全媒体庆祝中华人民共和国成立 70 周年“壮丽 70 年”大型采访活动采访团一行到达孜区德庆镇白纳村就产业发展、就业增收、城镇化建设等进行拍摄采访。

同日　西藏自治区副主席汪海洲，拉萨市副市长张文浩，自治区工信厅、发改委等领导一行到达孜区章多乡尊木采村调研城投公司祁连山水泥厂项目。

同日　拉萨市委常委、纪委书记、监委主任王家民到达孜区调研。

同日 西藏自治区党委巡视办副主任王西平，拉萨市委常委、纪委书记、监委主任王家民，市委巡察办主任仁增卓玛及相关工作人员一行到达孜区，就巡察上下联动开展情况进行调研。

16日 西藏自治区党委宣传部副部长仁青罗布，拉萨市委宣传部副部长赵有鹏，自治区党委宣传部、拉萨市文明办等领导一行到达孜区调研新时代文明实践中心建设。

17日 督导检查组到达孜区扫黑办分别查看各工作小组工作台账及相关资料，认真听取线索摸排及案件办理情况，简要听取扫黑办人员配备、机制建立情况汇报。

同日 江苏援藏指挥部副总指挥、拉萨市副市长刘广民，江苏援藏指挥部项目组组长薛刚及拉萨市住建局、自然资源局、受援办领导一行到达孜区调研援藏项目开展情况。

16—17日 达孜区委党校举办"弘扬爱国主义奋斗精神，建功立业新时代"暨2019年第一期高层次人才党员政治教育培训。

20日 拉萨市中级人民法院副院长陈杰一行到达孜区人民法院督导检查扫黑除恶打非治乱专项斗争工作开展情况。

21日 拉萨市人民检察院党组成员、政治部主任李卫一行到达孜区人民检察院督导检查扫黑除恶打非治乱专项斗争工作开展情况。

同日 西藏自治区蔬菜研究所党委书记、副所长研究员贡嘎，自治区农业农村厅农机处副处长钟成义，自治区农牧学院刘志林，拉萨市农业农村局农机科科长尼吉，拉萨市农业农村局农机科工作人员一行到达孜区调研。

22日 西藏电视台对穷达村进行采访。

同日 西藏自治区财政厅国库处副处长钟萍，拉萨市财政局副局长尼玛拉姆一行到达孜区对2018年财政部门决算情况内容开展调研。

同日 西藏自治区人大常委会组织全区各级人大代表80余人到达孜工业园区开展现场学习交流活动。

同日 西藏自治区农村集体资产清产核资区级调研组到达孜区德庆镇白纳村、邦堆乡林阿村、唐嘎乡唐嘎村调研农村集体资产清产核资工作。

27日 青海省黄南藏族自治州人大学习考察组一行到达孜区学习交流社会治理工作。

29日 拉萨市人民检察院党组成员、政治部主任、巡察组组长李卫一行到达孜区人民检察院开展巡察见面会。

同日 西藏自治区党委常委、拉萨市委书记白玛旺堆一行到达孜区调研基层党建、特色产业发展、新城规划建设、易地扶贫搬迁和重大项目推进情况。

同日 西藏自治区妇联党组成员、副主席龙措，自治区妇联组宣部部长朱燕莉，拉萨市妇联副主席和继香一行到达孜区调研妇女思想引领工作。

31日 拉萨市中级人民法院院长李世蓉一行到达孜区公安局开展扫黑除恶专项督导工作。

6月

3日 西藏自治区住建厅村镇建设处副处长陈小忠，拉萨市农业农村局副局长、调研员洛桑索朗一行到唐嘎乡调研。

4日 拉萨市人民检察院党组第二巡察组巡察达孜区人民检察院动员大会顺利召开。

同日 拉萨市委常委、警备区政委肖光富到雪乡走访慰问结对帮扶户。

5日 拉萨市财政局副局长王君一行到达孜区调研。

10日 江苏交通广播网公益"富民行动"第17站"爱在雪域高原"直播活动在达孜区邦堆乡叶巴村顺利举行。

同日 达孜区组织召开2019年1—4月经济运行情况分析会议暨全区项目推进工作会议。

17日 西藏自治区农业农村厅和生态环境厅联合调研达孜区畜禽粪污资源化利用工作开展情况。

18日 人力资源和社会保障部副部长邱小平、西藏自治区人力资源和社会保障厅党组书记解海源一行到达孜区调研人社工作。

同日 江苏省副省长、省政府党组成员马秋林，江苏省国信集团有限公司董事长王晖一行到达孜工业园区考察调研。

20日 西藏自治区党委宣传部舆情处负责人、自治区“四讲四爱”活动办文秘督导组副组长扎西，拉萨市委宣传部副部长赵有鹏一行到达孜区开展专题调研工作。

21日 中央扫黑除恶第十三督导组第五下沉督导小组一行到达孜区督导检查扫黑除恶打非治乱专项斗争工作。

26日 达孜区开展一年一度国际禁毒日暨扫黑除恶打非治乱专项斗争工作宣传工作。

同日 山南市乃东区委、区政府主要领导和乃东区政协主席格桑带队群众增收考察组一行到达孜区学习考察。

27日 西藏自治区水利厅副厅长陆伟东一行到达孜区检查指导城区水毁应急除险加固工程。

28日 西藏自治区农业农村厅党组成员、副厅长肖长伟一行到达孜区调研防旱救灾工作。

7月

1日 达孜区委副书记、区长春新到白纳村调研“山水林田湖草”生态修复项目。

3日 达孜区政协党组书记、主席赵彩娥一行到邦堆乡、塔杰乡检查指导“净白”“扫黑除恶”工作。

5日 拉萨市人大常委会副主任林生一行到达孜区调研非物质文化遗产保护情况。

同日 达孜区委常务副书记、常务副区长罗小兵到邦堆乡检查指导工作。

6日 达孜区委副书记、区长春新到主西村调研。

同日 达孜区委常务副书记、常务副区长罗小兵到章多乡检查指导工作。

8日 达孜区委张干到唐嘎乡洛普村、罗寺检查指导工作。

9日 达孜区委副书记、区长春新一行到雪乡雪普村孔雀养殖基地调研。

10日 达孜区人大常委会党组书记、主任米玛一行到克日村检查指导工作。

11日 拉萨市副市长扎西白珍到章多乡检查指导工作。

同日 达孜区副书记、区长春新一行到洛普村受灾地区查看灾情。

12日 司法部副部长熊选国一行到达孜区检查指导司法行政工作。

同日 拉萨市副市长扎西白珍一行到雪乡、塔杰乡检查脱贫攻坚整改工作。

13日 拉萨市副市长扎西白珍一行到达孜区督导巡视整改及巩固提升工作。

16日 拉萨市委副书记、常务副市长沈海斌一行到唐嘎乡考察灾情。

17日 西藏自治区人大常委会副主任纪国刚到达孜区调研“一法一办法”贯彻落实情况。

18日 江苏省镇江市润州区委副书记、区长徐心田率润州区党政代表团一行到达孜区唐嘎乡开展结对共建活动。

19日 拉萨市委副书记、常务副市长沈海斌一行到达孜区调研援藏项目建设情况。

24日 西藏自治区党委党校常务副校长熊刚毅一行到达孜区调研指导农牧民党员教育工作。

25日 拉萨市副市长张永林到达孜区调研卫生系统整体搬迁项目。

30日 迪庆州人民政府一行到达孜区考察娟珊牛、牦牛产业发展。

8月

1日 江苏省镇江市润州区人民法院副院长杨克勤一行到达孜区人民法院交流指导工作。

2日 2019年达孜区创新创业民族手工艺技能大赛在达孜区虎峰众创空间创业基地举办。

5日 拉萨市人大常委会党组成员、副主任欧阳莉萍，副调研员赵锋一行到达孜区唐嘎乡调研扶贫领域工作。

同日 拉萨市委副书记、市长果果一行到达孜区就拉萨市看守所建设项目选址、雪乡饲草种植、西藏泰成乳业牦牛育肥、达孜区高标准良种奶牛养殖等工作开展实地调研。

6日 达孜区“不忘初心、牢记使命”主题教育副科级及以上党员干部学习培训班顺利开班。

7日 拉萨市旅发局副局长丁韬、行管科科长琼达、行管科副科长次多一行到达孜区考察调研文旅产业工作。

同日 拉萨市公安局交警支队法宣大队、事故调处大队、督查大队等部门领导一行到达孜区公安局交警大队检查指导工作。

8日 江苏省镇江市党政代表团一行到达孜区参观考察。

同日 西藏自治区应急管理厅副厅长旦巴加措、综合协调处副处长李彬一行到达孜区调研安全生产领域改革发展意见工作推进情况。

10日 西藏自治区党委组织部副部长杨晓林一行到达孜区调研基层干部职工待遇保障情况。

13日 国家卫健委疾控局寄地处处长严俊一行到达孜区调研地方病防治工作。

14日 西藏自治区经信厅经济运行处副处长杜洪涛、调研员丹增一行到达孜区调研。

9月

7日 人民日报西藏分社社长邓建胜到达孜区采访调研农牧民增收情况、产业带动情况与脱贫攻坚成果。

9日 拉萨市副市长张永林、拉萨市卫健委副主任张国红到达孜区调研医药卫生体制改革工作。

12日 西藏自治区党委副书记、区常务副主席、自治区食安委主任庄严一行到达孜工业园区，实地了解中秋、国庆节日期间市场商品供应、价格和食品安全情况。

16日 西藏自治区党委党校副校长万代玺一行到达孜区调研基层党组织建设工作。

19日 西藏自治区林业和草原局党组成员、局长助理刘学庆，自治区财政厅副厅长孙杰，自治区农科院副院长刘秀群，自治区农科院所长江忠萍一行到达孜区塔杰村调研苗圃发展情况及高标准奶牛养殖发展情况。

23日 拉萨市政协党组副书记、副主席、市总工会主席张勤到章多乡检查指导工作。

24日 拉萨市财政局副局长郭宇一行到达孜区调研民生工程（项目）惠民政策资金落实情况。

25日 达孜区举办庆祝中华人民共和国成立70周年暨“不忘初心、牢记使命”主题教育爱国歌曲汇演。

29日 西藏自治区卫健委一行到达孜区林阿村考核健康促进工作开展情况。

10月

1日 庆祝中华人民共和国成立70周年阅兵仪式在北京盛大举行，达孜区组织领导干部集中收看直播。

2日 拉萨市政协党组副书记、副主席、市总工会主席张勤一行到达孜区邦堆乡、德庆镇调研应届高校毕业生就业情况。

5日 达孜区委常务副书记、常务副区长罗小兵到包村点检查指导工作。

7日 拉萨市委宣传部副部长赵有鹏一行到达孜区邦堆乡检查指导工作。

16日 西藏自治区党委主题教育第一巡回指导组常务副组长、自治区藏语委办（编译局）党组书记、副主任（副局长）贺鹏一行到达孜区检查指导第二批“不忘初心、牢记使命”主题教育。

22日 日喀则市仁布县政协主席一行到达孜工业园区调研指导工作。

23日 拉萨市委组织部副部长、编办主任袁国军一行到达孜区德庆镇新仓村、邦堆乡党委、达孜工业园区、西藏阳光庄园农牧资源开发有限公司，围绕基层组织建设、软弱涣散基层党组织整顿、第二批“不忘初心、牢记使命”主题教育推进、人才资源配置等方面情况开展调研。

24日 拉萨市副市长张永林一行到达孜区中

心小学检查食堂食品安全工作。

29日 拉萨市教研所潘建平、桑珠以及县区兼职教研员和骨干教师一行到达孜区中心小学开展蹲校视导活动。

11月

1日 拉萨市扶贫办副主任王宇翀一行到达孜区调研脱贫攻坚工作。

2日 达孜区委主题教育办结合实际，组织开展“不忘初心、牢记使命”主题教育现场教学活动。

5日 拉萨市发改委党组书记其米旺姆、副主任尼玛次旦及农经科负责人一行到达孜区督导检查项目促增收及易地扶贫搬迁工作。

14日 拉萨市副市长郑卫国一行到达孜区五保集中供养服务中心调研拉萨市老年人日间照料中心运营情况。

21日 西藏自治区党的十九届四中全会精神宣讲团一行到达孜区开展宣讲。

22日 达孜区委常务副书记、常务副区长罗小兵，区委常委、副区长许俊超一行带队到南京市考察学习。

25日 拉萨市委副书记、常务副市长沈海斌一行到达孜区唐嘎乡调研牦牛短期育肥及饲草种植。

30日 达孜区委副书记、区长春新到塔杰乡、章多乡考察2020年项目点工作开展情况。

12月

3日 达孜区医保局结合职能职责，开展“不忘初心、牢记使命”主题教育，开展医疗报销、医疗救助政策宣传活动。

4日 西藏自治区扶贫办副主任达娃桑珠一行到达孜区专项检查财政专项扶贫资金管理使用情况。

6日 日喀则市江孜县妇联主席、妇儿工委副主任边巴琼达一行到达孜区就妇女合作社等妇女儿童发展方面工作进行交流学习。

9日 西藏自治区人大常委会委员、拉萨市人大常委会主任云丹带队的驻拉自治区人大代表一行到达孜区开展会前集中视察活动。

11日 拉萨市委党校调研员次旦卓嘎一行到达孜区委党校调研。

13日 达孜区委宣传部组织干部群众开展“新旧西藏对比”图片展览活动。

16日 西藏自治区应急管理厅预案管理处处长张成邦、阿里地区应急管理局二级主任科员闫建朝、拉萨市应急管理局党组书记达瓦次仁、综合科田志强等交叉考核组一行到达孜区开展2019年度安全生产和消防工作现场考核巡查。

17日 西藏自治区党委组织部副部长、第九批援藏干部人才副总领队周韬带队中组部、团中央第19批赴藏博士服务团到达孜区塔杰村开展结对活动。

19日 拉萨市副市长张永林一行到达孜区督导检查中央脱贫攻坚专项巡视“回头看”工作。

23日 西藏职业技术学院大学生到达孜区新仓村开展“新中国成立70周年，不忘初心、牢记使命，暨大学生三下乡社会实践活动”。

24日 达孜区虎峰众创空间选派优秀企业代表及精品产品到深圳参加第十五届冬季工艺美术文博会。

30日 西藏自治区纪委一行到达孜区纪委抽测纪检监察干部业务理论知识掌握情况，达孜区委常委、纪委书记、监委主任扎西泽姆及机关全体干部参加测试。

政 治

中共达孜区委员会

【概况】 2019年，全区地区生产总值完成15.31亿元，同比增长8%，其中一产完成1.94亿元、二产完成5.73亿元、三产完成7.64亿元；社会消费品零售额完成2.4亿元，同比增长7%；完成规上工业增加值5.7%；全社会固定资产投资额全年增加24%。农牧民人均可支配收入全年达到15321元，同比增长13.1%。地方财政一般预算收入完成4.81亿元，同比下降38.99%。

2019年1月23日，拉萨市委副书记、市长、城关区委书记果果（中）到达孜区调研

【工业经济】 年内，积极响应“脱虚向实”发展理念的转变，采取积极稳健的发展政策，主动适应经济发展的新常态、抢抓新机遇，积极落实各项经济发展政策。达孜工业园区累计入驻企业1530家（包含注册型），其中实体企业63家，投产企业39家，规上企业9家，龙头企业8家，高新技术企业4家。1—9月，园区新引进企业33家，协议总投资47618万元。完成工业总产值32325万元，同比增长7%；完成工业销售产值31659万元，同比增长6%；实现税收104202.79万元，同比增长4%，全年实现税收13亿元。

截至年底，入驻企业中国驰名商标3个，自治区名牌产品近20个。全力打造园区小微企业创业创新基地，现创业基地已入驻企业共计50家；截至年底，园区双创基地完成工业总产值4394万元，实现纳税总额870万元。园区新增就业人数53名，现固定就业人数为149人。

【农牧生产】 年内，农作物种植面积8.49万亩，其中粮食作物种植5.9万亩，经济作物2.17万亩，饲草作物0.42万亩；粮食产量达到4.71万吨，其中青稞产量达1.2万吨，蔬菜产量2.11万吨，油菜产量达到0.03万吨；做好新品种、新技术等引进示范推广工作，种植“藏青2000”二级种子0.2万亩、“山冬7号”0.1万亩、“喜马拉22号”0.06万亩；牛、羊、猪肉类产量0.16万吨，奶类产量0.74万吨，禽蛋类产量0.02万吨，禽肉产量达到0.02万吨。2018年续建农牧科技项目6个，项目资金共618.15万元；2019年度申报农牧类科技项目4个，已批项目3个，资金共145万元。

【旅游发展】 年内，共接待游客35.0186万人次，旅游收入1308.042万元，带动农牧民372户，人均增收12287.096元；旅投公司共参加和组织区内外旅游市场推广宣传活动20余次，投入经费200余万元，参加活动1000余人次。总投资1215.68万元的扎叶巴村村容村貌项目（一期）、总投资1799.31万元的二期项目已完成建设；总投资1797.14万元的三期项目已完工60%；总投资3513.57万元的拉北环线产业扶贫交流中心暨“云上达孜”电商创业基地已经完成总工程量的90%；总投资460万元的“云上达孜”微电影及产业扶贫摄影（专本）出版发行旅游招商推介项目正在开展当中；已召开达孜区全域旅游全国推介会20场；总投资200万元的主西村徒步营地及停车场项目于9月投入使用。邀请中国国际工程咨询有限公司编制《拉萨市白纳沟生态公园总体规划（2019—2025年）》，拟将白纳沟生态公园建设成为国家自然公园示范区，引领西藏和拉萨市的生态文明建设。

2019年7月11日，达孜区委书记张千（中）到唐嘎乡调研

【净土产业】 年内，建立以市场为纽带，种养殖户、合作社、龙头企业为基础的产业化经营体系，开发各类净土健康产业产品，广泛宣传，努力拓展产业产品销售市场。总投资1.6969亿元的达孜区高标准良种奶牛养殖中心项目已投入使用；西藏泰成乳业发展有限公司继续发挥领头雁作用，2019年引进牦牛6033头、出栏4534头、存栏2523头，积极发挥产业脱贫作用，按人均3000元向唐嘎乡洛普村89户348人建档立卡户分红104.4万元；达孜特色原种藏鸡养殖逐步实现规模化、产业化、市场化，唐嘎原种藏鸡养殖有限公司鸡苗规模量达1.5万只，藏鸡蛋产量45万枚，年总产值将达400万元以上。

【脱贫攻坚】 年内，建档立卡贫困户1075户4240人，已实现全部脱贫，贫困发生率保持在3%以下，连续三年没有出现返贫人口。截至年底，贫困人口人均可支配收入可达12946.12元，同比增长14.6%，实现“两不愁”“三保障”目标，群众满意度达到98%以上。

截至年底，产业分红项目共25个，分红资金达546.65万元，分红人数达2742人，分红标准为每人1000—3000元。2019年，确定以补岗位人员共计2457人，严格执行自治区3500元/人/年的补贴标准，已将上半年岗位资金429.975万元兑现。现有建档立卡贫困劳动力1751人，已实现就业1080人。“三岩”片区跨地市易地搬迁安置点项目顺利推进，总投资8259.49万元，新建安置房135套，已达到入住条件，计划10月底开始组织搬迁入住。

【教育事业】 年内，共有各级各类学校17所，其中中学1所、小学1所、幼儿园15所。稳步推进学前教育和中小学集中办学，教育教学质量不断提高。2019年，中小学共计29人考入内地西藏班，中小学升学率稳定保持在100%。投资3051.16万元，全面完成4所村级幼儿园改扩建和1所易地搬迁点幼儿园的建设，扩大了学前教育覆盖。进一步充实校园工作人员，为各幼儿园补充配备厨师、保育员、门卫等后勤人员共34人。

2019年投入资助资金640万元，拨付2019年“三包”经费703.72万元，学生营养改善计划经费125.28万元。投入45.76万元为中小学、幼儿园全体学生教师购买意外伤害保险。

【卫生事业】 年内，推进紧密型医疗卫生共同体（医疗集团）建设和运行机制，深化医药卫生体制改革。达孜区所有农牧民均纳入基本医疗保险、大病保险、超大额保险、医疗救助保障、“先诊疗后结算”一站式服务范围，实现应保尽保。农牧民基本医疗保险参保人数27718人，参保率100%；1—9月，新农合基本医疗报销1447人，报销金额1255.4882万元。9月，主动争取自治区红十字会专家团队援助，在达孜区范围内对200余名白内障疑似患者进行免费筛选，确诊92人，符合手术条件46人，已完成免费治疗。

启动家庭医生签约式服务，通过推行有偿服务，解决“重签约、轻服务”问题，建档立卡贫困户签约率达100%，上门服务户均7次以上。卫生系统项目建设有序推进，总投资2.06亿元达孜区卫生系统整体搬迁项目，于4月开工建设，累计完成投资0.93亿元、完成主体的80%。

【城区基础设施改造】 年内，达孜区污水管网全线贯通，投资1220.08万元实施中水回用项目，铺设中水回用管道9330米，用于绿化浇灌、道路洒水等需求，实现污水资源化。全面淘汰“黄标车、老旧车”189辆，辖区内5座加油站已全部完成油气回收改造任务。全面推行河长制河流共19条，水库2座，河流总长为187.26公里。截至年底，已成功创建19个自治区级生态村、6个自治区级生态乡镇。

2019年12月7日，达孜区委常委会班子召开“不忘初心、牢记使命”专题民主生活会

总投资1000万元的达孜区白纳沟“山水林田湖草”生态修复项目已竣工并完成初验。总投资115万元的2018年拉萨周边防护林建设项目，共造林4250亩，已竣工并完成初验。2019年完成巩固造林点项目种植292539株，义务植树5000亩；完成退耕还林地37户、1934.7亩；全区森林生态补偿基金工程重点公益林面积达490490亩，全区管护人员238名，其中包括建档立卡户117人。

累计投入1000余万元高质量完成中华人民共和国成立70周年大庆氛围营造工作，主要路面均有崭新国旗和国庆彩旗、有庆祝宣传横幅、有宣传栏和墙报、有喜庆灯笼、有彩灯或彩条装饰、有整洁环境，节日氛围浓厚、市容市貌焕然一新。

【乡村基础设施建设】 年内，境内农村公路里程280.833公里，已完成通畅里程195.765公里，等外公路里程85.068公里，行政村公路通达率100%、通畅率100%。实施通村客运工程，全区五乡一镇客运班车通车，打通由县城到乡镇的“最后一公里”。

农村安全饮用水保障率达到93%，农村自来水普及率达到98%，集中式饮用水水源地水质达标率100%。累计投资9437.56万元(国家投资占 80%)完成电力农网改造工程,完成 7905 户"一户一表"改造任务,覆盖率 100%。修建(改造)公共卫生厕所 33 个,新建垃圾转运站 2 座,设立 20 个乡村垃圾中转点,购置 150 台微型垃圾收集车。大力推进政务服务工作,2019 年总投资 3223.45 万元新建达孜区便民服务中心,已完成前期工作,10 月底开工建设。

【健全优化福利机构】 年内,农村低保 86 户 237 人,已兑现资金 40.376 万元;城市低保 147 户 160 人,已兑现资金 97.61 元;救助城乡困难群众 4 人次,发放临时救助金额 18000 元。五保集中供养服务中心集中供养五保老人 100 人,分散供养 23 位五保老人,五保供养率达 83%,意愿集中供养率达到 100% 的目标,兑现全年五保供养金共计 325.6 万元。

10 月,达孜区五保集中供养服务中心国家级养老服务业标准化试点项目以综合得分 93.5 分顺利通过评估验收,达孜区养老服务质量迈入标准化管理新时代。截至年底,为重度残疾人 124 人发放护理补贴 29.76 万元,为困难残疾人 364 人发放困难补贴 43.68 万元。3 月,成立达孜区退役军人事务局,设立"退役军人之家",扎实做好双拥工作。

【严厉打击违法犯罪活动】 年内,共开展各领域集中排查整治活动 30 次,整改隐患点 20 场次,查处各类违法行为 160 人次,排查化解矛盾纠纷 60 件;接警 213 起,其中有效报警 177 起,交通事故 56 起;查处交通违章 247 起;刑事立案 16 起、破案 12 起;扎叶巴护城河检查站共检查车辆 11 万余辆,检查人员 32 万余人次,检查物品 1.02 万件,检查登记涉藏工作重点省人员 1.8 万人次;受理来信来访事项 46 件 94 人次,化解 42 件 85 人次。

达孜区委召开 11 次专题会议研究部署扫黑除恶工作;先后制定出台《达孜区扫黑除恶打非治乱专项斗争工作方案》《扫黑除恶宣传工作方案》《落实中央扫黑除恶第 13 督导组反馈问题整改方案》,组建 8 个扫黑工作专班;全区设置举报箱 50 个、举报电子邮箱 1 个、举报电话 2 部;集中宣传 16 场次,悬挂横幅(喷绘)900 余条,发放宣传品、宣传资料 23500 余份,宣传面覆盖全区。共办理涉黑线索 6 条,1 条办理当中,5 条办结,经核实均未涉黑涉恶。

【从严治党】 年内,狠抓党风廉政教育,坚持开展党纪党规理论知识讲座、推送廉政短信,利用"网信达孜""e 讯达孜"严明纪律要求,转发典型案例通报等;将党纪党规、《监察法》、违纪干部忏悔录等内容纳入党校日常培训中;组织 190 余名党员干部开展廉政理论知识测试,70 名副科级以上同志到自治区监狱接受现身说法,67 名乡镇和部门负责同志参观"林周农场"接受党性教育。深化运用监督执纪"四种形态",坚决防止"带病提拔""带病上岗"、违规评先评优问题发生。

年内,达孜区纪委监委共处置问题线索 26 件,函询了结 6 件,初核了结 3 件,立案 10 件,已结案 7 件,正在办理 10 件;给予党纪政务处分 9 人,诫勉谈话 2 人,约谈 8 人。紧盯节假日、重要时间节点和关键行业部门,持之以恒纠正"四风"问题,对落实中央"八项规定"及其实施细则精神等问题情况进行明察暗访、交叉检查,发现涉嫌违反中央"八项规定"及其实施细则精神 2 起,正在初核中;发现处理参赌涉赌问题 4 起,3 名党员干部和 4 名农牧民党员被给予党内严重警告处分。开展不作为慢作为、文山会海等形式主义、官僚主义问题排查,处置相关问题线索 2 起,1 人被诫勉谈话并通报。制定出台《达孜区委巡察工作整改督促检查方案》,共检查整改问题 118 项,整改到位 109 条,整改率达到 92.37%。

【党组织建设】 年内,牢牢把握深入学习贯彻习近平新时代中国特色社会主义思想这个根本任务,坚持把"不忘初心、牢记使命"主题教育与推进"两学一做"学习教育常态化制度化结合起来,与党员政治教育结合起来,采取领导示范带头学、丰富载体推动学、邀请专家辅导学、红色教育感染学的"四学模式",分领域抓好学习教育,引导广大党员干部增强"四个意识"、坚定"四个自信"、做到"两个维护"。突出"关键少数",组织县级领导干部开展理论学习中心组集中学习研讨 19 场次、交

2019年10月7日，达孜区委召开"不忘初心、牢记使命"主题教育领导小组办公室工作推进暨业务培训会

流发言30余场次；充分发挥区委党校主渠道作用，举办"初心大讲堂"3期、主题教育培训学习会6期、党员政治教育培训6期，集中轮训党支部书记、科级党员干部542名，广大党员党性修养更加坚强。

优化党组织设置，撤销20个村委会中心党支部，更名6个乡镇20个村所属党支部，打造遇事不糊涂、关键时刻起作用的坚强战斗堡垒。严格落实政治审查制度，注重从复退军人、致富能手等人群中发展党员，发展农牧民党员80余名。结合扫黑除恶专项斗争，扎实开展村干部"回头看"工作，精准整顿软弱涣散村党组织1个。以喜迎中华人民共和国成立70周年为契机，组织群众参与"升国旗、唱国歌"活动、观看国庆阅兵仪式，开展"红色歌曲大家唱、红色舞蹈大家跳、红色电影大家看"系列活动200余场次，围绕"讲历史、谈变化、颂党恩"村史家史大讨论活动开办村史家史大讲堂41场次、群众讨论会62场次，邀请101名"三老人员"、革命后代、爱国人士代表讲新发展新变化，引导各族群众爱党爱国爱村爱家。扎实推进主题教育，着力解决"灯下黑""两张皮"问题，组织机关党员参加庆祝中华人民共和国成立70周年暨主题教育爱国歌曲汇演，以"五个一"主题党日、党员"组团式"联系服务群众为载体，深化"321"结对帮扶工作机制，持续推进机关党员帮扶贫困群众，组织全体县级干部确定30个调研课题开展调研，梳理问题43项，即知即改问题20项，为民服务解难题41件，建设让党中央放心、人民满意的模范机关。

把党政机构改革作为一项重要的政治任务来抓，深入区直机关、乡镇，围绕党政单位机构、职能、人员、编制、职数等内容，采取座谈访谈、征求意见、组织动员等方式，进行系统调研，自查梳理机构编制总盘子的基本情况，做到底数清、情况明，为机构改革奠定坚实基础。及时完成16家涉改部门单位挂牌、领导班子配备、科级干部调整、工作档案移交等工作，规范涉改部门单位印章使用，明确涉改部门单位机构编制职数框架，完成涉改部门单位人员转隶35人，调整涉改部门单位所属事业单位，大力推进涉改区直机关部门单位国有资产清查工作，优化涉改部门单位党组织设置，重新制定涉改后的33家党政部门单位"三定"规定，实现机改期间各项工作总体平稳、干部队伍总体稳定。

制定《达孜区委意识形态工作责任制实施细则》，将精神文明建设和意识形态工作纳入区委重要议事日程，纳入党建工作责任制，纳入党的纪律监督检查范围。深化"四讲四爱"群众教育实践活动，2019年共发放《宣讲提纲》1600份，各级各类宣讲团组队共计开展宣讲508场次，受众71096人次；利用农村广播开展"空中讲堂"，播放宣讲音频6000余次，受众10000余人次，宣讲达到全覆盖；发放挂历10000份、台历1000份，网信达孜、"e讯达孜"推送"四讲四爱"专题信息数500余条，接受区市媒体采访报道100余次。全区6个乡(镇)、20个村(居)、2所中小学校共建成精神文明宣传栏51个，完成率达100%；建成文化大舞台26个，完成率达100%。开展"铭记党的恩情""移风易俗、破迷信、改陋习"、志愿服务、"我们的节日"等内容丰富的

“五好”活动 200 余场次，群众参与人数达 2 万人次。达孜区有线电视自办台共播出电视新闻 158 条，制作 12 部专题片，1 期快闪，14 期公益广告，向区、市电视台报道新闻 145 条，其中市台采用率达到 32%。

（刘 澔）

【机构领导】

区委书记

张 干

区委副书记、区长

春 新（藏族）

区委常务副书记、常务副区长

罗小兵（江苏援藏，6 月任）

区委常务副书记

贾云亮（江苏援藏，6 月免）

区委副书记、常务副区长

李 军（江苏援藏，6 月免）

区委副书记

巴桑顿珠（藏族）

张永祥（7 月任）

中共达孜区委办公室

【概况】 2019 年，达孜区委办公室坚持以习近平新时代中国特色社会主义思想为指导，深入学习贯彻党的十九大精神及习近平总书记系列重要讲话精神，紧紧围绕自治区、拉萨市重大工作部署，坚持以“两学一做”学习教育常态化制度化为抓手，内强素质，外树形象，开拓创新，扎实工作，较好地完成了各项工作任务。

【综合文稿】 年内，在文稿起草中，达孜区委办公室把文稿质量作为区委办工作的“立身之本”，注重把中央和区市精神、地方实际和区域规划发展蓝图结合起来，多出新思路、新观点、新对策，增强文稿的思想性和实效性，起草区委一届一次全委会、经济工作会报告，领导讲话稿等 70 余篇。

2019年9月13日，达孜区委办党支部组织召开“不忘初心、牢记使命”主题教育学习交流会

【信息服务】 年内，发挥党委信息主渠道的作用，积极探索“大信息”机制，坚持及时、准确、全面的原则，以区委中心工作为主线，围绕改革、发展、稳定中的大事、要事，围绕领导和群众关注的热点、难点问题，将信息收集和编报任务安排给专人负责。截至年底，共上报信息 660 余篇，被采用 50 余篇。

【办文办会】 年内，进一步建立健全办文、办会责任制，严格按照“服务、精简、高效”的原则，对会议通知、文件起草、修改、校对、翻译、印发、会场布置、会后反馈每一个环节层层把关，确保万无一失，不断提高办文、办会质量。年内，先后组织区委全委会、常委会、全区经济工作会等各类会议 40 余场，共编撰区委文件 78 份，办公室文件 95 份，各类会议纪要 15 份。

【统筹协调】 年内，充分发挥区委办公室承上启下、协调左右、联系内外的中枢作用，统筹兼顾，总揽全局，保障各项工作高效有序进行。始终站在区委工作的全局高度，思考、筹划、安排和处理问题，充分发挥主观能动性，预先安排工作，做到事前勤沟通、事后多反馈，确保工作准备充分，衔接紧密。坚持原则性与灵活性相结合，及时向领导汇报情况，听取指示，统筹安排领导的活动，使各位领导之间的工作联结成一个有机整体。

主动加强联系，及时就区级各大班子的重大决策部署和需要协调的问题进行沟通,取得理解与支持。以化解矛盾、加强协作、凝聚人心、聚合力量为目的,经常与部门交流情况,协调处理好各部门间的关系,推动全区形成团结一致求发展、齐心协力抓落实的良好氛围。利用发文、电话、会议等各种形式,及时把区委各个阶段的重大决策和重要部署传达到基层,把基层的工作情况、意见建议反映给区委,并就有关事项根据领导的意见认真给予答复。

【真督实查】 年内,始终坚持把推动区委、区政府重大决策的落实作为督查工作的出发点和落脚点,年内,区委办对全委会,经济工作会等重要会议决策部署贯彻落实情况、重点工作进行督查,准确把握,真督实查,确保各项决策部署不折不扣贯彻执行。对扶贫、环保、民生等领域加大跟踪督查力度,及时掌握工作进度,特别是对进展缓慢的事项,第一时间向区委、区政府领导汇报,加强协调督办,推动各项重点工作按序时进度实施到位。

坚持批必办、办必果、果必报,对领导的批示件和交办事项,及时与相关部门和乡(镇)对接,明确承办单位、办结期限、落实责任主体,实行定期催办、跟踪督办,并对办理结果进行归档,确保件件有落实、事事有回音。年内,共办理领导批示13件,上级部门交办和通知事项28件。共开展项目督查31次,维稳和作风纪律督查46次,共编发《督办通知》25期、《督查通报》11期。

【规范管理】 年内,先后完成全区保密普查登记,共有涉密单位28家,涉密机74台。积极开展保密培训和检查工作,及时学习贯彻落实上级业务部门各类文件精神,强化涉密人员保密安全意识,确保全区保密工作有序运行。将"零失误"作为工作信条,严格执行机要文件处理工作制度,严格遵循文件传阅程序,没有发生贻误、漏发、错办现象;依法履行保密行政管理职能,严格把控区直各部门机要秘书政审过程并对各单位机要秘书进行培训,有效提升了各单位的保密意识,规范机要文件的传阅。

将档案作为一项重要的内容与其他工作同部署、同组织、同考核,并加强对档案工作的领导,形成以主管领导挂帅,档案部门具体负责的工作格局,新建档案馆历史库房,大大提高达孜区档案工作规范化建设。年内,区委主体办按照有关要求,细化任务、督促落实,推动了从严治党主体责任有效落实。

【转变作风】 年内,坚持工作学习化、学习工作化,严格落实每周集中学习制度,深入学习习近平总书记系列重要讲话及党的十九大精神及区、市各类会议精神,增强干部职工政治敏锐性和政治鉴别力;并采取"走出去"的方式,派干部到北京、江苏、拉萨市进行跟岗学习;使办公室人员的整体素质得到提升。

进一步建立健全值班制度、信息报送、会议组织、保密工作等各项规章制度,细化办文、办会、办事工作流程,切实做到分工明确,任务具体,各尽其职。在思想认识上,讲团结、讲进取、讲奉献,简单为人,阳光处事,互相补台不拆台;在工作落实上,全体工作人员充分发扬敬业精神,埋头苦干;在日常生活中,大家互相关心、互相帮助,进一步营造了和谐友爱、团结进取的浓厚氛围。

(刘 澔)

【机构领导】

主 任

白玛央金(女,藏族)

副主任

陈 剑 煌(4月免)

吴 泽 毅

达孜区人民代表大会常务委员会

【概况】 2019年,达孜区人大常委会召开常委会会议5次、主任会议5次,作出决议、决定8项,听取和审议专项工作报告10个,组织视察、调研、执法检查、跟踪检查等活动15次,形成调研报告11篇,常委会党组理论中心组召开集中学习研讨会议8次,撰写读书学习心得体会20篇。坚持党管干部和人大依法任免有机统一,依法补选达孜选区拉萨市级人大代表2名,任免地方国家机关工作人员49人。

【坚持党的领导】 年内,达孜区委高度重视人大工作,坚持把人

2019年10月15日，达孜区一届人大常委会九次会议上，人大常委会党组书记、主任米玛（中）向新任命人员颁发任命书

大工作纳入区委整体工作布局，多次听取人大工作阶段性工作报告，区委主要领导对人大工作多次做出批示指示，进一步明确人大工作下一步工作方向。

强化人大常委会党组政治责任，严格执行常委会党组工作规则，对中央和自治区、拉萨市召开的重要会议、做出的重要部署，及时研究贯彻、推动落实。履行全面从严治党的职责，严格遵循新形势下《党内政治生活准则》和《党内监督条例》，落实中央“八项规定”精神及其实施细则，以“不忘初心、牢记使命”主题教育为契机，深入贯彻全面从严治党的各项要求，坚持党管干部原则同人大依法行使选举任免权有机统一。

【理论武装】 年内，持续深入学习贯彻习近平新时代中国特色社会主义思想和党的十九大，十九届二中、三中、四中全会精神，深刻领会习近平总书记关于坚持和完善人民代表大会制度的重要思想，准确把握栗战书委员长在各省（市）调研时的重要讲话精神。主动适应推进国家治理体系和治理能力现代化的要求，自觉用新思想统领人大工作，坚持学思用统一、知信行统一，把学习与正在开展的工作紧密结合，提高学习实效，提升政治站位。

【发挥表率作用】 年内，支持人大依法履职、加强人大机关建设、充分发挥代表作用，是区委对人大工作的具体要求。达孜区人大常委会紧紧围绕区委的总体要求，以推动发展为使命，坚持紧跟核心、紧扣中心、紧抓重心、紧贴民心、紧守公心，依法行使职权，积极参与推进经济社会发展的重要工作，持之以恒抓创新，坚持不懈抓管理，在“急、难、险、重”工作上，做好解疑释惑，当好参谋助手，发挥凝心聚力的表率作用。

【审查监督计划、预算】 年内，不断完善财政经济监督审查程序，坚持任何预算没有履行人大法律程序就不能执行，任何预算外的资金使用必须经过人大审议通过，切实提高人大财政经济监督实效。年初，组织常委会组成人员及部分人大代表开展达孜区2018年国民经济和社会发展计划执行情况报告和达孜区2018年预算执行情况报告的审查，听取和审议区政府关于2019年上半年国民经济和社会发展计划及2019年上半年财政预算执行情况的报告，审查、批准2018年度本级财政决算及2019年度本级财政预算，年中，审查、批准2019年度本级财政预算调整议案，并及时下发相关决议文件。坚持邀请纪委监委列席常委会会议制度，多次听取纪委监委主要负责同志相关工作汇报及建议。

【考察、调研和监督检查】 年内，组织代表考察活动12次，安排专项调研2次，专项工作检查2次，涉及达孜区“三大攻坚战”、扫黑除恶、食品安全、重点项目、旅游产业等各方面，通过考察，各级代表对达孜区经济社会发展建设有了更加直观的认识，履职能力和综合素质得到有效提升。

年初，围绕区委中心工作，人大党组班子成员下沉到包乡、包村、包寺联系点，围绕精准扶贫、社会综合治理、美丽乡村建设等工作开展蹲点调研，形成调研报告5篇，年中，班子成员再次下沉到联系点，就群众普遍关注的大学生就业问题进行专题调研，形成调研报告5篇，并及时将调研报告报区委及有关部门，就相关工作提供“人大”建议。按照“多层面、宽领域、走出去、求实效”的要求，组织四级人大代表到达孜区各乡（镇）、林周县、城关区及江苏镇江等地，通过听取汇报、实地观摩、座谈交流的方式重点针对奶牛养殖、美丽乡村建设、农牧民专业合作社发展等方面开展考察学习，在拓宽代表眼界和思维的同时有效提高了履职能力，切实推动了达孜区人大工作不断创新。围绕区委阶段性中心工作，就“扫黑除恶”和“食品安全”两项问题开展监督检查，并及时将情况汇总上报。接待自治区人大组织的人大代表学习考察团、现场教学团5批次，拉萨市人大组织的人大代表考察团10批次，各兄弟县（区）及外省（市）县（区）人大代表考察学习团13批次。

【提升代表综合素质】 年内，及时将订阅的《人大代表履职手册》《人大公报》《西藏人大》《拉萨人大》等刊物、学习资料及时发放到基层，畅通代表知政渠道。组织代表召开座谈会，观看《转世活佛》，畅谈建国70周年以来身边的变化，教育引导基层代表积极看待宗教，带头消除宗教消极影响。

委托西藏大学继续教育学院对30名基层人大干部和人大代表开展为期5天的集中学习培训，用通俗易懂的民族语言授课，重点学习人大业务知识、如何更好履职、矛盾纠纷化解等内容，基层人大干部和基层代表对这种学习方式反响强烈。联系协调区委党校邀请专业讲师为基层人大代表讲授有关法律法规、时事政策解读、代表作用发挥等专题课，进一步拓展基层人大代表知识面。坚持和完善“联系代表”制度，人大党组班子成员经常性到基层听取和征求代表意见和建议，组织代表参加闭会期间相关会议和活动。

2019年7月23日，达孜区人大常委会副主任唐忠（左一）一行到高效奶牛养殖场考察

【人事任免】 年内，达孜区人大常委会依法做好人事任免工作，坚持党管干部原则和人大依法任免相结合，严格执行有关法律规定和人大常委会人事任免办法。

年内，共依法任免地方国家机关工作人员49人，并依法举行宪法宣誓仪式，有力彰显宪法权威，弘扬宪法精神。教育和激励国家工作人员增强宪法意识，忠于宪法、遵守宪法、维护宪法，更好履行宪法使命，从组织上保证了国家机关工作运行的需要。达孜区人大常委会适时听取新任命人员的工作述职，前往有关部门实地听取意见建议，及时了解掌握新任命人员的工作实绩，并将有关情况报区委。

【交办、督办代表意见建议】 年内，在达孜区一届人大二次会议上代表提出批评意见建议92条，为做好代表建议办理工作，常委会对建议进行整理归纳并及时报送区政府，组织召开意见建议办理交办会，逐一落实办理单位，对代表意见建议完成时限和程序提出严格要求。

7月，达孜区人大常委会牵头，联合区委办、区政府办督查室，组织召开一届人大二次会议意见建议督办会，逐项听取承办部门办理进展情况，对下一步办理工作有关要求进行再明确，责任再落实。11月，到各承办单位跟踪督查办理进度和成效。截至年底，已办结的建议（A 类）有 37 件，正在积极办理的（B 类）有 41 件，无法办理需要长期坚持的（C 类）有 14 件。办复率达到 100%，满意率或基本满意率达到 100%。同时，及时跟踪督促乡（镇）人大代表意见建议办理工作，多次到各乡（镇）听取办理工作情况、存在问题，提出工作意见。

【司法监督】 年内，达孜区人大常委会高度重视司法行政部门的学法、用法、守法情况，多次组织人大代表参加法院和检察院的工作座谈会，就公正司法、公平执法展开讨论，安排考察法院、检察院、司法局日常有关工作开展情况，参加法制知识宣传活动等。

印制《达孜区人大代表知识手册》《新宪法》等宣传资料，2019 年组织人大代表参与法治宣传活动 3 次，涉及扫黑除恶、毒品控制、非法侵占及买卖国有土地等内容，听取和审议法院、检察院工作报告 2 次，参加拉萨市中级人民法院庭审“开放日”活动 1 次，达孜区法院庭审“开放日”3 次，组织代表到法院、检察院、司法局就《中华人民共和国预防青少年犯罪法》工作落实情况开展检查。

【指导乡镇人大工作】 年内，达孜区人大常委会党组提前统一谋划部署乡镇人代会，拟定会议时间、任务、议程后报区委审批，再按照区委指示有理有序安排乡镇召开会议，对乡镇人代会实行“一对一”工作联络指导，每个乡镇由一名常委会党组班子领导联系指导、1 名办公室工作人员联络，全程跟踪指导乡镇人代会。

2019年10月23日，达孜区人大常委会组织常委会班子及成员参观自治区档案馆

坚持邀请乡人大主席列席常委会会议、学习会议等，通过联合开展视察调研、外出学习考察，形成合力，推动全区人大工作不断创新和发展。进一步巩固和深化乡镇人大规范化、制度化建设成果，持续推进村级人大代表活动室建设，充分发挥基层“人大代表之家”在联络代表、接待群众、学习座谈等方面的主阵地作用。

【政治建设】 年内，通过党组扩大会、“三会一课”、每月集中政治学习等多种形式的学习研讨活动，深刻领会习近平新时代中国特色社会主义思想和党的十九届四中全会精神，提升政治站位，严守政治纪律和政治规矩。深入开展“不忘初心、牢记使命”主题教育，对照“十八个是否”逐一进行剖析，组织专题交流，深挖思想根源，找出解决办法，努力把主题教育成果转化为推进人大工作的强大精神动力。

围绕人大法定职权，结合审议议题，举办宪法、预算法、监察法等讲座，不断提升法治水平。结合“不忘初心、牢记使命”主题教育，组织基层人大代表参观林周红色教育基地、西藏军史馆，重温革命传统，坚定理想信念，参观自治区档案馆“不忘初心、牢记使命”文献展，参加“10·1”升国旗唱国歌活动，观看“10·1”大阅兵直播等，切身感受祖国繁荣昌盛，切实增强“三个认同”，进一步提高政治素养和业务素质。

【作风建设】 年内，加强机关内部管理，认真落实中央“八项规定”精神和廉政建设的各项要求，把制度建设作为强化内部管理，提升工作效能的重要抓手。严格落实出勤考核制、岗位责任制、限时办结制、首问责任制，从严管理公务活动，规范财务开支；杜绝铺张浪费,杜绝公车私用,坚持勤俭办事,节俭办会。

以工作提速、服务提质、监督提效为目标,大力倡导求真务实的工作作风,扎实开展执法检查、视察调研、走访代表等活动,把工作深入到一线,把责任落实到个人,通过实际工作来锤炼干部作风,通过实际成效来赢得群众口碑。特别在脱贫攻坚、食品安全、扫黑除恶等工作中,全员参与,全力以赴,帮助基层群众解决实际问题。

【宣传工作】 年内,达孜区人大常委会注重新闻宣传在人大工作中的推进作用,坚持正确的舆论导向,充分利用电视、广播、网络等媒介,及时宣传报道"一府一委两院"工作落实情况,及时宣传人大工作重点、工作亮点、工作特点,对人大各类会议情况及时在媒体进行公开报道,提高了人大工作的知晓率和影响力,积极向市人大报送达孜人大工作动态,简报报送条数和采纳发表条数居各县区前列。同时,注重横向联系,与周边区、县人大建立友好交流机制,推动制度创新,促进了工作水平和能力提升。

(次仁德吉)

【机构领导】

党组书记、主任

米 玛(女,藏族)

副主任

巴 桑(藏族)

唐 忠(女,藏族)

普 多(藏族)

李 君

达孜区人民代表大会常务委员会办公室

【概况】 2019年,达孜区人大常委会办公室以习近平新时代中国特色社会主义思想为指导,认真学习贯彻党的十九大精神,全面贯彻区委一届二次全会精神,紧紧围绕区委的决策部署和人大常委会中心工作、重大决策部署,坚持人民代表大会制度不动摇,坚持党的领导、人民当家做主和依法治国的有机统一。

【坚持党的领导】 年内,达孜区人大常委会办公室充分发挥人大党组和办公室党支部领导核心作用,认真贯彻落实中央、区、市相关会议精神,紧紧围绕区委和人大常委会决策和全区工作大局,明确工作思路和工作重点,坚定不移坚持党对人大工作的全面领导,更好发挥人大办公室把方向、管大局、保落实的重要作用。

紧紧围绕常委会中心工作,制定年度工作计划,确保办公室工作与常委会工作有机统一,严格执行重大工作向常委会请示制度。达孜区人大常委会高度重视办公室的工作,定期不定期召开主任会议研究决定人大办公室的重大事项,提出具体要求,确保工作有效落实。

【"三会"筹备工作】 年内,达孜区人大常委会办公室严格按照《地方组织法》相关规定,精心筹备"三会"(即人民代表大会、人大常委会、人大主任会议)工作,确保会议能按时、保质保量地召开,并协助人大常委会会议和主任会议筹划事关人大工作的重大决策部署,研究履行法定职责,提出改进工作的有效办法,协助领导抓好重要措施的落实。围绕常委会行使职权,深入调研,积极掌握新情况、新动向,收集和总结有指导意义的新做法、新经验,为常

2019年6月28日,达孜区人大办党支部组织党员干部开展重温入党誓词

委会会议、主任会议审议和监督“一府两院”的工作提供可靠依据。

年内，达孜区人大常委会办公室筹备召开常委会会议5次、主任会议5次，作出决议、决定8项，听取和审议专项工作报告10个，组织视察、调研、执法检查、跟踪检查等活动15次，形成调研报告11篇，常委会党组理论中心组召开集中学习研讨会议8次，撰写读书学习心得体会20篇。坚持党管干部和人大依法任免有机统一，依法补选达孜选区拉萨市级人大代表2名，任免地方国家机关工作人员49人。为新任职的人员颁发任命书，并举行宪法宣誓仪式。

2019年6月26日，达孜区人大办党支部开展扫黑除恶法制宣传活动

【闭会期间活动筹备】 年内，达孜区人大常委会办公室在开展闭会期间活动过程中，强化综合协调，实现沟通融洽与形成合力转变，努力实现由被动服务向主动服务转变。除积极配合区、市人大调研检查外，截至10月，组织区、市、区、乡四级人大代表、乡（镇）人大主席团成员、乡（镇）人大专职工作人员、人大办公室成员到虎峰大道及其支线、妇女养殖、编织、缝纫专业合作社、拉萨市城投木材交易市场、林周农场“爱国主义教育基地”、强嘎乡曲嘎强村、林周县公交公司、林周县农牧民特色产品展厅、江热夏乡“人大代表之家”、西藏自然博物馆、西藏百万农牧解放纪念馆、城关区纳金乡嘎巴村奶牛养殖基地、达孜区垃圾转运站、达孜污水处理厂现场等地重点针对种、养殖产业、美丽乡村建设、农牧民专业合作社发展方面情况开展调研、考察、监督检查活动9次，使代表眼界和思维得到拓宽，履职能力不断提高。

活动前办公室及时制定方案、通知，活动中积极做好各方面的协调和服务工作，活动后及时上报工作总结和简报等。通过不断地开展调研、考察活动，代表们全面了解达孜区社会各项事业的发展情况，增强了代表的履职意识，激发了代表的履职热情。到外地去考察、调研，代表们看到自身与外地县区之间存在的差距和不足，开阔了视野，进一步增强了代表的责任意识。7月10—11日，达孜区人大常委会和办公室组织部分代表对学校、敬老院、乡（镇）有集体食堂的单位进行食品安全、食品卫生检查整治，办公室已起草监督检查报告，在达孜区人民代表大会常务委员会第八次会议上提请通过后提交给区委，为区委、区政府工作决策部署提供依据。

【自身建设】 年内，达孜区人大常委会办公室除了积极参加区委学教办开展的各项学习活动、人大党组理论中心组学习会议、人大常委会主任学习会议以外，同时积极开展人大办公室党支部“不忘初心、牢记使命”主题教育，以集中学习为主，个人自学为辅，不断提高理论知识水平。根据区、市人大常委会的工作要求，区人大常委会办公室和相关人大代表按时参加区、市组织的各项会议、培训，并将区、市人大部门办会、办事方面好的经验和好的做法推广到达孜区人大，从而为达孜区人大工作的完善和规范提供了强有力的保障。

在区、市人大组织的代表培训基础上，定期不定期组织四级（区、市、县、乡）人大代表开展有针对性的业务培训，人大常委会办公室及时制定培训方案、收集培训资料、下发通知、会议布置、协调相关部门等工作。如：5月27—31日，委托西藏大学继续教育学院，针对基层人大干部和代表共计28人举办为期5天的集中学习培训，主要内容包括法制讲座、人大业务工作、现场教学等方式主要讲解了如何提高乡（镇）人大工作水平、如何发挥乡（镇）人大地位和作用、如何使用代表的权利和义务、如何提出代表意见建议等方面的内容；8月13日，邀请墨竹工卡县委党校讲师曲扎为区级人大代表及基层人大干部共计40人举办新农村建设专题培训，通过培训，使代表们对人大业务工作有了进一步的了解，提高了工作质量和工作效率；为进一步完善闭会期间代表活动，加强与代表的联系，根据区人大常委会的工作安排，办公室结合达孜区实际，起草《达孜区人大常委会关于开展代表闭会期间活动实施方案》；人大办公室成员不多，但各具特色，办公室在平时开展工作当中加强干部教育的同时，形成相互学习、取长补短、互帮互助、欣欣向荣、团结友爱的工作氛围。

【走访慰问】 年内，根据达孜区扶贫攻坚指挥部的工作要求，人大常委会办公室党员干部多次到贫困户家中开展结对慰问活动，主要内容以了解近况、宣传政策、开导指引、解决实际困难等。2019年人大常委办公室党员干部共慰问结对户次数2次（每人），送去慰问品平均每人3000元。

【"人大代表之家"】 年内，达孜区人大常委会及办公室始终注重加强代表之家工作，制定常委会主任、副主任、办公室负责人包乡指导和联系乡（镇）工作制度，并定期不定期到各自包乡（镇）点进行检查指导工作。同时，为了拓宽代表闭会期间的活动，根据自治区人大关于在全区创建推广"人大代表之家"的工作要求，办公室积极努力完善"人大之家"相关制度、台账等方面的建设，为代表开展活动提供了坚实有力的保障。

（次仁德吉）

【机构领导】

主　任

余　江

副主任

索朗曲珍（女，藏族）

次仁多杰（藏族）

达孜区人民政府

【概况】 2019年4月，顺利完成机构改革工作，职能定位得到进一步优化。2019年完成地区生产总值15.31亿元，同比增长8%；固定资产投资同比增长24%；社会消费品零售总额2.4亿元，同比增长7%；地方财政收入6.41亿元，同比下降64.79%，其中一般公共预算收入完成4.81亿元，同比下降38.99%；农牧民人均可支配收入达15321元，同比增长13.1%。

【农牧业发展】 年内，完成农业总产值1.94亿元，增长8.01%。落实农作物种植面积8.87万亩，其中粮食作物种植5.97万亩；粮食产量达到2.5万吨，其中青稞产量达1.06万吨；肉、蛋、奶、禽产量2.01万吨。在全区范围内建立青稞有机试点推广面积2000亩，有机认证申报成功，年产量达到572吨左右，创收390万元。总投资1.69亿元的达孜区高标准良种奶牛养殖中心项目已投入使用，奶牛存栏1000头，项目带动14人就业（其中大学生10人），带动全区饲草种植10000余亩800多户，每户增收4000余元，并将达孜区800名建档立卡贫困户纳入年度扶贫分红计划。

西藏泰成乳业发展有限公司全年实现牦牛短期育肥7000头，占拉萨市牦牛育肥出栏总任务的41%，年总产值达8000万元（其中牦牛肉及相关产品产值7000万元，乳制品产值1000万元），实现净利润600万元左右，向唐嘎乡罗普村89户348人建档立卡户分红104.4万元。达孜唐嘎原种藏鸡养殖有限公司全年养殖规模达5万只，年产蛋量125万余枚，年总产值400万元以上。投资2800万元的屠宰深加工项目已建成即将投入使用，年屠宰藏鸡规模约80万只，以藏鸡孵化、藏鸡养殖、藏鸡屠宰、深加工及冷链销售为一体的净土健康产业链逐渐形成。另外，无土栽培蔬菜种植全面铺开，该项目技术由国家无

2019年5月27日，达孜区委副书记、区长春新（左二），副区长陈伟（左三）调研异地扶贫搬迁点幼儿园建设情况

公害化认证并年亩产量达到1.5万公斤，种植品种有番茄、茄子、圣女果、螺丝椒等。工厂化智能型育苗育种基地逐步开展，2019年完成育苗500万株，50个品种以上。

【工业经济】 年内，先后设立企业服务大厅、招商中心、会计师事务所、律师事务所，为企业开展依法依规的咨询论证工作，优化提升企业服务质量。截至年底，达孜工业园区累计入驻企业1530家，其中实体企业62家，投产企业26家，规上企业8家，龙头企业8家，高新技术企业4家，获得国家驰名商标3枚、自治区知名商标近30枚，产品种类达到800余种。园区新引进企业33家（含注册型），协议总投资4.8亿元。完成规上企业工业总产值2.27亿元，完成规上工业增加值5.7%；实现税收13.39亿元，同比下降51%。全年共招商引资实体落地项目24个，其中新建项目12个，续建项目12个，协议资金35.85亿元，已完成招商引资实际到位资金20.03亿元，完成本年度任务的100.13%。

新引进项目涉及健康医疗、绿色生物、电子科技等多个领域，为工业实体注入新活力。同时，2019年度圣信工贸、藏缘青稞评为“十佳诚信民营企业”、罗占工艺荣获自治区级“文创西藏品牌使用权”、尤格仓工贸荣获“全国民族特需商品定点生产企业”、春光食品有限公司荣获“第二十届中国绿色食品博览会金奖”，骨干企业稳步壮大，核心竞争力明显增强，带动工业不断崛起。

【旅游产业】 年内，共接待游客89.21万人次，旅游收入达2750.45万元，带动1150户农牧民人均增收2.65万元。扎叶巴村村容村貌项目一、二期已经完成最终验收，项目三期完成主体建筑的90%；“云上达孜”电商创业基地主体已基本建成，已完成工程量的85%；“云上达孜”微电影成功发布、产业扶贫摄影（专本）出版发行；主西村徒步营地及停车场项目于2019年9月投入使用。2019年7月，白纳村被文化和旅游部授予“全国乡村旅游重点村”荣誉称号。按照市委部署，完成《拉萨市白纳沟生态公园总体规划》编制工作，拟将白纳沟生态公园建设成为国家自然公园示范区，引领西藏和拉萨市的生态文明建设。

【项目建设】 年内，达孜区实施项目131个，总投资62.19亿元，其中新建项目101个，总投资20.19亿元。纳入拉萨市重点项目的2个，分别为：投资2.07亿元的达孜县卫生系统整体搬迁项目和投资1.79亿元的达孜区2018年公租房项目，卫生系统整体搬迁项目完成总体进度的75%，公租房完成总体进度的30%，累计完成投资1.45亿元。纳入本级重点项目的6个，盘活整合有效资金1.9亿元，项目资金得到有效保障，“三岩”片区易地扶贫搬迁一、二期，高标准奶牛养殖中心等项目相继竣工并投入使用。

【城乡建设】 年内，市政道路虎峰大道附属配套建设完成、全线规范化通车。东环北线全面开工建设，S5线全速铺设。已完成修建（改造）公共卫生厕所33个，新建垃圾转运站2座，设立20个乡村垃圾中转点。投资1000万元的白纳沟“山水林田湖草”生态修复项目已竣工并完成初验。投资

2019年8月31日，达孜区委常委、副区长许俊超（前排右二）雪顿节与客商签约

3000万元的便民服务中心开工建设，总投资178.66万元新建达孜区交警检查站。投入1824.55万元，实施生态造林3574.29亩，完成林木抚育10000亩，高质高效完成虎峰大道、镇江路等城镇道路绿化提升工程。

投入277.03万元对达孜区虎峰大道沿线围墙实施统一改造，投入462.73万元对镇江公园提升改造，城区面貌焕然一新。与此同时，哈达集团房地产已建成交付使用，玉雄花园房地产已基本建成，虎峰城市广场、园区盛世未来城、佳禾·阳光绿洲等房地产项目成功落地，人民群众居住环境不断改善，强力提升城市竞争力，充分展现了建国70年发展成果。

【城市管理】 4月，城市管理和综合执法局正式挂牌成立，通过招聘21名应届大学生，正式组建达孜区城管局综合执法大队，城市管理的科学化、规范化、精细化上升到新层面。建立健全各项规章制度，制作各项行政执法文书20类，监督管理污水处理、天空物业、垃圾转运等工作，全年累计开展施工建筑工程垃圾乱倒、渣土运输不规范以及沿街道路脏乱差、占道经营行为、违规广告牌清理等专项整治行动300余场次，共查处乱倒垃圾不良行为40余次，整治清理城区生活及建筑垃圾60余方，开展批评教育涉及120余人次，进行整改事项34项。

按照门前“四包”的要求，与各商户签订《门前“四包”责任书》340份，发放《达孜区城市管理门前“四包”告知书》400余份。共拆除违规广告牌150块。违法违规建设行为得到有效遏制，市容市貌、人居环境进一步改善，为建国70周年营造了整洁喜庆的氛围，受到各级领导一致好评。

【改革创新】 年内，上级取消和调整行政职权事项183项，取消或降低收费项目23项。“多证合一”改革持续深化，工商登记前置审批由226项减至32项，企业开办时间（营业执照审批）由原来的9个工作日压缩至2个工作日。完成认领并发布实施上级目标清单共921项，注册西藏自治区“一网通办”政务服务用户11293人，疏解群众办事堵点问题14个。积极落实小微企业普惠性减税、个人所得税专项附加扣除、深化增值税改革等减税降费各项政策，全区小型微利盈利企业90户，政策受惠面达100%，累计为各类企业减免相关税额8662.25万元。

启动社会信用信息共享交换平台、“互联网＋政务服务”平台建设，统筹推进审批服务“马上办”“网上办”“就近办”“一次办”“双随机一公开”工作体系初步形成，营商环境进一步优化。

双创基地于2018年12月被评定为拉萨市级创业创新基地，2019年先后被评为拉萨市级科技孵化器和西藏自治区中小企业公共服务示范平台，现已入驻企业共计51家，2019年新增企业3家。新增就业人数53名，现固定就业人数为158人。基地竭力为小微企业提供政策解读、产业合作、信息共享、法律咨询、人事招聘、科技孵化等帮助，助推项目发展壮大。

【乡村振兴】 年内，持续开展基础设施配套建设，新建改建农村道路46条，硬化道路886平方公里。行政村通客车率已达100%。11

月起恢复原27路公交线路，并在原有车辆配置的基础上增加4辆公交车，解决达孜区农牧民群众实际出行需求。10月成立达孜区县级养护站，共解决56个农村公路养护岗位和13个县级养护站工作岗位，县道、乡道、村道日常养护工作由养护站工作人员按照公路损毁情况和轻重缓急进行精细化养护，共实施养护工程5个、涉及47.726公里。

新建改造乡镇公厕16座，新建广场、停车场1个。投资9437.56万元（国家投资占80%）完成农网改造工程，完成8600户"一户一表"改造任务，改配线路近40千米，覆盖率100%。总投资380.2万元建设农村饮水安全工程5个。投资35.45万元，完成农村危房改造24户。投资1290万元，除险加固及修复2018年水毁堤坝共1400米，投资350万元，排查及处理辖区范围内险工险段9处，完成2394米防洪堤的修建任务，河道清淤3600米。垃圾分类在乡村全面铺开，以唐嘎村为代表的垃圾分类试点工作已初显成效。累计创建20个自治区级生态村、6个自治区级生态乡镇，成功创建自治区级生态县。

【生态环境】 年内，投资80余万元实施新仓河饮用水水源地保护项目，新建界桩100座、宣传牌10座、交通警示牌20座，防护栏2465米。对区域施工场地、料场、堆场、沙石运输车辆实施全封闭、全覆盖管理，扬尘污染现象得到明显遏制。加快推进黄标车和老旧车辆治理淘汰进程，已淘汰189辆，剩余12辆正在办理报废和注销手续。辖区内5座加油站全部完成油气回收改造任务。委托第三方对区域3个土壤监测点位实施监测工作，据监测数据显示达孜区土壤环境安全。2019年达孜区主要河流（拉萨河）断面水质保持在Ⅲ类以上水质标准，城市集中饮用水源地水质达到国家Ⅰ类水质标准，水质达标率均为100%。全区环境空气质量达到标准二级以上且不低于上年，环境空气质量优良。全年未发生环境安全事故，确保了环境总体安全。

年内，共落实"河长制"工作经费200万元。开展县级河长巡河6次，乡级河长巡河358次，清理沿河垃圾约336.71吨，利用世界水日、中国水周等契机，通过讲解、图说、海报宣传等方式向基层群众传达中央全面推行河长制工作的有关政策，累计参与"河长制"宣传人数156人次，发放宣传图册、海报、标语等20000余份。全面开展河湖"清四乱"专项行动，按照上级整改要求，对德庆村德庆曲沿线"乱占、乱建"问题和章多乡尊木采村、德庆镇德庆村乱堆问题进行严查严处，清理德庆曲河道长约700米、河道清淤约4万立方米，拆除德庆曲沿线违法房屋3栋，砖厂1家，转运尊木采村、德庆村堆料20400立方米，并于2019年11月23日全部完成整改销号。

年内，持之以恒推动中央环保督察组反馈问题的整改工作，紧抓涉及达孜污水处理厂建设个性问题及29个共性问题不放手，截至年底，共性问题正逐一整改并长期坚持，整改办结率达100%。个性问题"达孜未建成污水处理设施导致园区污水超标排放"的环境保护基础工作薄弱的问题，深刻吸取教训，进一步理清思路，扎实推进整改工作。截至2018年7月，污水管网全线贯通，污水处理厂全部建设完成。4月，顺利通过专家评审并完成公示，5月正式投入使用。为实现"污水资源化"，投资1220.08万元实施中水回用项目，铺设中水回用管道9330米，污水处理厂出水的水质达到国家一级A排放标准后，用于绿化浇灌、道路喷洒等需求，实现了资源的有效利用。

【脱贫攻坚】 10月，达孜区1074户4250人建档立卡贫困户已全部实现脱贫退出。贫困人口人均可支配收入从2015年底的2855元增长到2019年底的12908.8元，同比2018年底增加1614.1元，增长14.3%，脱贫人口基本实现"两不愁三保障"目标。2016—2019年共确定扶贫产业项目48个，总投资8.6亿元，已完工项目46个，完工率95.8%，在建项目2个，预计2020年3月完工。

建立资金整合机制与公示公告制度，产业项目资金按照施工进度拨付，2019年涉农统筹整合资金支出进度达93.09%，无结转结余资金或沉淀资金，且项目、资金公示公告率为100%。不断完善扶贫产业利益联结机制，截至年底，实现产业分红5892人次

2019年1月23日，达孜区副区长次吉卓玛（前排中）慰问退休老干部

1349.55万元，通过土地流转、原材料收购、务工就业等多种渠道，带动贫困群众增收致富。易地扶贫搬迁及旧房拆除复垦工作分批有序推进。"三岩"片区安置点137户842人（安置房136套，1户1人集中供养），已于12月12日实现搬迁入住。

农行"四卡"推广率和普及率达99%，打造"钻石卡村""金卡村"各1个。扶贫小额信贷37户，贷款162.8万元，满足了贫困群众生产生活资金贷款需求，有效助力打赢脱贫攻坚战、实施乡村振兴战略。2019年，顺利通过中央财政绩效考核及区市各级考核。

【社保就业】 年内，实现城镇新增就业934人，开展就业再就业培训250人，培训合格225人，培训后就业180人，培训合格率90%，培训后就业率72%；开展各项技能培训23期1250人，培训合格率100%，培训后就业率80%；开展创业培训50人，创业成功25人，创业带动就业18人；开展人力资源洽谈会3期，开发就业岗位1973个，成功职业介绍406人；实现农牧区劳动力转移就业9059人、22359人次，创收6450万元。

2019年应届高校毕业生就业99.39%，成功创业6人，成功申请创业启动资金30万元。职工医保、城乡基本养老保险、贫困人口参保率均达100%。城乡低保、特困供养、残疾人两项补贴等社会救助认定工作按时完成，全年发放各类社会救助资金553.26万元。退役军人相关政策全面落实。城关区低收入群体实现应保尽保、应救尽救。10月，达孜区五保集中供养服务中心顺利通过国家专家组评估验收，成为自治区首家国家级标准化养老服务机构。

【教育卫生】 年内，累计投资3.13亿元按期兑现民生实事。全面完成4所村级幼儿园续建项目建设并投入使用，白纳村幼儿园改扩建项目顺利推进，完成总工程量的98%，达孜区第二幼儿园建设完成，计划2020年3月投入使用。深化落实"五个100%"教育目标，各项指标达标率为100%。南开大学已连续4年共选派20名优秀教师到达孜中心小学开展支教。2019年达孜区中小学升学率稳定保持在100%，中小学共计31人（小升初23人、初升高8人）考入内地西藏班。小学内地升学考录率13.3%，较往年呈增长态势。重点高中录取26人。持续做好22名义务教育阶段残疾学生的送教工作，确保义务教育入学率达到100%，贫困家庭子女义务教育巩固率达到100%，有效巩固了脱贫攻坚成果。

卫生系统整体搬迁项目（新建区人民医院）完成工程进度75%，雪乡卫生院及周转房项目完成工程进度95%，邦堆乡卫生院及周转房项目完成工程进度65%，至此达孜区5个乡镇新建卫生院实现全覆盖，乡镇医疗卫生条件得到大幅改善。风湿病、结核病、肝炎"三病"筛查率达到90%以上。藏医诊疗技术已达15项，年接诊人数达1.3万余人次。举办健康教育宣传活动29场次，大众健康意识持续提升。调整达孜区农牧民群众住院费用报销比例，全年为144名贫困户报销医疗费用163.58万元。食品药品监管执法到位，食品抽检合格率达到98%，市场消费环境持续良好。

【援藏工作】 年内，顺利完成八、

九批援藏干部轮换调整，积极迎合援藏新机制，合理调配授援岗位。投资 1.56 亿元实施援藏项目 16 个，积极与镇江各行各业沟通协调，争取后方各级领导、各部门和企业的支持，大力推动两地干部人才交流合作。

年内，以受援地为培训主阵地，举办各类培训 20 期，培训党员干部 155 人次，第十三批组团式援藏医疗专家开展"师带徒"帮扶工作，开展院级培训及健康讲座 22 期，培训 623 人次；开展手术 100 台，与 2018 年同期相比，医院的年门诊量增加 1710 人，增长 6.16%；业务收入首次突破千万，增长 60.16%。依托镇江·达孜"民族交往交流交融"平台，共安排 154 人，分 4 批到镇江参加实地考察学习，提升各级干部的专业水平、管理能力。依托全景醉美旅游联盟，在南京、成都、深圳等地举办"圣洁拉萨 · 云上达孜—共享地球第三极"旅游推介会 20 场。

【社会治理】 年内，"雪亮工程"已全面竣工并投入使用。圆满完成建国 70 周年大庆期间各项维稳安保任务，开展"后达赖"向"达赖后"转变的风险隐患防控工作，顺利完成 10 次佛事活动的安保工作，尤其是确保十一世班禅在达孜开展调研活动的圆满顺畅。

组织开展各类安全生产大检查 90 余次，安全生产形势总体平稳，全年无较大以上生产安全事故发生。信访责任制有效落实，矛盾纠纷化解率和"双拖欠"问题化解率均为 100%。深入开展扫黑除恶斗争，对违法用地、违章建筑开展专项集中整治，拆除违法建筑 1496 平方米，人民群众的安全感、幸福感、满意度不断提高。成功申报国家级非物质文化遗产项目 1 个，县级非物质文化遗产项目 2 个，非物质文化遗产传承人 8 人，对 24 处不可移动文物点实施立碑保护工作。纵深推进民族团结进步创建工作，建国 70 周年文化活动丰富圆满，爱国氛围浓厚，中华民族共同体意识全面筑牢。

【政务环境】 年内，开展"不忘初心、牢记使命"主题教育，坚持用习近平新时代中国特色社会主义思想武装头脑、指导实践、推动工作。全面落实"三会一课"及民主评议党员、区政府常务会法律知识学习等制度。强化政务公开和政府信息公开，网上公开政务信息 598 件。自觉接受人大依法监督和政协民主监督，全年办理人大代表建议和政协提案 175 件。

全面贯彻"基层减负年"的具体要求，严格落实中央"八项规定"及其实施细则精神和区市党委有关规定，集中整治为官不为、懒政怠政、文山会海等形式主义、官僚主义突出问题，查处不作为、慢作为典型问题线索 2 条，诫勉谈话并通报 1 人，对 3 家部门开展部门财务审计，对 4 名部门负责人开展经济责任审计，查出违规及管理不规范资金，逐一推进整改，区政府及政府办公室发文数量同比下降 52%、会议数量同比减少 20%。牢固树立"政府过紧日子，群众过好日子"的思想，开源节流，规范外出学习考察、公务接待等活动，"三公"经费同比下降 39.75%。

（杨　蒙）

【机构领导】

区委副书记、区长
　　春　　新（藏族）
区委常务副书记、常务副区长
　　罗 小 兵（江苏援藏，7 月任）
区委副书记、常务副区长
　　李　　军（江苏援藏，7 月免）
区委常委、副区长
　　许 俊 超（江苏援藏，7 月任）
　　王 晓 蕾
　　边　　次（藏族）
副区长
　　朱　　峰（江苏援藏，7 月免）
　　次旺多杰（藏族）
　　次仁央宗（女，藏族）
　　次吉卓玛（女，藏族）
　　陈　　伟
　　王　　震（8 月任）

达孜区人民政府办公室

【概况】 2019 年，达孜区人民政府办公室坚持以习近平新时代中国特色社会主义思想为指引，深入学习贯彻党的十九大，十九届二中、三中、四中全会精神，紧紧围绕经济社会发展大局，充分发挥参谋助手和中枢协调作用，主动适应新常态，全力以赴谋发展，履职尽责搞服务，聚精会神抓落实，较好地完成各项工作任务。2019 年 3 月，加挂拉萨市达孜区外事办公室及拉萨市达孜区行政审批和便民服务局牌子，职能定位进一步优化。

【中心工作】 年内，进一步改进文风，准确把握领导意图，集中研究讨论，切实提升文稿的思想性、针对性和指导性。完成政府工作报告、廉政会议报告、达孜区经济工作会议报告等重要文字材料和相关专题会议材料、汇报材料、政府领导讲话材料等重要文稿百余篇，撰写文字逾50万字。全力加强公文处理规范化建设，严把发文起草关、审核关、发送关、时效关，对不符合办理程序和要求的文稿坚决退文重办，每月对受理的文稿进行盘点清理，做到不拖、不压、不遗漏，不断提高办文效率。2019年，累计签收、登记、流转或办理上级和本级部门下发的各类文件1208件。认真完成《达孜年鉴(2019)》等材料的编撰工作，《达孜县志(2001—2010)》2019年1月印刷出版，5月19日出版印刷完成运抵达孜区，正式出版发行，为拉萨市第二部二轮县志书，圆满完成“两全目标”。

深度思考具体工作中的“关键点”、重点工作中的“薄弱点”、基层工作中的“困难点”、市委、市政府的“关注点”，深入重点项目、乡(镇)村委会调研或陪同调研20余次，全力推进并协调服务好达孜区卫生系统整体搬迁项目和达孜区2018年公租房项目等全市重点项目建设及脱贫攻坚中央财政绩效考核、“山水林田湖草”生态修复等重点工作的顺利

2019年3月29日，达孜区人民政府办公室揭牌仪式

推进。认真落实《拉萨市达孜区人民政府工作规则》，推进区人民政府日常工作的制度化、规范化、提高工作质量，依法规范行政决策行为。在重大会议活动组织上，坚持高标准、严要求，注重加强统筹和综合协调，精心制定方案预案，严格规范办会的内容、程序和运转流程，确保会议组织服务工作细致周密。认真落实为基层减负、精文减会要求，累计制发各类正式文件184件，相较2018年同比下降近40%，承办政府各类会议40余次，其中常务会6次，专题会议33次、办公会议1次，党组会议5次，会议数量同比减少20%。

【政务督查】 年内，全面分解落实拉萨市《政府工作报告》中的各项工作任务，对市、区领导交办事项进行严督实查，狠抓领导批示件的督促落实，切实做到领导批示件“批必办，办必果，果必报”，共办理市政府督办事项3件，实地督查30次，下发政务督查通知21期，上报督查专报33期，报告重点工作落实情况35次，县级领导批示督办件10余期次，以扎实举措全面强化跟踪督办，创新督察方法，落实决策部署。

在抓好建议提案办理方面，积极协调各承办部门，认真办理区、市、区人大建议和政协提案，完善跟踪督办工作机制，将办理签收、办理答复、办理成效纳入考评体系。通过电话督办、发放催办通知、到承办单位实地走访等形式加强监督，促进督办工作顺利完成。2019年办理答复拉萨市、达孜区人大代表建议、政协委员提案共计183件(拉萨市人大建议、政协提案共8件；达孜区一届二次人大代表建议、政协一届二次委员提案共175件)，答复率、代表委员回访率达100%，代表委员满意率100%。

【信息报送】 年内，抓好信息服务决策，全面提升信息服务水平，规范信息编报流程，将区委、区政府中心工作列入信息报送重点，加强建议类、问题类信息的收集和报送。累计编发政务信息502期，专报27期，组织收集各类政务信息2000余条，向达孜区人民政府门户网站、拉萨市人民政府办公系统(OA)、自治区党政信息网、自治区农经网上传各类信息590余条，及时研究制定强化政务信息工作、赶超升位的具体办法措施，信息工作在全市各县区中位列前茅。

进一步畅通和规范公众参与渠道，及时受理、认真办理群众诉求，充分利用政府门户网站与“12345”政府服务热线等互动平台，妥善解决群众反映的热点和难点问题，根据《拉萨市达孜区人民政府办公室关于“12345”政府服务热线工单承办工作规则》，进一步完善群众工单统一受理、分类处理、办理答复、反馈上报、协调督办的工作流程，狠抓工作细节，加快办理进度。年内，累计受理群众网信诉求130余件，办结率100%，综合满意率80%以上。

【协调工作】 年内，面对全国经济下行压力，将抓好全区重要经济指标、重点项目、重要工作的调度作为各项工作的重中之重；积极发扬“五加二”“白加黑”的过硬工作作风，全情投入、乐于奉献、不怕吃苦，以顽强拼搏的实际行动，高效完成各类急难险重任务。圆满完成建国70周年大庆期间各项维稳安保任务。

加强政府门户网站维护，及时参加市政府组织的各项政府门户网站实操培训，定期更新政务公开栏，在政务网上及时公开区政府的重大决策及重要事项，及时更新《政府信息公开指南》及《政府信息公开目录》，及时向拉萨市政府门户网、西藏农经网等发送达孜政务实时信息。拉萨市人民政府内部办公系统(OA)、自治区县乡党政信息网、乡乡通视频会议系统(制定出台了乡乡通视频会议系统配套管理制度)等运行良好，能够做到与市、区、乡的三级网络协同办公。

【依法行政】 年内，全面深化政务公开，促进政府信息公开透明。完善政务公开制度，拓宽政务公开内容，主动公开人事选拔任用、校务公开中寄宿制学校按月对“三包”经费收支管理情况、村务公开方面中重大项目运转情况及群众关注的热点难点问题等事项。政府门户网站公开12家区级部门(单位)的权力清单、3875项行政权力信息和主要职责。

深入推进法治政府建设，根据《法律顾问实施办法(试行)》规定，与拉萨市珠穆朗玛法律事务所签订协议，组建法律顾问团队，为区委、区政府提供全方位法律服务，充分发挥政府法律顾问在制定重大行政决策、推进依法行政、建设法治政府中的积极作用，2019年参与达孜区域矛盾纠纷化解2起，开展法律知识培训2次。

【行审工作】 持续推进简政放权，深化“放管服”改革工作。2019年上级取消和调整行政职权事项183项，取消或降低收费项目23项。“多证合一”改革持续深化，工商登记前置审批由226项减至32项，企业开办时间(营业执照审批)由原来的9个工作日压缩至2个工作日。完成认领并发布实施上级目标清单共921项，注册西藏自治区“一网通办”政务服务用户11293人，疏解群众办事堵点问题14个。积极落实小微企业普惠性减税、个人所得税专项附加扣除、深化增值税改革等减税降费各项政策，全区小型微利盈利企业90户，政策受惠面达100%，累计为各类企业减免相关税额8662.25万元。启动社会信用信息共享交换平台、“互联网+政务服务”平台建设，统筹推进审批服务“马上办”“网上办”“就近办”“一次办”“双随机一公开”工作体系初步形成，营商环境进一步优化。

【学习教育】 年内，开展“不忘初心、牢记使命”主题教育，坚持用习近平新时代中国特色社会主义思想武装头脑、指导实践、推动工作。全面落实“三会一课”，通过召开支部专题学习会、书记讲党课、专题研讨等形式以及利用学习强国等平台，深入学习贯彻党的十九大，十九届二中、三中、四中全会精神，学习次数达20余次。

召开对照党章党规找差距专题会以及民主生活会，查摆自身问题，改进工作作风。此外，延续

2019年9月25日，达孜区政府办党支部全体党员参加庆祝中华人民共和国成立70周年唱红歌比赛

干部职工学习授课活动，业余时间组织干部职工创新方式方法讲党课，通过自制PPT、撰写课件等方式锻炼干部职工的综合能力，以授课听课提升工作水平，引导办公室全体干部职工深学、深思、深悟，不断提升秘书工作的自律意识、服务意识和责任意识，自觉在思想上、政治上、行动上同以习近平同志为核心的党中央保持高度一致，筑牢绝对忠诚的思想根基，磨砺秘书工作的全面技能。

【制度建设】 年内，按照“于法周延、于事简便”的原则，坚持制度建设的科学性、实用性、操作性和严肃性，在不断总结办公室工作规律的基础上，认真制定完善办公室工作职责、党支部会议制度、党建工作责任制、民主议事决策制度、党员学习制度、“三会一课”制度、民主生活会制度和党组织联系服务党员制度等各类内部管理制度，强化相互协作，促进班子内部运行管理科学、高效。

【党风廉政建设】 年内，加强政府系统廉政建设，强化重点领域和关键岗位廉政风险防控，不断加大从源头上预防和治理腐败的力度。加强公务用车管理，对区直各单位用车实行统一管理，采取定点加油、定点维修的措施，避免资金浪费和隐性支出，有效杜绝公车私用现象的发生。健全责任落实机制，先后3次专题研究党风廉政建设相关工作，传达学习中央有关党风廉政建设的方针政策，以及区市党委、政府出台的相关重要文件精神，研究部署办公室贯彻落实工作。

把党风廉政建设和反腐败工作任务落实到每个党员干部，做到责任主体明确、责任范围明确、责任内容明确。完善效能制度。实行首问责任制、服务承诺制、一次性告知制、限时办结制等效能建设制度，完善了政务大厅和窗口集中服务机制，健全行政效能投诉受理机制，切实解决单位效率低下、办事推诿等问题，形成用制度管权、按制度办事、靠制度管人机制，促进干净干事。

（杨　蒙）

【机构领导】

主　任

任彦芳（女）

副主任

成　超

晋美罗布（藏族）

地方志办公室负责人

杨　蒙（女）

中国人民政治协商会议达孜区委员会

【概况】 2019年，政协达孜区委员会共79名委员，机动3名委员，共设7个界别：中共界、工商界、农牧科技界、民族宗教界，教育界、医卫界、军警界。其中主席1名、副主席4名，常务委员15名。

【政协一届二次会议】 4月10—12日，中国人民政治协商会议第一届达孜区委员会第二次会议在达孜召开。会议应到委员79人，实到65人，符合政协章程。会议听取审议《政协第一届达孜区委员会常务委员会工作报告》《政协第一届达孜区委员会常务委员会关于二次会议以来提案工作情况的报告》；列席区一届人大二次会议、听取并讨论政府工作报告、“两院”工作报告及其他报告；审议通过《政协第一届达孜区委员会提案委员会关于一届二次会议提案审查情况的报告》；审议通过《政治决议》和《常委会工作报告决议》。

【学习教育培训】 年内，达孜区政协坚持把思想政治建设放在政协各项建设的首要位置，丰富学习内容，创新活动形式，引导委员牢固树立“四个意识”，增强“四个自信”，做到“两个维护”。按照学懂弄通做实的要求，深入学习习近平新时代中国特色社会主义思想和党的十九大精神，通过召开主席会议、常委会议和党组理论中心组学习会，有计划、分专题推进学习活动有效进行。

年内，组织开展各类学习活动30场次，党组成员还以普通党员身份参加机关党支部学习活动17场次。以“不忘初心、牢记使命”主题教育为契机，政协党组成员带头面向全体委员讲党课2场次，引导政协委员认真学习新时代政协党的建设工作新要求、学习新修订的《宪法》、新修订的《政协章程》及人民政协发展史，夯实坚持党的领导这一共同思想基础，累计有100余人次参加党课学习。同时，开办半年“政协讲坛”，先后组织举办2期委员培训班，针对委员如何在精准扶贫这一中心大局工作中更好发挥作用和自身优势进行专题培训；还特别邀请拉萨市党校老师授课，开展“学党史、感党恩、跟党走”主题党课，使委员们思想上受到一次洗礼。

2019年5月28日，达孜区政协召开第一批选派特邀民主监督员大会

【“扫黑除恶”】 年内，认真贯彻落实各级党委关于扫黑除恶专项斗争的决策部署，充分履行政协职能。加强学习教育，将扫黑除恶相关内容列入政协党组理论中心组和政协机关支部集中学习计划，教育引导政协班子成员和政协机关干部职工切实提高对扫黑除恶的政治站位。

发动委员广泛参与，组织召开“政协委员参与扫黑除恶专项斗争”动员部署会，向委员传达学习扫黑除恶有关精神和应知应会基本知识，并发出《政协委员助力扫黑除恶专项斗争倡议书》，号召委员带头积极主动参与专项斗争，彰显政协优势。做好宣传引导，充分利用“6月综治宣传周”活动契机，在德庆镇桑阿寺沿街设立宣传点，开展“扫黑除恶”集中宣传活动，通过现场讲解、发放宣传资料和印有“扫黑除恶”标语的宣传布袋，进一步提高群众对扫黑除恶专项斗争的参与度、知晓率。开展民主监督，将扫黑除恶纳入政协年度民主监督重点工作，每季度开展1次监督性督查和专项督查。

【环境保护】 年内，达孜区政协牵头组织召开“禁白”工作推进会，与24家“禁白”成员单位签订“禁白”工作目标责任书，明确职责分工，层层推进落实。注重加大“禁白”宣传力度，以世界环境保护日为契机，在桑阿寺沿街设点进行宣传，潜移默化增强群众“禁白”意识。

强化民主监督，聚焦“禁白”薄弱环节，每季度开展1次监督性督查和专项督查，促进“禁白”工作常态化。同时，以社情民意信息为抓手，发动基层委员广泛参与，紧盯达孜区环保薄弱环节展开调研，形成《关于进一步规范餐厨垃圾处理的建议》和《关于进一步规范建筑垃圾清运处理的建议》，得到相关部门的高度重视和及时处理。

【团结和谐】 年内,以庆祝西藏民主改革60周年为契机,组织18名来自不同界别的委员召开"3·28"百万农奴解放纪念日座谈会,委员们围绕铭记历史、珍惜今天、开创未来进行发言,以自己亲历、亲见和亲闻讲述60年来西藏波澜壮阔的改革和沧桑的社会巨变,增进各界别委员感党恩、听党话、跟党走的共识。

在庆祝中华人民共和国成立70周年之际,召开民族团结进步节座谈会,引导各族委员树牢"三个离不开"思想、增强"五个认同",铸牢中华民族共同体意识,像爱护自己的眼睛一样爱护民族团结,像珍视自己的生命一样珍视民族团结,像石榴籽一样紧紧抱在一起。扎实开展文史工作,对《拉萨文史丛书—达孜史话》进一步修改完善,积极跟进资料终审、排版设计等事宜,助推本书尽快出版,促进发挥文史资料这一独具政协特色工作"存史、资政、团结、育人"的社会功能和作用。

【提案协商办理】 年内,制定提案办理实施细则,健全提案征集引导、联合交办、办理协商、答复反馈机制,并坚持把协商贯穿提案提、立、办、督全过程,强化办前提前协商、办中跟踪协商、办后运用协商。加大主席会议督办重点提案力度,强化带案视察、重点督办和办理评议,2018年主席班子成员带队组成3个组先后到提案承办单位开展跟踪督办工作,极大提高了提案办理实效。

二次会议以来,共收到提案91件,立案82件,办复率100%,委员满意率保持较高水平。其中,《关于在城市建设中强化科学长远布局意识,避免重复建设造成资源浪费的建议》契合区委、区政府发展思路,得到相关部门高度重视,为有效助推达孜区科学发展提供决策参考。

【民主监督】 年内,融协商、监督、参与、合作于一体,紧扣群众反映强烈、感受直接的现实问题,有效发挥民主评议、视察、提案、社情民意信息等日常监督作用。创新监督机制,专门选派21名委员担任特邀民主监督员组成7个民主监督小组委派到19家区直行业部门开展民主监督,推动行风作风持续向好。50余名基层委员参与项目建设、产业发展、脱贫攻坚、环境保护、河长制落实等工作的民主评议。3名委员被区人民法院聘任为人民陪审员,3名主席会议成员先后参加市委组织的为期10个月的政治巡察、脱贫攻坚巡查督导活动,坦诚出谋献计,助推相关工作落实。

【精准扶贫】 年内,根据区委统一部署,政协领导班子成员对口联系达孜区4个村,8户贫困户、8户边缘贫困户,全年多次深入实地走访慰问、结对帮扶,想对策、出主意、促脱贫,并为贫困户解决就业岗位1个,促进其稳定增收。结合开展"不忘初心、牢记使命"主题教育,3名政协党组成员均聚焦解决扶贫中的"造血"问题进行调研,着力破解达孜区村(居)集体经济发展"瓶颈",查摆问题7个,提出对策建议11条。

【体察民情】 年内,共向政府反映群众需求和呼声类社情民意6件,包括异地搬迁点群众用水用电问题、桑珠林集体资产流失和管理

2019年5月10日,达孜区政协组织委员参观西藏百万农奴解放纪念馆

不力问题、中心小学附近倾倒泔水造成环境污染问题、建筑垃圾清运不及时影响环境问题、318国道改扩建施工过程中破坏灌溉水渠问题、达孜到拉萨路段换乘公交车不便等问题，这些社情民意均得到政府相关部门的高度重视，并及时进行整改，群众利益得到保护，群众愿望得以落实。

同时，委员们在提案选题上高度聚焦农村道路、安全饮水、教育、医疗、就业等重点难点工作及热点问题，注重借助提案，促进民生问题妥善解决。

【队伍建设】 年内，根据新修订的《政协章程》，参照自治区、拉萨市政协有关工作规则，结合达孜区政协工作实际，修订完善《常委会关于加强自身建设的意见》《委员履行职责的规定》《全体会议工作制度》等，对委员届内退出增补、请假、履职统计、评优奖励等事项进行进一步修改和明确，设立委员履职档案，实行年终考核通报。

主席班子成员带头走访委员，开展谈心、交心活动，积极协调解决委员生产生活中的困难和问题，让委员愿进政协门、乐做政协人、善于政协事。年内，共看望慰问因病住院委员10余人次。

【坚持联谊】 年内，密切与各地政协的友好交流交往，加强与兄弟县政协的交流研讨，配合区外政协、自治区和拉萨市政协以及区内各地政协到达孜调研考察，为他们异地视察提供服务保障。

年内，共接待考察组8批共70多人次。统筹安排组织委员"走出去"调研视察，切实打开委员视野，形成联动协作、开放共享的良好局面。年内，共组织委员40余人次开展辖区外调研视察4次。

（洛桑曲培）

【机构领导】

党组书记、主席

赵彩娥（女）

党组成员、副主席

拉　巴（藏族，7月免）

杜颖胜

伦珠次仁（藏族，7月任党组成员）

副主席

洛桑西热（藏族）

桑林·才旦旺姆（女，藏族）

常务委员

边　次（藏族）

拉巴顿珠（藏族）

任彦芳（女）

巴　珠（藏族）

普布旺堆（藏族）

次杰巴珠（藏族）

达瓦拉姆（女，藏族）

次旺朗杰（藏族）

拉巴赤列（藏族）

旦增罗布（藏族，4月任）

中国人民政治协商会议达孜区委员会办公室

【概况】 2019年，达孜区政协办公室坚持以习近平新时代中国特色社会主义思想为指导，深入学习贯彻党的十九大以来习近平总书记系列重要讲话精神，认真学习党的十九大精神和习近平新时代中国特色社会主义思想，紧紧围绕区市党委、达孜区委重大工作部署，紧扣达孜区政协重点工作，充分发挥参谋助手和中枢协调作用，主动适应新常态，全力以赴谋发展，履职尽责搞服务，聚精会神抓落实，较好地完成各项工作任务。

【学习教育】 年内，组织开展各类学习活动15场次。通过集中学习、"三会一课"等形式，学习习近平新时代中国特色社会主义思想、十九大精神、政协系统专业知识以及上级文件精神等；认真学习公文写作、计算机操作、信息收集、调查研究等技能，使办公室干部努力成为能够适应不同工作的"多面手"。

采取集体学与自学相结合，定期学与平时学相结合，专题讨论与主题辅导相结合，激发干部的学习热情。通过制定学习计划、保障学习时间、检查学习心得等措施，办公室内部学理论、学业务蔚然成风，工作人员整体素质不断提高。

【办好公文】 年内，达孜区政协办公室起草的文字材料，坚持认真拟稿，精益求精，严格审核，仔细修改，力求准确到位。所有文件材料必须经领导签发后，再对其进行仔细校核，确保格式、内容均准确无误。

年内，达孜区政协办公室所撰写的汇报材料、领导讲话等共计30余篇，质量均较高，确保政协各项工作及时、准确地安排部

2019年7月1日，达孜区政协机关党员重温入党誓词

署。对各类来文做到及时登记、签批、传阅，应该保存的文件及时整理归档。

【调研视察】 年内，达孜区政协办公室始终将组织好调研视察作为办公室工作的重点，每年年底办公室就开始酝酿来年的调研题目。年内，政协共组织委员40余人次开展各类调研视察4次。此外，还认真做好全国政协、自治区、拉萨市政协和兄弟县区到达孜区视察调研的服务工作，先后接待全国政协委员、中央美术学院院长范迪安带领全国政协书画室考察采风团，自治区政协经济和人口资源环境委员会主任赤列多吉带领的就“推进民营经济发展政策落实情况”专题调研组，自治区政协党组成员、副主席卓嘎带领的围绕“我区牧业经济如何走出传统生产方式”开展专题调研组，日喀则市拉孜县、仁布县、四川阿坝红原县、尼木县等视察学习组。

【委员培训学习】 年内，以“不忘初心，牢记使命”主题教育为契机，政协党组成员带头面向全体委员讲党课2场次。组织引导政协委员认真学习新时代政协党的建设工作新要求、学习新修订的《宪法》、新修订的《政协章程》及人民政协发展史，夯实坚持党的领导这一共同思想基础，累计有100余人次参加党课学习。

同时，开办半年“政协讲坛”，先后组织举办2期委员培训班，针对委员如何在精准扶贫这一中心大局工作中更好发挥作用和自身优势进行专题培训；还特别邀请拉萨市党校老师到达孜区授课，开展“学党史、感党恩、跟党走”主题党课，使委员们思想上受到一次洗礼。

【搞好协调】 年内，坚持原则性与灵活性相结合，及时向主席汇报情况，统筹安排主席的活动，使各位主席之间的工作联结成一个有机整体。加强与区委办、人大办、政府办之间的沟通协调，主动加强联系，及时进行沟通，取得理解与支持。搞好部门之间的协调。经常与部门交流情况，协调处理好各部门间的关系。

【机关效能建设】 年内，召开机关党风廉政建设会议，把机关党建工作与政协履职同谋划、同部署、同落实、同考核，基层党组织的政治功能不断显现。把纪律和规矩挺在前面，建立健全机关集体学习、干部职工管理、办文办会办事等各类规章制度，机关管理层级化、规范化、制度化持续推进。

成立机关支部委员会，配齐配强支委会成员，力促机关党建工作水平再上新台阶。区委重视政协干部队伍建设，双向培养、使用、交流3名机关干部，机关干事创业的精气神不断提升。

（洛桑曲培）

【机构领导】

主　任

旦增罗布（藏族）

副主任

何 春 琴（女）

中共达孜区纪律检查委员会（达孜区监察委员会）

【概况】 达孜区纪律检查委员会

和达孜区监察委员会合署办公，下设4个科室：综合办公室、纪检监察一室（党风政风监督室）、纪检监察二室、信访案审综合室。达孜区纪委监委核定行政编制12个，实有人数9人，下属事业单位纪检监察信息中心，核定事业编制3个，实有2人。

【政治监督】 年内，围绕区委、区政府中心工作，强化对贯彻新发展理念、三大攻坚战、减税降费、党和国家机构改革、新冠肺炎疫情防控等重大决策部署落实情况的监督，做到党委和政府的重大决策部署到哪里，监督工作就跟进到哪里。全力以赴抓维稳安保领域监督检查，全年累计开展维稳督导30余次，检查单位300余家次。持续淡化宗教消极影响，签订党员不信教承诺书3000余份，督促各级党组织持续开展政治纪律教育，做到“七个严禁”。

自疫情防控工作开展以来，累计处置疫情防控问题线索2件，组织处理10人。对2018年度问题线索“零报告”的3个乡镇党委书记、纪委书记进行约谈。严格落实《中国共产党问责条例》，对9名党员干部实施问责，以问责倒逼责任落实。严肃党内政治生活，参加各乡镇和区直各单位民主（组织）生活会，督促26名受处分或组织处理的党员干部在会上做出说明。严把选人用人、评先评优、职级晋升等关口，严防带病提拔和违规评先评优，共回复廉政意见1971人次。

【维护群众切身利益】 年内，结合“不忘初心、牢记使命”主题教育，深入开展漠视侵害群众利益问题专项整治，受理侵害群众利益不正之风和腐败问题线索7件，办结6件，给予党纪政务处分6人、约谈2人、提醒谈话2人，挽回群众损失10万余元。持续开展扶贫领域作风和腐败问题治理，先后2次牵头召开专题推进会，督促行业监管责任落实和反馈意见整改，及时完成监督责任组18项整改任务；编写藏汉双语版《致农牧民群众的一封信》并发放至7000余农户家中，进一步畅通信访举报渠道；对32个50万元以上扶贫项目招投标、施工、验收等环节存在的腐败和不正之风问题进行摸排，反馈并督促整改问题5个。

深挖彻查充当黑恶势力“保护伞”问题，先后6次召开会议安排部署扫黑除恶工作，组成监督检查组深入公安局、乡镇派出所，核查问题线索4件；开展问题线索回头看，复核基层微腐败问题线索6件，调查核实涉黑涉恶问题线索2件，未发现党员干部涉黑涉恶腐败问题。2019年，达孜区纪委共处置扶贫领域问题线索3件，给予党纪政务处分2人、提醒谈话1人。

2019年4月16日，达孜区纪委一届二次全会召开分组讨论

【以问题整治为抓手】 年内，达孜区纪委和各乡镇纪委共开展监督检查90余组次，受理违反中央“八项规定”精神问题5件，办结3件，给予党纪政务处分3人；受理参赌涉赌问题4件，3名党员干部和4名农牧民党员被给予党纪处分。牵头对违反中央“八项规定”精神问题、景观亮化工程过度化、办公用房超标、天价烟等问题进行全覆盖自查。

组织开展不作为慢作为、文山会海等形式主义、官僚主义问题二次排查，处置相关问题线索2件，1人被诫勉谈话并通报。督促

2019年5月17日，达孜区纪委组织行业监管部门召开会议，压实行业监管职责

相关部门对办公用品超标、公款购买礼品、违规接待等违反中央“八项规定”精神问题进行整改，收缴违纪资金36万余元。

【巡察工作】 年内，区委书记多次主持召开区委常委会和书记专题会，研究部署中央脱贫攻坚专项巡视整改工作和区委巡察工作，区委巡察办开展集中学习和支部学习50余次、组织参加各级巡察业务培训12人次，不断打牢干部巡察理论基础。建立自治区、拉萨市、达孜区三级巡视巡察反馈问题总台账，做深巡察“后半篇文章”，联合纪委监委、组织、宣传等部门对巡视巡察反馈问题整改情况进行复核检验，共检查整改问题118项，整改到位109条，整改率达到92.37%。

年内，完成3轮巡察工作，共巡察19家单位18个党组织，清退违纪资金6.5万元，已累计完成一届任期巡察任务的51.85%，共反馈问题85个，移交问题线索7件。

【纪检监察体制改革】 年内，按要求完成2间谈话室标准化改造，累计开展谈话100余人次，实现办案安全零事故的目标。全面完成达孜区监委派出乡镇监察室工作，全年向乡镇纪委转办问题线索4件。督促民政部门制定《村务监督委员会管理办法》，明确村务监督委员会待遇和职责。帮助和督促乡镇纪委履职尽责，各乡镇纪委发现问题和处理问题能力明显增强，乡镇纪委共上报问题线索3件，唐嘎乡纪委实现问题线索和立案审查“双突破”。

【以标本兼治为目标】 年内，共组织190余名党员干部开展廉政理论知识测试、70名副科及以上同志到自治区监狱接受现身说法、67名乡镇和部门负责同志参观“林周农场”、400余名公职人员参观拉萨市廉政警示教育基地。对2016年以来受处分的17人进行回访教育，消除受处理党员干部思想顾虑；广泛发动干部群众监督，检举控告类问题线索同比增长55%；针对苗头性、倾向性和轻微违纪问题，更多运用批评教育、诫勉谈话、组织处理、纪律轻处分等方式处理；对顶风违纪问题坚决予以惩治，充分体现严管和厚爱。

2019年，达孜区纪委共处置问题线索31件，立案12件；给予党纪政务处分17人，同比增长59%，均采用第一、二种形态处理。

【纪检监察干部队伍】 年内，达孜区纪委利用周学习会、干部全员培训、支部学教、主题党日等平台充分开展集中学习；开展迎“七一”、庆国庆、中秋慰问、参观历史遗迹等活动，传承红色基因，弘扬爱国精神。积极参加区委、区政府组织的各项主题教育系列活动，荣获区红歌汇演第一名、知识竞赛第二名的优异成绩。推行乡镇纪检监察干部跟岗轮训制度，全年共参加中央、区、市纪委培训20余人次，开展周学习会20余场次，开展纪检监察、巡察干部理论知识测试4次，完成干部跟岗轮训7人次，对工作落实不到位的6名纪检监察干部进行约谈，将1名违纪干部调离纪检监察系统。

2019年，达孜区委立足全局切实担负起全面从严治党主体责任，坚定不移推进管党治党工作，政治生态持续向好。达孜区纪委一以贯之学习贯彻习近平新时代中国特色社会主义思想，一以贯之督促党员干部自觉做到“两个维护”，一以贯之贯彻落实全面从严治党方针和要求，坚持稳中求进，一体推进不敢腐、不能腐、不想腐，达孜区党风廉政建设和反腐败工作实现高质量发展，取得新的更大成果。

（陈世伟）

【机构领导】

区委常委、纪委书记、监委主任

扎西泽姆（女，藏族）

纪委副书记、监委副主任

刘　军

纪委常委、监委委员、监察一室主任

杨永宾

纪委常委、综合办公室主任

郭　驰

纪检监察二室主任

平措列旦（藏族）

中共达孜区委组织部（编办）

【概况】 2019年，达孜区委组织部坚持以习近平新时代中国特色社会主义思想为指导，坚定不移贯彻党的十九大和十九届二中、三中、四中全会精神，坚定不移贯彻全国全区全市组织部长会议精神，认真落实新时代党的建设总要求和新时代党的组织路线，扎实开展“不忘初心、牢记使命”主题教育，在抓班子带队伍、强基础固根本、聚人才补短板和深化党政机构改革上谋思路、定举措、抓落实，不断提高党的建设和组织工作质量，为达孜长足发展和长治久安提供了坚强组织保证。

2019年10月14日，达孜区召开“两新”工委全体会议暨“两新”组织主题教育工作推进会

【“不忘初心、牢记使命”】 6月，积极跟进学习教育、调查研究。9月，全面启动第二批主题教育，聚焦“守初心、担使命、找差距、抓落实”总要求，把学习教育、调查研究、检视问题、整改落实四项重点措施贯穿主题教育全过程，努力实现理论学习有收获、思想政治受洗礼、干事创业敢担当、为民服务解难题、清正廉洁做表率。

紧扣深入学习贯彻习近平新时代中国特色社会主义思想这个根本任务，采取领导示范带头学、丰富载体推动学、邀请专家辅导学、红色教育感染学的“四学模式”分领域抓好党员学习教育，组织专题研讨126次、党组织书记讲党课200余场次、村史家史大讨论60余场次、专题教育培训51期、党支部书记轮训班34期，以“十个一”活动为载体广泛开展庆祝中华人民共和国成立70周年红色大合唱、文艺汇演等活动，组织党员参观西藏百万农奴解放纪念馆等教育基地338场次，观看《焦裕禄》等红色影片136场次，认真召开区委常委班子专题民主生活会，组织县级干部深入开展调查研究，梳理问题38项300余条，整改完成290余条，整改率96.67%，解决了群众交通出行、医疗教育、用水用电、住房安全、就业创业等一批民生问题，群众满意度测评达到99.5%，提升了群众的获得感幸福感、安全感。

【干部队伍建设】 年内，从严管理教育，开展违反共产党员不得信仰宗教纪律专项排查，未发现共产党员信仰宗教的情况；重新修订加强机关事业单位干部职工管理的规定；举办脱贫攻坚、村级组织专干、三农工作等培训班20期，组织4批123名党政干部和专业人才到江苏镇江参加“民族交往交流交融”培训；积极为涉及机构改革部门单位选优配强领导班子和领导干部；完成2018年提拔任用干部任职试用期满考核工作。

加强正向激励，完成综合管理类非领导职务公务员和县以下职级人员职级套转和司法辅助人员职级套转；稳步推进公务员职级晋升工作；把长期借调区直机关单位且表现优秀的乡镇干部按照组织程序调入区直机关单位，充实区直机关工作力量。

【基层党组织】 年内，在农牧区，优化村党组织设置，撤销20个村委会中心党支部，大力整治发展党员违纪违法问题，规范农牧民党员档案2300余份；选派54名县乡优秀干部担任驻村干部，优选80名乡镇干部担任村级组织专干，健全党员致富带头人信息库，现有党员致富带头人84名，储备后备村干部260余名，充实基层工作力量；投入援藏资金300万元建设20个村史馆（荣誉室），打造群众教育引导阵地；精准整顿软弱涣散村党组织1个，扎实开展村干部资格联审工作，坚决防止受过刑事处罚、村霸、涉黑涉恶和涉及宗教宗族势力的人员进入村干部队伍。

加大对薄弱村支持力度，为新仓村申报集体经济项目资金50万元，实现集体经济稳定增收，2019年村集体经济收入最高村雪乡扎西岗村达到132万元；加强群众思想教育引导，以喜迎中华人民共和国成立70周年为契机，以“讲历史、谈变化、颂党恩”村史家史大讨论为抓手，推动各村党组织深入开展村史图片展、历史大讲堂、发展大讨论、村史馆参观、文艺大汇演、放映红色电影、体育竞技、篝火晚会等系列活动103场次，邀请优秀农牧民党员代表、优秀群众代表、优秀退休干部代表和党员致富带头人家庭、高校毕业生就业较好家庭、老党员家庭101人，面向广大群众讲村史家史、谈变化发展，引导广大群众爱党爱国爱村爱家。在机关，指导涉改部门单位成立党组织19个。

组织召开机关工委主题教育推进会，推动县级干部围绕经济发展、民生保障、社会稳定、组织建设、意识形态、生态环境六大领域确定30个课题开展调研，积极为民服务解难题；组织机关党员参加庆祝中华人民共和国成立70周年暨主题教育爱国歌曲汇演；以“五个一”主题党日、党员“组团式”联系服务群众为载体，推动县科级干部与高校毕业生结成帮扶对子457对，实现98%以上的达孜籍应届高校毕业生稳步就业。在中小学校，严格落实党委领导下的校长负责制，实施“双培养”工程，选优配强学校党务工作者，深化“三联三进一交”活动，推动180余名教师党员与183名贫困学生结成帮扶对子，开展送学习用品活动，让他们感受到党的温暖。

在退休党组织，深入贯彻全国老干部局局长会议精神，把主题教育与推进三项建设、落实两项待遇相结合，推动退休干部职工为达孜改革发展稳定建言献策。在两新组织，2019年召开两新工委全体会议暨两新组织主题教育工作推进会，组织100余名两新组织党员开展“我爱我的祖国”主题签名等活动；推动党建指导员深入联系非公企业指导党建工作20余场次，组织非公企业党员“亮身份”进车间进班组“组团”

2019年12月11日，达孜区强基办组织各驻村工作队队长开展脱贫攻坚政策培训

服务30余场次；深入开展“百企帮百村”活动，为高校毕业生开发140余个岗位，解决本地群众就业600余人，推动西藏藏缘青稞酒业有限公司等非公企业进行农畜产品深加工，实现群众增收2800余万元。

党建品牌创建上，搭建党员“组团式”联系服务群众载体，推动10名左右农牧民党员组成1个小队帮助解决群众需求；健全基层党组织书记抓党建纪实工作机制，通过定期收集整理基层党组织书记平时表现和工作实绩资料，充实基层党组织书记党建纪实档案，进一步压紧压实基层党组织书记抓党建工作责任。抓党建促脱贫攻坚上，围绕中央脱贫攻坚专项巡视整改工作，通过压实基层党组织主体责任、强化脱贫攻坚政策知识学习、建强基层组织、加强扶贫队伍建设、大力引进扶贫领域急需人才等途径，着力解决脱贫攻坚专项巡视反馈涉及基层党建和扶贫干部队伍建设的问题。依托“321”结对帮扶载体，1250余名机关党员干部结对帮扶全区1074户建档立卡贫困户，贫困人口全部脱贫退出，人均可支配收入到2019年底为12908元，同比增长14.3%。

【驻村工作】 年内，达孜区共有20个驻村工作队（市直单位派驻工作队6个，市县两级派驻工作队1个，区直单位和各乡镇联合派驻工作队有13个）。围绕新时代驻村工作七项重点任务，各驻村工作队真抓实干、开拓进取，各项工作取得了成效。

2019年，各驻村工作队党员开展“不忘初心、牢记使命”主题教育学习活动342场次，讲党课62场次，查摆、解决问题27个，举办17期党员培训班，组织村“两委”班子成员上文化课324学时，用“藏汉”双语向群众宣讲习近平新时代中国特色社会主义思想和党的十九大精神189场次，举办专题讲座87次；争取扶贫项目13个480万余元，组织开展贫困群众技能培训38场次，帮助贫困群众转移就业254人，包户帮扶贫困户133户284人，帮助解决困难和问题61个；帮助所驻村“两委”理清发展思路47条，制定、完善、实施经济发展规划24项，协助开展植树种草、整治脏乱差、建设美丽乡村活动184场次，依法宣传推广国家通用语言文字68场次，开办农牧民群众普通话培训班174期；举办“争做神圣国土守护者、幸福家园建设者”专题讲座52场次，宣传“厕所革命”“两降一升”和包虫病、结核病、肝炎、风湿病、大骨节病等地方病综合防治工作42场次，帮助村级组织健全村规民约49个，协助村“两委”深入开展“七五”普法活动102场次；积极为群众办实事好事156件，实现劳务输出1899人次，转移就业238人，帮助驻点村发展党员54名，把9名致富能手吸收为党员，把11名党员培训成致富能手，把1名党员致富能手培养成村干部。

【聚集优秀人才】 年内，健全高层次人才信息库，现有高层次人才73名、地级党员领导干部联系服务专家6名。积极为专招大学生配发生活必需品，为援藏干部、医生等配送氧气、落实正常待遇，出台卫生系统专业人才管理办法，列支经费80余万元表彰教育事业做出突出贡献的工作者、先进集体。

举办“弘扬爱国奋斗精神、建功立业新时代”高层次人才培训班，邀请2名江苏省镇江市医疗专家进藏开展医院财务管理、信息技术管理等方面培训，推动5名援藏医疗专家与达孜区人民医院6名医务人员结对开展“师带徒”帮扶工作。结合达孜园区规划、新区建设的工作需要，编制人才智力援助计划，提出6名援藏干部人才需求，聘请8名专家定期到青稞示范田现场进行技术指导，引进29名急需紧缺人才，做好专招大学生培养，精准服务管理各类人才。

【退休干部职工服务管理】 年内，结合“不忘初心、牢记使命”主题教育，组织退休干部职工党员开展各类政治学习24场次，召开主题教育推进会和意见建议征集会，积极为退休党组织兑现组织生活经费23.4万元，组织80余名退休干部职工参观布达拉宫雪城监狱旧址、清政府驻藏大臣衙门旧址陈列馆等教育基地。

“三大节日”期间，走访慰问259名退休干部职工，组织70余名退休职工到内地疗养，积极兑现退休舞蹈队8万元活动经费，

2019年10月16日，达孜区组织县级党员干部和科级党员干部开展重温入党誓词暨红色观影活动

组织退休舞蹈队参加上级部门举办的“辉煌七十年、奋进新时代”迎70大庆等各类文艺汇演，组织退休干部参加上级部门组织的趣味运动会、藏文书法展并取得优异成绩。在元旦、春节、藏历新年及重阳节期间，组织召开座谈会，向退休干部职工通报达孜经济发展、民生改善、社会稳定等情况，认真倾听意见建议，引导老同志为改革发展稳定贡献智慧与力量。

【党政机构改革】 年内，按照市委、区委关于党政机构改革工作要求，及时成立深化党政机构改革工作领导小组，下设办公室和人事安排专项组、资产经费调配专项组、纪律监督专项组3个组，严格落实领导小组办公室职责，本级财政单列工作经费20万元，保障机构改革工作顺利推进、如期完成。扎实推进涉改部门单位挂牌、领导班子配备、工作档案移交等工作，完成涉改部门单位人员转隶，调整涉改部门单位所属事业单位，大力推进涉改区直单位国有资产清查工作，重新制定印发涉改后的党政单位“三定”规定。加强事业单位管理，及时上网公示机关单位法人年度报告，为14家事业单位办理统一社会信用代码赋码法人证书。

认真落实中共中央办公厅、国务院办公厅印发《关于推进基层整合审批服务执法力量的实施意见》，积极推行便民服务事项代办制度，大力推动区直单位报送下放至行政审批权限事项、乡镇报送能够承接的行政审批权限事项。

【自身建设】 年内，围绕“不忘初心、牢记使命”主题教育，突出理想信念教育，严格执行周四例会学习制度，召开理论学习、爱国教育、现场教学等各类学习活动近20次，重点学习习近平总书记关于党的建设和组织工作重要论述和“不忘初心、牢记使命”主题教育重要指示批示及全国全区全市组织部长会议精神等内容，编报约稿和组工信息120余篇，撰写网评篇302篇，被拉萨党建采用46篇，组织拍摄新媒体作品4部。

健全完善部务会联系包乡制度，推动部务会班子定期深入到基层开展调研，深化组工干部结对帮扶贫困群众工作，制定办公室标准化建设规范，严格请销假制度，进一步规范组工干部管理。以“三会一课”、主题党日为载体，把廉政知识纳入支部学习重要内容，深刻学习领会习近平总书记关于党风廉政建设和反腐败斗争工作重要论述、各级党委重要廉政会议精神等内容，观看《榜样4》《永远在路上》《全面从严治党在西藏》等教育警示片，推动组工干部严守“十严禁”“十不准”纪律，增强廉洁意识，积极为普通党员干部树榜样、作表率。

（叶　健）

【机构领导】

区委常委、组织部部长

格西斯满（女，藏族，7月免）

吴 小 兵（7月任）

副部长

杨 俊 杰

边　　巴（女，藏族，4月免）

黄　　俊

中共达孜区委宣传部

【概况】 2019年，中共达孜区委

宣传部内设7个办公室：宣传部办公室、精神文明办、网信办（网络舆情评论中心）、文化执法大队，广播电视局（2019年因机构改革新增）、新闻出版局（2019年因机构改革新增）、达孜区政府新闻办公室（2019年因机构改革新增），区委宣传部原有编制为12人，实有人数12人；广电系统原有编制11人，实有干部职工28人，其中事业人员8人，聘用13人；工勤人员3人；公益性岗位4人。自1997年以来，随着在达孜区开展广播电视“村村通”“户户通”“舍舍通”、电影“2131”等一系列工程后，实现有线、无线、卫星等多种广播电视信号接收方式并用，全面巩固和扩大全区广播电视覆盖面，广播电视综合覆盖率分别达到100%和99%。全区共有121处电影放映点，2座室内电影放映室，1座自治区级数字电影院，1辆流动放映车，1辆新华书店流动售书车，6台数字电影放映机。

2019年9月28日，达孜区委理论学习中心组第十二次学习暨“不忘初心、牢记使命”主题教育第三、四次专题学习研讨（扩大）会议

【理论武装】 年内，坚持把学习习近平新时代中国特色社会主义思想和《习近平谈治国理政》第一、二卷及其他习近平总书记一系列重要论述及党的十九届四中全会精神作为一项重大政治任务，摆在突出位置来抓，引领带动广大干部群众学思践悟、躬身笃行，深入学习领会习近平总书记治边稳藏重要战略思想和“加强民族团结、建设美丽西藏”的重要指示以及开展“不忘初心、牢记使命”主题教育讲话精神，在全区上下持续掀起学习习近平新时代中国特色社会主义思想的政治热潮。

制定理论学习中心组2019年的安排意见、具体方案，发放《习近平新时代中国特色社会主义思想学习纲要》《习近平关于“不忘初心、牢记使命”论述摘编》等书籍，切实形成年初有计划、年中有督导、年底有考核、经常有交流、不定期有抽查的良性推进机制。在区委带动示范下，全区上下进一步增强对以习近平同志为核心的党中央的政治认同、思想认同、理论认同、情感认同，听党话、感党恩、跟党走更加自觉，拥戴核心、维护核心、捍卫核心更加自觉，武装头脑、指导实践、推动工作更加自觉。坚持以“学习习近平新时代中国特色社会主义思想”专题学习研讨会为抓手，制定每月专题学习方案，每月至少组织一次，围绕生态文明建设、民族宗教政策、乡村振兴战略、扫黑除恶、安全生产等专题召集全区在家县级领导、各乡（镇）党委书记、区（中）直单位负责人进行集中研讨交流。

年内，区委理论学习中心组共开展集中学习17次，开展“不忘初心、牢记使命”主题教育集中研讨7次，共有30余名县级领导进行研讨交流，有效地把习近平新时代中国特色社会主义思想转化成达孜行动，把学习成果转化为达孜实践。

【外宣工作】 年内，围绕全区重点工作、重大主题宣传，制定宣传工作方案，对在各领域做出突出贡献的先进个人进行发掘，全年新华社、中央电视台、光明日报、CNTG（中央驻外英语台）等中央媒体及区市电视、报刊对达孜区全方位报道150余次，区委各级领导分别接受西藏电视台、西藏日报、拉萨市电视台、拉萨日报等媒体采访。本级媒体报道400余次。另有南非媒体智库访藏团一行12人到达孜采访，展示了达孜形象，传播了达孜声音。

【网络宣传】 年内，网信办创新工作方式方法，强化对外宣传，进一步扩大“网信达孜”“e讯达孜”微信公众号及达孜政府新闻网站等影响力和传播力。根据工作需要，“网信达孜”调整信息发布范围，主要用于发布党中央及区市信息，下设举报中心、互动中心栏目，2019年发布新闻800余条；“e讯达孜”主要发布达孜区信息，提供新闻咨询、政务信息公开、便民信息、公众举报等服务，“一网多能”效果发挥明显，2019年共发布来自各单位的信息共3662篇，年阅读量达31万余次，其中，公众号阅读241896次，朋友圈阅读13845次，通过聊天会话等其他方式阅读信息57811次。

为更好地服务读者，网信办以开设专栏形式，记录达孜重要时刻，从“四讲四爱”、扫黑除恶、脱贫攻坚、志愿服务等各方面用文字和图片记录着各行各业达孜人的精彩瞬间。自“不忘初心、牢记使命”主题教育活动开展以来，通过“网信达孜”“e讯达孜”微信公众号、政府新闻网宣传达孜70周年以来取得的骄人成绩，并推出“国旗在我心中，我向国旗敬个礼”“我和我的祖国”等快闪宣传视频，在“e讯达孜”微信公众号上播出，在全区营造了欢乐祥和的浓厚庆祝氛围。9月16日，组织各相关单位集中开展主题为“网络安全为人民，网络安全靠人民”网络安全宣传周宣传活动。

【庆祝新中国成立70周年】 年内，组织全区各党支部开展庆祝中华人民共和国成立70周年暨“不忘初心、牢记使命”主题教育爱国歌曲汇演。组织1800名群众参加拉萨市游园活动。组织全区党员、干部开展达孜区“同声颂祖国万人大合唱”活动，各乡镇同步开展该活动。区委书记亲自带队150名群众参加布达拉宫广场“升国旗、唱国歌”仪式。组织1200名干部职工代表、学校师生代表、僧尼代表、农牧民群众代表、部队官兵代表和老干部、老党员代表在达孜区中学操场隆重举行“升国旗、唱国歌”仪式。

【“四讲四爱”主题教育实践活动】 年内，达孜区“四讲四爱”活动办共发放宣讲材料80000余份，宣传册40000余份，利用农村广播开展“空中讲堂”，播放宣讲音频6000余次，受众100000余人次。达孜区宣讲团、五乡一镇及各村（居）、驻村（居）工作队、教育系统、寺庙宣讲、企业系统开展集中宣讲，覆盖率达100%。实践活动方面，县乡村三级责任单位在群众中开展新旧西藏对比故事会、开展“我心向党”群众文艺比赛、爱国歌曲大家唱、开展“我的祖国”群众快闪、微拍、“我身边的美德少年”“党的恩情怎么报”、开展“文化进万家”、开展“法律进村”“改陋习 树新风”等实践活动。建章立制方面，收集涉及农牧民群众的乡规乡约、村规民约、寺规僧约、校规校纪、班规班约、行业规范等各种规章制度共计90余项。

【“五有五好”文明村镇创建】 年内，全区6个乡（镇）、20个村（居）、2所中小学校共建成精神文明宣传栏51个，完成率达100%；建成文化大舞台26个，完成率达100%；在全区范围内开展习近平新时代中国特色社会主义思想和

2019年9月25日，达孜区举办庆祝中华人民共和国成立70周年暨“不忘初心、牢记使命”主题教育爱国歌曲汇演

党的十九大精神学习、“铭记党的恩情”“移风易俗、破迷信、改陋习”、志愿服务、“我们的节日”等内容丰富的“五好”活动200余场次，群众参与人数达2万人次，发放“五有五好”活动专项经费36万元。

【“我们的节日”主题活动】 年内，按照市委宣传部要求，充分利用春节、清明、端午、中秋、重阳节等传统佳节，本着群众乐于参与和便于参与原则，广泛开展“我们的节日”主题活动，引导人们进一步了解传统节日，弘扬中华民族优秀文化，增进爱党、爱国、爱社会主义的情感。年内，由拉萨市委宣传部、拉萨市文明办主办，达孜区相关单位共同承办的“我们的节日·重阳”中华长歌行—拉萨篇关爱老人慰问活动，取得了很好的节日效果。

【迎创文明城市】 年内，为迎接中央文明办2019年全国文明城市年度审核工作，根据《2019年度拉萨市〈全国城市文明程度指数测评体系〉任务分解》要求，宣传部立即着手开展各项工作，及时收集整理相关资料图片，积极报送相关材料，圆满完成迎创全国文明城市测评材料整理上报工作，上报资料工作得到拉萨市文明办的充分肯定。

【广播电视】 年内，共播出408条新闻报道，向市台报送新闻稿件398条，采用率38%，达孜广播电视台现在的新闻量比往年增加50%。共制作精准扶贫、扫黑除恶、向国旗敬礼及法院等单位的专题片、宣传片18次；制作《我和我的祖国》快闪1期；制作《塔杰乡土登雷谢—转变观念、脱贫致富谋新路》《章多乡拉木村旧西藏亲历者扎西事迹》等个人事迹及特别报道5期；公益广告滚动播出14期。“虎峰之声”微信公众平台每期新闻平均点击量达到800多次。积极争取本级财政资金154万元，进行演播室装修和机房搬迁，通过制播能力建设，将大力提升电视台的制播能力，实现广播电视节目前期采集、编辑、播出的高清化，全面提升电视台基层公共文化服务水平。

2019年10月7日，达孜区“五保”老人欢度“重阳节”

影院运行以来，在促进文化产业发展的同时，也为各单位、各党支部开展主题党日、爱国主义教育、理论中心组学习实践等活动提供了学习平台。2019年，共计放映电影140场，观影人数达到1041人，累计票房收入28790元。

年内，达孜区电影录像管理站组织5支农村电影流动放映队，以各乡镇综合文化站、各村党员活动中心、各寺管委党员活动中心为农村电影固定放映点，农村电影放映进牧区共放映308场，观看人数达到12300余人次。

年内，全面完成“直播卫星设备置换升级改造项目”，安装调试12080余台；达孜区20个“农家书屋”卫星数字电视已达到全覆盖；户户通设备维修、更换设备高频头1560个、支架2030只、F-5线1200余根、底座、天线面等设备505套；达孜区“三岩”片区异地搬迁户发放安装调试广播电视“村村通”设备137套；对达孜区各村（居）关于广播电视户户通设备操作培训和发放“寻星仪”工作，重点讲解广播电视户户通系统的操作方法，接收设备的安装调试，常见故障的排除技术，给20个行政村维护人员配发“寻星仪”。

【文化市场管理】 年内,持续开展“扫黄打非·护苗·净网·清源·固边·秋风·珠峰工程”等专项行动,2019年,组织检查70余次,出动检查执法人员218人次,检查网吧70余次,收缴盗版光碟500余张。

【新时代文明实践中心建设】 年内,达孜区6个乡(镇)、20个村(居)新时代文明实践中心均已完成挂牌事宜,志愿服务人数接近4000人,达孜区县级新时代文明实践中心建设工作正在稳步推进,预计2020年6月投入运营。

【书香型城市建设】 年内,达孜区各乡(镇)、村(居)均已完成标准化图书阅览室建设,“互联网+”线上线下阅读正在全区推广,共计开展各类读书活动1000余场次。

（央　拉　朱鹏举）

【机构领导】

区委常委、宣传部部长

徐　远

副部长、网信办主任

胡朝辉

副部长

刘　芸(女)

文化市场综合执法大队队长

李　勇

互联网评论中心主任

土　旦(藏族)

文化市场综合执法大队副队长

旦增桑珠(藏族)

中共达孜区委统战部（民族宗教事务局）

【概况】 2019年,达孜区共有14座宗教活动场所,其中9座寺庙、2座拉康、3座日追;德庆镇桑阿寺、玛尼拉康、色龙日追;邦堆乡查叶巴寺、贡崩拉康、贡康日追;雪乡雪寺;章多乡拉木寺、次色日追、尊木采寺;唐嘎乡帕木寺、帕尔寺、罗寺、穷仓寺。按照西藏自治区、拉萨市、达孜区党委、政府统一安排部署,于2011年11月共成立5个寺管会和6个专职管理特派员机构,核定驻寺干部编制数44名。2019年,驻寺干部总数43名;其中行政人员30名,事业人员2名,工人1名,10名聘用。

根据中共拉萨市达孜区委员会办公室关于印发《中共拉萨市达孜区委员会统一战线工作部、拉萨市达孜区民族宗教事务局职能配置、机构设置和人员编制规定》,中共拉萨市达孜区委员会统一战线工作部(以下简称区委统战部)是区委主管统一战线工作的职能部门,为正科级,统一领导民族宗教工作,统一管理侨务工作。拉萨市达孜区民族宗教事务局(以下简称区民宗局)为区政府工作部门,与区委统战部合署办公。区委统战部、区民宗局人员编制9名。科级领导职数4名:区委统战部科级领导职数2名(不含兼职);区民宗局科级领导职数2名。

【主题教育活动】 年内,开展“遵行四条标准、争做先进僧尼”教育实践活动浓厚氛围。为更加深入开展教育实践活动,把教育活动做到家喻户晓,人人皆知,在各寺管会和寺庙院内及318国道沿线悬挂横幅20余条,发放展板11个,发放宣讲提纲(书籍)1500多本,贴宣传海报200多张,制作并发放相关“遵行四条标准、争做先

2019年9月30日，达孜区委统战部组织僧尼开展庆祝中华人民共和国成立70周年书法比赛

进僧尼”宣传物品(杯子、布袋、指甲刀)710个,发放各种宣传材料,大力营造爱党、爱祖国、爱社会主义的浓厚氛围。

年内,先后组织达孜区所属各寺管会(专职特派员)、各召开动员部署会和集中培训,陆续组织开展各类宣讲167次,其中书记讲3次、涉宗干部讲21次、专家学者讲2次、高僧大德讲2次、“三老”人员讲10次,脱贫攻坚宣讲92场次、扫黑除恶知识宣讲37场次。组织僧尼开展“3·28”实地参观活动。达孜区委统战部组织38名僧尼代表先后参观达孜区敬老院、达孜区中心小学、达孜区易地扶贫搬迁点。让达孜区僧尼感受在党和政府的领导下西藏日新月异的变化,激发僧尼拥护党的领导、忆苦思甜、珍惜当下、创建美好未来的决心。积极开展藏文书法活动。在辖区内范围组织僧尼积极进行藏文书法比赛,并邀请藏文书法专业人士到寺庙为广大僧尼教授藏文书法技巧,同时对僧尼们传授藏文知识,让僧尼进一步提高宗教上的造诣。

2019年10月21日,达孜区委统战部、区民宗局组织僧尼开展“拓视野、增学识”参观活动

【内地参观考察】 5月20—30日,达孜区组织16名爱国守法先进僧尼代表到内地参观考察学习。参观人员先后乘坐火车、动车、飞机到北京、成都等地参观爱国主义教育基地、历史文化遗产、向当地寺庙学习交流内地寺庙管理经验和成功做法。

以“追寻红色记忆、弘扬爱国精神、感受现代化城市繁华”为主题,参观者目睹了祖国的强大和繁荣发展,切身感受到在中国共产党的领导下,我国经济社会发展取得的巨大成就。进一步增强党与僧尼、党与干部之间的关系,同时激发广大僧尼自觉主动参加活动的热情贯穿于教育实践活动的始终。

【寺庙消防安全】 年内,与14座寺庙、拉康和日追及拉萨2座分寺管委会、专职管理特派员(机构)签订寺庙消防安全工作责任书。定期对寺庙用电、用气、用火、用油、酥油灯、千盏灯房、烧香点、挂幡处、电线线路使用情况进行专项检查,定期对寺庙房屋结构、周围水渠、道路交通安全及消防设施进行检查,定期邀请应急处置消防大队、在寺庙僧尼和驻寺干部中开展宣传寺庙防火防灾安全知识,救火灭火应急演练,按时配齐寺庙消防设施设备,配齐消防桶、消防应急照明灯、消防疏散标志、灭火毯子、灭火土碱、消防栓水袋和钳子等部分消防基本设施设备。

在各座寺庙、拉康和日追熏香处、烧香点、挂帆点按时开展大面积的规范和整改活动,以减少各类社会安全事故的发生。按时检查主殿、护法神殿、僧舍、厨房、千盏灯房是否存在私拉乱接电线,不规范安装插板插座情况发生,检查寺庙院内、周围是否集中堆放木料、木柴、牛粪等易燃物品,检查厨房、僧舍液化气灶、气桶过期损坏,是否软管老化开裂漏气、开关滑丝、脱落损坏情况发生,排查护法神殿酥油灯周围摆放纸币、哈达、油脂等易燃易火物品。

【僧尼免费体检】 年内,在达孜区人民医院对在编僧尼针对尿检、血检、血压、心肺功能等多个项目进行免费体检。为做好僧尼免费体检工作,达孜区委统战部、民政局制定详细工作实施方案,分批次、分寺庙对在编僧尼进行妥善合理安排，并指定专人与寺管会及专职管理特派员负责人共同处理体检相关事宜，细化免费体检各项工作，合理安排体检。

【民族团结主题教育】 年内，达孜区委统战部、区民宗局、寺管会对辖区内14座宗教场所进行民族团结宣传教育工作。宣传教育工作组以宣讲法律常识、召开座谈会、走访僧舍与僧尼谈心、召开僧尼家长座谈会等形式开展宣讲工作，以考试测评、僧尼撰写心得体会、反对分裂、维护祖国统一为立足点，进一步增强寺庙僧尼的爱国爱教、遵规守法的自觉性。

【民族团结宣传】 年内，结合达孜区实际，制定活动方案，在辖区内悬挂"加强民族团结，维护社会稳定"的"藏汉"双语横幅，营造良好民族团结氛围；深入辖区街道，向广大居民发放200余份关于民族团结进步的小册子和民族团结相关知识光碟；广泛宣传《民族区域自治法》《拉萨市民族团结进步条例》《〈民族区域自治法〉若干规定》《城市民族工作条例》《党和国家民族政策宣传教育提纲》等政策法规，提高广大农牧民群众的维护民族团结的思想觉悟；并在农牧民群众中宣传马克思主义民族观、党的民族宗教政策、"三个离不开"思想，开展"团结稳定是福，分裂动乱是祸"为主题的宣传教育活动。

在达孜区民族聚居区（藏、回居住集中区）及周边开展民族团结宣传教育活动，宣传党和政府对西藏自治区农牧民群众一系列利民惠民政策及特殊关怀。

【民族团结模范表彰大会】 8月13日，召开达孜区2019年度民族团结进步模范表彰大会。会议由区委常务副书记、常务副区长罗小兵主持，全体区级领导，各乡（镇）负责人，区各委、办、局及中直单位负责人，统战、民宗全体干部，驻寺机构负责人，各村委会第一书记、僧尼代表、企业代表以及受表彰的模范集体、家庭、个人共计140余人参加会议。表彰8个民族团结进步模范集体、4个民族团结进步模范家庭以及30名民族团结进步模范个人，主席台前排就座的领导向荣获先进的集体和个人颁发荣誉奖牌、荣誉证书；民族团结进步集体、家庭、个人代表分别作了针对性、代表性的交流发言。会后，兑现民族团结表彰资金共计11万元。

【佛事活动】 年内，顺利完成查叶巴寺"叶巴次久"、罗寺"展佛"和帕尔寺、雪寺、尊木采寺"跳神"和穷仓寺"玛尼旺"等佛事活动。

（旦增朗杰）

【机构领导】

区委常委、统战部部长
　　拉巴顿珠（藏族）
副部长、民宗局局长
　　普　琼（藏族，4月任民宗局局长）
副部长
　　次旺朗杰（藏族，4月任）
民宗局副局长
　　黄文彬

中共达孜区委巡察工作领导小组办公室

【概况】 根据《中共拉萨市达孜区委员会办公室 拉萨市达孜区人民政府办公室关于印发〈达孜区机构改革方案〉的通知》，达孜区委巡察工作办公室更名为达孜区委巡察工作领导小组办公室，沿用原有建制，核定巡察机构7名行政编制；2019年配备干部6名，其中：办公室主任1名、副主任1名、专职巡察组长2名、办公室专职人员1名、专职巡察组员1名。

【巡察工作领导小组】 年内，达孜区委高度重视巡察工作，根据《拉萨市机构编制委员会关于设立达孜县巡察机构的批复》要求，成立由区委书记张干担任组长的"五人小组"，以强化组织领导，并确保达孜区后续巡察工作扎实有效开展。经请示区委批准调整充实区委巡察工作领导小组，调整后的区委巡察工作领导小组由区委常委、纪委书记、监委主任扎西泽姆任组长，区委常委、区委组织部部长吴小兵任副组长，由纪委副书记、监委副主任刘军，组织部常务副部长杨俊杰和巡察工作办公室主任唐清任区委巡察工作领导小组成员，领导小组负责对市委巡察工作领导小组和达孜区委报告工作。

年内，坚持区委统一领导，巡

察工作领导小组组织实施,巡察机构具体落实、纪检监察和组织部门支持配合、被巡察单位党组织主动接受监督的工作机制,形成齐抓共管、各司其职、各负其责的工作格局。2019 年,达孜区委巡察工作领导小组坚决贯彻中央、区市党委和区委决策部署,区委先后召开 2 次常委会议研究部署巡察工作和人员配备,书记专题会听取巡察汇报 2 次、区委主要领导对巡察工作做出批示 3 次,同时召开 3 次领导小组会议、3 次巡察工作动员部署会,超前谋划每轮巡察对象和巡察组人员组成,共协调抽调 25 人次参加区市县三级巡视巡察。修改制订达孜区五年巡察规划及年度巡察计划,及时调整充实领导小组成员,落实巡察干部岗位津贴,指引巡察工作定位精准、问题精准、报告精准。

2019年9月26日,达孜区委书记张干(中)主持召开一届区委第四轮巡察工作书记专题会

【巡察工作】 年内,达孜巡察工作共开展 3 轮常规巡察(其中 1 轮交叉巡察),共涉及 14 个党组织、17 家单位(延伸村居 11 个)。发现并反馈问题 85 个,大部分反馈问题已整改;移交问题线索 7 件。

5 月 7 日至 6 月 19 日,达孜区委按计划召开区委一届四轮巡察工作,对达孜区 7 个单位 6 个党组织(达孜区章多乡党委、区委宣传部、查叶巴寺、桑阿寺、罗寺、帕木寺党支部及帕尔寺管委会)开展为期 50 天的巡察工作。7 月 22 日至 9 月 10 日,开展区委一届五轮巡察工作,对达孜区 4 家单位,4 个党组织(达孜区邦堆乡党委、人民法院党组、司法局党支部、文旅局党支部)开展为期 50 天的巡察工作;11 月 7 日至 12 月 27 日,开展区委一届第六轮巡察工作,对达孜区 8 家单位、7 个党组织(塔杰乡党委、中学党总支、幼儿园党支部、德庆镇桑珠林村幼儿园党支部、白纳村幼儿园党支部、唐嘎乡幼儿园党支部、邦堆乡幼儿园党支部)开展为期 50 天的巡察工作;同时,巡察办及时按程序推进了巡察反馈和整改督查工作,确保整改任务不悬空、见实效,切实做好巡察"后半篇"文章。充分发挥巡察监督发现问题、形成震慑、推动改革、促进发展的重要作用。

【巡察人才队伍建设】 年内,达孜区克服人员编制紧张困难,在巡察机构成立之初,从各乡镇、纪委监委、组织部、检察院、发改委、司法局等单位选拔原则性强、素质过硬、熟悉党建及相关政策法规、具有相应工作经历、善于发现问题和分析问题的同志,建立巡察工作组组长、副组长及工作人员,共计 46 人的人才储备库。

年内,为充实巡察队伍建设,巡察办会同纪检监察、组织人事、政法、财务、审计、信访、乡镇以及涉农系统或部门,在原有基础上进行优化完善,现充实完善巡察精干力量 98 名,其中:组长库 26 人(组长 13 人、副组长 13 人),人才库 72 人。同时巡察办还起草完成巡察工作"两库"人才管理办法,巡察机构人员的配强壮大了达孜区巡察机构人员队伍力量,确保有人负责、有人干事,为后续达孜区巡察工作开展打牢坚实的基层。

【巡察工作业务水平】 年内,为大力丰富学习教育形式,巡察办和巡察组利用每周五党支部学习会、"两学一做"学习教育、"不忘初心、牢记使命"主题教育、政治纪律教育等平台，组织开展专题学习会28次，重点学习中央、自治区党委、拉萨市委巡视巡察新的5年工作规划以及《巡视巡察参考》《西藏巡察》《市县党委巡察工作实施办法》等内容；同时达孜区委巡察办积极参加自治区、拉萨市巡察机构组织的各类培训活动。年内，共有10余人次参加区市巡视巡察，27人次参加区市巡视巡察培训，1人到江苏跟岗学习。

【创新宣传方式】　年内，为加大巡察工作的宣传力度，全面提高知晓率增强广大干部群众的参与热情，巡察办通过达孜区广播电视台、e讯达孜微信公众号等平台，宣传报道巡察工作动员会及进驻会，并在微信公众平台上发布巡察公告3次，将巡察工作相关信息和政策及时传播，使广大干部群众全面了解巡察工作的目的、意义、开展方式等，进而积极配合巡察工作，促进"利剑"作用得到最大。

【完善充实各项制度】　年内，制定工作方案和强化工作制度，根据自治区、拉萨市党委对建立县（区）巡察工作的要求，结合达孜区实际制定《巡察工作实施意见》《中共达孜县委员会关于建立达孜县委巡察制度的方案》《巡察工作五年规划》等相关制度，并按照巡察制度的意见，制定巡察办工作职责、主任和副主任工作职责，巡察组组长、副组长工作职责，巡察组问题线索移交督办流程、巡察人员行为规范、巡察机构保密工作规定、巡察工作机制巡察工作流程及工作纪律制度等。

2019年巡察办通过不断完善一系列相关制度和方案，再次充实规章制度建设，制定《达孜区委巡察工作领导小组会议制度》《达孜区委巡察整改情况的监督检查工作办法》及《达孜区委巡察工作领导小组巡视巡察反馈问题整改督促检查方案》进一步规范巡察工作秩序化，有效推进巡察工作开展效率，上墙各项巡察工作制度共计24项，切实保障巡察工作有章可循、有据可依。

【创新建立数据平台】　年内，规范巡察资料立档，提高巡察人员能力，增强巡察工作操作性，按照巡察工作流程和环节，巡察的所有资料按巡察准备、巡察进驻、巡察了解、巡察报告、巡察移交、巡察反馈、巡察整改、巡察督办、巡察运用等进行分类，分轮次、分组别、按顺序将资料汇集成册、装订成本（一轮一册、一年一本），完善巡察数据库，积累巡察经验，助力巡察决策部署。为了提高巡察人员的业务水平，按照拉萨市委巡察办印发的《巡察工作操作手册》，结合达孜实情，制定《中共达孜区委巡察工作手册》《中共达孜区委巡察工作资料汇编》，分发至巡察组人手一份，确保巡察工作有据可查、有凭可巡。

（唐　清）

2019年10月10日，达孜区委巡察一组巡察章多乡党委情况反馈会

【机构领导】

主　任

唐　清

副主任

郭佳林（满族）

区委巡察一组组长

勾九龙

区委巡察二组组长

宗　吉（女，藏族）

中共达孜区委党校

【概况】 中共达孜区委党校于2015年10月20日挂牌成立，由达孜区委组织部代管，共有核定事业编制7名。2019年，达孜区委党校配备校长1名，由区委常务副书记兼任，有副校长1名，共有在岗教师5名。

【精准扶贫】 年内，达孜区委党校领导、全体教职工积极响应区委、区政府“精准扶贫、不落一人”的号召，积极做好结对帮扶工作，共帮助贫困户8户，作为贫困户的帮扶责任人，不仅对贫困户的家庭情况进行摸底，还因“户”制宜，制定相应的帮扶清单，积极开展“定期一走访、不定期随访”、节日慰问等活动，切实把扶贫工作抓在手上、记在心上、扛在肩上。

【干部教育】 年内，达孜区党校深入贯彻落实市委关于党员教育“三个全覆盖”培训要求和干部教育培训工作条例精神，始终坚持以教学为中心、调研为基础、后勤服务为保障，承担达孜区3376名党员干部，其中包括2183名农牧民党员的教育培训任务，做好教学、调研和后勤服务等各项工作。

年内，达孜区党校先后举办各类培训班27期，达孜区机关党员干部和村“两委”干部、下沉干部、驻村工作队队长参训达到2200人次，农牧民党员覆盖率达90%以上。每季度平均办班3期、每月办班1—2次。

2019年11月21日，达孜区委党校开展第七期“不忘初心、牢记使命”主题教育暨第八期党员政治教育培训

【“不忘初心、牢记使命”】 年内，按照“不忘初心、牢记使命”主题教育，“守初心、担使命、找差距、抓落实”总要求，围绕理论学习有收获，思想政治受洗礼，干事创业敢担当，为民服务解难题，清正廉洁作表率的目标。8月，党校在达孜区上下高质量开展8期“不忘初心、牢记使命”主题教育学习会，对全区机关事业单位党员干部、副科级及以上党员领导干部、驻村工作队、退休老干部、基层党组织书记、各乡镇分管党建副书记、各行政村第一书记、各行政村村两委成员、村民小组党支部书记进行了全覆盖。

全体党员干部在学习中展现出饱满的政治热情和高度的政治自觉，切实做到真学真做，更加深入了解习近平新时代中国特色社会主义思想，进一步增强“四个意识”、坚定“四个自信”、坚决做到“两个维护”，坚定不移贯彻落实习近平总书记关于本地区本领域工作的重要讲话和重要指示批示精神，确保党中央决策部署落地见效，主题教育达到了预期目的。

【党员政治教育】 年内，为深入学习贯彻习近平新时代中国特色社会主义思想和党的十九大精神，贯彻落实习近平总书记“治边稳藏”重要战略思想和习近平总书记在中央政治局第六次集体学习、全国组织工作会议上的重要讲话精神。根据市委对党员政治教育安排部署，党校制定达孜区三年“党员政治教育”培训计划，以加强对达孜区党员的政治教育，2019年是第二年。

6—12月，举办的“党员政治教育”培训中，课程设置包含习近平新时代中国特色社会主义思想和党的十九大精神、习近平总书记关于党的政治建设的重要论述、马克思主义“五观”“两论”、党的政治纪律和政治规矩、党的宗教政策、《中国共产党章程》《中国共产党纪律处分条例》、社会主义核心价值观、“扫黑除恶”专题等丰富内容，邀请自治区委党校、拉萨市委党校及西藏大学、西藏警官高等专科学校及相关部门的高级教师、专家学者进行授课。同时，认真组织全体学员围绕“坚定政治立场，严守党的政治纪律和政治规矩”主题，组成临时党支部召开专题组织生活会。通过党员政治教育专题培训，切实深化对达孜区全体党员的思想政治教育，提高了达孜区全体党员对党的认识，确立在今后的工作和生活中，不断充实自己、提高自己、完善自己，为共产主义事业奋斗的信念。

【专题知识测试】 年内，达孜区委党校紧紧围绕中心工作和战略决策，在全区党员范围内深入开展达孜区2019年“脱贫攻坚”专题知识测试与达孜区庆祝建党98周年暨“不忘初心、牢记使命”主题教育专题测试。

【“上门送教”】 年内，按照自治区、拉萨市、达孜区“脱贫攻坚”任务要求及“四讲四爱”主题教育实践活动相关文件精神的要求，积极开展“上门送教”下乡宣讲活动。区委党校积极到各行政村进行宣讲，共11场，覆盖了全区各行政村“两委”班子、驻村工作队、农牧民党员群众973人。

【编撰藏汉双语版本土书籍】 自建校起，党校持续深入基层开展调研，了解广大基层干部及农牧民党员群众所想所需，党校编撰“四讲四爱”宣传读本（藏、汉语版），主要围绕新旧西藏对比，展现西藏民主改革60年来的沧桑巨变，读本采用图文并茂的讲述方式，便于农牧民群众阅读。

同时，为帮助干部群众与时俱进学习，加强思想教育，区委党校给各行政村、寺庙、工业园区、中小学购买发放《习近平谈治国理政》（第一、二卷）、《中国特色社会主义宗教理论学习读本》《党的十九大报告学习辅导百问》《习近平系列重要讲话读本》（藏、汉语版）、《习近平扶贫论述摘编》《中国共产党西藏自治区第九次代表大会精神学习读本》（藏语版）、《党章》（藏语版）等各类书籍5000余册。方便广大基层干部获取工作技能，提高工作能力，激发广大农牧民群众爱戴核心，拥护核心，忠诚核心，捍卫核心的肺腑之情，更加紧密地团结在以习近平同志为核心的党中央周围，“以时不我待，只争朝夕”的精神，积极转变思想，用勤劳的双手，创造出属于自己的美好生活。

（何　佼）

【机构领导】

区委副书记、党校校长

巴桑顿珠（藏族）

副校长

普　琼（藏族）

达孜区总工会

【概况】 2019年，达孜区总工会编制2人，现配备人员3人，其中主席1人，副主席1人（2016年12月借调至达孜区旅投公司），科员1人。为加强工会会员管理，建立全区基层工会组织和会员实名基础数据库，根据《西藏自治区总工会关于开展全区基层工会组织和工会会员基本信息采集工作的通知》要求，4月起启动全区基层工会组织及会员基本信息采集工作，实现全区工会组织及会员实名制系统管理，已实名制录入的工会组织有3个工会联合委员会；21个工会委员会（其中乡镇6个，非公企业11个（包括联合工会的6家非公企业），国有企业4个；工会小组64个（机关事业单位41个，20个行政村，合作社3个），达孜区实名制系统录入会员总数为5123人。

【规章制度】 年内，进一步建立完善内部各项规章制度和长效机制。在组建工作上，达孜区总工会领导干部挂点包干联系基层工会制度，由工会主席担任组长，派出专人联系包干。制订完善出台首问负责制、限时办结制、责任追究制、岗位责任制、考勤、值班制、服务承诺制，办公室规章制度等制度汇编，促进机关内部管理逐步走上了制度化、规范化。

【党风廉政建设】 年内，深入学习贯彻习近平总书记关于工人阶级和工会工作的重要论述，深化学习全国总工会十七大精神，以及区、市总工会工作会议精神，自治区委、区政府主要领导对工会工作的批示指示精神以及达孜区委、区政府的部署要求。党员干部观看大型纪录影片《厉害了，我的国》《农奴》《决胜时刻》等爱国影片。全体党员集中学习习近平总书记重要回信精神和卓嘎、央宗姐妹的先进事迹。央宗姐妹作为心中的榜样，立足各自岗位，增强政治意识、大局意识、核心意识、看齐意识，坚决做到“两个维护”，对党忠诚、恪尽职守，做一名合格党员。

全体党员干部集中收看国务院总理李克强关于政府工作报告。要以全国“两会”精神为指导，通过专题讨论、座谈交流等形式，对全国“两会”精神进行深入学习领会，进一步坚定理想信念，抢抓机遇，苦干实干，牢记职责使命，以更加积极的态度投入到本职工作中去，为实现达孜和谐快速发展做出新的贡献。以党的十九大精神为指导，深入贯彻落实习近平新时代中国特色社会主义思想，围绕“不忘初心、牢记使命”主题教育，开展以“守纪律、强作风”为主题的参观西藏百万农奴解放纪念馆、重温入党誓词等庆“七一”主题党日活动。全体党员参加庆祝中华人民共和国成立70周年暨“不忘初心、牢记使命”主题教育爱国歌咏比赛，并取得优异成绩。用好“学习强国”学习平台，坚持用习近平新时代中国特色社会主义思想教育职工，团结引领职工坚定不移听党话、跟党走。根据拉萨市及区委组织部的安排，达孜区总工会深入各企业了解“两新组织”工作开展情况。

2019年1月27日，拉萨市政协党组副书记、副主席、市总工会主席张勤（前排右一）到达孜区开展“三大节日”慰问活动

【送温暖】 年内，开展“三大节日、下基层送温暖活动”对达孜区29名市级困难职工进行慰问、慰问金每人1000元，共计29000元。看望慰问达孜区驻村、驻寺工作队、乡（村）基层工会委员会、公安局4个警务站、叶巴检查站、交警支队、6个派出所、指挥中心、检察院等共计50个集体，125个干部职工（公安局辅（协）警40人；消防大队困难辅警10人；住建、环保局环卫工人20人；企业劳模、困难职工20人；卫生系统职工（赤脚医生）20人；兽医10人；记者及区直临时困难职工5人）；为他们送去党和政府的关心和温暖，并送去慰问金，此次慰问金共计支出225000元。

对5名企业困难女职工、农民工单亲家庭职工进行“三八”节慰问，每人标准1000元，共计慰问金5000元。同时进企业走访慰问企业女职工，向女职工会员进行集中慰问，每人送去雨伞、手提包、水壶等慰问品。开展走访慰问维稳一线职工活动，慰问标准每个点2000元，共计送去慰问金8000元。对达孜区13名干部职工进行每人按500元探病慰问，共计6500元。为庆祝中华人民共和国成立70周年，大力弘扬劳模精神，体现党和政府对各级劳模的关爱，进一步做好关心关爱劳模工作，对达孜区9名市级以上劳模逐户进行慰问，每人送去价值800元的慰问品。

12月3日，在德庆镇白纳村开展“五送活动”，送温暖；向10名基层困难职工送上每人1000元的慰问金，共计10000元。送文化；邀请白纳村民间文艺队进行精彩文艺汇演。送法律及送政策，并送去毛巾、水杯、雨伞、盆子、布包等价值15000元的生活用品。送医送药，邀请区人民医院专家对广大农牧民职工群众进行巡诊，解答一些常见的疾病问题，并发放价值19000余元的藏西药。

【帮扶工作】 11月28日，对15户在档困难职工家中深入调查为主，摸清困难职工生活状况，生活救助为辅助开展困难职工解困脱困工作。按每户6000元标准，为15户困难职工进行生活救助，共计生活救助资金90000元。根据脱贫攻坚相关文件要求，达孜区总工会领导干部及工作人员到结对帮扶贫困户和边缘户家中，了解其思想和生活情况，先后走访3次，共计发放价值1700元的药品及粮食等慰问品，在结对帮扶户和边缘户对象思想上给予关怀，宣传精准扶贫精准脱贫惠民政策，引导结对户转变思想观念。

按照市总工会通知要求，为进一步做好困难职工帮扶救助工作，发挥工会组织在建立和完善社会保障体系中的作用，切实为困难职工排忧解难，12月30日再次对15户在档困难职工开展帮扶救助工作，每户6000元的标准，共计支出90000元。对本地未就业大学生走访入户了解基本情况，引导就业途径，解决就业。

【会费收缴】 年内，按照有关文件要求，达孜区总工会已完成工会会费收缴工作，达孜区共缴费会费的人数为1038人，上缴会费金额166727.41元。

【政策宣传】 年内，开展综治宣传活动。开展“四讲四爱”群众教育实践活动，让农牧民深入了解党对农牧民群众的关爱呵护、并让

2019年4月30日，达孜区总工会主席宗吉（前排中）一行到藏缘青稞科技有限公司开展企业职工技能竞赛活动

他们知道共产党干部职工时刻为农牧民群众鞠躬尽瘁、全心全意为人民服务，同时让群众明白时刻感党恩、心中有党、在思想上政治上行动上与党保持高度一致。开展“做新时代雪域高原文明职工”宣传教育引导活动。通过悬挂条幅、发放宣传资料，并对职工（农民工）工作中遇到的劳动法律问题逐一进行解答，帮助他们树立学法知法、依法维权的意识。

达孜区总工会到各乡（镇）村居及各企业开展“不忘初心、牢记使命”主题教育活动。开展“6·26”国际禁毒日暨扫黑除恶专项斗争宣传活动，向广大职工发放《工会法》《劳动法》《公民法律常识》《安全生产法》《农民工援助服务手册》《禁毒法》《禁毒手册》《扫黑除恶打非治乱专项斗争知识手册》《做新时代雪域高原文明职工倡议书》等宣传资料9536份、安全生产宣传海报260余份、发放宣传品（雨伞、宣传包）230余份，免费体检卡2500张，并进行健康知识宣传咨询解答。

【爱国卫生】 年内，参与“践行雷锋精神”的主题服务活动，到达孜区金叶敬老院帮助孤寡老人打扫卫生、整理老人的起居室，清除敬老院内卫生死角，并与老人进行亲切交谈，了解他们的日常生活情况和身体状况。

4月24日，达孜区总工会干部到社区，为安居小区一位空巢老人打扫卫生、洗衣服等。

【安全生产排查】 年内，协同达孜区应急管理局、消防救援大队、市场监督管理局、工信局工作人员一行到达孜工业园区7家企业进行安全生产综合检查。并同时强调各非公企业要全力以赴做好全国“两会”期间团结和谐的政治局面、要坚决打赢安保维稳这场硬仗。

5月10日，达孜区应急管理

局、达孜区总工会、园区管委会安监局相关领导联合到西藏建辉抗磨材料有限公司对企业员工进行安全生产培训和安全演练。邀请政安防火宣传中心工作人员到企业进行安全生产宣传讲座。工作人员向企业职工宣传安全生产的方针政策、法律法规和重大举措，普及安全生产发展理念、职业安全、健康安全知识等内容，参加培训人数为30余人。

【交流学习】 年内，选派基层工会工作人员到江苏学习借鉴内地工会工作做法和经验交流培训。

【“区级劳模”和“藏地工匠”】 年内，按照区市文件要求层层把关筛查推荐达孜区邦堆乡农民工果果为区级劳模。从罗占、藏缘、达孜区面之缘手工艺合作社等3家推荐藏地工匠等工作。

【“劳动、筑梦”演讲】 年内，从企业中层层选拔推荐藏缘青稞科技有限公司工会主席参加拉萨市举办的2019年“劳动、筑梦”演讲比赛。

【职工文化生活】 年内，建立“职工之家”，让每个职工都对其有亲近感、依赖感、归属感就一定会赢得越来越多职工的信赖和拥护，从而不断增强工会组织的吸引力、凝聚力和维权力。建立“职工书屋”，职工素质进一步提高，职工知识水平和工作能力得到增强。在西藏藏缘青稞科技有限公司开展企业职工技能竞赛暨安康杯知识竞赛活动。通过开展叉车、焊接、工装穿戴、码垛等四组技能竞赛，使企业广大职工，职业技能水平得到稳步提高。竞赛活动收到明显，效果喜人，广大企业职工的技能水平得到了进一步提升。根据拉萨市总工会《关于组织开展关爱农民工子女主题活动的实施方案》要求，7月22日，“感恩祖国·拥抱北京”—2019关爱农民工子女阳光少年成长营在北京开营，达孜区总工会符合条件的乡（镇）、企业、在档困难职工的3名职工子女（困难职工子女）及1名工会工作人员赴北京开展主题活动工作。

在达孜区幼儿园开展以“关爱企业困难职工子女迎‘六一’为主题活动。给参加活动的67名困难职工子女送去保温杯、书包、文具盒、旋笔刀、铅笔、彩泥等儿童节礼物，共计慰问金1330元。为庆祝中华人民共和国成立70周年、纪念西藏民主改革60周年，参加“中国梦·劳动美—西藏行”西藏自治区第三届职工运动会，丰富和活跃干部职工的业余文体活动，营造干部职工积极参与“健身中国”的良好氛围，组织达孜区干部职工参加拉萨市职工运动会，同时进一步丰富职工业余文化生活，激发体育锻炼的热情，提高职工身体素质，展示职工健康向上，充满活力、团结合作、和谐友好的精神风貌，增强企业的凝聚力和向心力。达孜区举行第十五届职工运动会，充分展示出达孜区锐意进取、奋发向上、永创佳绩的文明形象和良好精神风貌。

【大学生就业】 年内，按照拉萨市总工会关于印发《关于各县区总工会招聘社会化专职工会工作者的意见（试行）》的通知要求，有力促进达孜区未就业高校毕业生就业工作，将结合达孜区实际做好人员招聘工作，招聘工作笔试、面试、政审工作顺利完成，已就业3名大学生。

【“两癌”筛查】 年内，为贯彻落实拉萨市总工会《关于开展2019年女职工“两癌”筛查活动的通知》要求，切实关心关爱女职工的身体健康，做到“两癌”早发现、早预防、早治疗。10月29日，组织区直各单位及各乡镇59名女职工到拉萨五洲医院体检。

（琼琼拉姆）

【机构领导】

主　席

宗　　吉（女，藏族）

副主席

达瓦措姆（女，藏族）

共青团达孜区委员会

【概况】 2019年，共青团达孜区委员会核定行政编制2人，实有在职人员2人，其中团区委书记1名、副书记1名、副主任科员1名、志愿者2名。正式干部3人均为党员。

2019年，达孜区共有团组织67个。其中乡镇街道团委6个，

2019年5月10日，团区委开展“青春心向党、建功新时代”暨达孜区中学2019年新团员入团仪式

中学团委1个，团支部60个（村级团支部23个、学社衔接临时团支部6个、机关事业团支部4个、蓝精灵团支部1个、非公企业团支部5个、农牧民合作社团支部2个，国有企业团支部2个，学校团支部17个）。毕业生团组织5个，其中2019年毕业2个，2020年毕业3个。共有共青团干部56人（其中，专职团干部2人，兼职团干部54人）。达孜区2019年新发展团员60人，截至年底，共有共青团员666人，14—35岁青年8811人。

【学习落实会议精神】 年内，先后组织学习各类会议精神、文件精神6次，集中学习3次。2月14日，团区委书记李鹏要求各级团组织必须严格深入贯彻落实团十八大、团十八届二中全会以及习近平总书记“7・2”重要讲话精神，有序推进各项团务工作上取得新突破。2月19日，团区委召开扫黑除恶专项斗争工作部署专题会议。2月20日，组织工青妇群团党支部集中学习卓嘎、央宗姐妹先进事迹。

3月5日，工青妇群团党支部书记李鹏组织全体党员干部集中收看国务院总理李克强关于政府工作的报告。感受《政府工作报告》中经济的发展和社会的进步。10月24日，工青妇群团党支部组织全体党员干部职工集中收看《榜样4》专题节目。10月31日，组织全体干部职工观看党风廉政警示教育电影《决不饶恕》。

【信息调研】 年内，团区委共向上级团组织报送各类信息60条。刊登于拉萨市团委微信平台信息7条，团区委微信公众号“青春达孜”编发各类学习及开展活动文章76条，关注人数达400余人，印发文件30期。

【青少年思想道德建设】 3月5日，达孜区共青团联合达孜区供电公司、中心小学开展以“弘扬雷锋精神，争做时代新人”的系列活动。由达孜区团委、供电公司组成的达孜区志愿者服务队开展“传颂经典故事，弘扬雷锋精神，争做时代新人”的学雷锋演讲比赛，比赛共有20名小朋友参加。4月4日，组织中学学生在清明节前，开展主题为“网上祭英烈、文明过清明”的网上祭英烈活动。5月10日，举办“青春心向党、建功新时代”主题团日活动暨达孜区中学2019年新团员入团仪式。

9月22日，达孜区西部计划研支团志愿者在达孜中心小学6年级5班组织进行课本剧大赛。课本剧大赛共有10个小组参加，剧目为《狮子和山羊》。9月23—30日，通过“沉浸式”的仪式教育，在中学和中心小学举办“我与祖国共奋进——国旗下的演讲”主题团日活动。12月25日，为拓宽学生视野，帮助学生放飞梦想，创新形式开展德育教育，南开大学第21届研究生支教团联系南开大学在校生志愿者，为达孜区中心小学开展“雪域同心，直播筑梦”视频直播系列课程，助力解决当地小学生在生活、学习方面的具体问题和困惑。

【未成年人法制意识】 4月8日，以拉萨市2019年“四讲四爱”群众教育实践活动动员部署大会暨启动仪式开幕为契机，团区委书记李鹏及相关工作人员在达孜区邦堆乡林阿村村委会开幕式现场进行青少年法制教育宣传活动。在活动现场，共发放《小学生民族团结知识读本》等“四讲四爱”宣传册共计200余本。11月1日，团区委组织工作人员来到桑阿寺，通过悬挂横幅和发放宣传手册等方式进行“反间谍”主题宣传活动。

【校园安全教育】 6月5日，在2019中高考来临之际，为缓解紧张的备考氛围，助力学生调整心态，轻松应考，团区委联合达孜区公安局、达孜区教育局及达孜区中学在达孜区文旅活动中心举行“2019年达孜区中高考减压暨‘青春自护·暑期安全’自护教育活动”。

11月27日，团区委邀请达孜区人民检察院党组成员、副检察长茹格叶走进达孜区中学，为300多名初一学生带来题为“让我们吹响法律的号角，共建蓝天校园”的法制宣讲课。

【贫困青少年爱心守护行动】 11月22日，团达孜区委在邦堆乡克日村双语幼儿园联合举办“不忘初心，牢记使命”爱心捐赠活动。

11月26日，达孜区团委到达孜区中心小学开展2019年关爱留守儿童之“爱心守护、温暖寒冬”活动，给孩子们带去冬日里的温暖。活动现场，团区委和面之缘合作社负责人为20名残疾儿童捐赠价值4400余元的保温杯、保暖衣物、围脖等爱心物品。

【转变就业观念】 2月1日，利用新春佳节和藏历新年前夕抓紧开展走访调研，深入未就业的大学生身边，关心他们的身心健康，了解他们的所思所想，为下一步有针对性地开展个性化、细致化、灵活化的指导帮扶。

2月25日，组织开展“共青团与人大代表、政协委员面对面”座谈会，自主创业返乡大学毕业生代表、农牧民青年创业代表、留藏志愿者代表等17人参加会议。

【弘扬民族文化】 7月5日、6日，团区委联合区人社局召开达孜区民族传统手工艺技能大赛推进会。8月2日，2019届达孜区创新创业民族手工艺技能大赛在达孜区虎峰众创空间创业基地隆重举办。技能竞赛工种有民族服饰、藏香制作、手工木工（家具制造）、烹饪、唐卡、铜雕、焊工和编织，共计9个参赛工种，参赛人员达101位，比赛内容丰富，形式多样，为广大农牧民群众展示劳动技能提供了舞台。

【志愿服务活动】 3月5日，研究生支教团志愿者走进课堂向学生们宣讲“雷锋精神”，讲述学雷锋纪念日的由来和雷锋的故事，并勉励学生们要努力学习、掌握一技之长，才能更好地传承雷锋精神。4月26日，南开大学研究生支教团在其服务地——拉萨市达孜区中心小学开展以生态环保为主题的系列志愿服务活动。

6月26日，团区委积极组织西部计划志愿者助力达孜区“6·26”国际禁毒日暨扫黑除恶专项斗争集中宣传活动。10月26日、27日，达孜西部计划志愿者到达孜中心小学少年宫开展“你的周末我们在”志愿服务活动。

【召开共青团拉萨市达孜区第一次代表大会】 1月31日，共青团拉萨市委委员会书记王红杰一行到达孜区调研指导基层团建工作。4月22—30日，为落实共青团改革和全面从严治团要求，促

2019年5月5日，达孜区中心小学6名少先队员代表向大会开幕式献词

进达孜区各乡镇团组织的自身建设，更好地发挥共青团在思想政治教育和日常管理中的作用，在共青团拉萨市达孜区第一次代表大会来临之际，各乡镇团委顺利召开团员大会。5月5日，共青团拉萨市达孜区第一次代表大会召开。

【完成“圆梦助学”】 年内，为积极响应习近平总书记脱贫攻坚伟大战略部署，完成共青团十八大提出的到2020年为10万名建档立卡贫困家庭学生完成学业提供资助的目标，帮助家庭经济困难的大学新生顺利进入大学，减轻中小学生家庭经济负担，根据《关于开展拉萨市2019年希望工程圆梦行动公益助学活动资助工作的通知》及《关于开展“中国茅台·国之栋梁—2019希望工程圆梦行动大型公益助学活动”资助工作的通知》《关于实施2018年国务院国资委党费专项资助西藏贫困学生工作的通知》等文件精神及要求，经各乡镇推荐，通过团区委审核，共有7名达孜区建档立卡户大、中学生获得“中国茅台·国之栋梁”——2019希望工程圆梦行动大型公益助学资助；5名大学生获得2019年国务院国资委党费专项资助；1名小学生获得江苏企业爱心助学资助。

【“民族团结闪光行动”】 12月2日，共青团拉萨市委员会举办2019年共青团员民族团结闪光行动表彰大会。达孜区中心小学教师强巴旦达，章多乡团委书记曲军委荣获2019年共青团员民族团结闪光行动优秀个人。7月23日，“心向党、爱祖国、民族团结一家亲”2019年江苏新疆西藏青海少年手拉手夏令营在南京隆重开营。来自新疆伊犁州、克州，西藏拉萨市、青海海南州和江苏南京、徐州、常州、南通等地9个民族280多名少先队员、少先队辅导员代表参加开营仪式。其中，达孜区中学2018级2班的学生阿旺卓玛和辅导员老师参加活动。

【利用新兴媒体】 年内，在“青春达孜”微信公众平台，由专人负责发布就业创业信息，宣传团中央、团区委、团市委各类文件精神，宣传全区各级团组织相关活动信息，让更多青年能够及时了解团组织举办的各类活动。截至年底，“青春达孜”微信公众号关注人数为504人。

（次旺玉珍）

【机构领导】

书　记

李　鹏（8月免）

副书记

玉　珍（女，藏族）

达孜区妇女联合会

【概况】 2019年，达孜区共有基层妇联组织26个，妇委会和妇女小组31个。达孜区妇女联合会以改革创新的精神加强自身建设，准确把握与党同心、与时俱进、与群众共甘苦的时代要求；强化政治性、先进性、群众性，建强达孜各级妇联组织，把各族妇女群众紧紧团结在党的周围；坚持把联系和服务妇女群众作为工作生命线，大力实施巾帼建功行动、巾帼维权行动、巾帼关爱行动、巾帼成才行动；以“去四化”为方向，着力推进达孜妇联改革，不断提升妇联工作科学化水平。

【巾帼建功行动】 年内，组建“巾帼志愿者”队伍，志愿者登记在册461人。达孜区妇女联合会不断巩固充实壮大志愿者服务队伍，引导巾帼志愿者从各方面提供有效服务。年内，开展志愿服务活动4场次，受益群众300余人次。

【巾帼维权行动】 年内，定制《中华人民共和国反家庭暴力法》宣传手册5000份，以“三八”妇女节、“3·28”百万农奴解放日等节假日为契机，以各村“巾帼夜校”为平台，通过悬挂双语版漫画解读《反家暴法》、发放宣传册子以及现场宣讲等形式开展《反家暴法》宣传教育活动6次，发放宣传资料300余份。

5月23日，达孜区妇联成功调解一起家暴。调解过程中向当事人双方普及《反家庭暴力法》，希望受害者积极运用法律保护自我合法权益，同时向施暴者发出警告。经过两个小时的思想教育，施暴者承认自己采用暴力是错误的行为，并承诺今后不再发生“家暴”行为。

7月8日，拉萨市妇联协同达孜区妇联，在拉萨市妇联信访调解室，共同进行婚姻家庭纠纷调解，在妇联耐心细致的询问及双方叙述中，了解到当事人的矛盾焦点所在，了解到双方意向，确定桑某与尼某已无和好意愿后，建议进行协议离婚，男方同意付给女方精神补偿费用。最后，双方当事人均表示同意接受两级妇联的调解，当日下午到相关部门办理有关手续。

2019年12月11日，达孜区人民政府妇女儿童工作委员会全体会议召开

【巾帼关爱行动】 年内，为10名贫困女大学生发放由北京市和拉萨市妇联共同资助的人均5000元助学金，共计50000元；慰问贫困母亲、残疾妇女、残疾儿童、孤儿、上一届村妇联主任等60人，发放人均700元慰问金，共计4.2万元；走访入户，为“两癌”患者送去市妇联救助金共计70000元；看望退休老干部白玛卓嘎、白玛仓决、崔艳，送去慰问金共3000元。

年内，共走访慰问8户结对户4户、边缘户4次，深入了解结对户生产生活情况、宣传党的相关政策，同时送去慰问物资价值共计4200元。

9月27日，达孜区妇联入寺向尼众进行“两癌”防治知识宣传，并为她们送医送药。共发放宣传手册50本，发放药品50余种，价值16000余元。

2月26日，达孜区妇联对唐嘎乡的贫困妇女旦增卓嘎进行慰问。旦增卓嘎46岁，自2016年起患上肺结核，家中负债累累，生活十分困难。区妇联了解到这一情况后，立即组织人员对旦增卓嘎进行探望，为她送去大米、面粉、酥油等食物和药品；9月18日，到章多乡恰村和塔杰乡主西村2名大病妇女家中，向她们关切地询问病情、了解情况，为她们送去价值2000余元的生活用品；10月5日，慰问巴嘎雪村一名因意外被倒塌的墙体压倒导致无法正常行走的妇女，关切地询问病情、了解情况，送去价值1000余元的生活用品。

7月30日，由拉萨市妇联主办、达孜区妇联协办的“巾帼关爱、伴我成长”关爱孤残儿童送温暖活动在达孜开展，北京市爱心人士冯玥森、西藏天塔商贸有限公司索朗卓玛、达孜区副区长王震、拉萨市妇联副调研员杨丽、拉萨市妇联权益科科长永春、各乡（镇）妇联主席和专干、孤残儿童以及家长代表共计90余人参加。

9月12日，达孜区妇联到五乡一镇开展“我们的节日·中秋”活动，在此前对达孜区孤残儿童调查统计的基础上，对其中19名家庭特别困难的孩子进行慰问。

2个妇女合作社开展慰问贫困户活动。旦桑牦牛养殖合作社为新仓村13名贫困残疾妇女送去生活用品，每人发放现金200元。德苏传统古藏香农民合作社为桑珠林村17户贫困户赠送去电热锅、暖瓶、烧水壶等生活用品，充分彰显了妇女合作社辐射带动的作用。

【巾帼成才行动】 1月9—16日，邀请西藏面之缘培训学校的资深培训师在邦堆乡克日村为41名农牧民贫困妇女开设手工艺培训班。培训结束后，每位成员展出各自作品，其中6位学员获得“妇女手工艺”优秀学员奖。

4月24日，达孜区妇联与拉萨市妇联权益科沟通协调后邀请爱之婴咨询服务有限公司法人、董事长、拉萨市妇联兼职副主席杜川霞，为达孜区30名女教师开展关爱女教师心理健康专题讲座，为促进女教师心理健康，提升心理健康自我调适能力起到了一定作用。

6月25日，由拉萨市妇联主办、达孜区妇联协办、拉萨市巾帼众创空间承办的“点燃创业梦想、绽放青春风采”创业创新指导活动在达孜3号楼520会议室开展。33名来自园区企业、各乡镇待业青年、创业意向人员以及部分高校毕业生的家长接受指导。

积极开展“巾帼夜校”活动，20个行政村“巾帼夜校”挂牌，2019年共开展夜校2001期，参与妇女37253人次。加大村（居）妇联主席培训力度，做好妇联干部和妇女干部的培训工作。乡、村妇联主席进行培训1次，61人。

【模范表彰】 年内，为不断扩大先进典型的感召力和影响力，达孜区妇联对2018年女性先进集体和个人进行表彰。经微信公众号对表彰候选名单公示7天后，3月29日，对获奖的4个先进集体和17名先进个人进行颁奖。“六一”表彰示范家长学校1个，优秀“家庭教育工作示范村”1个，“双合格”家长6名，“美德少年”13名。

【季度主席联席会】 年内，定期每季度召开乡镇妇联主席联席会，每半年召集一次村级妇联主席参与联席会，听取工作开展情况，部署下一季度工作安排，听取了解基层妇女群众呼声。

【乡镇区域化改革】 年内，推进达孜区乡镇妇联组织区域化建设，结合《拉萨市妇联关于乡镇（街道）妇联组织区域化建设改革试点工作的实施方案》的有关精神，区妇联积极与区委组织部沟通，与乡镇联系，制定下发《拉萨市达孜区关于全区乡镇妇联组织区域化建设改革工作的实施方案》。8月15日—9月12日，达孜区五乡一镇相继召开第一次妇女代表大会，共选举执委66名，常委40名，乡镇主席6名，专职副主席6名，兼职副主席18名。

【村妇联主席民族交往】 年内，为解放思想、开阔眼界、增长见识，在区委、区政府的关爱和组织部门的安排下，7月4日，达孜7名村妇联主席到达孜区对口支援镇江市，开展为期10天的交流学习。

【妇女儿童维权岗挂牌】 年内，为进一步强化妇女儿童维权工作的服务性，深入推动妇联工作社会化，保障全区妇女儿童合法权益，同时将维权工作与维稳工作较好地结合起来。7月25日，达孜区妇联联合公安局举行妇女儿童维权岗挂牌仪式，达孜区4个警务站及6个乡镇派出所设妇女儿童维权岗并正式挂牌。

【设立儿童图书角】 年内，为进一步丰富村级“农家书屋”的阅读范围，让孩子们度过一个安全、快乐的暑假，区妇联为各乡镇发放儿童书籍，鼓励各村在农家书屋设立“儿童读书角”，设立孩子们的“阅读乐园”并开展暑假儿童阅读活动。7月，妇联为各乡镇发放历史、文化、少儿读物等“儿童口味”图书400余本。

【妇儿工委全体会议】 12月11日，达孜区人民政府妇女儿童工作委员会全体会议召开。区委常委、副区长、妇儿工委主任王晓蕾出席会议。达孜区政府妇儿工委各成员单位负责人、联络员，区妇

2019年8月29日，达孜区雪乡第一次妇女代表大会召开

儿工委办公室工作人员共52人参加。

会上，书面传达自治区副主席、政府妇女儿童工作委员会主任罗梅在2019年自治区人民政府妇女儿童工作委员会全体会议上的讲话精神；审议通过《拉萨市达孜区人民政府妇女儿童工作委员会工作规则》和《拉萨市达孜区人民政府妇女儿童工作委员会成员单位职责》；区妇联主席、妇儿工委副主任次旦卓玛作2019年拉萨市达孜区人民政府妇女儿童工作委员会全体会议工作报告；区委组织部、区教育局、区卫健委、区统计局分别作交流发言；部分成员单位签订责任书；最后王晓蕾常委作讲话，强调各成员单位负责人是落实"两规"的第一责任人，要切实履行好第一责任人的责任，要求各成员单位增强做好妇女儿童工作的责任感和使命感，明确目标任务，着力创新妇女儿童工作举措，在妇女儿童工作的重点领域取得新突破，不断提升妇女儿童工作水平。

【信息报送】 年内，共编写妇联简报103期，妇儿工委简报25期；印发妇联红头文件33件和妇儿工委办红头文件9件，及时把妇联工作情况上传下达。

（次旦卓玛）

【机构领导】

主 席

次旦卓玛（女，藏族）

副主席

拉巴曲措（女，藏族）

达孜区工商业联合会

【概况】 2019年，达孜区工商业联合会紧紧围绕区委、区政府中心工作和"两个健康"主题，以服务会员、服务发展为己任，充分发挥桥梁纽带和助手作用，圆满完成各项工作任务。2019年，达孜区工商业联合会走访全区落地投产企业，积极吸纳未入会的非公企业加入工商联会员队伍。同时，推荐社会贡献大、发展前景好的会员企业经济人士为区人大代表或政协委员共计7人。截至年底，共有会员企业35家，个体会员11家，个人会员14人。

【非公党建】 年内，达孜区非公企业中成立党支部7家，党员51名，入党积极分子9名，预备党员6名。区委、区政府拨付公共经费15万元，非公党工委党建经费10万元；积极协助非公企业开展好"两学一做"主题教育活动，提高非公企业党员的思想政治素质。达孜区工商业联合会组织干部职工、党员参加"两学一做"动员会议，并为7家非公企业制作党建宣传栏和"两学一做"活动的宣传资料共计9万余元，为活动的有序开展奠定良好基础。

抓非公党支部学习，建立学习制度，将每周五定为集中学习日，学习由非公党支部负责。要求各非公党支部制定实施方案，学习计划，成立领导小组，由各非公党支部安排学习内容，撰写学习笔记和心得体会，党支部书记上党课，确保学习的针对性；抓落实，确保活动成效。结合"四讲四爱"和"三严三实"教育实践活动查找出的问题和不足，及时整改，力求实效。建立完善"三会一课"学习制度，足额收缴党费。建立完善各项规章制度，保障各项工作正常有序地开展。

2019年4月9日，西藏自治区政协经济和人口资源环境委员会主任赤列多吉（右一）到达孜区调研

2019年7月2日，达孜区工商联副主席解士远（左排左二）到西藏吉顺生物科技有限公司普法

【提升服务质效】 年内，积极组织西藏玫瑰生物科技发展有限公司、西藏吉顺生物科技有限公司、罗占民族手工艺品发展有限公司、西藏藏缘青稞酒业有限公司、西藏金菇农业科技有限公司等非公企业高管参加区、市工商联组织的各类培训。以推动非公经济健康发展为着力点，积极组织引导非公企业申报扶贫项目资金。

7月27日，达孜区工商业联合会联合检察院开展以“检察护航民企发展”为主题的检察开放日活动。工商联负责人解士远、民营企业界的人大代表、政协委员，以及民营企业家经营者等6人走进检察院，参观“12309”检察服务中心、案管大厅、检察文化走廊、荣誉室、党员活动室等场所，并举行座谈会。座谈会上，党组成员、副检察长茹格叶对高检院提出的涉及民营企业家案件“可捕可不捕的不捕，可诉可不诉的不诉”，涉及给民营企业家变更强制措施的，应立即进行羁押必要性审查等要求做了详细解释说明，为创造良好的达孜社会环境和推动达孜经济发展提出了合理的意见建议。

【走访调研】 4月9日，自治区政协经济和人口资源环境委员会主任赤列多吉带领自治区工商联有关领导、区（中）直相关单位负责人等一行16人，在拉萨市政协党组副书记、副主席张勤等有关领导同志的陪同下，到达孜就“推进民营经济发展政策落实情况及建议”开展专题调研。

调研组先后到圣龙实业有限公司、西藏藏缘青稞科技有限公司、西藏圣信工贸有限公司、西藏宏发盛桃食品股份有限公司、优格仓工贸有限公司、西藏阳光庄园农牧资源开发有限公司进行实地调研视察。赤列多吉一行边走边看，认真了解达孜工业园区民营企业的经营、销售、管理等情况，并就民营经济发展政策在达孜区民营企业中的落实情况与相关负责人进行详细交谈。赤列多吉指出，达孜区的非公经济在纵向上得到长足的发展，但在横向上，与发达地区的差距还很大，因此民营企业要充分发挥“扛大梁、挑重担、做贡献”的作用，明确自身发展战略目标，进行长远规划，将民营企业做久做长，做出自己的品牌。

【慰问活动】 年内，拉萨市工商联主席公保太一行到达孜区德庆镇慰问驻村干部，并给德庆镇贫困户发放慰问物资。后走进西藏玉佤仓工贸有限公司、西藏藏缘青稞酒业有限公司等非公企业走访，主要了解非公企业生产经营状况及销售情况，非公有制企业在净土健康产业发展方面好的做法、经验，明确今后工作的方向和重点。公主席在走访中指出：非公有制净土健康产业企业要把握全市加快推进净土健康产业发展的良好时机，在继承传统特色的同时，用现代化科学技术提升产品质量和性能，提高产品竞争力和附加值。非公有制净土健康产业企业要积极参加市、县组织的净土健康产品展销活动，拓宽产品销售渠道，改变产品销路困难的现状。

12月25日，达孜区工商联副主席解士远到幸福新村走访慰问“三岩”片区跨地市搬迁结对户。在结对户家中，解士远仔细查看安置房和居住情况，详细了解生活物资储备情况、家庭结构、劳动力情况，与结对户促膝交谈，拉家常、问冷暖，耐心询问生活中存在的困难和问题，同时，向他们宣传惠民政策并给他们的生产生活提出了意见建议。

【精准扶贫、精准脱贫】 3月7日，召集民营企业组织召开精准扶贫、精准脱贫行动座谈会。制定“百企帮百村”实施方案，成立工作领导小组；在市工商联大力支持和达孜区工商联的努力下，截至年底，6家民营企业结对6个贫困村进行帮扶，并签订帮扶协议。

【非公经济人士参政议政】 年内，达孜区工商联把增强非公经济人士的参政议政能力作为工商联工作的重要职责，引导非公经济人士代表不断提高自身政治思想素质，提高非公经济人士参政议政水平。达孜区非公经济人士人大代表4人，政协委员6人，使达孜区非公经济代表人士的政治地位和社会影响力不断提高。

（杨晨萍）

【机构领导】

主 席

赤列卓嘎（女，藏族）

副主席

解 士 远

达孜区信访局

【概况】 2019年，达孜区信访工作紧紧围绕全区改革、发展、稳定大局，继续以信访“七化”措施为抓手，以“事要解决”为核心，在全区范围内全力打好重点领域、重点群体、重点问题信访矛盾化解攻坚战，全力维护群众合法权益，为促进达孜区和谐稳定做出积极贡献。2019年累计受理群众来访64批（件）129人次，涉及资金3925.76万元。本级自登记56批（件）112人次，上级转交办8批（件）17人次，已化解64批（件）129人次，未化解0批0人次，事项化解率达100%。

【组织领导】 年内，达孜区信访局按照区委、区政府要求，总揽全区信访工作、负责具体业务实施、全区各级各部门积极配合，以源头预防为主。调整充实信访工作联席会议领导小组、信访工作领导小组和矛盾纠纷排查工作领导小组，区委副书记、区长春新担任信访工作联席会议第一召集人，定期召开信访工作形势分析会议、联席会议、专题会议，各单位“一把手”既挂帅也出征，参会分析信访形势、准确把握信访苗头、及时研究应对措施，真正形成主要领导亲自抓、分管领导具体抓、班子成员配合抓、职能部门落实抓的工作机制。同时，达孜区信访局与各乡（镇）、区直部门签订信访工作目标责任书，形成一级抓一级，层层抓落实的良好态势。

【信访矛盾纠纷化解】 年内，根据拉萨市信访局《关于印发〈拉萨市信访局开展信访矛盾化解攻坚战的实施方案〉的通知》精神，结合达孜区实际，制定印发《达孜区信访局开展信访矛盾化解攻坚战的实施方案》，成立由分管信访工作的达孜区委常委、副区长王晓蕾任组长，政法委、信访局主要领导任副组长，各乡（镇）、区直相关部门为成员的“攻坚战”领导小组，并划分重点领域、重点群体、重点问题、重点人员4个“攻坚战”专班，以重点工作推动全面工作，以

2019年11月21日，拉萨市人民政府副秘书长、市信访局局长格桑卓嘎（右二）一行到达孜区信访局检查指导信访工作

2019年1月2日，唐嘎乡政府职工周转房项目拖欠工资信访事项信访人向达孜区信访局赠送锦旗

"攻坚战"的有效实施，促进信访业务规范化。

【信访矛盾纠纷排查化解】 年内，把信访工作重心从事后处理转移到事前排查上来，坚持定期排查与动态排查相结合、全面排查与专项排查相结合。制定印发《达孜区2019年第一季度信访维稳工作方案》《关于做好春节、藏历新年、全国"两会"、自治区"两会"期间信访工作的通知》《达孜区2019年第二季度信访维稳工作方案》《达孜区2019年第三季度信访维稳工作方案》《达孜区国庆70周年大庆期间信访维稳工作方案》《达孜区2019年第四季度信访维稳工作方案》等文件，在重要节点及时开展信访矛盾排查化解工作，对排查出的各类信访矛盾进行梳理汇总，建立台账，落实办结销号工作。

2019年，达孜区信访局共排查出74起矛盾纠纷，化解74起，化解率达100%，有效预防和减少信访事项的发生，切实做到"发现在早、防范在先、处置在小"工作要求。

【信访事项依法及时解决】 年内，为使每个信访事项都能及时进入处理程序，依法按政策办理。根据信访事项实际情况，达孜区信访局对受理的信访事项累计进行电话督办、书面督办、书面催办、实地督查等80余次，对4件重点信访事项落实区级领导包案化解，有效推动各类信访事项依法及时就地解决。

充分发挥达孜区人民法院与信访局诉调对接工作室的优势，达孜区人民法院工作人员参与疑难复杂信访事项的调解，对依法化解有疑虑的群众及时提供法律指导和服务，进行法制宣传教育，引导按正常的司法途径依法化解，并为有经济困难的信访群众开通"绿色通道"，特别是拖欠农民工工资信访事项，成效显著。

【法制信访宣传引导】 达孜区信访局工作人员向来访群众讲解《关于群众依法逐级走访的办法》和《信访条例》，还通过达孜区依法逐级走访的正面案例和越级无序上访的反面案例进行认真分析，引导信访人将依法逐级走访宣传至广大群众，教育"信访不信法"的群众运用法制思维和法制方式合理合法反映诉求，使群众依法逐级反映合理诉求变为常态。

同时，达孜区信访局以宣传"依法规范逐级走访 杜绝无序越级上访"为重点，累计组织信访法治宣传活动10余次，发放各类宣传知识手册2000余册。更好地将《依法逐级走访办法》和《信访条例》等宣传工作深入群众之中，切实提高群众依法信访意识。

【完善基层信访工作体系】 年内，根据拉萨市信访工作联席会议办公室《关于印发〈关于建立乡（镇、街道）信访工作联席会议的意见（试行）〉的通知》要求，建立健全基层党委、政府主导的维护人民群众合法权益、为民排忧解难的信访工作联席会议制度。

达孜区各乡（镇）严格对照文件中的工作职责、工作机制、机构人员组成初步建成信访工作联席会议，进一步推动信访矛盾纠纷源头预防和化解，夯实信访基层基础工作，全面落实信访工作责任制，形成上下联动、沟通顺畅、运转有序、协调有力的工作机制。

为逐步杜绝越级访、集体访和进京访，做到群众信访不出村、不出乡能解决好利益诉求，为减少矛盾上行压力，打下坚实基础。

（索朗尼玛）

【机构领导】

负责人

尼玛扎西（藏族，主持工作）

达孜区藏语文工作委员会办公室（编译局）

2019年9月3日，西藏自治区藏语委办（编译局）党组成员、巡视员普布桑珠（左一）到达孜区检查社会用字情况

【概况】 根据拉萨市机构编制委员会《关于调整各县（区）部分事业机构的通知》，2017年4月14日经县编委会议研究同意，将达孜县藏语委办（编译局），原达孜县编译室更名为达孜县藏语文工作委员会办公室（编译局），现达孜区藏语文工作委员会办公室（达孜编译局）为区政府直属事业单位，正科级建制，核定科级领导职数2名、事业编制5名。工作人员4名，其中正科级1名、副科级1名、科员1名、借调1名。

【社会用字规范化】 年内，为进一步提高社会用字规范化及藏语言文字的应用、基层服务的质量、广大基层群众提供优质的藏语文宣传资料、做好藏语言文字工作的责任感和使命感，大力宣传规范使用藏语文的重大意义，达孜区编译局及时结合本区实际情况印发关于规范使用藏汉双语的通告，并张贴在区直各党政办公楼醒目处，以及实行大小型各种材料牵扯双语的必须通过编译局的校对才能使用，从而不断增强达孜区广大干部群众和社会各界规范使用藏语文的意识，努力营造了全社会自觉规范使用藏语文的良好环境。

【人才培养】 年内，为进一步提高达孜区藏汉翻译人员的业务能力，积极与自治区、拉萨市藏语委办（编译局）沟通，争取藏汉翻译培训班名额，2019年先后派编译局业务骨干2名，文化新闻领域业务骨干1名、检察机关业务骨干1名，乡镇1名共5名参加学习拉萨市第五期藏汉翻译培训班。

【藏汉翻译】 年内，达孜区编译局承担区委、区政府的各种文件和领导的重要讲话、“两会”材料，以及区直各单位、各部门的各种政策性、法规性文件和面向基层的政策解读、各种教学活动的宣传材料、群众所需资料等文字翻译工作。

2019年翻译字数已达200万余字；大型材料如党委工作报告、区纪委工作报告、妇代会工作报告、达孜区地名文化释义、区脱贫攻坚战总结交流暨产业分红大会上讲话、农村集体资产制度改革全县推广工作办法、安全生产宣传标语、一卡通宣传资料、达孜区党员一封公开信、户籍办理相关条款条例、农村四好公路解释、扫黑除恶通告、巡察公告、电力政策、妇女群众制度、“门前四包”责任等尽可能做到藏汉同步下达，保证区党委、区政府及各部门的决策部署准确地送达广大人民群众中，为达孜区经济、社会各项事业的发展提供了优质的翻译服务以及便捷了广大群众对各界政策的了解。

【社会用字检查整改】 年内，达孜区编译局在全区范围开展藏语文社会用字检查30次，累计检查单位和寺庙、街道、学校牌匾、宣传栏、横幅、标语、路识标牌、大型广告牌、旅游景点、商户门牌等地300余家，总计达标率为98%，下发整改通知书150余份，其中：单位无双语整改12处、各类宣传牌标语70处、指示牌30个，寺庙宣传标语整改8处、公路沿线交通指示牌20个，剩余10多处由于搬迁、不属于地方管理等原因未能整改，整改率达到98%。

2019年12月3日，达孜区藏语委办（编译局）主任尼玛珍嘎（中）检查社会用字情况

【地名文化释义】 年内，为更好开展达孜地名释义工作，以听取、收集资料、查阅资料、咨询上级、走访相关人员等形式开展了此次工作，达孜区编译局在民宗、五乡一镇、22个村委、14座寺庙（日追）等负责人以及懂历史的老年人共50多人次处听取、收集共60多份资料，结合实际研究制定初步的达孜地名释义上报至拉萨市编译局。

（格桑措姆）

【机构领导】

主　任

尼玛珍嘎（女，藏族）

副主任

格桑措姆（女，藏族）

援藏工作

【概况】 2019年6月进藏以来，镇江市第九批援藏工作组的6名同志以“四个全面”战略布局为统领，紧密团结和依靠当地干部群众，聚精会神抓稳定、一心一意谋发展，推动了达孜区各项事业的稳步发展。

【援藏干部队伍】 年内，工作组6名同志始终以“两学一做”学习教育活动为契机，坚持理论联系实际的学习思想，做到以学促思、学以致用，深入学习贯彻党的十九大和中央第六次西藏工作座谈会精神，特别是习近平总书记新时代中国特色社会主义思想，“治边稳藏”重要战略思想和“加强民族团结、建设美丽西藏”的重要指示，争做“神圣国土守护者、幸福家园建设者”的忠实实践者。牢固树立“四个意识”、不断增强“四个自信”，坚持党的基本路线和基本方针，自觉在政治上、思想上、行动上同党中央保持高度一致，一丝不苟地落实中央、区、市党委和江苏省委、镇江市委的决策部署。坚持深入基层、深入一线，密切联系群众，在帮助结对群众解决困难的同时，听取基层党员干部群众意见建议，切实提升了理论工作水平。

【人才和智力援藏】 年内，援藏工作组积极与镇江“大后方”各行各业沟通协调，争取后方各级领导、各部门和企业的支持，大力推动两地干部人才交流合作。

年内，以受援地为培训主阵地，举办各类培训20期，培训党员干部155人次。内容涵盖扶贫业务、乡村振兴、生态环境、卫生系统、农牧系统以及财务业务等各方面。围绕达孜发展需求，引进市政管理、园区规划、生态农业等6名人才，邀请10余名江苏省镇江市医疗专家进藏开展“师带徒”帮扶工作。依托镇江·达孜“民族交往交流交融”平台，安排多条口共124人，分4批到江苏镇江参加脱贫攻坚政策、休闲农牧业发展、电商扶贫模式等培训。结合全区中心工作，组织乡镇和机关企事业单位党员干部156人，实地参观镇江城市建设、园区管理、乡村振兴、全域旅游，提升达孜区广大干部的专业技术水平、服务管理水平和服务经济社会发展能力。

【项目和资金援藏】 年内，按照指挥部工作计划，达孜计划实施援藏项目16个，全部为新建项目，援藏投资1.56亿元。入藏以来，通过实地调研，召开现场推进会、专题调度会等，全力推进援藏项目建设。截至年底，达孜区村级供暖工程、“云上达孜”微电影及产业扶贫摄影（专本）出版发行旅游招商推介项目、交往交流交融—达孜3个项目已于10月底完成；邦堆乡农业产业园雨水排放系统建设项目、达孜高效保鲜冷藏库附属设施家禽屠宰场建设项目、村史馆建设3个项目在年底完成；德庆镇桑珠林村融创路工程等6个项目为跨年工程，整体已完成60%，计划在2020年上半年完成；达孜区德庆镇桑珠林村路网提升改造工程、达孜区扎叶巴村村容村貌整治项目（四期）、达孜区乡村电商物流服务中心(二期)、达孜区消费扶贫(乡村农牧产品电商销售推广)项目等4个项目,因为受到气候、土地指标,及配套设施建设进度的影响,正在做前期协调工作,督促建设单位积极跟进,解决问题,迅速推进项目建设。

【品牌和市场推广援藏】 年内,充分发挥达孜净土产业公司、达孜旅游投资公司和达孜工贸实业公司的市场优势,全力推进达孜农业产业园区创建第二批国家农业产业化示范基地、达孜自治区级工业园区创建国家工业旅游示范区、达孜扎叶巴创建中国美丽乡村和国际AAAA期旅游景区、达孜创建电子商务进农村综合示范区等建设,努力培育达孜产业援藏、品牌援藏和要素援藏。

与高铁总公司合作,CCTV4探索发现知名导演团队拍摄的达孜区域文化旅游版专题片,上线京沪高铁电视、乐视网等媒体平台。全力与新媒体平台及区域合作,探索与携程网、微信平台、Facebook平台等合作。与央视、高铁电视、携程网合作,推出“天上西藏、云上达孜”主题形象宣传片,受众面超过8000万人次。2019年,游客量达80余万人次,同比增长11.5%。

【教育援助扶贫】 年内,根据达孜经济社会发展需要,充分发挥镇江先发优势、科教优势、人才优势,为达孜开展专题培训、技能培训,定期选派中小学教师、医疗卫生技术人员到镇江进行专业培训。

4月、8月,镇江市分两批组织22名教师到拉萨市达孜区交流指导。10月、11月,达孜区组织两批、共30名教师到镇江开展跟岗学习、实地考察、课堂观摩、经验介绍、座谈交流活动。以镇江医疗团队为核心,全面提升达孜区医疗水平;参与东部战区总医院到唐嘎乡专家义诊活动。全年开展院级培训14期,培训245人次;开展手术100台;配合辖区机关事业单位开展健康讲座8次,培训378人次。与2018年同期相比,医院的年门诊量增加1710人,增长6.16%;业务收入首次突破千万,增长60.16%。

【卫生援助扶贫】 年内,利用援藏资金800万元和150万元分别实施标准化乡镇卫生院建设和苏拉远程会诊系统建设。该系统的建设,对减轻全区患病群众痛苦,使群众享受到高水平、高质量的医疗服务,提高区医院的紧急医疗处理能力都有十分重要的意义。继续落实好健康扶贫各项政策,利用“组团式”援藏平台,培训提升医疗人员水平。镇江市委、市政府按照“好中选优,优中选强”的原则,先后选派12名政治素质过硬、技术水平高的专家组建为“组团式”援藏医疗队在区人民医院进行为期一年的援藏工作。在援藏医疗队的指导下,区人民医院成立口腔科,外科开展的新技术新项目包括开放性腹部外伤的救治、腹腔镜下胆囊切除术、腹腔镜下阑尾+胆囊联合切除术,为更好地保证新开展技术项目的延续性,保证本地医务人员熟练掌握技术,援藏医疗队主动作为,勇于担当,克服家庭困难,主动延长援藏期限。

截至年底,共计接诊632人次。诊疗内外科住院患者430余人次,指导完成手术51台,巡回医疗诊疗患者591人次,组织各种形式的教学查房和讲座32次,累计培训医务人员425人次,开展新手术新项目11项,同时,在各方共同努力下,区医院顺利通过“二乙”等级评审预审。

【产业援助扶贫】 先后投入援藏资金9333万元,实施叶巴村村容村貌整治、工业园区小微企业孵化基地、农业产业园种苗育苗基地,农业科技产业园高效保鲜冷藏室和乡村旅游农家乐项目。这些项目的实施可以确保全区易地搬迁贫困群众的就业安置,使搬迁群众搬得出、留得住、能致富。此外,通过援藏项目的带动示范,初步形成以扎叶巴寺、农业产业园和工业园区为重点的旅游格局,为下一步区内群众吃上旅游饭打下坚实基础。

【企业援助扶贫】 年内,由镇江客商投资的西藏达孜威斯凯酒店和江苏天空物业公司紧紧围绕精准扶贫、文化旅游和净土产业融合发展,依托产业项目带动贫困户创收致富,解决75个长期性工作岗位和40个临时性工作岗位,该酒店一期现有客房和餐饮包厢近30个,全部配有24小时弥漫式供氧设备，供氧条件在全区首屈一指，近期该酒店在达孜区内启动物业服务项目，可提供300个长期就业岗位。

镇江恒顺醋业集团向达孜区西藏吉顺生物科技有限公司的青稞醋项目无偿提供技术支持，在帮助研发建厂正式规模化生产后又签订市场销售体系培育协议，帮助企业做大做强。截至年底，该企业一期已建成，年生产能力达3000吨，可解决20名群众的就业。此外，落实苏拉专项资金400万元，全力支持西藏达孜（镇江）产业交流中心、青稞醋生产基地扩大产能等4个项目的建设发展。与江苏盛世康禾有限公司等企业合作，拟通过3年在全国60多个城市开设100家门店设立净土展销专柜，用于净土产品的销售推广。截至年底，已落成100余家，净土专柜进驻70家。

【以包脱贫】 年内，开展“县级干部人均包扶3户、科级干部人均包扶2户、一般干部人均包扶1户”措施，实行一包到底，不脱贫、不脱钩。鼓励全区干部主动帮助教育引导贫困户转变观念，大力宣传贫困户主动脱贫致富典型，激发贫困户干事创业、致富脱贫的决心、信心。截至年底，援藏干部人均年入户帮扶频次均达到4次，投入物资折算及现金约5万元，帮助就业创业10人。

【以交汇融合为出发点】 8月7—9日，镇江市委书记、市人大常委会主任惠建林，镇江市委副书记、组织部部长李健，市委常委、市委秘书长郭建一行党政代表团到达孜学习考察并看望镇江市援藏干部人才。

落实对口支援任务。为更好推进落实惠书记来达孜考察时指示要求，9月、11月，分2次专程回镇江与有关部门、企业进行深入对接，推动对口支援工作制度化、精准化。积极做好沟通争取工作，推动板块、条线对口交流更加频繁、有效。截至年底，句容市、京口区、润州区，镇江市文旅局、城管局、公安局、教育局、卫健委等23批次，160多人次到达孜开展对口交流工作，为援藏工作的顺利开展提供了坚实的基础。

【以廉洁自律为立足点】 年内，在廉洁自律问题上，工作组始终保持高度警觉，认真执行上级一系列制度规定，自觉遵守党的组织纪律、政治纪律、群众工作纪律和廉政准则，从思想上，进一步增强拒腐防变的免疫能力，提高了自身党性修养，并注意管好身边人员和家属子女，不搞特殊化；认真执行公务用车和上级关于不准收受现金、有价证券、支付凭证等规定；家庭住房没有违纪违规问题；对其他各项自律规定也都严格坚持和遵守。同时，始终坚持从严从实管好干部、建好队伍。建立健全每天早晚两次集中点名制度、学习制度、谈心谈话制度、请假销假制度、援藏项目资金管理制度和重大事项报告制度，确保援藏干部树立责任意识、安全意识和纪律意识，时刻牢记自己镇江援藏干部的身份，确保政治安全、身体安全和生活安全。

（房文杰）

军 事

达孜区人民武装部

【概况】 2019年，达孜区人民武装部认真开展深入学习习近平新时代中国特色社会主义思想和习近平强军兴军思想。贯彻落实全面从严治党和依法治军从严治军方针。牢固树立“四种意识”，争做新时代“四有”军人，达孜区人民武装部党委班子进一步牢固，备战打仗意识进一步增强，作风形象进一步端正。2019年，在全体官兵的共同努力下，圆满完成年度政治教育与军事训练、民兵整组与训练、新兵征集、重要时节维稳执勤等各项年度任务，单位持续保持着全面稳定、和谐发展的良好势头。

【军事工作】 年内，达孜区人民武装部按照习主席“能打仗、打胜仗”的要求，始终以坚持战斗力标准，紧紧围绕配属作战、非战争军事行动和民兵训练等任务，深入学习习近平强军思想特别是关于备战打仗的重要论述，坚决贯彻训令训词精神，从统帅之忧、胜战之问、本领拷问中审视能力短板、打仗瓶颈、强力推进新时代练兵备战工作，练就过硬本领。6月9日，遴选6名优秀民兵代表拉萨警备区参加西藏军区民兵“创破纪录”比武竞赛活动，取得团体第二名的成绩。8月，组织应急民兵进行为期12天的应急维稳训练。10月，组织专业民兵进行军事训练。

【民兵组织调整】 年内，按照年初民兵组织调整部署会议有关精神和要求，结合民兵组织调整改革建队要求和目标，从辖区民兵力量编配实际情况着手，对达孜区民兵力量建设、人员构成和力量使用等方面的实际形势分析，对辖区内民兵组织建设进行调整。10月，区长春新陪同时任西藏军区汪海江副司令员对达孜区民兵建设情况进行检查考评。

2019年11月26日，达孜区人民武装部组织民兵开展射击训练

【征兵工作】 年内，根据各级征兵指示和命令，达孜区人民武装部组织征兵办公室成员，以兵役登记、网上报名、现场审核等方式为工作抓手组织开展2019年征兵工作。

（曾 成）

【机构领导】

区委常委、政治委员

郝月强

部 长

曲立欣

副部长

张 熬

2019年11月8日，达孜区消防救援大队指战员一行到区人民医院开展灭火演练

达孜区消防救援大队

【概况】 2019年，达孜区消防救援大队严格贯彻党的十九大和十九届二中、三中、四中全会会议精神，紧紧围绕“维护核心、听从指挥”和推进“两学一做”常态化制度化，开展“不忘初心、牢记使命”主题教育活动、执勤岗位练兵活动、社会面火灾防控、队站建设及安全大检查等重点工作。圆满完成总队、支队、区委、区政府赋予的各项工作任务，达孜区消防工作和队伍建设成效显著，实现辖区“三不出”“三个稳定”。

【党组织建设】 年内，达孜区消防救援大队所有的重大问题决策、重大项目投资决策、大额资金使用均经大队党支部集体讨论做出决定，共召开支部会议60次，研究议题52个，对队伍管理、训练、廉政、教育、基建、经费等进行研究部署，进一步强化大队党组织规范化建设，实现党支部统领队伍全面工作。

【思想政治建设】 年内，达孜区消防救援大队认真落实支队组织召开的“两个经常性”工作经验交流及正规化建设推进会议精神，坚持不懈地用中国特色社会主义理论体系武装广大指战员的头脑，大力培育新时代消防指战员核心价值观，教育引导指战员在政治上、思想上、行动上自觉与党中央保持高度一致，讲政治、听指挥、顾大局，永远做党和人民的忠诚卫士。

深入学习贯彻党的十九大精神，扎实开展“不忘初心跟党走、牢记使命敢担当”主题教育活动，不断丰富学习载体，增强教育实效。积极开展“双拥”活动，组织指战员学习雷锋活动会、青年文明号在行动活动、义务植树、无偿献血等公益活动。

【执勤战备训练】 年内，开展“创五无、保平安”和“严纪律、转作风、保安全、树形象”专题学习教育活动，严格执行条令条例和规章制度，狠抓“两个经常性”工作，扎实开展“车辆运行专项治理”“条令条例学习月”“作风纪律整顿月”等活动，严抓“人、车、酒、网、电、密”等重点环节，进一步规范队伍“四个秩序”。

年内，达孜区消防救援大队未发生行政责任事故及安全事故。开展灭火救援“大练兵、大熟悉、大演练、大测试、大整治”百日攻坚战专项行动，转变战斗力生成模式，深化执勤岗位练兵活动，制定完善灾害事故预案72份，组织开展抗洪抢险、危化品应急救援实战演练3次，队伍作战能力明显提高。年内，达孜区消防救援大队共接警出动29起。其中，火灾3起，抢险救援3起，社会救助3起，公务执勤17起，出动33车186人，抢救被困人员1人，疏散被困人员27人。

【火灾防控】 年内，达孜区委、区政府把消防工作列入重要议事日程，与当地经济社会发展各项事业同研究、同部署。区委、区政府领导多次听取消防工作汇报，深入一线指导消防工作开展，解决一大批制约消防工作发展的重大问题。达孜区消防救援大队先后部署开展“除隐患、保平安”冬春火灾防控专项行动、寺庙文物古建筑消防安全专项排查行动、人员密集场所消防安全专项整治、重点单位消防设施器材大排查大整治等各类火灾隐患排查整治活动，形成严厉打击、查处消防违法行为的高压态势，整改消除一大批火灾隐患。

年内，达孜区消防救援大队共检查社会单位1549家，发现火灾隐患或违法行为1420处，督促整改火灾隐患或违法行为1324处，下发责令改正通知书683份，下发处罚决定书2份，罚款2万元。辖区内未发生一起亡人火灾，火灾形势保持总体平稳。

（王开宏）

【机构领导】

大队长

强巴多吉（藏族）

副政治教导员

罗布桑珠（藏族，6月免）

张　　鹏（6月任）

武警达孜中队

【概况】 2019年，武警达孜中队以建设现代化武警部队为目标，围绕“举旗铸魂、凝心聚气、固强补弱、奋勇争先”的总体思路在探寻中队建设规律上谋求发展，在解决倾向性问题上谋求突破，在提升建设层次标准上谋求创新，圆满实现“两个确保”。

【组织建设】 年内，狠抓支委成员的学习教育和思想建设，全年贯彻落实“两学一做”精神，进一步夯实各支委成员的理论素养又团结了支部一班人；明确职责分工，进一步完善各级各类组织；落实“七项组织生活制度”既规范支部工作程序，强化党员的敬业精神；加强团支部和军人委员会的建设，充分发挥好“两个助手”作用；以党的群众路线教育实践活动为契机，进一步纯正党员、干部的风气和思想，激发官兵的工作热情。

【军事训练】 年内，开展形势任务、职能使命和“舆论法理斗争和心理攻防”教育，结合维稳形势，筑牢官兵“中心居中”和“上一线、打头阵”的意识；完善中队应急班建设，强化应急班情况处置的训练；从实战出发加大对专勤专训、专哨专训、“三员一兵一组一班”训练、演练、比武力度，提高官兵“保中心”的能力，为圆满完成任务奠定坚实的基础；抓好三班四哨、军人形象气质、单兵队列、擒敌术、武器装备的操作与使用等科目训练力度，不断巩固和提高中队军事训练水平。

【思想政治教育】 年内，开展“传承红色基因、担当强军重任”及“不忘初心、牢记使命”专题教育活动；深化主题教育成果转化，在上级教育辅导授课后，中队积极开展小辅导和小讨论，做到一

2019年12月18日，武警达孜中队官兵开展日常训练

2019年8月1日，达孜区政府开展“军地共建一家亲、不忘初心跟党走”联谊活动

课解一题，一事明一理。其间开展“讲革命故事，做霓虹卫士”强军故事会、“习主席讲话引领我成长”“传承永不忘、新人话初心”演讲比赛等一系列配套活动，让主题教育内容更加贴近官兵工作、生活，并积累经验，做好教育成果转化；开展节日战备、形势任务、职能使命和心理健康教育，进一步教育引导中队官兵保持清醒头脑、保持高度警惕、筑牢心理防线、激发官兵的参战热情；积极推进“拥政爱民”活动，在节假日看望慰问孤寡老人，并在“八一”建军节期间与达孜区政府及区小学开展“军地共建一家亲、不忘初心跟党走”联谊活动。

【从严治警】　年内，以部队“秩序正规、纪律严明、内部和谐、安全稳定”为基点，高标准实现“两个确保”为总体目标。充分发挥各级组织的功能，狠抓“两官队伍”建设，强化“两个群众组织”助手作用；着力理乱治差下大力气规范中队建设，正规中队秩序；既要抓硬件建设又要抓软件规范。狠抓中队的风气建设，在休假、立功、培训、学技术、入党等敏感事情上做到公平、公正、公开；狠抓保密工作，落实保密制度，防止各类失、泄密案件的发生；大力筑牢安全防线，结合各项安全教育大力排查安全隐患，确保目标和内部安全稳定。

【后勤建设】　年内，在达孜区政府的帮助下，中队取暖、用水以及用电问题得到保障；加大对各类经费物资和营产营具的管理，杜绝跑、冒、滴、漏现象；突出卫生防病、治病工作，确保部队内部安全稳定；加大新温室和猪圈的种养植力度，更大地发挥引智工程的最大效能。

（段皓文）

【机构领导】

中队长

　　张　科

指导员

　　吴胜飞

副中队长

　　索朗次旦（藏族）

法 治

中共达孜区委政法委员会

【概况】 2019年，达孜区委政法委深入学习贯彻习近平新时代中国特色社会主义思想以及党的十九大和十九届二中、三中、四中全会精神，按照“打防结合、预防为主、标本兼治、重在治本”的方针，以“服务中心，服务大局”为宗旨，充分发挥政法部门职能优势，综治（平安建设）、维稳、政法、“双联户”、扫黑、禁毒各项工作有序推进，确保了达孜区社会面持续和谐稳定。

【风险评估】 年内，为做好重大项目、决策的社会稳定风险评估工作，严格审查上报项目资料，凡是手续不齐全、没有风险规避措施、民工工资保障不到位的项目一律不批，全年各单位和企业送审项目40余件，审批33件。

【开展应急演练】 年内，组织公安、武警、消防等专门处突力量和基层安保力量持续深入开展应急演练，进一步提升实战化水平和能力、熟悉突发事件处置程序、处置器材的熟练掌握。全年共组织军警联合实战演练4次，桌面推演2次。

2019年10月28日，达孜区召开2019年度“先进双联户”评选表彰大会

【“护城河”工作】 年内，达孜区扎叶巴检查站继续按照拉萨市“护城河”工作相关要求，落实“五逢必查”。全年共计检查车辆124908次，人员308284人，物品51491件，检查登记涉藏工作重点省人员18041人，有效防范和堵截“输入型”“潜入型”隐患。

【基层调解】 年内，充分发挥基层调解组织排查化解职能，将矛盾纠纷发现在早、化解在小。进一步消除不稳定因素。截至年底，达孜区各级组织排查纠纷1007次，调处各类矛盾纠纷88件，涉及资金120.65万元，全部调处成功。

【流动人口管理】 年内，达孜区流动人口登记2225人，办理居住登记卡2225张，出租屋266户、出租屋房屋347间、沿街门面406户，切实做到底数清、情况明，“证”“房”双管齐下。

【涉宗领域管理】 年内，把深化“遵行四条标准、争做先进僧尼”主题教育活动与开展寺庙爱国主义、形势政策、法律法规、感党恩、寺规戒律教育结合起来，以开办文化补习班、组织藏文书法比赛、参观城市新貌等形式，提升广大僧尼对伟大祖国的认同感和归属感。

年内，共开展法制主题宣讲142场、巡回宣讲41场次，发放宣传资料、宣传光碟14册、召开座谈会60场次，播放爱国影片11场次，开办文化班180个。

【专项整治】 截至年底，达孜区刑警大队共立案件19起，与2018年同比持平。共依法抓获犯罪嫌疑人14名，向检察院移送起诉案件6起。

年内，共集中清查47次，共出动警力3700余人次大力开展社会治理综合整治及严打专项行动，检查公共场所6400余家次，检查网吧80余家次，影像产品销售摊点40余家次，打字复印130家余次。治安复杂场所6355余次，清查暂住人员4241人次，对存在安全隐患的场所下达《限期整改通知书》2份，下达《停业整改通知书》2份。

2019年3月20日，达孜区委政法委工作人员到邦堆乡邦堆村检查综治台账

【公共安全监管】 年内，针对旅游客运、建筑施工、消防安全等14个重点行业，全面开展大检查、大排查、大整治专项行动，共检查各类生产经营单位72家次，责令停产停业1家，发出限期整改通知书52份，全部整改到位，实现全年重特大安全事故“零发生”。

年内，共出动警力3990余人次，车辆1080余台次，共检查车辆143900余辆，共检处各类违法行为1844起，共对1844名驾驶员进行处罚，共扣5389分，扣证621本。接警交通事故146起，其中：财产损失143起，一般3起，重大事故0起，共伤8人，道路交通死亡事故0起。大力开展食品安全专项整顿行动，以餐馆和机关、学校食堂为重点，检查餐饮服务单位260余家，对存在问题的12家单位（食品3家、药品9家）下发《责令整改通知书》。做好雪顿节、70周年大庆等重大活动食品安全保障工作，确保全年未发生一起重大食品安全事故。

【“护校安园”专项行动】 年内，实现校园周边200米无上网营业场所、游戏经营场所、彩票投注点、歌舞厅等。集中开展校车安全大排查大整治行动，纠正超速、超载、违停等违法行为。突出维稳首责、实行蹲点包校，在重要节点和重大节庆期间，由教育系统领导干部与学校实行“一对一”包校制度，确保校园绝对安全，连续实现达孜区各类学校“零发案、重大安全事故零发生、学生零犯罪”。

【“双联户”工作】 年内，达孜区以“联户平安、联户致富”为抓手，以“先进联户”评选为载体，充分调动联户长的干事热情，发挥联户在基层治理、社会治安上的积极作用，逐步健全社会综合治理专群结合机制，重点帮助双联家庭矛盾纠纷共调、平安建设共创，组织联户家庭做好巡逻执勤、治安稳控等工作。

重点帮助双联家庭开展教育共抓、文化共育，开展送理论、送科技、送文化等活动，教育引导群众培养健康文明、积极向上的良好风尚。

重点帮助双联家庭信息共享、环境共治、致富增收共促、难题共解，拓宽增收致富渠道，解决群众生产生活中的实际困难。

重点帮助扶持兴办合作经济组织、特色产业，促进双联家庭共同创业、共同致富。通过一年的努力达孜区被评选为2019年度全市“先进双联户”创建活动先进县（区），拉萨市“平安建设”综治工作三等奖。

2019年3月16日，达孜区委政法委组织工作人员开展扫黑除恶宣传工作

【“扫黑除恶”】 年内，根据扫黑除恶专项斗争“一年治标、两年治根、三年治本”的目标规划，达孜区以重点地区、行业、领域为突破口，紧盯“保护伞”“关系网”不放，扎实开展涉黑涉恶深挖彻查整治工作，确保依法打深打透、除恶务尽。年内，顺利通过中央、自治区、拉萨市三级督导。

根据中央扫黑办统一部署，达孜区及时调整专项斗争工作内容，在保持现有宣传力度和打击力度的基础上，将铲除“黑恶滋生土壤”和建立风清气正的社会风气作为当前专项斗争工作重点。达孜区扫黑除恶工作坚决摒弃“过一关”“松一口气”“缓一缓”的消极错误思想，在摸排线索、查清底数上下实功。

达孜区各级各部门在积极利用微信公众号、电视台、文艺下乡、集中宣传等方式持续做好扫黑除恶专项斗争工作的宣传工作的基础上，不断探索和学习周边县区关于扫黑除恶宣传工作上的好的经验和做法，提升达孜区扫黑除恶专项斗争工作的宣传效果。充分发挥机关干部、便民警务站、乡镇派出所、“双联户”等专群队伍，深入村组户、田间地里、施工现场、娱乐场所和重点区域点、面对面进行宣传交流；通过悬挂横幅，LED电子标语、在建筑工地、沿街商铺、车站、公交站张贴通告等多种方式宣传扫黑除恶打非治乱专项斗争的重要性和参与途径；充分利用各种重大节庆节点在辖区人员聚集地进行集中宣传，通过文艺汇演、讲解扫黑知识、现场提问、发放图文资料，赠送宣传品等方式，全方位进行深入宣传；通过设立扫黑除恶打非治乱专门信箱、电话、邮箱、微信公众号等多种形式，接收群众举报。截至年底，达孜区共设置举报箱50个、举报电子邮箱1个、举报电话2部、横幅（喷绘）900余条、集中宣传16场次，参与人数35000余人次，发放宣传品、宣传资料23500余份，宣传面基本覆盖全区。专项斗争开展以来达孜区共开展涉黑涉恶摸排，对所辖区域、行业、领域的涉黑涉恶涉分裂、非法组织、治安乱点问题总体情况进行全面排查分析，积极协调各职能部门和乡镇党委政府做好监管行业和辖属区域的涉黑涉恶线索的搜集工作，依托执法检查等行政手段做好重点地区、重点行业的线索主动排查工作，做到接收举报和主动摸排两手抓，确保实现涉黑涉恶线索、案事件的无盲区、无缝隙要求。

【“禁毒”工作】 年内，建立由各级禁毒部门牵头、宣传部门协助、有关部门齐抓共管、社会各界广泛参与的毒品预防教育工作体系。宣传部门把毒品预防教育纳入宣传工作总体规划，把毒品预防宣传教育作为国民教育和社会主义精神文明建设的重要组成部分，纳入平安达孜创建内容；组织部门加大对公职人员的毒品预防教育，严格执行国家机关工作人员涉毒问题处理办法，严惩涉毒公职人员；卫生计生部门建立吸毒人员防艾等传染性疾病防治机制，通过多种途径推进毒品预防教育进学校、进单位、进家庭、进场所、进社区、进农村，推动毒品预防教育常态化，努力实现社会面宣传教育全覆盖。

建立由各级禁毒部门牵头，教育部门全力配合的工作机制。以推进毒品预防教育“6·27”工程为抓手，将毒品预防教育纳入学校常规课程和督学范围，禁毒教育计划、大纲、师资、课时、教材已全面落实，实现“校园无毒品、学生不吸毒”的目标。

各乡（镇）依托达孜区禁毒宣传教育基地组织群众接受禁毒宣传教育，让受教育群众实实在在地感受到毒品的危害，着实提升了群众的识毒拒毒防毒意识。建立达孜区警示教育基地。达孜区于2018年11月建成占地40多平方米的警示教育基地，主要是通过图文介绍、仿真模型等形式，给广大干部群众特别是青少年学生提供一个禁毒教育平台。截至年底，禁毒教育基地共计组织500余人参观。通过宣传禁毒相关的法律法规，介绍毒品的相关常识及危害，帮助群众提高防毒拒毒意识，进一步巩固和深化了禁毒预防教育工作成果。

（达瓦江措）

【机构领导】

区委常委、政法委书记、公安局局长

索朗曲培（藏族）

专职副书记

刘 美 荣

副书记

旦增格桑（藏族）

达孜区公安局

【概况】 达孜区公安局是达孜区人民政府主管全区公安工作的职能部门，接受达孜区人民政府和拉萨市公安局领导。达孜区公安局的职责是预防、制止和侦查违法犯罪活动；防范、打击敌对势力、分裂势力的破坏活动，维护国家安全；维护社会治安秩序，制止危害社会治安秩序的行为，管理交通、消防、危险物品；管理户口、居民身份证；守卫重要场所和设施；监督管理公共信息网络的安全保护工作；指导和监督机关、社会团体、企业事业组织和重点建设工程的治安保卫工作；指导群众性治保组织的治安防范工作。

2019年，达孜区公安局民警研究生学历3人，本科学历73人，大专学历58人，高中学历13人。拥有正式共产党员117人。拥有副县级干部1人，正科级干部10人，副科级干部40人，科员级干部96人，工人待遇1人。

【机构设置】 年内，达孜区公安局下设治安大队、交警大队、国保大队、刑警大队、网安大队、法制督察大队、科信大队、看守所、政工科、办公室、警务保障室、指挥中心、警令部、扎叶巴公安检查站、邦堆乡派出所、塔杰乡派出所、唐嘎乡派出所、德庆镇派出所、雪乡派出所、章多乡派出所、德庆镇便民警务站、镇江中路便民警务站、

2019年6月15日，达孜区公安局组织干警到桑阿寺开展勤务安保活动

工业园一区便民警务站、工业园二区便民警务站。

【办公设施】 达孜区公安局新局业务综合大楼共4层(二楼西侧属区委政法委),面积共2800平方米,加上老公安局办公楼4层,面积1470平方米,达孜区公安局办公面积共4270平方米。达孜区公安局共有值班备勤宿舍4栋共计75套,加上老公安局原有宿舍2栋24套,全局值班备勤宿舍共计6栋99套,公安局食堂面积200平方米。

2019年4月19日，达孜区公安局组织干警到德庆镇桑阿寺路口开展法制宣传活动

【车辆情况】 年内,全局共有车辆57辆,治安大队6辆、交警大队9辆、国保大队2辆、刑警大队3辆、看守所1辆、政工科1辆、法制督察大队1辆、办公室1辆、总务科6辆、扎叶巴公安检查站2辆、邦堆乡派出所2辆、塔杰乡派出所3辆、唐嘎乡派出所2辆。德庆镇派出所3辆、雪乡派出所2辆、章多乡派出所2辆、德庆镇便民警务站1辆、镇江中路便民警务站1辆、工业园一区便民警务站1辆、工业园二区便民警务站1辆,桑阿寺驻寺民警1辆,叶巴寺驻寺民警1辆,局领导3辆,运兵车2辆。

【打击刑事违法犯罪】 年内,达孜区公安局强化案件侦破和攻坚克难能力,有力地打击震慑各类违法犯罪活动,切实打出声势、打出警威。在以往工作的基础上,始终保持严打方针不动摇,深入推进“三个专项斗争”“三打击一整治”和“断血、断钩联”专项行动,聚焦“黑拐枪”“盗抢骗”“黄赌毒”“食药环”等突出违法犯罪,深入推进打击整治枪爆物品违法犯罪、电信网络诈骗、涉众型经济犯罪等专项活动,坚决把犯罪分子的嚣张气焰打下去。

2019年,达孜区公安局刑警大队共立刑事案件25起,破案15起,依法抓获犯罪嫌疑人15人,向检察院移送起诉案件8起,开展法制宣传56场次。特别是:成功侦办“7·02”盗掘古文化遗址案、“11·6”故意杀人案、特大盗窃案以及假冒僧人诈骗案等案件,得到各级领导的批示和表扬。同时,按照公安部“云剑”专项行动追捕网上在逃人员40%的要求,达孜区公安局将3名网上在逃人员全部抓获,完成率100%。

【打击治安违法犯罪】 年内,达孜区公安局以服务民生为宗旨,科学治理,切实加强公安行政管理工作。坚持全年整体谋划和阶段分步推进相结合,加强对重点区域、目标、部位的管控,依法打击各类治安违法犯罪行为。2019年,达孜区公安局各乡(镇)派出所共接警治安案件19起,调解4起,立案15起,依法行政拘留34人,罚款17人,拘留并处罚款10人。

【道路交通管理整治】 年内,达孜区公安局交警大队共接警交通事故208起(其中:财损201起,一般4起,重大3起),共伤9人,死亡3人。坚持“严字当头,以打促安”,开展常态化道路交通安全违法行为打击整治,尤其突出酒驾、涉牌、无证驾驶的查处战果,直接作用于道路交通事故预防效果明显。2019年,达孜区公安局交警大队共检查车辆14.39万辆,共查处各类违法行为1844起,共扣5389分,扣证621本。开展非法营运辆联合整治5次,开展打击宣传4次,查处非治营运车辆20辆。

【户籍及居民身份证管理】 年内,达孜区公安局户籍科共受理群众异地身份证办理143人、办理临时身份证133张。同时,实施户口专门管理,实行门牌编号,全面核实抄报户口,人口统计和管理,在全区健全户口登记制度。

2019年,共办理出生入户444人、死亡注销116人、重户注销72人、空挂户注销13人、迁入212人、迁出239人、补录4人,签发准迁证119张,办理二代身份证共3611张,指纹采集3597人、采集人像3611人。

【特种行业管理】 年内,达孜区公安局共清理清查各类治安复杂场所6355家次,共登记备案旅馆业2家、废旧物品回收场所1家,寄递业2家,打字复印店5家、汽修业5家,网吧3家,KTV娱乐会所1家,均已签订相关行业安全管理责任书,更新行业场所档案12份,下达《治安检查意见书》2份,限期整改2家。

【监所管理】 年内,达孜区公安局看守所根据公安部、自治区公安厅和拉萨市公安局关于监所管理工作新的等级化标准和要求,区看守所自2016年10月开始,对监区围墙、电网和刀刺网、监区内武警岗楼、监区AB哨、监区巡控岗位、监室、视频监控室、巡控民警备勤室、讯问室、律师会见区、家属会见区、医务室、单独关押监室、放风场、看守所办公区、生活区等功能区域进行全面改造。历时3年多时间工期,处于后期验收状态。在2019年工作中,因施工原因,全年未实施关押任务,日常看押任务,看守所协调市局七处进行关押。

【消防安全管理】 年内,达孜区公安局按照"除火患、保平安"行动要求,由治安大队指导各乡(镇)派出所、各便民警务站认真落实"九小场所"、出租房屋、寺庙和"三合一"建筑的消防安全管理工作,及时化解火灾隐患。同时,以辖区内易燃易爆场所、人员密集场所、出租房屋为重点,重点对建筑消防设施、消防产品、易燃材料、安全疏散等方面隐患开展专项治理,监督督促责任单位对隐患进行整改。2019年,共集中开展消防安全检查45场次。

【"护城河"安全管理】 年内,达孜区公安局扎叶巴公安检查站共检查车辆165822辆、人员348552人、物品50228件,检查登记涉藏工作重点省人员20655人,移交身份证办理一卡通425张,收缴易燃易爆物品114L,收缴管制刀具11把;查获非法营运车辆(黑车)1起;依法查控二级临控人员1名。

【"扫黑除恶"专项斗争】 年内,达孜区公安局共收集、核查各类涉黑涉恶线索6条,办结6条,办结率100%。扫黑除恶专项斗争中,共投入专项经费支出41020元,共悬挂横幅300余条、发送手机短信3000余人,集中宣传15场次,参与人数35000余人次,发放宣传品、宣传资料23500余份。同时主动摸排、深挖线索,按照抓早抓小、及时消除隐患的工作要求,开展综合治理、形成齐抓共管,共开展线索摸排350余次、专项清理清查50余次、并设置举报电话2个,设立举报箱50个,兑现奖励资金15000元。成功打掉聚众涉赌案件3起,共查获涉

2019年3月22日,达孜区中心小学学生到达孜区公安局刑警大队禁毒教育基地参观学习

赌人员42人，收缴赌资15874元，行政处罚41人，罚款6500元，刑事拘留1人。

【70周年大庆安保】 年内，达孜区公安局开展“苦干实干80天”治安综合整治暨专项行动，着力打好“四场主动仗”和“十五个专项行动”，以专项行动的实际成果和达孜区的安全稳定，确保大庆活动的圆满成功。大庆安保活动中，达孜区公安局共受理各类报警177起，公民求助31起；纠纷65起；全局各部门积极协同配合，迅速进入战时冲刺阶段，做到问题清零、隐患清零、矛盾纠纷清零，做到治安管控无缝隙、无死角，圆满完成大庆安保工作。

【思想政治建设】 年内，达孜区公安局持续开展党的十九大精神及习近平新时代中国特色社会主义思想专题学习活动，使队伍始终保持高昂的斗志和积极向上的状态。以“加强民族团结、建设美丽西藏”的重要指示精神的有力抓手，以熔铸“绝对忠诚”警魂为根本，以坚定理想信念为保证，以优良纪律作风为保障，教育引导广大民警、筑牢“四个意识”，强化履职担当。全面推进“两学一做”学习教育常态化制度化。要求民警坚持用党的创新理论武装头脑、指导实践、推动工作，通过联系实际的学习教育活动，达到党员干部思想进一步提高、作风进一步转变、党群干群关系进一步密切、为民务实清廉形象进一步树立的目标。

深入开展“全面加强政治建警，锻造过硬公安队伍”专项教育整顿活动。引导民警始终坚持习近平总书记提出的进入新时代、面对新形势。并开展“践行新使命，忠诚保大庆”实践活动及忠诚教育月活动。激励民警以更加饱满的精神、昂扬的斗志投入到维护国家政治安全和社会稳定各项工作中去。

【驻村工作】 年内，达孜区公安局驻邦堆乡邦堆村工作队植根人民，强化驻村工作，以实际行动忠诚践行为民服务宗旨。驻村工作队民（辅）警，强化措施，积极开展帮扶活动。先后筹款及筹集物资价值24370元，解决邦堆村村委会水泵房管道破裂问题；购买水泥解决邦堆村18组通往农田桥梁建设项目；并在春节、藏历新年期间向贫困户发放大米、清油等物资，以及在“三八”妇女节、开耕节期间为群众发放慰问品。同时，为进一步帮助群众转变思想观念，树立自强、自立意识，驻村工作队举办培训班1期，参学干部35人次，劳动力120人次；举办妇女夜校18期，传授各种文化知识，进一步提高了妇女创业的积极性。

（赵　阳）

【机构领导】

区委常委、政法委书记、公安局党委书记、局长

索朗曲培（藏族）

党委副书记、副局长

格　平（藏族）

苟宝玲

达孜区人民检察院

【概况】 2019年，达孜区人民检察院设5个内设机构，办公室、案件管理办公室、控告申诉检察科、公诉侦查监督科、刑事执行检察局。专项编制19人，实有干警22人。检察长1名，副检察长3名；检察官8人，检察官助理2人，书记员6人，司法行政人员1人，工人2人、聘用制书记员3人；研究生学历1人；大学本科学历16人，专科学历5人；男干警10人，女干警12人；藏族16人，汉族6人；院党组成员5人（其中男性1人，女性4人；汉族2人，少数民族3人），支部党员19人。

【领导班子建设】 年内，达孜区人民检察院党组理论学习中心组学习会议12次，5名党组班子成员和5名支部委员带头作交流发言。针对主题教育该院党组检视出13条问题，专项整治13条，班子成员检视出44条问题，制定整改措施20条，制定修改完善相关制度4项，废除职务犯罪检察工作制度13项，整改工作取得了阶段性成果。

【思想政治建设】 年内，达孜区人民检察院组织党员干部参观西藏民主改革纪念馆、清政府衙门旧址、拉萨市廉政警示教育基地、伟大历程　辉煌成就——庆祝中华人民共和国成立70周年大型成就网上展馆5次，受教育干警达70余人次；组织全院党员干部开

2019年5月1日，达孜区人民检察院开展“无我奋斗，不负人民重托”为主题的检察开放日活动（图为基层组织代表、人大代表、政协委员参观检察12309）

展升国旗仪式、重温入党誓词、集中观看警示教育片9次，受教育干警达120人次。确保专题教育培训工作覆盖率达100%。严格落实中央“八项规定”精神，驰而不息纠正“四风”。

强化内部监督管理，推行重大事项报告、廉政档案、案件质量评估。达孜区人民检察院把反腐倡廉教育纳入干部教育培训计划，领导班子和干警集中学习党风廉政建设内容18次。结合“书记上党课”活动，主要领导上廉政党课1次，7名副科级以上干部报告了个人有关事项，19名党员干部和公职人员签订《严守政治纪律和廉政纪律承诺书》和《共产党员不信教承诺书》。

【基层党建】 年内，按照基层党建工作要点，以集中学习为主，网络辅助教学为辅，开展形式多样并具有针对性的学习教育，不断提升党组织活力。严格落实“三会一课”制度，开展党建述职评议1次，开展书记讲党课活动2次，召开班子民主生活会和支部组织生活会各6次，领导干部均以普通党员身份参加。制定并组织每月主题党日活动，使全院干警充满积极向上的活力。

【党风廉政建设】 年内，深入学习贯彻《关于新形势下党内政治生活的若干准则》《中国共产党党内监督条例》，发挥党组织优势，健全党建工作责任体系，层层签订《党建工作责任书》《党风廉政建设责任书》《目标责任书》，将院党组主体责任落实到每个领导班子成员的具体工作职责中，防止主体责任虚化。

对重大事项坚持民主决策，全年召开党组会议13次，召开检察委员会会议8次。坚持召开民主生活会，做到咬耳扯袖、红脸出汗，批评与自我批评在该院成为常态。严格认真做好“两个责任”约谈工作，采用“一对一”式的层层约谈工作，共约谈18人次，达到及时提醒，早打招呼，防微杜渐，筑牢拒腐防变的思想道德防线的效果。

【贯彻宽严相济刑事政策】 年内，达孜区人民检察院始终坚持以审判为中心的司法体制改革要求，加大对受理案件的证据审查把关，充分发挥检察环节审查逮捕对侦查权的监督制约作用，促进侦查质量的提高。

年内，共受理批准逮捕案件8件9人（未成年人案件2件2人），其中批准逮捕2件2人，不批准逮捕6件7人。受理提起公诉案件7件8人（未成年人案件1件1人），其中依法向法院提起公诉6件6人，不起诉1件2人。全年未办理涉黑涉恶案件，无错捕、错诉和无罪判决案件，办案中秉公执法、严格执法，无违纪违法行为。

【社会治理创新】 年内，为更好地架起与人民群众的沟通桥梁，及时倾听人民群众的呼声，切实做到“立检为公，司法为民”，体现检察机关依法为民排忧解难，力争把矛盾化解在基层、把问题解决在当地的决心，利用德庆镇“检警联系点”为平台，积极开展检察长接待日工作，深入基层开展检察长接待日2次，接待来信来访2人次，耐心听取群众诉求，细致解答群众反映的每一个问题，引导群众要通过不同救济途径维护自身合法权益。

在达孜区“两会”召开期间，

开展检察机关公益诉讼宣传进"两会"活动,向人大代表、政协委员及列席人员发放由该院制作的公益诉讼藏汉版宣传材料200余份,积极开展生态环境和资源保护、食品药品安全、国有财产保护、校园、民营企业等领域提起公益诉讼的相关法律依据及检察机关办理民事行政公益诉讼的案件范围等内容的宣传工作。向机关、社区、学校、企业、乡村等开展普法宣传5场次,以案释法,进行法律咨询、法律服务活动,发放印有该院标志的宣传品1000余份,发放检民联系卡、藏汉版《依法进行举报、正确表达诉求》《扫黑除恶宣传手册》《预防未成年人被害自护手册》等宣传材料3000余份,着力提高了群众的法律意识。以兼任法制副校长为己任,积极推进"检校共建"活动,开展法制授课2次,受教育中小学生达340人次。

2019年9月26日,达孜区人民检察院参加喜迎中华人民共和国成立70周年唱红歌活动

【扫黑除恶打非治乱】 年内,达孜区人民检察院成立由党组书记、检察长任组长的扫黑除恶打非治乱专项斗争领导小组,结合检察工作实际制定实施方案、重大事项报告、领导小组工作职责等多项制度,并按照"一把手"履职、责任人工作动态、线索举报、涉黑涉恶案件等17类台账,召开2次专项斗争推进会,5次党组专题研究会议,深入达孜区乡镇调研督导1次,形成调研报告1份。院党组严格按照相关规定和案件质量评查标准,对近2年的所有案件是否存在涉黑涉恶问题进行全面细致地梳理。经检查,未发现群众反映强烈、容易滋生腐败、容易发生违法、涉黑涉恶等领域的案件。

【公益诉讼】 年内,向达孜区市场监督管理局制发诉前检察建议1份,要求其依法履行法定职责,加强对达孜区内零售药店的监督和管理,严格落实药品管理制度。根据市检察院下发的《拉萨检察机关公益诉讼"回头看"专项活动工作方案》,对2018—2019年2件公益诉讼案件开展"回头看",相关单位对存在的问题进行了及时整改并制定长效机制。

达孜区人民检察院进一步深化"保障千家万户舌尖上的安全"检察公益诉讼专项监督活动,对达孜区中心小学附近的超市和菜店进行监督检查。重点对保质期短及学生极易购买的销售价格低廉的小食品、膨化食品等进行随机抽查,查看生产日期、保质期等,调查是否销售未经检疫的肉类及其制品,是否销售不符合食品安全标准的农产品、食品,是否销售过期、"三无"食品的行为。对在达孜区塔杰乡塔杰村黑颈鹤保护基地非法采砂、破坏植被的情况,抽派干警与相关部门赴现场进行查看,对相关部门执法情况进行全程跟踪。

【刑事执行检察】 年内,达孜区人民检察院刑事执行检察科不断加强与达孜区司法局的联系,认真做好达孜区社区矫正监督工作。按照上级院下发的《拉萨市检察机关深化推进财产刑执行检察监督活动实施方案》的要求,对达孜区法院办理的财产刑执行案件进行监督检查。定期不定期到法院了解民事案件的办理情况,加强对民事行政案件的监督力度。

【未成年人检察工作】 年内,为更好地对存在心理障碍,再犯罪风险较高,对抗性较强的涉罪未成年人进行一对一的心理疏导，保护未成年人的隐私，达孜区人民检察院成立未成年人心理疏导室，配置室内基础设施，调整未成年人心理状态，提高自我认知能力和社会环境适应能力。

【司法体制改革】 年内，严格落实司法责任制，坚持"谁办案谁负责、谁决定谁负责"的要求，制定《达孜区人民检察院办案工作内部监督暂行办法》，明确各办案人员的职责分工。进一步完善人员分类管理，扎实做好本院第二批员额检察官遴选工作，新增拟入额检察官1人。任命检察人员1人，社会招聘书记员3人，严格按照上级检察院的要求，健全检察权运行机制，严格执行"随机分案为主，指定分案为辅"的案件分配机制，并坚持"入额必办案，不办案不入额"的原则，明确入额领导干部必须办案的要求。

2019年，达孜区人民检察院领导班子成员平均办案2件，有效推进了履职示范作用。认真严格兑现员额工资和绩效奖金，并建立业绩考评奖惩制度，极大地促进了检察人员依法履职、公正规范办案。2019年，通过积极协调沟通，已完成每月绩效奖金的40%随工资发放工作。

【亲民化检察队伍】 年内，达孜区人民检察院党组成员和全体党员到唐嘎乡唐嘎村、叶巴村开展结对贫困户和边缘户慰问活动，为35户结对户群众送上生活必需品，总价值3万余元，进一步使结对贫困群众感受到了党和政府的关心，增强了该院党员干部同结对群众的亲密联系。

【规范化检察队伍】 年内，达孜区人民检察院始终坚持以领导班子建设带动队伍建设，大力推进法律监督能力和执法公信力建设，着力造就一支高素质、专业化的检察队伍。

年内，抽派9人次参加员额检察官培训、司法考试培训、岗位实践锻炼、藏汉双语等各类培训，参与"中国检察教育培训网络云课堂"及"学习强国"，激发干警"比学赶帮超"的进取意识，保密测试、主题教育测试等达标率100%。通过这些教育培训，队伍素质有了全方位的提升，队伍执法水平有了较大程度的提高。

【信息化检察业务】 年内，达孜区人民检察院在办公楼信息化网络建设上综合布线、网络安全加固、防火墙维护，对该院21台涉密计算机安装"三合一"安全加固，对内网机房和保密档案室、机要室等进行安全维护工作。截至年底，对院内计算机维护6次，检察系统内网更新和维护10次，按照办案需求对该院统一业务应用系统文书、权限配置后台运维10余次，对该院的门户网站维护4次。

【阳光化检察宣传】 年内，达孜区人民检察院着力构建开放、动态、透明、便民的阳光司法机制，认真做好案件受理流转、检察统计、案件质量评查、案件信息公开等工作，实现电子卷宗系统正常运行，扎实开展案件流转工作，做到依规对案件办理流程、案件材料进行监控。网上公开法律文书8份，完善电子卷宗制作，完成制作电子卷宗15卷，电子卷宗制作率达100%，法律文书公开率达100%，提升了检察工作透明度，保障了人民群众的知情权。

截至年底，充分利用"两微一端"，微信公众号更新信息91条，更新微博107条，头条新闻58条；网页上传简报101期，《拉萨检察》上传简报101期；《达孜网信》、e迅达孜上投稿101期采用50条。

（杨晓燕　巴桑次旺）

【机构领导】

党组书记、检察长

达　珍（女，藏族）

党组副书记、副检察长

德吉桑姆（女，藏族）

党组成员、副检察长

何　琪

茹格叶（女，藏族）

党组成员、办公室主任

杨晓燕（女）

达孜区人民法院

【概况】 2019年，达孜区人民法院共受理各类案件402件（含旧存26件），审（执）结381件，综合结案率94.78%。诉讼标的额6431.14万元，法定审限内结案率100%，结案率位列全市基层法院第二名，荣获2019年度全市法院先进集体。

【依法惩处刑事犯罪】 年内,刑事收案9件、审结7件,结案率为87.5%,同比2018年上升350%。2019年作为扫黑除恶开局之年,达孜区人民法院积极作为,发挥主力军作用。院内召开5次扫黑除恶小组专题会议,6次全院干警会议,研究讨论并积极推进扫黑除恶工作的部署落实。

加大宣传力度,充分发挥包村法官、驻村法官的宣传地优势,在人员高度聚集、流动频繁的区域及各乡镇村居点,张贴通告150余张,用藏汉双语向群众详细讲解《关于依法严厉打击黑恶势力违法犯罪的通告》《关于举报黑恶势力违法犯罪线索的通告》等涉黑涉乱法律法规7次,发放藏汉宣传资料300余份,设置举报箱2个,讲解法律法规、解答群众法律咨询300余次。同时,创新宣传模式,借助法院微信公众号、LED显示屏等新媒体更新扫黑除恶专项斗争相关内容,积极占领宣传新阵地,严防黑恶势力侵蚀基层政权。

【依法化解民商事纠纷】 年内,达孜区人民法院受理各类民商事案件287件,旧存17件,结案率98.26%。在民商事审判工作中,以服务民生化解纠纷为准则,妥善审理家事案件,把改善、维护、稳定婚姻家庭关系作为家事审判工作最基本的功能定位,充分发挥案件审理对婚姻家庭关系的诊断、修复、治疗功能,共审理婚姻家庭纠纷案件14件,占民事案件总数4.9%;依法审理合同纠纷案件,以尊重契约自由和维护契约正义为原则,为达孜经济发展提供有效的司法保障,共审理合同纠纷类案件251件,占案件总数87.5%。将调解工作贯穿于案件审判活动始终,借助妇联、村民委员会等调解联动资源,增强案件的调解力度,努力达到“案结事了人和”的目标,以调解方式结案90件,撤诉39件,调撤率为77.24%。

2019年12月4日,达孜区人民法院工作人员到德庆镇开展普及宪法法制宣传活动

【依法贯彻立案登记制度】 年内,达孜法院对依法应该受理的案件,做到有案必立、有诉必理,为群众诉求敞开大门,充分保障当事人诉权。

开通涉军案件、“双拖欠”“涉民工”案件绿色通道和网上立案、跨域立案,确保相关案件快立、快审、快执,解决群众立案难、诉讼累等问题;继续深化立案、咨询、调解、接访、流程公开等“一站式”诉讼服务中心建设,当场立案率达99%,一次性告知补正材料100余件,利用12368诉讼服务热线服务群众百余人次。积极推进多元化纠纷解决机制,与21家相关单位对接,进一步发挥特邀调解员、特邀调解组织作用,化解矛盾纠纷190余件,司法确认案件113件,有效地减轻了当事人诉累,节约了司法资源,提高了司法效率。

【解决执行难】 2016年3月,最高人民法院提出“用两到三年时间基本解决执行难问题”“基本解决执行难”目标的实现,关键在于党中央全面依法治国战略的实施,关键在于党的领导和我国社会主义制度能够集中力量办大事的政治优势,关键在于通过深化改革破解难题,关键在于信息化发展提供的科技支撑。

2019年,执行收案91件(含旧存8件),已结77件,未结14件,结案率84.62%,执结标的额2852.4万元,执结率居全市法院前列。

【执行队伍建设】 年内，坚持人、财、物向执行倾斜，将本院3名法官（含办理执行案件的一把手院长）、1名书记员调整到执行队伍，执行团队干警增至5人，占全院干警人数20%。优化执行队伍结构，将执行局分成2个办案团队（执行实施组、执行裁判组），每个团队由一名员额法官带领，均配备一定数量的司法警察，强化执行警务保障。开展执行工作作风整治，形成院长常态化督办执行案件，规范执行案款管理工作，正式启用执行案款“一案一账号”系统，加大对执行款发放、财产处置、执行和解等重点环节的监督管理，确保执行公正高效。

【借助网络手段】 年内，强化执行信息化手段运用，通过网络查控平台查控被执行人车辆、证券、银行及互联网银行账户资金、不动产情况，全年共查控执行案件80余件。利用网络强化信用惩戒，通过执行专网向全国各交通运输、银行、酒店、出入境口岸等部门发布失信人员名单，限制高消费11人次，7名失信被执行人主动到法院履行义务。2019年上半年，通过淘宝网络司法拍卖平台成功拍卖一宗土地使用权和一批砂石设备。

【执行模式创新】 年内，继续推进“反规避执行”行动，加大对被执行人隐瞒、藏匿、转移财产行为打击力度，司法拘留3人，发布悬赏令1人。在拉萨电信大楼等公共场所LED显示屏和法院公众号张贴公告，发布失信被执行人员2批次9人，形成打击失信被执行人的高压态势，让司法裁判真正成为惩治违法失信的利剑。

【建立执行联动机制】 年内，联系达孜区执行联动领导小组，统筹执行联动各项事宜。为了夯实联动成果，特将11名失信人员名单嵌入本级部分执行联动单位工作系统，强化失信人员“一处失信，处处受限”的局面。

【执行救助暖人心】 年内，随着被执行人确无财产可供执行，导致执行不能的案件数量不断增加，让一部分申请执行人陷入生活困境，为此法院积极向区委、区政府汇报因执行不能造成的各种困难和问题，争取支持，共筹集司法救助资金2.5万元，对2名特困申请执行人进行救助，执行局收到来自当事人的锦旗6面，多项工作得到当事人肯定。

【脱贫攻坚】 年内，达孜区人民法院按照区委要求和部署，围绕全区脱贫攻坚任务展开帮扶工作，严格落实定点挂钩扶贫工作责任。全年共组织干警50人次，到村组与帮扶贫困户、边缘户群众、未就业大学生见面，“回头看”了解情况，宣讲政策，听取意见建议，提供帮扶措施，送去慰问金、物资共计1万余元。

【践行司法为民】 年内，把“决不让老百姓打不起官司”承诺落到实处，认真贯彻执行诉讼费用缓、减、免相关规定，对符合条件的困难群众一律予以缓、减、免诉讼费用，为困难群众打官司扫清障碍，全年共为37件案件困难当事人缓、减、免诉讼费用36846.11元，减免缓案件占比14.53%，减免缓金额占比12.72%。秉持“法官多跑路，群众少跑腿”的司法理念，在审判工作日趋繁重的情况下，坚持把路途遥远、交通不便，涉及

2019年1月11日，达孜区人民法院召开人民陪审员工作总结暨表彰大会

老弱病残等弱势群体及相邻、土地纠纷等需到现场实地勘验以便查明案件事实的案件作为巡回审理的重点，采取集中立案、集中送达、集中审理的“三集中”工作机制，切实打通司法服务群众“最后一公里”，全年共开展巡回办案193件，利用巡回审判系统异地开庭1件。

2019年，加大现代科技与司法规律、信息化与审判执行工作深度融合的研究，推动司法审判真正实现质量变革、效率变革、动力变革，持续推进电子卷宗随案同步生成，全年电子卷宗随案同步生成率100%。在全区范围内率先自主建成四级数字法院网络，能远程指挥派出法庭办案并实现内网联网。为推进审判流程公开，完善1个具备同步录音录像功能的标准数字化法庭，同时接入中国庭审公开网，实现庭审同步网络直播。进一步推进裁判文书公开、审判流程信息公开、执行信息公开以及庭审公开四大司法公开平台建设与运用，让“正义触手可及”。

2019年，通过网络直播庭审案件58件，公众访问、观看量达79025人次；上网文书374件，大数据文书质量报告及时率100%，居全区前列；在中国裁判文书网公开裁判流程信息374条，裁判文书59件，制作电子卷宗374份，电子档案374份，保障了人民群众对司法活动的知情权、参与权、表达权和监督权，促成了有效的外部监督机制。

2019年11月5日，达孜区人民法院流动法庭到唐嘎乡罗普村开展矛盾排查工作

【司法体制改革】 年内，进一步优化法官办案责任制，通过全面推进人员分类管理改革，法官之间职责清晰、各司其职、齐抓共管、运转顺畅，院庭长提高政治站位，把加强审判管理作为政治责任、法律责任、管理责任，在完成规定办案数量的同时，带头办理重大疑难复杂案件、拖欠民工工资等涉民生案件，由“一把手院长”从立案到审判到执行各个环节审核把关，确保案件零瑕疵，在高压模式下，合计平均办案天数由过去的两个月缩短为43天，院庭长审理案件共188件，占全院案件数的47%。

【作风建设】 年内，严格落实党风廉政建设和反腐败工作新要求，认真履行主体责任，大力开展集中整治不作为慢作为、文山会海等形式主义、官僚主义突出问题，深入查摆存在问题，落实整改措施。切实履行好监督责任，重大节庆期间，先后就审判执行、作风建设、车辆管理等开展院内审务督察8次。继续加强制度建设，全面加强监督管理，严格责任追究，根据实际情况，汇总各类廉政制度共计10余条，工作中增强责任感，执法中坚持公平与正义，做到警钟长鸣，防患未然。

【队伍建设】 年内，达孜区人民法院始终坚持以习近平新时代中国特色社会主义思想把航定向、指导工作。牢牢坚持党对人民法院工作的绝对领导，牢固树立“四个意识”，不断增强“四个自信”，坚决做到“两个维护”，对党忠诚、听党指挥、勇于担当。严守党的政治纪律和政治规矩，全面加强党的政治纪律教育，把维护党的政治纪律放在法院纪律建设的首位，结合“不忘初心、牢记使命”主题教育、“两学一做学习教育”常态化制度化，全年党支部召开专题学习会10次，讲专题党课3次，开展专题研讨10次，开展集中学习3次，召开支部委员会议12次，党员大会3次，把讲政治的要求贯穿于推进全面从严治党、全面从严治院全过程。

实施“法官接力计划”，促进内涵式发展。采取请进来和送出去18人次参加各类培训，并开展庭审观摩、文书评比、案件评查、绩效考核等活动，让法官“开口能说、坐下能判、提笔能写”，真正提高法院干警综合能力，树立能力恐慌意识。

【自觉接受领导和监督】 年内，达孜区人民法院始终坚持区委的领导，主动向区委报告法院审判工作、队伍建设、司法改革等重大工作共计6次。自觉接受人大监督、政协民主监督，加强联络工作机制。针对疑难复杂或有较大社会影响的案件，主动邀请人大代表、政协委员旁听庭审，共同参与、列席有关会议，积极听取代表、委员的意见和建议，并在庭审结束后召开“阳光评议”座谈会，主动接受委员的监督和评议，查找庭审各个环节存在的问题和不足，真正将司法公开、司法为民落到实处。截至年底，邀请人民陪审员参审案件38件，邀请人大代表、政协委员旁听3起案件。

（洛桑卓玛 左 慧）

【机构领导】

党组书记、院长

蔡 宏（藏族）

党组成员、副院长

桑 吉（女，藏族）

达孜区司法局

【概况】 2019年，达孜区司法局深入贯彻落实习近平新时代中国特色社会主义思想和党的十九大精神，紧紧围绕区委、区政府中心工作，充分发挥司法行政的职能优势，坚持以人民为中心的发展思想，践行“司法为民、司法惠民”理念，深入开展主题教育、普法宣传、人民调解、安置帮教、社区矫正、扫黑除恶、法治政府建设和法律援助等重点工作。

【“不忘初心、牢记使命”】 年内，按照“不忘初心、牢记使命”主题教育安排部署，达孜区司法局党员干部坚持以习近平新时代中国特色社会主义思想为指导，把开展主题教育作为一项重大政治任务，以高度负责的精神抓好主题教育，坚持把学习教育、调查研究、检视反思、整改落实贯穿始终，努力做到学在深处、干在实处、走在前列。

年内，组织各类学习活动30余次，签订党员承诺书1次，重温入党誓词1次，观看廉政警示教育片、红色电影、《榜样》等影片10余次，通过法律援助服务为群众办实事40余件，开展主题党日活动5次。

【“法律七进”】 年内，认真贯彻落实“七五”普法规划，继续积极开展法律进机关、进单位、进学校、进企业、进乡村、进社区、进寺庙的七进活动，深入学习宣传依法行政、社会保障、医疗卫生、交通安全、劳动就业、权益保护、热爱祖国和维护民族团结等相关的法律法规；大力宣传与维护妇女儿童、老年人、青少年等特定群体权益保护相关的法律法规，坚持法制宣传教育群众与服务群众相结合，努力服务保障和改善民生。

年内，共开展法律进寺庙活

2019年8月8日，达孜区司法局举办2019年人民调解员培训班

动40多次，开展法律进学校（法治讲座）80多次，法律进单位20多次，法律进机关20多次（由普法成员单位共同组织），法律进企业15次，法律进乡村（社区）150多次（由各乡镇、村委会、驻村工作队共同组织）。2019年，普法工作人员在各处各次宣传教育时设立咨询服务210多次，解答群众的问题300余人次，印发宣传资料4.5万多份（册）、悬挂横幅150多条，为中小学生上法制课25堂，达孜区共受教育人数3万余人次，进一步增强了广大人民群众对法律的理解和认识。

【人民调解】 年内，按照《人民调解法》和自治区、拉萨市人民调解工作要求，精心组织，周密部署，采取有力措施，确保矛盾纠纷不积累、不上交、不激化，全力维护全区的社会稳定。在矛盾纠纷集中排查调处活动中，紧紧围绕当前经济形势和社会矛盾的新情况、新特点、突出三个重点，集中力量，攻坚克难，突出重点地区，突出重点对象，突出重点时段，严密防范大规模、群众性上访事件的发生。

各乡（镇）司法所进一步落实人民调解化解疑难复杂矛盾纠纷工作，严格规范人民调解化解疑难复杂矛盾纠纷登记、受理、调解、归档等程序，做到件件有登记、有卷宗；通过多种形式、多种方式、多种渠道大量开展人民调解员的业务培训工作，着力提高人民调解员调解疑难复杂纠纷的能力。从"上访"转变到"下访"，从事后调解转变到超前预防调解，综合运用行政、法律、经济等多种手段和教育、协商、调解等方法，多渠道、多角度妥善化解矛盾纠纷，逐步形成以法制宣传教育为基础、矛盾纠纷及时排查调处为核心，全面推动工作任务落实，营造良好的社会氛围。2019年，达孜区各级调解组织共调处各类矛盾纠纷90件，调解成功率100%。

2019年3月22日，达孜区司法局"援藏律师团成员"张祎到区中心小学开展"开学第一堂法治课"法治讲座

【安置帮教】 年内，继续利用现有的刑满释放人员网上信息管理平台系统，做好在服刑人员的摸排工作和预释放刑满释放人员的衔接工作。继续抓好成员单位、乡（镇）领导挂包的安帮工作责任制的落实，将本区所有刑满释放人员加入"双联户"和网格化管理体制，实行"六帮一"，防止脱管、漏管。

积极将安置帮教工作向前延伸，走访服刑人员家属，帮助他们解决生活困难，促进服刑人员安心改造。按照"帮教前移、无缝衔接、注重服务、强化管理"的要求和"教育、挽救、感化"的工作方针，把好"七关"（衔接关、救助关、摸排关、安置关、帮教关、监控关、管理关），有效预防和减少重新违法犯罪，维护全区的和谐稳定。

【社区矫正】 年内，严格落实"属地管理""六对一"管控模式和"谁的人、谁管好，谁的事、谁负责，谁出事、追究谁"的原则，以高度的政治敏锐性和责任感认真落实分区包干责任制，切实加强对辖区内社区服刑人员的教育管理，提高防范意识，做到有问题早发现、早报告、早解决，不断提高教育矫正工作质量，深入开展安全隐患排查整治工作，确保社区矫正安全稳定，切实维护社会大局持续稳定。

将社区矫正工作纳入"双联户"和网格化工作，推进社会管理

2019年3月29日，达孜区司法局工作人员开展三月综治宣传暨扫黑除恶打非治乱普法宣传活动

创新。将社区服刑人员纳入“双联户”模式是提升特殊人群管理服务、教育引导的重要举措，是促进社会治安安定和谐的重要途径，通过工作重心下移、科学源头治理、创新方式方法、基层群防群治等措施，发挥基层群众和司法所在各项工作中的积极作用，通过联户教育、联户帮扶、联户融入、联户管理等措施，切实实现特殊人员受教育、得帮扶、强管理、促和谐的目标。

【“扫黑除恶”】 年内，达孜区司法局及各乡镇司法所通过悬挂横幅、发放宣传资料等多种形式开展扫黑除恶宣传，营造浓厚的扫黑除恶法治氛围。年内，开展宣传60多场次（含乡镇司法所），发放各类宣传资料2万多份（册）。

【法治政府建设】 5月，达孜区政府法制办职能并入司法局，各类台账、材料、卷宗已移交司法局。

协助拉萨市司法局开展行政执法考试、培训、颁证工作，2019年参加培训考试人员60人，培训考试合格并领取执法证人员52人。达孜区司法局起草《达孜区行政执法公示制度执法全过程记录制度重大执法决定法制审核制度实施方案》，已印发全区执行。成立区委全面依法治区委员会，依法治区办公室设在区司法局，正在起草《中共拉萨市达孜区委员会全面依法治区委员会工作规则》等文件，拟提交区委全面依法治区委员会第一次会议审议。

【法律援助】 年内，达孜区法律援助中心认真兑现“有问必答、有纠必解、有诉必帮、有困必助”的服务承诺，做到“能援则援”“应援尽援”，确保困难群众依法获得符合标准的法律援助，最大限度维护弱势群体的合法权益。

2019年，达孜区司法局干部和援藏律师团成员为群众提供法律援助案件47件，办结47件，涉及人数48人，涉及金额约170万元；提供法律咨询200余人次；代写法律文书100余份，有效维护困难群众的合法权益，促进了社会和谐稳定。

（乔 坚）

【机构领导】

局 长

邓玉芳（女）

党支部书记、副局长

次丹朗杰（藏族）

副局长

高 鸽（女）

经济管理

达孜区发展和改革委员会

【概况】 2019年，达孜区发展和改革委员会共有干部职工13人，包括主任1人、副主任3人（援藏副主任1人）、一般干部9人。2019年机构改革中，将实施主体功能区规划职责、应对气候变化和减排职责、农业投资项目管理职责等7项职责划出到自然资源局、生态环境局、农业农村局等单位，将区粮食局职责，民政局、商务局等部门的组织实施重要物资和应急储备物资收储、轮换和日常管理职责整合并入发改委，3月19日正式挂牌“拉萨市达孜区发展和改革委员会”和“拉萨市达孜区粮食和物资储备局”。

2019年3月19日，达孜区发展和改革委员会挂牌仪式

【经济发展】 年内，认真制定年度国民经济和社会发展计划，围绕经济运行中出现的诸多新情况、新问题，落实经济形势分析职责，针对重点项目建设、固定资产投资完成情况以及项目建设等问题，定期召开协调推进会议，提出有效可行的对策建议，稳定经济指标的增长。

2019年，地区生产总值完成15.31亿元，同比增长8%，其中，一产完成1.94亿元，同比增长6.2%；二产完成5.73亿元，同比增长8.5%；三产完成7.64亿元，同比增长8.1%；三产产业结构调整为12.67 ∶ 37.43 ∶ 49.9。社会消费品零售总额完成2.4亿元，同比增长7%；一般公共预算收入完成4.81亿元，同比增长–38.99%；农牧民人均可支配收入达到15321元，同比增长13.1%；全社会固定资产投资同比增长24%；规模以上工业增加值同比增长5.7%。

【规划制定】 年内，开展“十三五”规划执行情况中期评估工作，组织区直相关部门开展“十三五”规划中期评估调研和评审，积极对接上级规划和各重点专项规划，编制完成《拉萨市达孜区"十三五"时期国民经济和社会发展规划纲要中期评估报告》，理清发展成绩，明确后期工作中需要解决的问题，为全面完成"十三五"规划目标任务提供了良好的保障。

及时启动"十四五"规划编制工作。结合实际情况，突出"早、重、优"目标，坚持集思广益、加强衔接、形成合力，全面启动达孜区"十四五"规划前期思路的调研工作，已完成《"十四五"时期拉萨市达孜区国民经济与社会发展基本思路》初稿，为后续"十四五"规划编制工作打下坚实的基础。牵头进行乡村振兴规划编制工作，形成《达孜区乡村振兴战略规划（2018—2022）》，正在最终修改当中。同时，按照市委统一安排部署，牵头开展《拉萨市白纳沟生态公园总体规划（2019—2025年）》编制工作，已形成初稿并通过领导评审。这些规划的编制，为乡村振兴工作和乡村振兴示范村（居）建设工作提供了保障。

【项目监督管理】 年内，达孜区计划实施项目131个，总投资62.19亿元，其中续建项目30个，总投资约42亿元；新建项目101项，总投资20.19亿元。截至年底，续建项目复工率100%，新建项目开工86个，开工率85.15%。全年固定资产投资同比增长24%。援藏项目计划实施16个，总投资1.78亿元，其中援藏投资1.63亿元，开工建设12个，开工率75%。

市级重点项目2个，分别为达孜县卫生系统整体搬迁项目、达孜区2018年公租房项目。截至年底，公租房完成总体进度的30%，整体搬迁完成总体进度的75%，累计完成投资1.96亿元。

结合达孜区实际情况，从保障和改善民生、城镇基础设施、生态环境保护、基层政权和社会管理能力建设、特色优势产业发展各个领域入手，编制完成2020年以及"十四五"全社会固定资产投资项目计划。2020年计划建设项目110个，总投资约74.04亿元，计划完成投资26.38亿元。"十四五"共规划项目203个，总投资约281.21亿元。

【粮食和物资储备】 年内，加强粮食物资储备管理，保障粮食安全，在发改委（粮食和物资储备局）、民政局、应急管理局、组织部的共同参与下，完成粮食与物资储备局职能工作移交。加强粮食职能工作开展，全年共办理粮食收购许可证6个，做好粮食供需平衡调查工作，按时完成粮食统计工作。制定和完善《2019年达孜区粮食系统防汛保粮预案》《达孜区突发粮食事件应急预案》等应急处置机制，紧扣"防风险、除隐患、遏事故"主题，制定《达孜区政策性粮食库存数量和质量大清查实施方案》，做好粮食大清查工作，做好各个重点时段的安全隐患排查和治理，做到防患于未然。

【经济体制改革】 年内，进一步推进"放管服"改革和"互联网+政务服务"最终实现与国家政务服务平台对接，共完成认领目标清单总数756项，认领比率100.82%，完成发布实施清单总数756项，发布比率100%。电子政务外网网点覆盖44家区直单位、6乡镇20个行政村委会政务服务大厅，覆盖率达90%以上，基本保障了相关业务部门的业务需求。

进一步优化营商环境，在认

2019年7月4日，江苏省镇江市援藏干部见面会

真落实“一审一核、审核合一”的同时进一步健全措施，优化办事流程，缩短审批时限，实现企业两日办结，个体农专当日办结，为辖区市场主体发展打造优质高效的营商环境。切实履行“双告知”职责，发放《承诺书》和《后置审批告知函》270余份。认真开展“双随机”工作，完成定向抽查110户，不定向抽查452户。严格执法监管，将未按规定公示应当公示信息的27户企业、通过登记住所无法取得联系的46户企业、公示信息隐瞒真实情况弄虚作假的1户企业列入经营异常名录，立案1起违法广告案件，1起有照无证案件，2起冒用身份证注册登记案件。

【党建工作】 年内，始终把党建工作放在重要位置，坚持做到与业务工作同安排、同部署。坚持单位一把手负总责，亲自抓、亲自管，及时制定年度工作计划和方案，不断建立完善党建各类工作制度，包括党员干部公开承诺制、民主集中制“三会一课”制度、党务公开制等，并做到制度上墙，保障党建工作的顺利开展。

年内，结合“不忘初心、牢记使命”主题教育的开展，达孜区发改委认真抓好落实，组织干部职工开展专题学习，组织开展对照党章党规找差距专题民主生活会，共组织召开专题学习、研讨会议7次，党员干部讨论发言10余次和“不忘初心、牢记使命”专题组织生活会，组织开展专题会议2次，组织专题测试2次，开展志愿服务1次，为群众办好事实事4件，全委党员干部撰写学习笔记50余篇，心得体会20余篇，切实将“不忘初心、牢记使命”各项要求落到实处，有效提升了党员干部的综合素质。

（杨四海）

【机构领导】

主　任

孙　浩

副主任

柏树辉

洛桑旺扎（藏族）

韩志成（江苏援藏，7月任）

达孜区财政局

【概况】 2019年，达孜区财政局共有干部职工17人，其中：局长1人，副局长2人，一般干部14人；党员15人。设有局长办公室和副局长办公室、综合办公室、总会计室、会计核算中心大厅等。按照区委、区政府机构改革方案要求，2019年3月29日达孜区人民政府国有资产监督管理委员会正式挂牌成立。

【一般公共预算执行情况】 达孜区一届人大二次会议批准，2019年一般公共预算总财力183915万元，其中一般公共预算收入66000万元；一般公共预算支出158215万元。在年度预算执行过程中，根据《中华人民共和国预算法》规定，经达孜区一届人大常委会第十次会议审查批准，一般公共预算收入调减17880.14万元，2019年全年一般公共预算收入完成48119.86万元，比2018年同期减少30753.24万元，下降38.99%；一般预算支出完成158125万元，比2018年同期增加13552万元，增长9.3%。安排预算稳定调节基金25700万元。

一般公共预算收入减少主要原因是：达孜区企业西藏达孜汇

2019年8月5日，拉萨市审计局审计组对达孜区2017—2018年财政决算执行和其他财政收支情况动员部署会召开

鑫投资管理合伙企业(有限合伙)在达孜区属于股权转让行为,为一次性税收收入,直接导致本级个人所得税收入减少3.2亿元;减税降费政策等原因,导致达孜区地方财政收入减少0.22亿元。

2019年11月30日,达孜区财政局召开对照党章党规找差距专题会议

【政府性基金预算执行情况】 达孜区一届人大二次会议批准,在年度预算执行过程中,根据财力变化情况,政府性基金预算总财力完成16064万元,政府性基金支出为16064万元。

【预备费动支情况】 达孜区一届人大二次会议批准,达孜区2019年预备费3943.6万元,未动用预备费。

【精准扶贫】 年内,达孜区制定《拉萨市达孜区2019年统筹整合财政涉农资金使用方案》,整合中央、自治区、拉萨市资金8592.23万元,县级配套资金4606.41万元,共计整合13198.64万元,重点投入产业发展、生态岗位、基础设施建设领域,确保"建一项、成一项、发挥效益一项"。

达孜区现有建档立卡贫困户1074户4250人,已全部实现脱贫退出。贫困人口人均可支配收入从2015年底的2855元增长到2019年底的12908.8元,同比2018年底人均可支配收入11294.7元,增加1614.1元,增长14.3%,脱贫人口基本实现"两不愁三保障"目标。通过村干部、第一书记、驻村工作队、党员致富带头人的带头作用,借助思想帮扶、项目帮扶和为民办实事等方式,助力贫困群众脱贫和贫困村经济发展。江苏省镇江市通过"组团式"医疗援藏、教育援藏,采取产业投入、资金帮扶、结对帮带、干部培训等方式助力脱贫攻坚,签订《镇江达孜一家亲·携手致富奔小康》《抓党建促脱贫共建协议》,实现达孜5乡1镇、工业园区与镇江7个辖区结对挂钩共建的良好格局。

2019年产业项目开工率100%;完工率100%。建立资金整合机制与公示公告制度,产业项目资金按照施工进度拨付,2019年涉农统筹整合资金支出进度达93.09%,无结转结余资金或沉淀资金,且项目、资金公示公告比例为100%。

截至年底,已开展各类培训23期1238人(其中建档立卡贫困人口558人),其中建档立卡贫困户实现转移就业60人。达孜区易地扶贫搬迁安置点有劳动力528户899人,为保障搬迁群众就近就便、不离乡不离土实现就业增收,有针对性地组织开展精准扶贫易地搬迁户春风行动人力资源洽谈会、易地搬迁专场岗位对接会等招聘活动共计8场,已实现就业515户830人,有力解决了搬迁群众民生保障和后续发展问题。此外,达孜区新成立的阳达劳务派遣公司已正式运营,已帮助农牧民劳务输出84人(建档立卡贫困户58人)。

新建达孜区易地搬迁安置点6个,建设安置房644套,总投资4.23亿元,实现621户2461人搬迁入住。乡镇拆旧复垦已完成280户旧房腾退协议签订。此外,达孜区"三岩"片区跨地市易地搬迁137户842人,安置点搬迁136户841人(安置房136套,1户1人集中供养),已于2019年12月12日实现搬迁入住。

【预算绩效】 年内,细化公开内

容，公共财政预决算全部公开到具体的项目，扩大公开范围，除涉密信息外，全区48家部门在人大会议批准后20日内公开预决算，主动接受人大、审计和社会各界的监督，进一步增强预算的透明度，提升了预算管理水平。认真落实国家减税降费决策部署，严格实施增值税减税、企业所得税优惠等政策，及时清理和规范行政性事业性收费，全年达孜区为纳税人、企业新增减免税9316.11万元（含中央级和自治区级）。

积极盘活存量资金，收回财政存量资金19000万元，并全部重新安排用于民生项目、产业发展等重点领域。深化政府采购改革，优化采购流程，提高效率。坚决打赢防范化解重大风险，稳妥化解政府隐性债务。深化国库集中支付电子化改革。推行公务卡和“无现金财务结算”改革。规范政府采购行为，优化政府采购程序。加强财政投资评审力度，提高评审质量和效率。2019年，财政评审项目11个，送审资金6506.74万元，审定资金6186.06万元，审减金额320.68万元，审减率4.93%。

【社会保障】 年内，社会保障就业支出完成7559万元，比2018年同期减少324万元，下降4%，重点用于城镇职工医疗保险、养老保险、职业年金、城乡低保、新型农村养老保险、城镇居民及寺庙僧尼养老保险、“三老”人员补助、农村“五保户”供养、住房公积金、公益性岗位配套等方面。严格按照拉萨市农低资金标准即4550元/人/年的标准实行差额发放，2019年达孜区农村低保为85户243人，发放资金54.4万元；2019年全区特困人员共计123人，其中集中供养100人，分散供养23人，发放特困人员供养金140.15万元，其中集中供养金124.8万元，分散供养金15.35万元，供养金标准为集中每人每年12480元，分散供养标准为每人每年6675元。

【教育事业】 年内，达孜区教育支出完成21573万元，比2018年同期减少1600万元，下降6.9%。其中区本级财政对教育投入为8000万元，占地方公共财政收入的20%，重点用于教职工的住房公积配套资金、精准扶贫易地搬迁点幼儿园建设配套资金、农村教师各项补贴等经费；区本级财政投入3307.27万元，用于非义务教育阶段农村户口和城镇低保户口学生（大学、中职）助学基金补助；投入1487.82万元，全年落实义务教育及学前教育“三包”经费；投入253.72万元，支持农村义务教育学生营养改善计划等其他支出。

【医疗卫生】 年内，卫生健康支出完成22280万元，比2018年同期增加7662万元，增长52.4%，主要用于达孜区医院整体搬迁、全民健康体检、村医基本报酬资金、包虫病综合整治工作等经费。投入350万元，用于农牧民大病统筹配套资金等其他支出。2019年以来，达孜区人民医院“先诊疗、后结算”建档立卡贫困户141人报销金额91.97万元、新农合基本医疗报销1854人，报销金额1800.68万元，医疗救助报销327人，报销金额138.33万元。

【环境整治】 年内，节能环保支出完成2189万元，比2018年同期增加485万元，增长28.46%。主要用于五乡一镇辖区清理陈年垃圾和垃圾转运站、政府购买服务市场化运作等其他支出。2019年，严格执行自治区3500元/人/年的补贴标准，上半年岗位工资2457人429.98万元，下半年岗位工资2149人376.08万元，已全部通过“一卡通”兑现完成。

【基层文化建设】 年内，文化体育与传媒完成2765万元，比2018年同期增加1867万元，增长2.07倍。全面实现公共文化设施免费开放。用于群众文化经费、电影场次补贴、支持民间艺术团体建设和推进农村电影放映工程等其他支出。

投入1.7亿元，高标准高质量完成18个村级组织活动场所标准化建设，打造党群服务阵地。建设4G基站50个，电信扶贫业务套餐办理935个，叠加“扶贫专属致富包”199个，免费为村级党建活动室或文化室提供20部100M宽带。达孜区20个行政村通广播电视率、移动信号覆盖率、互联网覆盖率均达100%。

【惠农政策】 年内，农林水事务完成31919万元，比2018年同期减少3582万元，下降10.08%。主要

2019年12月26日，达孜区年终工作考核组对财政局开展年度目标绩效考核

用于支持发展高效农业、农业综合开发、水利事业、净土健康产业、“四业工程”、农村人居环境建设和环境综合整治、小型农田水利、农业科技推广、农作物补贴、牲畜良种补贴、农牧业特色产业、区级农牧业防抗灾物资储备库建设、重点防护林工程项目、农村安全饮水巩固提升工程项目等方面。

【住房保障】 年内，住房保障支出7564万元，比2018年同期减少2866万元，下降27.47%。主要用于城镇棚户区（危旧房）改造项目、德庆镇棚户区（危旧房）改造项目、基层政权建设村级综合服务中心项目配套资金等为全区重点项目建设。

2019年达孜区无上级危房改造任务，但经排查鉴定，新增危房20户（均为一般户，C级5户、D级15户），通过县级资金启动改造工作，已完成改造。

【党建、党风廉政建设】 年内，达孜区财政局党支部认真学习贯彻习近平新时代中国特色社会主义思想、党的十九大、十九届历次全会精神，全面落实从严治党要求和主体责任，从严从实推进机关党风廉政建设，牢固树立“四个意识”、坚定“四个自信”，坚持以开展“不忘初心、牢记使命”主题教育为基础，推动“两学一作”学习教育，狠抓思想政治教育，创新方式开展党的组织生活，切实改进工作作风，不断提升党支部服务水平，确保党风廉政建设工作扎实推进。

自治区、拉萨市有关领导到达孜区财政局开展“不忘初心、牢记使命”主题调研18次，主要涉及住房公积金、政法、民政、医疗救助、涉农整合等资金支出情况和减税降费落实情况等。财政局党支部组织集中学习22次，对照党章党规找差距专题研讨1次，组织（民主）生活会1次，重温入党誓词1次，参加党风廉政警示教育活动30余次。有效推进了财政局党建、党风廉政建设、不断提升了全体党员干部的思想政治觉悟。

【审计工作】 年内，按照“审计监督全覆盖”的要求，以贯彻新的《审计法》和自治区、拉萨市审计工作会议精神，认真履行审计监督职能，突出对经济和社会中的热点、难点和领导关注、群众关心的问题开展审计监督，为促进依法行政，维护财经秩序，推进廉政建设等方面发挥了积极的作用，较好地完成了各项审计工作任务。

配合拉萨市审计局对达孜区2017—2018年财政决算执行和其他财政收支进行审计以及自治区、拉萨市、达孜区纪委（监委）等单位对“三公经费”、援藏资金、项目资金和各单位资金使用情况等资金检查共计40余次。

（王　勇）

【机构领导】

局　长

尼　　玛（女，藏族）

副局长

次旦卓玛（女，藏族）

郭　　旭（藏族）

达孜区审计局

【概况】 2019年3月，根据“中共拉萨市达孜区委员会办公室 拉萨市达孜区人民政府办公室关于印发《达孜区机构改革方案》的通

2019年12月10日，达孜区审计局工作人员开展法治宣传活动

知”,成立达孜区委审计委员会,审计委员会办公室设立在达孜区审计局,由审计委员会委员、审计局局长扎西达娃任审计委员会办公室主任。达孜区审计局共有行政编制3名,其中科级领导职数2名,一般干部职数1人,现实有干部职工3人,其中局长一名,科员2人。

2019年,达孜区审计局充分发挥审计监督职能,突出重点,加大力度,讲求实效,较好地完成上级审计机关下达的审计任务和区委、区政府交办的各项工作任务,为保障全区经济健康稳定发展,促进廉政建设发挥了积极作用,2019年完成财务收支审计2个,专项审计1个(涉及4个部门)、经济责任审计4个,审计总金额201020万元,查出违规及管理不规范资金3322.7万元,其中:追缴财政资金212.9万元,归还原渠道资金14万元,加强自行管理纠正资金3095.7万元,出具审计报告5份,审计整改建议书4份,审计决定书1份,提出审计建议34条。

【财务收支审计】 年内,为规范财务管理,严肃财经纪律,加强内部监督,审计局按照区委、区政府统一安排部署,对达孜区文广局和达孜区环保局财务收支情况进行审计,审计发现存在不同的问题,针对存在的问题,出具审计报告1份,出具审计整改建议2份,提出10条建议,督促各单位及时整改,并在限期内已全部整改到位。

【经济责任审计】 年内,为加强对主要领导干部的管理和监督,促进领导干部廉洁自律,认真履行工作职责,审计局对达孜区林业绿化局、达孜区自然资源局、达孜区民宗局、达孜区民政局等4名主要领导实行经济责任审计,审计发现的问题,出具审计报告4份,提出审计整改建议20条,通过经济责任审计明确了领导干部的主管责任和直接责任,同时也为干部考核和提任提供了一定的参考依据。

【专项审计】 年内,根据区政府工作要求及区医保局委托,审计局对达孜区医疗保障资金涉及部门:达孜区财政局、达孜区民政局、达孜区卫生院、达孜区人力资源和社会保障局等4个部门进行专项审计,出具审计报告4份,出具审计整改建议书4份,提出整改建议7条,并督促各单位及时整改。

（罗布扎巴）

【机构领导】

局　长

扎西达娃(藏族)

达孜区自然资源局

【概况】 2019年3月29日,根据《关于西藏自治区市县机构改革的总体意见》《达孜区机构改革方案》,设置达孜区自然资源局,正科级,加挂达孜区林业和草原局、达孜区自然保护区管理局牌子。达孜区自然资源局行政编制为6名,其中科级领导职数3名。达孜区自然资源局所属事业单位的设置、职责和编制事项另定。达孜区自然资源局现有干部职工19人,其中副科级(含虚职)6人,科员1人,事业单位技术岗9人,工人2人,公益性岗位1人。

【“不忘初心、牢记使命”】 年内，按照区委、区政府、区纪委学习教育活动相关要求，积极推进各项活动。达孜区自然资源局干部职工积极参加党支部开展“两学一做”“不忘初心、牢记使命”“读书活动”“书记讲党课”等专题学习，保证每月至少2次专题学习，认真学习市、区关于各类文件和领导重要讲话精神，每名党员干部撰写相关心得体会；坚持领导党员干部带头，严格执行部门学习纪律以及工作纪律，全面落实政务、党务公开，确保各项教育活动全面落实。

【耕地保护】 年内，为切实有效保护耕地和基本农田，继续加大土地开发整理，完成章多乡尊木采村曲尼帕和雪乡扎西岗村土地整治项目，共计面积1765.5亩。以上2个项目已通过验收并已报备到农村土地监察监管系统中。确保达孜区耕地和基本农田数量不减少、质量有提高，保持了耕地总量的动态平衡，为达孜区社会经济的持续发展提供了有力的资源保障。

【土地矿产卫片执法】 年内，第一季度图斑中不存在违法图斑，第二季度中违法图斑5个，面积为680.4亩。达孜区针对土地违法图斑进行整改。达孜区为有效遏制土地违法行为，结合卫片执法情况及近年来时有发生的违法违规乱占滥用农用地、非法买卖出租土地现象，为严格执行国家加强土地管理的法律和政策规定，

2019年7月1日，达孜区自然资源局举行主题党日宣誓活动

达孜区自然资源局印发《拉萨市达孜区自然资源局关于进一步加强土地管理工作的通知》。

【宅基地确权颁证】 截至年底，宅基地确权颁证数量为3215宗，面积为2807414.23平方米，登记发证率达到90%。其中2019年新增颁证数量为1481件，新增颁证率达85.4%，宅基地修补测389宗。

【国有建设用地使用权登记】 年内，国有建设用地使用权（房屋所有权）办件数量为70件，其中：企业21件，个人49件。其中：首次登记7件，换证登记12件，变更登记11件，抵押登记15件，转移登记19件，遗失补证6件，窗口查档咨询数量34件。

【规划审核】 年内，坚持以《达孜区土地利用总体规划》《达孜区城市总体规划》《工业园区总体规划》和《工业园区产业规划》为指导，严格按照规划落实土地供应，并全面提高高污染、高能耗项目的用地准入门槛。2019年，达孜区自然资源局共审核项目30余个，核发规划许可证25张。全区土地资源批、供、用、查等各环节严格按照规划执行，土地开发利用更加规范科学，土地市场秩序保持良好。

【生态修复】 达孜区白纳沟“山水林田湖草”生态修复项目，总投资2000万元，实施造林37.67公顷（564.80亩），共涉及13个作业地点；达孜区虎峰园林生态园项目，总投资1768.29万元，实施达孜虎峰园林生态园苗木采购、培育以及生态园设施设备建设；达孜区高标准良种奶牛繁育中心建设项目（绿化工程），总投资450.05万元（本级财政资金），实施达孜区高标准良种奶牛繁育中心内绿化53664.5平方米、电气

工程53664.5平方米、给水工程53664.5平方米；达孜区2019年重点防护林（拉萨周边造林绿化）项目，总投资316.5万元，实施人工造林4330亩，封山育林10000亩（帮堆乡叶巴村）；巩固国土绿化和义务植树项目，完成巩固造林点项目种植292539株，义务植树5000亩；达孜区2017年度森林抚育项目，总投资60万元（中央预算投资），由涉及村委会实施，森林抚育6000亩；2018年拉萨周边防护林建设项目，总投资115万元（中央预算投资），实施造林4250亩，其中：人工造林250亩（塔杰乡塔杰村），封山育林4000亩（邦堆乡叶巴村）。

【森林生态效益补偿基金】 年内，达孜区森林生态补偿基金工程重点公益林面积为490490亩，达孜区责任区88个，小班241个，管护人员238名（其中均为建档立卡户）。年初与各乡镇签订A合同，各乡镇与238名管护人员签订生态管护B合同。2019年下达达孜区森林生态效益补偿基金270.06万元，已兑现专职护林员管护工资245.245万元。

【野生动植物保护】 年内，查获1起非法盗猎采伐野生动物案件，共罚款17000元；查处2起非法采集煨桑行为，罚款5000元，没收煨桑原材料90余袋；查处保护区内非法采砂1起，罚款32000元。野生动物肇事损失补偿方面已到位达孜区2017年度野生动物肇事损失补偿资金198.8791万元，已全部兑现给各乡镇，2018年度的野生动物肇事损失补偿资金由平安保险公司对接各乡镇进行承赔。

【退耕还林】 年内，达孜区退耕还林地面积1934.7亩，其中2002年落实退耕还林地163.2亩，2003年落实退耕还林地1508.5亩，2006年落实新增退耕还林地面积263亩。2019年下达达孜区2006年263亩的退耕还林补助资金3.92万元（退耕点雪乡雪普村），已于2019年12月10日全部兑现。

【森林防火】 年内，为切实做好森林防火工作，保护森林资源，巩固退耕还林成果，促进达孜区林业发展，本着"盛世兴林、防火为先"的工作思路，狠抓各级防火责任制的落实，严格管理野外火源，加大防火宣传力度，切实做到严防死守，有效地遏制了山火发生和人员伤亡事故。

【森林督查】 7月，由自治区林业厅移交达孜区森林督查图斑15块（以下简称图斑），判读总面积20.7038公顷。为加大对破坏森林资源违法行为的打击力度，夯实森林资源管理基础，全面加强森林资源保护管理工作，根据《国家林业和草原局关于开展2019年森林督查暨森林资源管理"一张图"年度更新工作的通知》和《西藏自治区林业和草原局关于开展2019年度森林督查暨森林资源管理"一张图"年度更新工作的通知》文件要求，达孜区自然资源局开展森林督查自查工作。经现地查验核实图斑15块，现地核查15块图斑总面积20.7038公顷，均为未办理林地审核审批使用的林地，其中：涉及9个项目2大类，其中包括养殖类、工程类。

【林改确权】 年内，达孜区同上级业务部门开展集体林地权属外业调查工作，对达孜区进行集体林地、林木实地测量，并于9月向区政府申请175万元经费，邀请第三方进行全方位森林资源权属、位置、界址、面积、树种等林地确权的基本内容，已完成最终数据的统计工作。

（胡嘉祎梅）

【机构领导】

副局长

单增罗布（藏族，主持工作）

于记伟

登记中心主任

次仁诺布（藏族）

达孜区统计局

【概况】 2015年9月，达孜区统计局由原达孜区发展和改革委员会管理的统计局（副科级）调整为区政府工作部门（正科级）并加挂社会经济调查队牌子。共有编制6人，行政编制3人；经济调查队事业编制3人。现有干部职工7人，正科级1人，副科级2人，事业编制4人。

【基本职能】 贯彻执行统计法

律、法规、规章、基本统计制度和统计标准，组织协调达孜区统计工作，确保统计数据真实、准确、及时。拟订统计现代化建设规划并组织实施；指导达孜区统计工作；建立健全达孜区国民经济核算体系和统计指标体系；建立和完善达孜区经济、社会、科技统计调查制度；监督管理各乡镇、各部门统计和国民经济核算工作。组织实施全区人口普查、经济普查、农业普查等国情国力普查和大型专项调查，汇总、整理和提供有关统计数据。组织实施农林牧渔业、工业、建筑业、批发和零售业、住宿和餐饮业、能源、投资、科技、人口、劳动力、环境基本状况、文化体育和娱乐业以及装卸搬运和其他运输服务业、仓储业、计算机服务业、软件业、科技交流和推广服务业、社会福利业等统计调查，收集、汇总、整理和提供有关调查的统计数据，综合整理和提供地质勘查、旅游、交通运输、资源、房屋、对外贸易、对外经济、邮政、教育、卫生、社会保障、公用事业等达孜区基本统计数据。组织各乡镇、办事处、各部门进行经济、社会、科技和资源环境统计调查；统一核定、管理、公布达孜区基本统计资料，定期发布达孜区国民经济和社会发展情况的统计信息；组织实施区域经济和社会发展情况的统计监测评价考核。

对国民经济、社会发展、科技进步和资源环境等情况进行统计分析、统计预测和统计监督；建立并不完善的宏观经济监测系统；向区委、区政府及有关部门提供统计信息和咨询建议。依法制定达孜区统计调查计划；做好达孜区统计专业基础工作，加强基层统计业务基础建设；建立健全统计数据质量审核、监控和评估制度，开展对重要统计数据的审核、监控和评估；依法监督管理涉外调查活动。指导达孜区统计专业技术队伍建设，开展统计科学技术研究交流合作及统计资料的编辑出版工作；会同有关部门组织管理全区统计专业资格考试培训、职务评聘和从业资格认定工作。建立并管理达孜区统计信息自动化系统和统计数据库系统，拟定各乡镇、各部门统计数据库和网络的基本标准和运行规则，指导各乡镇、办事处统计信息化系统建设。

2019年7月19日，达孜区统计局召开2019年度年中项目推进会

【内部管理】 年内，达孜区统计局紧紧围绕全区中心工作和经济社会事业发展的各项目标，认真落实区、市统计局的各项工作部署，以“提升统计能力，服务经济发展”为中心，全力打造现代化服务型统计，加强内部管理，强化统计基础工作，优化统计服务，大胆改革创新，抓好基础数据统计。为推动达孜区经济发展，达孜区统计局充分认识新形势下做好统计工作的重要性，重点宣传《中华人民共和国统计法》，全面加强统计能力建设，提高统计服务水平，发挥统计工作在经济社会发展和宏观决策中的信息、咨询、督查作用，更好地为加快实现经济社会跨越式发展和长治久安目标服务。加强对统计报表的分析，做好每个季度全区国民经济运行分析工作。

及时调整2019年统计资料，进一步增强统计服务领域的广泛性和时效性，完成《2019年统计年鉴》资料的编纂。每季围绕全区主要经济发展指标，特别是考核指标，加强分析，及时预警预测，统计服务水平进一步提高。

较好地完成农林牧渔业、工业、固定资产投资等各专业的2019年年报工作；各专业明确审核重点，加大审核力度，统计数据的完整性、时效性和准确性进一步提高，全面反映了达孜区发展实际。

【经济总量】 年内，实现地区生产总值15.31亿元，同比增长8%。其中第一产业实现增加值1.94亿元，同比增长6.2%；第二产业实现增加值5.73亿元，同比增长8.5%；第三产业实现增加值7.64亿元，同比增长8.1%；一、二、三产比重为12.67 ：37.43 ：49.9。

【全社会固定资产】 年内，固定资产投资力度不断加大，与2018年同期相比增长24%。

【农牧民收入】 年内，在一系列支农惠农政策的支持下，农牧民收入继续保持稳定增长态势，全年完成农牧民人均可支配收入15321元，同比增长13.1%。

【社会消费品零售】 年内，消费品市场较为活跃，完成社会消费品零售总额2.4亿元，同比增长7%。

【财政收入】 年内，财政收支稳步增长，完成地方财政一般预算收入4.81亿元，同比增长-38.99%。

【工业总产值】 年内，工业实现规模以上工业总产值2.3亿元，增加值增速为5.7%。

【培训情况】 年内，经过自治区统计局及拉萨市统计局组织的各类培训及自学，达孜区统计局干部业务知识进一步提升。安排统计局干部到江苏省培训3次，协助开展各乡（镇）统计专干各类统计培训90余人次。

【依法统计建设】 年内，认真贯彻落实中共中央办公厅 国务院办公厅印发的《关于防范和惩治统计造假、弄虚作假督察工作规定》。按照国家统计局的统一安排，深入开展统计“三查”工作，对“四上”企业、500万元以上投资项目进行全面自查和检查，坚决查处和曝光各种干涉企业独立上报统计数据的违法行为，结合从业资格和继续教育情况开展专项检查。通过广泛宣传和执法查处，进一步提高了各级各单位依法统计的自觉性，提高了统计在公众面前的权威性。

深入企业督促建立健全原始记录和统计台账，留存完整、齐全的报表资料，确保达孜区统计数据真实、可信，为党委、政府宏观决策提供准确的数据支撑。同时，进一步加强统计法律法规的宣传教育，使统计用户、调查对象和统计人员牢固树立统计法治思维、法治理念，为建设法治统计营造良好的社会氛围。

【第四次全国经济普查】 年内，为如期完成普查工作目标任务，达孜区统计局认真贯彻落实《全国经济普查条例》，安排17名普查指导员、51名普查员参与达孜区经济普查工作，使用四经普经费26000余元，印制80本《达孜区第四次全国经济普查培训资料》，制作100条宣传横幅、13840余张培训资料、120个普查包，以及各种证件56张发放给普查小区。截至年底，达孜区经济普查工作任务已圆满完成。

【建立统计公众号】 年内，达孜区统计局建立统计公众号（拉萨达孜统计），进一步将统计数据、统计成果深入到每一位干部、每一位老百姓身边，干部群众随时可以查阅历年达孜区各类数据，达孜区干部内公众号关注覆盖率为65%左右（领导干部覆盖率为80%），统计局将于达孜区宣传部等部门联合，进一步提升覆盖率。

【精准扶贫】 年内，达孜区统计局紧紧围绕区委、区政府对精准扶贫工作要求，充分了解结对户的基本情况、致贫原因和户主对脱贫措施方面的具体愿望，先后组织干部对结对帮扶户进行4次入户，并送去价值6100元的慰问品。

（次旦旺姆）

【机构领导】

局 长

旺 堆（藏族）

副局长

薛 健

达孜区经济和信息化局

【概况】 达孜区工业和信息化局正式成立于2010年，属于达孜区

2019年3月19日，达孜区经济和信息化局揭牌仪式

政府组成部门，因组织机构改革，2019 年 3 月更名为达孜区经济和信息化局。负责全区工业经济运行、信息化建设管理工作、全区商务工作，挂商务局牌子。达孜区经济和信息化局编制 4 人，现有工作人员 9 人（局长 1 人，副局长 3 人，副主任科员 1 人，科员 2 人，事业人员 1 人，驾驶员 1 人）。

【经济指标】 年内，达孜区规上企业 9 家，分别为西藏藏缘青稞科技有限公司、西藏春光食品有限公司、西藏珠峰实业有限公司、西藏第三极羊绒制品有限公司、西藏圣信工贸有限公司、西藏卓玛民族手工艺品有限公司、西藏岗地文化产业集团有限公司、西藏阳光庄园农牧资源开发有限公司、西藏运高新能源有限公司。

2019 年，达孜区规上企业共完成工业总产值 22698 万元，同比增长 3.4%；完成工业销售产值 22389 万元，同比增长 2.3%；实现工业增加值 11193 万元，同比增长 5.7%。2019 年，达孜区完成社会消费品零售总额 24960 万元，同比增长 13%。

【“三品一标”建设】 年内，达孜区企业结合自身特点，不断推出名优产品，不断壮大龙头企业队伍，打造更多驰名品牌，运用品牌效应，带动产业发展。

截至年底，达孜区农产品加工企业成功打造“羌塘布”青稞酒、“赛牦岗”牦牛绒、“水墨藏绒”系列羊绒纺织品、“雪域吉顺”青稞醋、“阿佳”牦牛肉、“盛桃”芫根饮品、“雪域圣谷”青稞保健品、“卓玛秀”玫瑰精油等近 30 个品牌。2019 年，达孜区西藏春光食品有限公司已获得绿色食品和有机食品认证；西藏圣禾生物科技有限公司已获得绿色食品认证；西藏玫瑰生物科技发展有限公司已获得绿色食品、有机食品和农产品地理标志认证。2019 年新增注册商标共计 2 个（西藏艺伦创业投资管理有限公司 2 个项目）。

【项目申报、评奖】 年内，达孜区经济和信息化局筛选信用管理体系相对健全、社会信誉好的企业，推荐 4 家申报拉萨市绿色发展试点企业；推荐 7 家参加西藏自治区组织的特色产品加工企业评奖，进一步提振了企业的发展信心。根据《拉萨市绿色发展试点企业评价认定办法》，已认定达孜区西藏藏缘青稞科技有限公司和西藏圣信工贸有限公司为 2019 年度拉萨市绿色发展试点企业。

2019 年，西藏圣信工贸有限公司荣获拉萨市级“十佳诚信民营企业”“高新技术企业”和拉萨市农牧业产业化经营“龙头企业”称号；西藏藏缘青稞科技有限公司荣获拉萨市“十佳诚信民营企业”称号和以西藏艺伦创业投资管理有限公司名义注册两个商标；西藏罗占民族手工艺发展有限公司荣获自治区级“文创西藏品牌使用权”、普次仁荣获自治区“二级造像师”称号；西藏玫瑰生物科技有限公司荣获拉萨市级“科技型中小企业”称号；西藏春光食品有限公司荣获“第二十届中国绿色食品博览会金奖”。西藏优格仓工贸有限公司荣获“全国民族特需商品定点生产企业”和拉萨市农牧业产业化经营“龙头企业”称号。

【自主招商】 年内，为更好落实达孜区招商引资工作“走出去、引进来”的战略措施，达孜区经济和信息化局借助各类平台开展自主招商活动：充分借助"昆交会"活动平台，深入开展"走出去"招商引资活动。在"昆交会"中，达孜区累计发放招商引资宣传册300余份，出售展品销售额达2万余元，签约正式代理2个，意向代理4个。

达孜区经济和信息化局参加南京苏商实体企业峰会，主动对接投资机构、拓宽招商渠道。达孜区通过设招商展销台，综合展示达孜的优质产品，并重点宣传达孜区招商引资奖励扶持政策，初步确定与镇江市新越沥青有限公司的意向合作，总投资1亿元。

2019粤港澳大湾区重点商协会会长高峰论坛上，达孜区代表团拜访深圳市宏凯实业集团、易幻网络、广东名迈科技有限公司等科技企业，介绍了达孜区经济社会发展情况和主导产业发展现状，宣传西藏自治区、拉萨市有关招商引资优惠政策，特别是和广东名迈科技有限公司就达孜区特色农产品在广东省的推广和扶贫产业合作进行较为详细的磋商。此次招商引资对接活动共签约意向投资项目1个，总投资2亿元。同时与广州、深圳两地企业建立良好的战略伙伴关系，在产业扶贫方面加强合作沟通。

【项目包装】 年内，在拉萨市招商局的帮助指导下，邀请专业包装策划公司对达孜区重点包装项目及西藏玫瑰、屋脊之宝等特色企业进行实地考察，重点发掘达孜特色历史文化和特色资源，为下一步做好项目策划包装奠定了基础。

【重大项目引入】 年内，达孜区引入5亿元以上项目2个，分别是西藏佳禾房产有限公司投资建设的佳禾阳光绿洲项目及由西藏开源实业有限公司投资建设的盛世未来城项目，上述2个项目前期规划已经完成，预计2020年全面开工。

【社会效益】 年内，达孜区招商引资库中的24个建设项目共雇佣当地农牧民463人，其中建档立卡贫困户83人，共支付农牧民工资1451万元，其中包括支付建档立卡贫困户的608万元，扶贫带动效果明显。

年内，达孜区招商引资项目共24个，其中新建项目12个，续建项目12个，累计到位资金20.03亿元，同比增长10.18%，完成任务的100.13%。

【电子商务进农村】 年内，根据《拉萨市关于电子商务进农村综合示范县创建工作推进情况的督办通知》，达孜区经济和信息化局认真开展达孜区农村电商现状和发展前景调研工作。同时，积极参与区市商务部门组织的各类电商培训，为达孜区成功创建电子商务进农村示范县奠定了良好的工作基础。

根据拉萨市商务局的统一安排，达孜区电子商务进农村综合示范县（区）创建项目中标单位为拉萨净土文化传媒有限公司。该公司通过摸底排查确定乡、村级各个网点的位置，并与邮政、电信部门就电子商务进农村综合示范县进行深入洽谈，形成初步合作模式。按照项目建设规划，拉萨净土文化传媒有限公司对唐嘎乡、邦堆乡、雪乡和塔杰开展的电子商务知识培训已经结束。截至年底，已经完成达孜区级服务站点的建设工作，乡村级网点建设

2019年6月3日，达孜区到江苏省南京市参加招商引资项目推介会

共计4个、其中邦堆乡1个、雪乡1个、唐嘎乡1个、塔杰乡1个。4个门店均已对外开放和进入运营阶段，现职工人数4人，均属西藏籍高校毕业生。

【电子政务服务】 年内，为贯彻落实“放管服”改革，深入推进“互联网＋政务服务”工作，严格按照达孜区行政审批局的工作要求，认真开展电子政务服务工作。

达孜区经济和信息化局共认领商务事项10项，其中行政许可3项、其他行政权力5项、行政确认1项、行政奖励1项。并对所有审批事项进行情形化梳理，及时上传事项流程图。达孜区电子政务外网接入单位共计76家，其中，一期外网接入9家单位，二期外网接入67家单位。覆盖达孜区各单位，各乡镇，各行政村及区属国有企业。

【党建工作】 年内，坚持把学习贯彻习近平总书记系列重要讲话精神作为机关党建的一项重要政治任务，局党支部采取理论学习、宣讲辅导、座谈交流等多种形式组织党员干部开展学习，不断深化对讲话精神的理解和把握。

坚持把思想理论建设放在首位，深入开展学习型党组织创建活动，把创建学习型党组织纳入机关党建工作整体规划，建立健全让党员经常受教育、永葆先进性的长效机制。进一步执行和完善“三会一课”制度、党员学习制度、民主生活会制度、组织生活会等制度，提高可操作性。

【党风廉政建设】 年内，紧紧围绕习近平总书记关于“守纪律、讲规矩”的要求，教育机关党员切实增强政治意识和规矩意识，着力推动党风廉政建设各项任务的落实，形成守纪律、讲规矩的良好风气。大力推进“为官乱为、为官不为”专项整治，整治机关党员中存在的推进不力，精神不振、责任意识不强、服务意识不浓、有令不行、有禁不止等突出问题。

【碘盐配送】 年内，为切实做好达孜区农牧民食用碘盐配送工作，巩固和保持全区农牧民食用碘盐100%的覆盖率。达孜区经济和信息化局积极协助盐业公司严格落实碘盐配送标准，按时完成碘盐配送任务，进一步增强人民群众获得感、幸福感。2019年，达孜区五乡一镇碘盐配送共计155吨。

（杨　帅）

【机构领导】

局　长

周胜毅

副局长

王洪齐

王桂元（江苏援藏，7月任）

米　珍（女，藏族）

达孜工业园区管理委员会

【概况】 达孜工业园区规划总面积为6.018平方公里，现开发土地超2000亩。园区业已形成以净土健康产业为主导品牌，以高原生物医药医疗产业、新能源及科技型新兴产业、民族手工业和现代服务业为依托的发展格局。2019年，园区累计入驻企业1847家（包含注册型）。园区实体企业62家，投产企业26家，其中规上企业8家，龙头企业8家，高新技术企业4家。2019年，园区规上企业完成工业总产值2.27亿元；规上企业完成工业销售值2.24亿元，实现税收13.6亿元（包含注册型企业）。

【拉萨市环保局调研】 1月22日，拉萨市环保局局长格桑巴珠到达孜工业园区检查指导工作，达孜区委常委张永祥、环保局局长拉巴旺堆、工业园区环保专干陪同调研。

【“做合格党员、当先锋模范”主题教育活动】 2月21日，为进一步加强达孜区党员政治教育，扎实推进“做合格党员，当先锋模范”教育活动，达孜工业园区管委会组织全体党员学习《达孜区在“做合格党员，当先锋模范”教育中开展向“时代楷模”卓嘎、央宗姐妹学习活动实施方案》，学习习近平总书记给卓嘎、央宗姐妹的回信，对支部党员提升党性修养，增强党员素质起到较大的促进作用。

【山南市政府考察交流】 2月25日，中国建筑设计研究院规划院副院长冯新刚、山南市江北新区筹委会副主任阎伟隆一行到达孜工业园区考察交流工作，达孜区副区长次吉卓玛，工业园区各科室负责人等陪同。

【自治区发改委调研】 2月26日，西藏自治区发改委党组成员、副主任张秀武，自治区发改委经济贸易处长次旦格来一行到达孜工业园区调研考察，拉萨市发改委相关领导、达孜区副区长陈伟、达孜区发改委主任孙浩、工业园区管委会副主任邓爽等陪同调研。

【双创基地验收】 3月13日，拉萨市工信局科长平杰、市财政局阿旺、第三方评估小组2名同志组成的市级创业孵化基地验收专家小组一行到达孜区创新创业孵化基地进行检查验收，达孜区人社局局长江村、工业园区管委会副主任邓爽陪同检查验收。

【自治区经信厅调研】 3月26日，自治区经信厅党组成员、副厅长安央金一行到达孜工业园区考察调研，拉萨市经信局副局长成建华、达孜工业园区党工委书记、管委会主任王斌忠，达孜工业园区党工委副书记、管委会副主任蒋云峰，管委会副主任邓爽、区经信局长周胜毅及园区各科室负责人陪同调研。

【浪卡子县调研】 4月2日，山南市浪卡子县党政代表团一行到达孜工业园区考察指导工作。达孜区副区长边巴次仁、达孜区人大常委会副主任普多、达孜工业园区管委会副主任邓爽等领导陪同随行。

【自治区政协调研】 4月9日，自治区政协经济和人口资源环境委员会主任赤列多吉一行率领区政协办公厅、区工商联、中国人民银行拉萨中心支行等主要负责同志一行就民营经济发展政策落实情况到达孜工业园区实地考察调研。拉萨市政协党组副书记、副主席张勤，市政协经济资源环境社会科教文卫委员会主任、机关党组成员旺杰，市工信局副局长向敏，市人社局副局长、市“两创示范”办副主任贺能晟，达孜区政协党组书记、主席赵彩娥，区委常委、统战部部长拉巴顿珠，达孜工业园区党工委书记、管委会主任王斌忠等领导陪同随行。

2019年6月16日，西藏自治区党委组织部调研组一行到达孜工业园区调研

【江苏省产业合作考察团调研】 4月10日，拉萨市政府副秘书长马恩兵，拉萨市经信局局长王旭光携江苏产业合作考察团（江苏安惠生物科技有限公司、宝利国际集团、诺得物流股份有限公司）等12家苏籍企业到达孜工业园区参观考察，园区管委会副主任邓爽陪同随行。

【环境保护部署会议】 4月18日，达孜工业园区管委会召开达孜工业园区环境保护暨安全生产工作部署会，达孜工业园区党工委书记、管委会主任王斌忠，达孜区环保局、应急管理局、区公安局治安大队、消防救援大队、园区一区警务站和镇江警务站相关负责同志，园区管委会副主任邓爽及各科室负责人，园区近40家投产企业参加此次会议。

【自治区经信厅调研】 4月30日，自治区经信厅厅长徐飞、副厅长郭翔率领厅政策法规处、规划发展处、经济运行处、数字经济发展处、信息化推进处、消费品工业处、高新技术产业处、中小企业处、产业园区发展处、办公室以及政策法规科相关负责人到达孜工

2019年4月10日，江苏产业合作考察团一行到达孜工业园区调研

业园区考察指导工作。拉萨市经信局局长王旭光，达孜工业园区管委会主任王斌忠，副主任蒋云峰、邓爽等领导陪同调研。

【自治区人大代表团调研】 5月23日，自治区各级人大代表团一行到达孜工业园区指导交流工作，达孜区人大常委会副主任唐忠、工业园区管委会办公室主任覃雨菲及园区企业相关工作人员陪同调研。

【自治区基层党建重点工作调研组考察调研】 5月28日，自治区基层党建重点工作调研组第1组组长、昌都市委组织部副部长杨海生，区党委组织部组织四处副处长李鑫，拉萨市委组织部组织科科长吴小兵，昌都市类乌齐县委组织部副主任科员李世强到达孜区调研指导非公企业党建工作。达孜区委副书记巴桑顿珠，达孜区委常委、组织部部长格西斯满，国家税务总局达孜区税务局、达孜工业园区管委会、达孜区经济和信息化局、人社局、工商联、总工会、团委、妇联等部门负责人一同参加调研。

【拉萨市委书记白玛旺堆调研】 5月29日，西藏自治区党委常委、拉萨市委书记白玛旺堆率队到达孜工业园区考察调研，达孜区委副书记、区长春新，达孜区委副书记、常务副区长李军，达孜工业园区管委会主任王斌忠，区委办主任白玛央金，政府办主任任彦芳等领导陪同随行。

【江苏省国信集团调研】 6月18日，江苏省副省长、省政府党组成员马秋林，江苏省国信集团有限公司董事长王晖等领导一行到达孜工业园区考察调研，拉萨市委常委、常务副市长占堆，达孜区委副书记、区长春新，区委常务副书记贾云亮，区委副书记、常务副区长李军，副区长朱峰，达孜工业园区管委会副主任蒋云峰等领导陪同随行。

【“七一”走进福利院】 7月1日，为热烈庆祝建党98周年，达孜工业园区党工委组织动员非公企业党支部开展丰富多彩的庆“七一”主题党日活动。达孜工业园区党工委与西藏圣禾生物科技有限公司、西藏藏缘青稞科技有限公司两公司党支部一道，以实际行动践行党员密切联系群众的宗旨，发扬“尊老、敬老、爱老”的中华民族传统美德，组织全体党员到达孜区金叶敬老院，为老人们送关怀、送温暖。

【主题党日活动】 7月2日，达孜工业园区管理委员会党支部庆祝建党98周年主题党日活动暨发展党员大会。会议由园区党支部书记邓爽主持。

【危险化学品安全排查】 7月10日，拉萨市应急管理局监管一科科长次仁尼玛带领有关专家一行到达孜工业园区开展安全生产督查指导工作，达孜区应急管理局局长索朗次仁、副局长李翔实，园区相关工作人员陪同。

【“不忘初心，牢记使命”】 7月31日，达孜工业园区管委会召开“不忘初心，牢记使命”主题教育“服务企业”座谈会。此次会议由达孜工业园区管委会副主任邓爽主持，园区党工委书记、管委会主任王斌忠及园区20家企业负责人参加会议。

【镇江市调研】 8月8日，江苏省镇江市委书记、市人大常委会主任惠建林率江苏省镇江市党政代表团赴藏考察调研、对接对口支援工作，深入贯彻落实以习近平同志为核心的党中央治藏方略和习近平总书记关于治边稳藏的重要论述，结合“不忘初心、牢记使命”主题教育，共商新时代对口援藏工作，看望慰问第九批援藏干部人才。

【工业园区发展建设专题工作会议】 9月9日，达孜区人民政府常务会工业园区专题会议在园区管委会召开。达孜区委副书记、区长春新，区委常委、副区长许俊超，区委常委、副区长边巴次仁，副区长次旺多杰、王震，达孜工业园区管委会主任王斌忠以及区财政局、住建局、政府办、发改委、自然资源局相关负责同志参加此次会议。

【安全生产大检查】 9月18—27日，在中华人民共和国成立70周年大庆来临之际，为及时排除安全隐患，严防各项安全事故的发生，园区安监局联合达孜区应急管理局对园区各生产企业，在建工程工地进行节前安全生产大检查。

【自治区人社厅调研】 9月24日，自治区人社厅仲裁处一行到达孜工业园区实地考察指导工作，园区办公室主任覃雨菲陪同调研。

2019年7月2日，达孜工业园区开展主题党日活动

【阿里地区调研】 10月24日，阿里地区人大地工委主任平措一行到达孜工业园区考察调研。拉萨市人大常委会党组副书记、副主任达瓦，达孜区人大常委会党组书记、主任米玛，园区管委会相关负责人陪同调研。

【参观西藏百万农奴解放纪念馆】 11月13日，为深入开展“不忘初心、牢记使命”主题教育学习，达孜工业园区管委会组织党员干部参观西藏百万农奴解放纪念馆，进一步增强爱国主义教育。

【消防宣传月活动】 11月22日，根据《达孜区2019年“119”消防宣传月活动实施方案》精神，积极开展以“防范火灾风险，建设美好家园”为主题的消防宣传活动，达孜工业园区管委会联合达孜区消防救援大队，在西藏藏缘青稞科技有限公司组织开展消防应急演练活动。

【昌都市经信局调研】 12月6日，昌都市经信局副局长张军一行到达孜工业园区调研考察，自治区经信厅及园区管委会相关工作人员陪同调研。调研团抵达达孜工业园区后，在园区工作人员的陪同下，参观企业特色产品展示厅，详细了解园区企业的产品销售情况以及未来的发展规划。

【召开组织生活会】 12月19日，达孜工业园区管委会党支部召开“不忘初心、牢记使命”主题教育专题组织生活会。会议由达孜工业园区管委会党支部书记邓爽主持，园区党工委书记王锦及园区党支部其他成员参加此次会议。达孜区委“不忘初心、牢记使命”主题教育第一巡回指导组成员石阳出席会议并现场指导。

【开发建设】 年内，达孜工业园区新建工业项目6个，分别是：南京优科高原生物项目、开源实业盛世未来城房地产开发项目、古林坊咖啡项目、藏黄紫珠软膏产品项目、南群工贸项目以及西藏牧乐科技项目。深入推进园区5个在建、续建工业项目,即藏缘酒业、唐富兴隆商贸、圣龙实业、飞腾医药、玫瑰生物等企业扩大产能、研发等领域项目建设。截至年底,园区建成基础设施项目20个,投入资金超4亿元。2019年,纵深推进园区4个援藏项目建设,即句容路延伸段、金山大道延伸段、总体路网提升和融创路基础设施项目建设工作。

【园区管理】 达孜工业园区管委会获批3个内设机构:经济发展与规划建设局、办公室(财政所)和安全生产与监督管理局,现有干部14名。严密制定各个部门的办事流程、规章制定,建立健全各项服务机制。制定五年规划,园区发展年计划、年初与各职能部门签订目标责任书,确保各项指标任务落实到位。与此同时,区委、区政府领导多方关心关怀。书记、区长更是多次到园调研经济发展、项目建设、扶贫开发等相关工作开展情况,深入企业、了解其发展现状及困难,千方百计帮助企业、园区解决实际问题,助推其发展壮大。

(覃雨菲)

【机构领导】

主　任

王斌忠(三级调研员)

副主任

邓　爽(四级调研员)

党工委书记

王　锦(江苏援藏,正科级)

办公室主任

覃雨菲(女,藏族)

经济发展与规划建设局局长

骆　斌

安全生产与监督管理局局长

米玛扎西(藏族)

达孜区应急管理局

【概况】 2019年,达孜区下辖五乡一镇,总人口3万余人。全区有318国道、拉林高等级公里、拉萨到林周穿境公里(561国道)。自治区级工业园区1家,63家实体企业;非煤矿山2座(普雄矿业于2015年10月7日因技术产能落后、矿石不足等原因停产至今;祁连山水泥厂正在建设当中);13家危险化学品企业;重点建筑施工领域3处。2019年,达孜区生产安全事故3起(2起建筑施工领域生产安全事故、1起道路交通安全事故),死亡2人,伤亡0人,直接经济损失268万元,无较大以上事故发生,无群死群伤事件。达孜区应急管理局因机构改革于2019年3月揭牌成立。

2019年,达孜区应急管理局在编干部4人。机构级别为正科(局)级,编制总数6名,行政编制4名、事业编制2名。

【目标管理】 年内,达孜区安委会与成员单位、应急管理局与监管对象层层签订安全生产工作目标责任书78份,构建横到边、纵到底的安全生产监管网络,确保安全生产责任制得到有效落实。继续实施安全生产目标管理,把安全生产作为全局性重点工作纳入全区目标综合考核,使安全生产工作责任得到进一步细化、落实。

【法制建设】 年内,深入贯彻实施国务院新《安全生产法》,进一步加大生产安全事故调查处理力度,建立和完善各项规章制度,依法追究事故责任,起到了较好的警示作用。

【安全监管】 年内,利用“安全生产标准化”“安全生产月”“安全生产达孜行”等活动为载体,分别对危化品、非煤矿山(砖瓦厂)、工贸企业、建筑施工、道路交通、宗教领域、烟花爆竹经营场所、学校以及人员聚集场所开展深入细致的联合检查和专项执法活动。开展全方位、多层次的安全生产大检查、切实加强节日期间安全生产监管、加强重点时段安全监管、特别加大汛期安全检查力度,有效促进了各级安全生产责任落实。

【安全大检查】 年内,共组织联合督查企业3次,发现隐患3条,现场整改2条,限期整改1条,检查生产经营单位68家,整改问题隐患281条,责令改正、限期整改12起,责令停产停业、停止建设1家,行政处罚46万元整。检查危化品16次,发现隐患58条,现场整改25条,限期整改33条,对辖区内的工贸企业和建筑施工单位开展3次抽样式安全生产大检查，共发现隐患38条，现场整改24起，限期整改14起，交通领域方面共组织专项行动6次，出动执法人员38人次，下达执法文书8份，消除安全隐患78处；对达孜区14座寺庙（日追、拉康）进行2次隐患排查工作，共发现隐患48条。截至年底，已整改32条。

【隐患治理】 年内，“两节”前后，结合烟花爆竹定点销售工作的开展，对达孜区烟花爆竹销售市场进行执法检查，重点打击无证销售和非法经营行为，规范了达孜区烟花爆竹市场秩序；组织开展特种设备安全隐患排查整治专项行动，持续动态排查消除各类安全隐患，确保所使用设备的安全运行；进一步规范电器产品，提高群众电气火灾防范意识。

开展危化行业安全专项整治，加强危化品安全监督检查，重点加大对危险化学品生产、销售、储存、运输过程中的监管力度，严防事故发生；开展粉尘防爆和涉氨制冷行业专项整治。紧盯各类作业场所，认真开展大检查和隐患治理，消除重大事故隐患，有效遏制和防范事故发生；实施道路交通安保工程建设，持续开展道路隐患集中排查整治行动，有效防范道路交通事故发生。

【建立应急救援管理机制】 年内，加强安全生产监督检查工作，坚持定时检查与重点抽查相结合，全面排查达孜区的各类安全生产事故隐患，抓好安全事故隐患排查管理制度，坚持日常巡查和单位自查相结合，推进监管关口前移，加强安全源头隐患排查，根据达孜区的实际情况，着力建立健全安全生产应急管理机构和应急救援队伍，制定达孜区生产安全事故救援应急预案，不断完善救援体系，有效防范各类重特大事故的发生，确保安全生产工作落到实处。

2019年9月11日，达孜区应急管理局开展安全生产业务培训

【安全教育】 5月16日、9月18日，达孜区应急管理局联合园区管委会安监局以邀请专家的形式，组织工贸企业负责人和企业安全管理人员64名在园区管委会开展业务知识培训。随后为了充分发挥属地管理原则，提升监管人员的业务知识水平，达孜区应急管理局订购《安全生产标准》《安全生产学习手册》《安全生产须知卡》发放给各乡镇和辖区各派出所。同时，在日常检查工作当中，达孜区应急管理局专门联系乡（镇）安监专干或者分管安全生产领导一同到现场进行实地教学。

【职业病防治】 年内，为预防、控制和消除职业病危害，防治职业病，保护劳动者健康及其相关权益，促进达孜区经济社会发展，健全职业病防治责任制，加强对职业病防治的管理，提高职业病防治水平以及对职业病防治工作重要性的认识，达孜区应急管理局宣传贯彻《中华人民共和国职业病防治法》，开展以“依法防治职业病，切实关爱劳动者”为主题的宣传活动，着力抓好职业卫生基础工作，对职业病防护设备、应急救援设施和个人使用的职业病防护用品，用人单位应进行经常性的定期检测其性能和效果，确保其处于正常状态，全面部署年度职业病防治工作和职业健康教育。

【安全宣传】 年内，各乡（镇）、区

直各部门、各企业以“防风险、除隐患、遏事故”为原则,通过电视、微信公众平台、专版专栏、悬挂张贴安全生产标语(横幅),播放安全生产警示教育片等形式,营造浓厚的安全生产月活动宣传氛围,共粘贴标语86幅,悬挂横幅89张。

6月16日,各乡(镇)在政府门口开展安全咨询日活动,达孜区安委办在虎峰佳苑组织开展“安全生产宣传咨询日”活动,活动当天设立咨询台,通过发放宣传资料、设立宣传展板、现场解答问题等多种手段向企业职工和社会公众传播安全生产理念、思路、措施和行为规范,共发放以安全生产政策法规、安全科普常识、应急处置、自救互救方法为内容的彩色宣传单3000份、安全读本200本、宣传展板14块。

各乡(镇)、区直有关部门、各企事业单位共播放安全生产教育警示片3部,组织观看安全警示教育片45场(次),观看人数达5000余人(次)。

达孜区直有关部门深入重点企业开展安全生产法律法规宣讲、部门负责人与企业召开座谈会、典型经验观摩、安全文化进校园等活动。通过上述活动的开展,进一步增强企业职工和农牧民群众的安全意识、法制意识,营造“人人关注安全”的良好的氛围。

【自身建设】 年内,达孜区应急管理局党支部有正式党员4名。局领导班子按照“举旗帜、抓班子、带队伍、促发展”的要求,切实加强局机关党建工作切实加强思想政治建设。加强基层组织建设,深入实施“三会一课”制度,积极开展党员“不作为、慢作为、形式主义、官僚主义”突出问题的党员政治纪律教育活动,充分发挥局党支部的战斗堡垒作用,加强思想政治工作,开展理想、信念、宗旨教育,确保上下政令畅通,激发了干部职工工作的积极性和主动性牢牢把握深入学习贯彻习近平新时代中国特色社会主义思想这个根本任务,坚持把“不忘初心、牢记使命”主题教育与推进“两学一做”学习教育常态化制度化结合起来,与党员政治教育结合起来,采取领导示范带头学、丰富载体推动学、邀请专家辅导学、红色教育感染学的“四学模式”,分领域抓好学习教育,引导广大党员干部增强“四个意识”、坚定“四个自信”、做到“两个维护”,组织领导干部开展理论学习。

(扎　桑)

【机构领导】
局　长
　　索朗次仁(藏族)
副局长
　　李 翔 实

达孜区税务局

【概况】 2019年,达孜区税务局有正式干部职工10名,其中党员6名,群众4名;汉族干部6名、藏族干部4名,平均年龄32岁。2019年,达孜区税务局注册纳税户共3245户,其中个体工商户1126户,企业2048户,包括:有限责任公司1447户,合伙企业338户,农牧民专业合作社202户,私营独资企业38户。

【落实税收减税政策】 年内,全国实行大规模减税降费,增值税税率全面降低,小微企业标准再一次放宽,小规模纳税人六税两附加减免,个人所得税新政策全面实施,税制改革释放国家红利,推动人均收入提高,助推国家经济保持高速增长,社会保险费征管职责划转工作正式实施。

2019年,为确保达孜区各项减税降费政策措施不折不扣落实到位,达孜区税务局多措并举,强化落实:成立实施减税降费工作领导小组,为扩大减税降费的影响面,组织干部进政府、进校园、进企业,开展政策宣传和辅导;加强内外培训和宣传,让干部和纳税人做到政策吃准吃透;以党建为引领,让党员干部和业务骨干进企业进行业务辅导;联合区局税收协会给辖区内企业开展更专业的减税降费政策解读。达孜区税务局深化落实减税降费、个人所得税改革和增值税改革,让纳税人充分享受改革红利。

【税种管理】 年内,以强化管理、优化服务为主线,坚持依法治税,严格营业税政策的贯穿执行与监督检查,完善细化行业管理,切实提高营业税的征收管理。围绕“管好税基、完善汇缴、加强评估、分类管理”的要求,切实加强企业所得税征管，完善企业所得税的汇算清缴制度，引导纳税人在汇算清缴中转变角色，实现税务机关职能从"全能型"向"服务型"的跨越。根据《企业所得税汇算清缴表》对各单位所得税汇缴工作进行考评，并及时通报考评结果，通过这一做法，大大提高各征管单位的业务水平和工作积极性。

【法制教育】 年内，达孜区税务局全体干部严格按照法定权限和程序行使权力，履行职责，正确处理依法征税与完成税收计划、依法征税与纳税服务之间的关系，把防范执法风险作为一项重要工作来抓，强化税收执法行为的事前、事中和事后监督，督促全体干部加大税收法律法规知识的学习，从思想上树立执法风险意识和依法行政意识。

【增值税一般纳税人资格登记管理】 年内，实行一般纳税人登记制度，增强"登记在先、管理在后、优化服务"的管理意识，以适应新政策、新形势的需要；组织干部全面学习、了解和掌握登记范围、登记标准、登记资料、登记时限等政策规定；加强与区委、区政府沟通协调，争取当地政府、园区管理委员会等部门对达孜区税务局一般纳税人后续管理工作（专票的领用需约谈在前）的理解和支持，避免因政府在开展招商引资工作中急于求成的工作方法和由于行业理解认识的不同形成不必要的误解和矛盾，避免对达孜区税务局一般

2019年3月18日，达孜区税务局干部到区中心小学开展税法进校园活动

纳税人工作造成税务执法风险。

【摸底税源基础】 年内，以行业、以区域、核准本局税源自身结构特点，与企业及上级部门做好沟通，明确全年税收征收中存在重点及难点，抓好高危行业（商贸、农副产品、煤炭、废旧物资）招商引资企业政策的解读和审核，做好税源的监控及管理，保证组织收入的有效执行。

以夯实基础要求为基准点，结合税收执法大督查自查工作，从实际出发，全面梳理达孜区税务局纳税人信息基础档案信息完整率和准确率。

【党风廉政建设】 年内，认真贯彻上级党风廉政建设和反腐败工作的决策部署，全面从严治党，强化责任担当，严明纪律规矩，严格落实"一岗双责"，持之以恒落实中央"八项规定"精神和自治区"约法十章"有关规定，压实两个责任，坚持正风肃纪，强化廉政宣传教育，教育引导广大干部坚定不移地筑牢拒腐防变的思想防线，坚定不移地推进廉政制度建设。为达孜区税收事业健康发展提供了强有力的纪律保证和作风保证。

【优化纳税环境】 年内，不断改善纳税服务理念和服务态度，避免和降低任何可能出现的征纳矛盾，坚持预防为主与定期排查相结合，把优化纳税服务工作同维稳工作相结合，增强了纳税服务工作的主动性和针对性，规避了征纳矛盾纠纷，普遍提高了纳税服务能力和处置突发事件的能力。

【"两学一做"】 年内，开展"两学一做"学习教育常态化、制度化学习讨论，坚持全覆盖、常态化、重创新、求实效，有序开展学习教育，推动党内教育从"关键少数"

向广大党员拓展，从集中性教育向经常性教育延伸，提高党员的党性意识和党员意识，提升了党组织的创造力、凝聚力、战斗力。

达孜区税务局通过学习教育，增强基层党组织的战斗力、提高党员干部的精气神，发挥党员先锋模范作用，引领广大税务干部激发积极性和开创精神，进一步提升全体党员的党性修养、政治思想觉悟和实际工作的能力，把“两学一做”学习教育融入日常，切实做到常抓长管。

（平　措）

【机构领导】

局　长

向春海（藏族）

纪检组长

常景阳（女）

副局长

姚孟拉

李　丽（女）

拉萨达孜区旅游发展投资有限公司

【概况】 拉萨达孜区旅游发展投资有限公司自2017年4月成立以来，积极推动旅游重点项目落地，加快旅游品牌形象推广，促进公司整体管理能力和水平提升。年内，拉萨达孜区旅游发展投资有限公司借助达孜全域旅游良好发展态势，持续落地实施一大批旅游重点项目，继续打造“藏鹤仙子”系列品牌产品，稳步推进党建、业务履职、维稳综治、决策执行落实等各项工作。但在公司整体管理建设水平、旅游推广、项目统筹方面仍然存在不足，旅游发展理念、人才培养方面与发展较好的地区存在较大差距。

【扎叶巴村项目】 年内，旅游项目建设持续发力，总体建设规划平稳实施，在带动农牧民增收就业方面表现较好。扎叶巴村项目共带动12名当地大学生就业，实施过程中469个当地农牧民参与其中，累计增收超过470万元。

【拉萨人家建设项目】 该项目实施过程中，实现53个当地农牧民参与其中，共计增收18.2万元。

【“云上达孜”电商创业基地项目】 该项目实施过程中35个当地农牧民参与其中，包括机械，车辆运输，本地材料等，共计增收54万元。

【重点旅游市场】 年内，市场方面紧紧围绕旅游业提档升级、突出品牌打造、项目招商引资等任务，有条不紊地推进各项工作，按序时进度较好地完成各项目标。

截至年底，扎叶巴游客服务中心核心产品展厅累计接待游客8000余人次，产品销售额9万余元，文化旅游建设项目本地农民参与372户，实现人均增收12287元；拍摄冬游西藏、秋游西藏两部宣传片，在江苏、安徽等多地开展达孜全域旅游宣传推介会，此外，参加和组织区内外旅游市场推广宣传活动20余次，投入经费200余万元，参加活动1000余人次；筹划、拍摄、放映以援藏为主题的电影《拉日宁布》，打造达孜旅游宣传新局面；组织举办2019“圣城拉萨·云上达孜”旅行摄影大赛，实现参赛人数896人，参赛作品达2303幅，H5页面点击查看36万余次；继续与高铁公司合作，组织在京沪、京九高铁（城铁、复兴

2019年4月3日，江苏援藏项目集中开（复）工暨达孜区乡村电商物流服务中心项目开工仪式在达孜工业园区举行

号）等循环播放达孜旅游宣传片，年受众8000万人次；文化和旅游部于2019年7月授予白纳村“全国乡村旅游重点村”荣誉称号，旅游重点村落开发水平不断提升。

【项目建设】 拉萨达孜区旅游发展投资有限公司将重点落地实施达孜区白纳沟景区项目、达孜区乡村电商物流服务中心（二期）装修工程项目、扎叶巴村容村貌项目（四期）。此外，充分利用拉萨市全域旅游建设和达孜区大力发展旅游产业的政策优势，有效结合达孜区旅游资源优势，突出当地民俗、着力改善当地人居环境，保护和弘扬当地民俗文化，通过旅游开发，游客接待，带动当地相关产业发展，解决当地精准扶贫户劳动力就业，改善民生，可持续统筹解决达孜区发展旅游业、增加贫困农民收入、乡村全面振兴难题。

拉萨达孜区旅游发展投资有限公司将成立运营管理子公司，带动以扎叶巴景区为主导的达孜全域旅游市场化经营；加强旅游运营管理人才及接待服务人员招聘和培训，全面提升达孜旅游经营质量；设计落实达孜“一日游”“两日游”等串联达孜各个景区景点的创意产品，为游客提供人文、生态、产业相结合的丰富旅游体验，从而提高达孜旅游知名度。

进一步提升支部建设水平，多向优秀支部学习和交流，开展形式多样的支部活动，形成定期组织党员学习、交流、实践活动的制度，形成以支部建设为根本、全面领导带动业务工作的良好局面。积极推进人才强旅战略，编制达孜旅游人才中长期计划，培育示范型人才培育基地，实施校企合作、产教对接人才项目，推进旅游职业经理人认证，建设旅游人才孵化基地，引入导游职业水平评价，吸引旅游专家学者参与到达孜全域旅游发展中来。

（玉　珍）

【机构领导】

区委常委、副区长

许俊超

总经理

达瓦措姆（女，藏族）

达孜区虎峰城市建设投资有限公司

【概况】 达孜区虎峰城市建设投资有限公司是经达孜区政府批准、国资委授权作为达孜区城市基础设施国有资产的投资主体并对其实施运营的国有企业，是区政府实施国有资产经营和产业结构调整的主要载体。

2019年，达孜区虎峰城市建设投资有限公司承担精准扶贫项目、沿街商铺项目、虎峰城市广场建设项目等共7个项目，以等不起、坐不住、慢不得的工作态度，勇于应对挑战，敢于开拓创新，积极对接征地理赔、房屋拆迁、树木移栽、项目审批等工作环节，克服困难，圆满完成各项目建设任务。

【（五乡一镇）项目】 项目共建设安置房60栋344户，概算总投资15615.6万元。工程主体结构及附属工程已全部完工并交付使用，项目资料已全部移交至档案馆。

【沿街商铺建设项目】 项目概算总投资1850.02万元，项目总建筑面积5018.61平方米，其中新建商铺楼4796.11平方米。此项目工程主体结构及附属工程已全部完工，项目资料已全部移交至档案馆。

【邦堆幼儿园沿街商铺建设项目】

项目概算总投资1333.83万元，项目总建筑面积3183.44平方米，新建商铺楼2966.4平方米。此项目工程主体结构及附属工程已全部完工，项目资料已全部移交至档案馆。

【砂厂项目】 砂石厂位于林阿村村委会北侧，征占林地面积85亩（10000元/亩），共计移栽树木3110棵（68元/棵），砂石厂建设前期场地费用总计1061480元。5月，经过与区水利部门及当地乡、村协商，进行林阿村境内拉萨河段河道清淤，储备砂石原料13.4万方。6月，砂石厂设备安装及调试等工作顺利完成，7月正式投产运营。年内，共生产销售砂石原料3.7万方，销售额达到150余万元。

【章多乡拉木村养猪场建设项目】

项目总建筑面积1056平方米，包括配种舍、后备舍240平方米、妊娠舍240平方米、分娩保育舍

2019年2月3日，达孜区发改委副主任、虎峰城投总经理洛桑旺扎（中）慰问粮食局退休干部职工

240平方米、生长育肥舍240平方米、饲料加工库房96平方米。项目总投资282.45万元，5月3日此项目已全部完工，项目资料已全部移交至档案馆。

【应急储备粮仓建设】 应急储备粮仓位于邦堆乡，项目概算总投资1255.16万元，项目总规划用地面积约8.71亩，主要建设内容有：改建粮食仓库两栋，新建办公楼一栋。截至年底，项目工程主体结构及附属工程已全部完工，资料准备完全即可进行项目竣工验收及核算阶段。

【虎峰城市广场项目】 此项目为股份制招商引资类合作项目，公司以土地形式入股，根据土地评估价格确定占股比例，建设资金由天相置业出资，双方共同成立西藏天达房地产开发有限公司进行项目建设。6月，完成商户搬迁及相关赔偿工作。年内，已完成临时售楼部装修、项目围墙建设及相关项目推广宣传工作。

【企业可持续发展】 年内，达孜区虎峰城市建设投资有限公司充分利用专业和人才优势，在房地产业务、建材业务、粮油经销业务、交通运输业务等方面谋求新突破，成立达孜弘睿房地产开发经营有限公司、达孜弘穗粮油经销有限公司、西藏天达房地产开发有限公司、达孜虎峰客运有限公司等，拓展公司经营业务，增强企业造血功能，做大做强企业，为建设美丽达孜做出更大的贡献。

【弘睿房地产开发经营有限公司】 年内，以提供优质服务为核心，不断完善公司业务，先后对虎峰佳苑门面房进行消防维修、管道疏通及清理工作，有力保障商户个人生命安全、财产安全。截至年底，公司正在积极筹备物业相关事宜，组建城市广场物业管理部。

【弘穗粮油经销有限公司】 1月，根据达孜区民政局救灾粮发放名册，共计发放冬春生活救助粮37080公斤，受益人群达到106户共计412人。截至年底，公司青稞库存总量为136400公斤，清油库存总量7975公斤。根据上级部门工作安排，公司正在对10万公斤储备粮进行转商品粮销售，保障粮食地方供应工作有序开展。

【西藏天达房地产开发有限公司】 由虎峰城投与天相置业共同合作成立，用于开展虎峰城市广场项目建设工作。

【虎峰客运有限公司】 由虎峰城投与拉萨雪域明珠旅游汽车运输有限公司共同合作成立，用于开展达孜区农村客运民生工程项目。公司从1月4日正式运营，运营车辆5台。前期开通三条线路，后期根据实际情况增设一条路线。自运营以来，每周及节假日均进行安全隐患排查工作。截至年底，共计46次，GPS终端维修5次，路面检查14次，都未发现安全生产隐患存在。后期将继续加强安全管理工作，确保无事故发生。

公司还积极与江苏天空物业、天空环卫公司开展合作，在达孜区合作经营江苏天空物业有限公司达孜分公司、江苏天空环卫有限公司达孜分公司。公司承接达孜区境内安保、保洁、绿化、设施维护等服务内容，为达孜区境内良好环境建设提供有力保障。

【综合管理】 截至年底，总公司在职人员共计26人，其中管理层6人，部门正副职5人，普通职员9人，司机3人，后厨2人，保洁1人。各子公司人员共计14人。公司人员构成可以很好地完成公司的各项工作任务。

年内，根据公司日常工作需要及工作实际，人力资源部先后制定并完善《员工聘用及管理办法》《员工日常管理规定》《员工培训学习管理办法》《员工岗级评定及薪酬管理办法》《人员考核管理办法》《人员激励管理办法》《人事档案管理规定》等制度，为公司向科学化、规范化管理奠定了基础。

为进一步提高整体工作效率、工作水平，调动员工工作积极性，人事部每季度末按照《人员考核管理办法》对员工进行全面考核，并对考核优异人员进行了岗位及薪资的调整，以促进员工工作积极性更适合公司发展需求。

【党建工作】 年内，坚持每周四组织党员、干部职工进行学习教育。积极组织干部职工研读十九大和十九大精神学习读本，集中学习习近平系列重要讲话精神和《习近平谈治国理政》《习近平关于党风廉政建设和反腐败斗争的重要论述摘编》等内容。在抓学习上做到三结合：政治理论与业务学习结合，理论学习与实际工作结合，集体讨论与个人自学结合。

2019年5月16日，虎峰城投公司开展扫黑除恶打非治乱专项斗争知识测试

年内，共开展集中学习20余次，干部职工每人完成读书笔记2万多字，撰写心得体会13篇，举办、参加各类培训5场次，培训学习10余人次。学习理论知识43篇，组织考试1次，制作宣传展板6块，横幅10余条。通过扎实有效的学习和培训，充实了全体干部职工的理论知识，切实增强了党员干部的党性修养，提高了公司的凝聚力、战斗力，不断加强党的执政能力建设和先进性建设。通过专题培训、集中研讨，主题宣讲、书记讲党课等方式，全方位、多角度开展学习活动；推动完善集体学习和个人学习相结合的学习制度，形成浓厚的学习氛围，提升队伍整体素质；年内，共集中观看红色教育影片5次，组织参观红色教育基地1次，用形象生动的事例教育公司干部职工，不断提高党员干部的素质和修养。

年内，开展学雷锋活动、西藏民主改革60周年系列活动、“四讲四爱”系列宣讲、爱国卫生月活动、建党98周年系列活动、中华人民共和国成立70周年系列庆祝活动等，将各项活动和工作紧密结合起来，动员广大干部职工广泛参与，深入学习党的十九大精神和中国特色社会主义思想和党中央最新最先进的各项政策部署，教育引导广大党员干部树立牢固的理想信念、学好实践好党中央的各项政策。

（何 婷）

【机构领导】

区委常委、副区长、虎峰城投董事长
王晓蕾

区发改委副主任、虎峰城投总经理
洛桑旺扎（藏族）

达孜虎峰园林绿化有限公司

【概况】 2019年，达孜虎峰园林

绿化有限公司以全新的姿态，迎接达孜新发展、服务达孜新发展、助力达孜新发展。召开第一届董事会第二次会议暨第二届董事会第一次会议。在新一届董事会的指导下，继续创造新业绩，主营业务更加广泛，内部管理日趋完善，稳步走上规范化、制度化、科学化管理的轨道。承接项目10个，实现营收4683万元，带动群众增收1218万元，全力以赴助力达孜经济社会发展。

【党的领导】 年内，加强党的基层组织建设，必须从严抓好落实。以提升组织力为重点，突出政治功能，健全基层组织，优化组织设置，理顺隶属关系，创新活动方式，扩大基层党的组织覆盖和工作覆盖。加强企业、农村、机关、事业单位、社区等各领域党建工作，推动基层党组织全面进步、全面过硬。

加强社会组织党的建设，探索加强新兴业态和互联网党建工作。加强支部标准化、规范化建设。基层党组织要在贯彻落实中发挥领导作用，强化政治引领，发挥党的群众工作优势和党员先锋模范作用，引领基层各类组织自觉贯彻党的主张，确保基层治理正确方向。

【“两学一做”专题教育】 年内，为深入学习贯彻习近平总书记系列重要讲话精神，推动全面从严治党向基层延伸，巩固拓展党的群众路线教育实践活动和“三严三实”专题教育成果，进一步解决党员队伍在思想、组织、作风、纪律等方面存在的问题，保持发展党的先进性和纯洁性。

2019年，在全体党员中开展“学党章党规、学系列讲话，做合格党员”学习教育（以下简称“两学一做”学习教育）。是面向全体党员深化党内教育的重要实践，是推动党内教育从“关键少数”向广大党员拓展、从集中性教育向经常性教育延伸的重要举措。

各地区各部门各单位党委（党组）要充分认识开展“两学一做”学习教育对于推动全面从严治党向基层延伸、保持发展党的先进性和纯洁性的重大意义，作为一项重大政治任务，尽好责、抓到位、见实效。要把思想建设放在首位，教育引导党员尊崇党章、遵守党规，以习近平总书记系列重要讲话精神武装头脑、指导实践、推动工作，着力解决党员队伍在思想、组织、作风、纪律等方面存在的问题，努力使广大党员进一步增强政治意识、大局意识、核心意识、看齐意识，坚定理想信念、保持对党忠诚、树立清风正气、勇于担当作为，充分发挥先锋模范作用。

【公司业绩】 达孜虎峰园林绿化有限公司通过科学谋划，打造良好的园林绿化景观效果，展现园林绿化成果。年内，主要紧抓拉萨市达孜区虎峰大道市政绿化工程、达孜区“山水林田湖草”生态修复工程、达孜区高标准奶牛厂绿化工程和达孜区工业园区管委会沿线绿化工程等项目，其中达孜区“山水林田湖草”生态修复工程受到自治区、市、区各级单位的高度认可，该项目主要对德庆镇白纳沟进行生态修复，分“山、河、路”三条线打造。总建设面积560余亩，有效地恢复了白纳沟生态。

达孜区被称为拉萨东大门，虎峰大道的绿化建设也尤为重

2019年7月1日，达孜区委副书记、区长春新（左一），区委副书记张永祥（右一）调研“山水林田湖草”生态修复工程

2019年3月16日，达孜虎峰园林绿化有限公司总经理多吉（右一）到日喀则市江孜县调研苗子

要。由公司承建的拉萨市达孜区虎峰大道市政绿化工程，在工期紧、任务重的情况下按时圆满完成。

【展望未来】 作为园林绿化相关工作者，责任重大，任务艰巨。今后达孜虎峰园林绿化有限公司的绿化工作任重而道远，在绿化工程、养护工作方面，公司将树立品牌，科学规范地制订计划，精益求精地开展工作，加强工作的强度和力度，加快改革现有工作管理的体制，充分运用市场经济手段，大力推广管理人负责制，建立起独立的、专业的、高水平的管理队伍，充分地利用现代的新技术提高养护管理科学化的水平，确保达孜虎峰园林绿化有限公司各项管理工作再上新台阶。

（达瓦次仁）

【机构领导】

副区长、达孜虎峰园林绿化有限公司董事长

张 永 祥（10月免）

王　 震（11月任）

城市管理和综合执法局局长、达孜虎峰园林绿化有限公司总经理

多　 吉（藏族）

副总经理

李 奇 峻

总经理助理

刘 庆 华

社会事业

达孜区民政局

【概况】 2019年，机构改革，救灾救济相关职责交达孜区应急管理局，救灾物资储备相关职责交达孜区发展和改革委员会，城乡困难群众医疗救助相关职责交达孜区医疗保障局，双拥、优抚、退役士兵安置相关职责交区退役军人事务局，应对人口老龄化、健康养老、医养结合部分老龄工作相关职责交达孜区卫生健康委员会。达孜区民政局下设达孜区城乡居民经济状况核对中心（事业编制）和1所五保集中供养机构（事业编制），即达孜区五保集中供养服务中心。共计干部职工58人，其中包括2名副局长、1名城乡居民经济状况核对中心主任、1名五保集中供养服务中心主任、5名科员、3名事业工作人员、3名公益性岗位、43名聘用人员。

2019年9月12日，达孜区委常委、纪委书记、监委主任扎西泽姆（右三）一行到五保集中供养服务中心调研

【农村低保】 年内，持续开展脱贫人员“回头看”工作，对原享受低保人员及建档立卡贫困户进行核查，在核查中发现的超标的农村低保户16户73人给予退出低保保障，对核查中发现符合低保标准的农村低保户9户22人纳入低保户。2019年农村低保实际人数为86户237人，总共兑现资金为54.4万元。

【城镇低保】 截至年底，达孜区城市低保147户160人，2019年兑现资金为137.03万元。

【社会救助】 年内，规范临时救助申报程序和审批权限，县（区）级人民政府民政部门作为临时救助审批责任主体，全面审查相关材料，由区居民家庭经济状况核对中心进行核对，对符合救助条件的，在5个工作日内完成审批，并将审批结果反馈乡镇人民政府，对不符合条件的不予以批准，将不予批准理由书面反馈申请人。2019年救助城乡困难群众15人次，发放临时救助金额7.03万元。

【医疗救助】 年内，对特困人员、城乡低保、重点优抚对象、孤儿成员等人群中患重疾病住院治疗的在政策范围内自付费用以100%的比例予以救助，其余低收入家庭自付费用由达孜区经济核对中心进行核对，符合条件的救助70%，对不符合救助条件的进行公示，并出红头文件告知乡（镇）及申请人。截至8月，对111名城乡困难群众实施医疗救助，救助金额573273元，较好解决了困难群众治病难问题（从9月开始移交给区医疗保障局）。

【老龄工作】 年内，加大宣传《中华人民共和国老年人权益保障法》力度，张贴宣传画、发放宣传资料、在各村综合服务中心集中发放宣传资料，持续宣传《中华人民共和国老年人权益保障法》，2019年对70周岁以上高龄老人进行统计，达孜区共有1244人，按照70—79周岁每人每年600元标准、80—89周岁每人每年1200元标准、90—99周岁每人每年2400元标准、100周岁以上每人每年3600元标准，发放高龄老人健康补贴资金99.90万元（从12月开始移交给区卫生健康委员会）。

【老年人日间照料】 年内，举行拉萨市老年人日间照料中心启动仪式，正式启用拉萨市老年人日间照料中心，为拉萨市辖区内不能完全自理、日常需要一定照料的半失能老年人提供膳食供应、个人照顾、保健康复、休闲娱乐、精神慰藉等日间托养服务，不仅做到老有所养，而且实现老有所乐，充分发挥党和政府对老年人群众的关怀，该中心的启动，得到副市长贡扎曲旺高度评价。

【特困供养】 年内，五保集中供养服务中心集中供养特困人员100人，分散供养23位特困人员，实现供养率达83%，意愿集中供养率达到100%的目标。兑现全年供养金共计140.15万元（供养金标准为集中每人每年12480元、分散为6675元）。助力攻坚脱贫，提升养老机构兜底保障能力。

【农村社区建设】 继续加强对全区20个村（居）委会的业务指导，理顺村党组织、村民会议（村民代表会议）、村民委员会和村务监督委员会之间的相互关系，明确村务监督委员会的职责义务，充分发挥村务监督委员会的监督作用，提高农村民主管理和民主监督工作水平，促进农村经济社会和谐发展。按照村委监督委员会管理制度发放59人工资86万元，其中村务监督委员会主任19人每人每年工资2万元，监督委员会成员40人，每人每年工资1.2万元。

【地名与行政区划】 年内，按照市局和撤县设区要求，对原有界桩进行更换，民政局出资9000元，制作6个界桩并进行更换。投入52.4万元，设置、更换98个二级路牌，一级灯箱式路牌26个。积极配合林周县完成第五轮县级行政区域界线联合检查工作，做到边界地区无争议。

【民政项目建设】 年内，争取国家资金300万元，完成唐嘎乡帕尔寺天葬台维修项目，进一步加强达孜区殡葬服务能力。

【婚姻登记】 年内，加强对《婚姻法》《婚姻登记条例》和《婚姻登记工作规范》的宣传和贯彻力度，提高婚姻登记服务水平。2019年达孜区共办理国内结婚登记410对，离婚登记97对，补领婚姻登记证110对，登记合格率为100%。

【流浪乞讨人员救助】 年内，健全救助管理服务网络，强化联动协作，加强应急救助服务，发挥救助管理工作的综治维稳作用。继续支持区级流浪未成年人救助保护设施建设，推进救助管理机构的等级评定和规范化管理。

【残联工作】 年内，将《西藏自治区人民政府关于建立困难残疾人生活补贴和重度残疾人护理补贴制度的实施意见》翻译为藏文版并下发至各乡（镇）、村，组织相关人员将实施意见进行宣讲，确保宣讲面全覆盖，提升对“两项补贴”政策的知晓率。提升残疾人“两项补贴”发放的信息化水平，加强“两项补贴”信息的实施检测、对比和动态管理。

年内，为重度残疾人124人发放护理补贴29.76万元，为困难残疾人364人发放困难补贴43.68万元，落实残疾人“两项补贴”资金共计73.44万元；对0—16周岁残疾少儿实施动态管理，38人按照每年每人2400元标准发放8.94万元；对残疾人重点关爱对象实施动态管理，对54人按照每年每人6000元标准发放30.45万元。2019年新增残疾人70人，达孜区共有持证残疾人1110人。

【民政宣传】 年内，在“4·15”“5·12”“11·9”“12·4”等重点节日开展民政工作宣讲活动，重点对《婚姻法》《老年人权益保障法》《残疾人保护法》以及临时救助政策、低保政策、婚姻政策、特困人员供养政策等相关民政工作政策进行了宣传。

【机关作风】 年内，深入学习贯彻习近平新时代中国特色社会主义思想，开展“两学一做”“不忘初心、牢记使命”主题教育，用习近平总书记系列重要讲话精神武装头脑、指导实践、推动工作，学习掌握党的理论、党的规章制度，了解党史军史和党员先进事迹，强化支部党员“四个意识”、坚定“四个自信”、做到“两个维护”，不忘初心，牢记使命，履职尽责，做到心中有党、心中有民、心中有责；规范党内组织生活，按照工作计划积极开展“三会一课”、主题党日活动，充分发挥支部战斗堡垒作用，发挥好党员先锋模范作用，不断增强支部的活力；推进党建工作与局工作融合，坚持“靠业务吃饭，靠党建强身”理念，围绕民政中心工作抓党建，通过党建工作促进民政业务科学发展；加强党风廉政建设，支部书记履行党风廉政建设主体责任，带头遵守贯彻中央“八项规定”和“三重一大”制度，严格民政资金使用，带头抓学习，提高支部党员党风廉政意识，健全各项规章制度，用制度管理人，依照制度办事。

2019年9月18日，达孜区民政局党支部全体党员参观西藏百万农奴纪念馆

【民政工作典型事例】 达孜区五保集中供养服务中心通过国家级养老服务业标准化试点验收。达孜区五保集中供养服务中心在全市福利机构开展标准化体系建设工作的基础上，2018年3月，又被国家标准委确定为第5批国家级社会管理和公共服务综合标准化试点建设项目。试点建设项目推进2年来，在上级民政部门和各级质监部门的指导下，中心严格按GB/T 24421服务业标准体系系列标准和《社会管理和公共服务综合标准化试点细则(试行)》等规定，结合养老服务工作实际，扎实推进养老服务标准化建设及项目试点工作。两年来，达孜区委、区政府及上级部门对中心的标准化建设工作给予大力支持和充分资源保障，并加大资金投入，全力支持标准化建设工作，自试点工作开始至今投入约216万元，用于标准化建设工作。建立一套由基础标准分体系、服务保障标准分体系、服务提供标准分体系和岗位工作标准分体系4部分组成的养老服务标准体系。共计164项标准，其中：直接采用或引用上级标准40项(包括国家标准32项、行业标准8项)，自编养老服务标准124项。与此同时，还清理收集养老服务、标准化方面的相关法律法规、上级规范性文件等58项。中心养老服务标准体系基本覆盖了管理和服务的全过程，对解决服务参差不齐、预防事故发生、提升入住老人幸福指数等各种实际问题，发挥重要作用并取得较大的建设成效，已达到试点建设工作预期目标。于

2019年10月15日通过国家级养老服务业标准化试点验收。通过本次国家级养老服务综合标准化的试点建设工作，提升“达孜区五保集中供养服务中心”养老服务的知名度和美誉度，为自治区、拉萨市其他社会福利机构养老服务标准化工作的深入开展起到引领和示范作用。

（杨佳鑫）

【机构领导】

副局长

索朗加措（藏族，主持工作）

尼玛曲珍（女，藏族）

城乡居民家庭经济状况核对中心主任

顿珠卓嘎（女，藏族）

五保集中供养服务中心主任

洛桑曲达（藏族）

达孜区人力资源和社会保障局

【概况】 2019年，达孜区有公益性岗位180个，在岗176人。区委、区政府本着鼓励就业的中心思想，为了使公益性岗位人员真正发挥社会效益，增加工作积极性。经区常委会研究决定，将达孜区公益性岗位从业人员工资待遇提高500—1800元不等，在公益性岗位管理方面严格执行公益性人员考勤管理制度。

【业务知识学习】 年内，达孜区人力资源和社会保障局进一步加强业务知识的学习，并积极参加区、市组织的各种业务知识相关法律、法规及规章制度学习，加强对就业再就业政策措施、专业技术人员管理、机关事业单位社会养老保险制度等业务知识的学习，加强对兄弟单位先进经验的学习，不断提高全局干部职工的业务素质。

2019年8月21日，达孜区召开高校毕业生就业创业工作部署会

【就业再就业】 年内，实现城镇新增就业934人，其中（就业困难群体就业155人，城镇失业人员再就业188人）；开展就业再就业培训人数250人，培训合格225人，培训后就业180人，培训合格率90%，培训后就业率72%；开展各类培训1250人，其中转移就业培训885人，完成培训485人，培训合格485人，培训后就业389人，培训合格率100%，培训后就业率80%，其中（建档立卡贫困人口转移就业培训265人，完成培训84人，培训合格84人，培训后就业67人，培训合格率100%，培训后就业率80%），开展创业培训50人，创业成功25人，创业带动就业18人；开展职业介绍成功406人，开发就业岗位1973个，开展人力资源洽谈会3期，开展农牧区劳动力转移就业9059人数、22359人次，实现收入6450万元。

年内，紧紧围绕达孜区培训一人就业一人的目标，采取形式多样的培训办班方式提高培训实效。截至年底，开展各类培训共计23期，1250人，其中建档立卡贫困户558人；其中实用技术培训4期340人，建档立卡贫困户293人；转移就业培训17期885人，其中建档立卡贫困户265人。开展农牧民转移就业技能培训以培训机构集中培训为主，通过培训让农牧民掌握技能，由培训学校推荐到相关企业、单位就业。

2019年应届高校毕业生332名，其中，精准扶贫高校毕业生52名、毕业人数326人、已解决就业人数324人、就业率达到

99.39%；公职岗位就业 94 人，市场就业 230 人；区内企业 157 人、区外企业 6 人、创业 2 人、西部志愿者 1 人、参军入伍 2 人、乡村振兴专干 25 人、公益性 9 人、其他基层就业岗位 18 人；升学 10 人。2019 年达孜区高校毕业生成功创业有 6 人，成功申请创业启动资金共计 30 万元。

【机关事业单位社会保险】 年内，基金征收 86226892.72 元。

【城乡居民参保】 年内，参保人数达 17822 人，保险征收 1256200 元。

【城乡居民养老金】 年内，待遇发放 6537549.51 元。

【劳动监察】 年内，全面落实劳动合同制度，推进集体合同备案制度，不断提高劳动合同签订率；完善解决企业拖欠工资问题的有效机制，加大企业欠薪防处力度，按照“谁主管、谁负责”原则，组织开展解决拖欠工资问题的专项检查；开展依法监察行动，集中解决劳动用工中存在的突出问题；加强劳动仲裁工作，强化基层多元化调解工作职能，落实调解工作制度，及时发现并快速处置劳资纠纷，提升调解争议机构服务社会的能力，使更多的劳资矛盾纠纷化解在基层，消除在萌芽状态。截至年底，2019 年工程领域收缴民工工资保证金 43 户缴纳金额 615.71 万元。退还工资保证金 35 家，退还金额 1074.5 万元。2019 年处理民工工资纠纷 166 起，涉及人数 764 人，涉及金额 2392.2 万元。2019 年，按照区、市劳动监察工作会议要求，建立农民工工资应急周转金 200 万。

【工伤管理】 年内，加大《工伤保险条例》宣传力度，通过发放宣传册、举办讲座和相关培训、督促高风险行业积极参保；认真履行工伤保险业务职责，为工伤职工或者其直系亲属免费提供咨询服务、按照协议和国家有关目录、标准对工伤职工医疗费用、康复费用、辅助器具费用的使用情况进行核查，并按时足额结算费用、核定工伤保险待遇、管理工伤保险基金的支出。

【基金管理】 年内，为更好维护基金安全，完善基金管理监督政策，规范基础管理，健全监督机制为重点，切实解决工作中的突出问题，确保社会保险功能真正惠及人民群众。认真执行社会保险基金操作规程，严格依法办事，规范管理。经过多年的实践和探索，达孜区的社会保险基金管理基本形成“政府监管、部门操作、群众监督”的职责明确而又相互协作、相互监督、相互制约的机制，保证了基金的安全规范运行。

【人事人才】 年内，工资福利方面，为部分国家机关工作人员的工资进行滚动晋级和正常晋档；为事业单位工作人员正常增加薪级工资；审批办理退休手续 8 人；截至年底，教育系统职称材料副高级别 43 人，中级 192 人，初级 150 人，员级 55 人；其余机关事业单位副高级别 5 人，中级 34 人，初级 158 人；达孜区人力资源和社会保障局在岗位设置优化工作中做好政策宣传工作，就岗位设置工作中的疑难问题进行交流座谈。针对教育系统的人员多、岗位设置工作任务重等问题，领导小组研究后义组织教育系统各

2019年12月23日，达孜区“三岩”片区开展就业岗位抽签

单位领导及相关工作人员召开岗位设置工作会，由人事部门工作人员就岗位设置的相关政策和要求，做进一步的讲解，并对一些遗留问题进行研究，对实施中存在的问题进行解答，确保岗位设置的结构、比例科学合理。现已顺利完成各事业单位的岗位设置实施方案申报、审核，认定工作。

【就业援助帮扶】 年内，结合“春风行动”等专题工作，专题活动期间，通过区级公共就业服务平台，免费为求职者和招工企业提供服务，在春季用工高峰期对达孜区工业园区企业空缺岗位进行统计，并对企业招工情况进行动态监测，为达孜区人力资源和社会保障局开展就业工作奠定一定的基础。

建立达孜区就业困难人员数据库，并就就业困难人员展开一对一的帮扶工作，市人社局对10名就业困难人员开展“三大节日”人均800元现金慰问。对3名高校毕业生和2名失地农牧民实施公益性岗位援助。同时加大就业再就业岗位的开发力度，岗位种类丰富，适合群体面广，涉及各类大小型私营企业、机关事业单位，跨越建筑、食品、加工等行业，岗位涵盖生产、销售、会计、保安等方面。

【优化社保窗口服务】 年内，以规范化、标准化、科学化为标准，缩短办事时限、简化办事流程、提高办事效率，用惠民、亲民、为民、利民、便民的服务理念提升窗口形象，进一步强化窗口服务工作能力。建立参保单位和个人基础资料数据库，办理新参保、续保、转入、转出、死亡停保等人员的保险业务，方便办事群众。服务不断下延、外延，通过合作经办、基层经办等服务手段加快社保经办升级步伐，实现“网上申报、网上转移、网上认证、网上属地管理、网上待遇申请”等业务。主动适应新形势新任务下的要求，在实践中不断掌握新知识、积累新经验，提高新能力。

【强化征缴，突出重点】 年内，达孜区人力资源和社会保障局实行“主要领导亲自抓，分管领导具体抓，相关部门组织落实”的工作机制，紧密协作，形成合力，共同推进社会保险扩面征缴工作。

年内，对全区范围内用工单位及职工参保缴费情况认真摸底，全面掌握情况，逐单位建立台账，并对人员增减情况及缴费情况实行登记管理，做到有的放矢。将农民工以及民营企业、非公有制企业、城镇个体工商户和灵活就业人员作为扩面的重点，加大政策宣传力度，完善政策措施，鼓励和督促他们参保。以劳动用工年检为抓手，大力开展劳动保障执法大检查，将社会保险扩面征缴工作纳入重点内容，督促企业办理各项社会保险，特别是对扩面难点单位和欠费大户进行重点检查，对未登记参保、瞒报职工人数和缴费工资基数的用人单位，下达整改通知书，对拒不整改的企业，采取强制措施，确保到位。

【创新维权工作】 年内，进企事业单位、进基层、进工地开展送政策、送法律、送资料等活动，共发放《劳动法》《劳动合同法》《社会保险法》《工伤保险条例》等法律法规知识宣传单2000余份，大大提高用人单位和职工学法、懂法、守法的自觉性，降低了其法律风险系数，矛盾在基层得到化解；做好企事业单位普查工作，督促其规范用工行为；发扬人社部门整体协作精神，建立联动工作机制。部门之间既有分工，又有协作。如遇到拖欠工资案件时，劳动监察成立专班协调处理；受理工伤案件时，劳动监察积极参与工伤的前期调查，掌握第一手资料，为后期的调解处理打下基础；在调解时，办公室做好接待和登记以及信访件处置工作等；实施人性化服务，以调解为主，裁决为辅。将做好当事人双方的思想工作贯穿于整个案件的处理之中。通过努力，使达孜区劳动者和企业之间关系进一步规范、和谐。

【创新内部管理机制】 年内，达孜区人力资源和社会保障局大力推行服务承诺制、限时办结制和首问责任制，形成党组织履职尽责创先进、党员立足岗位争优秀、领导干部带头引领做示范、人民群众拥护得实惠的生动局面。通过思想教育、作风建设、例会学习等形式，促使广大干部职工把心思集中到“想干事上”，把本领体现到“会办事上”，把目标锁定在“干成事上”。着力提升人社系统干部职工的工作积极性和社会管理创新能力，进而推动人力资源和社会保障事业的创新和全面发展。

（谢　添）

【机构领导】

局　长

江村旺扎（藏族）

副局长

次仁措姆（女，藏族）

达孜区净土产业投资开发有限公司

2019年4月9日，西藏军区一行到达孜区智能育苗育种基地考察工作

【概况】 达孜区净土产业投资开发有限公司位于达孜区邦堆乡现代农业园区内，成立于2014年1月14日，是达孜区人民政府投资的国有独资企业。公司注册资金1.5亿元。

公司设有董事会、监事会，总经理1名，副总经理1名，现有职工共10人（研究生1名，本科生5名，专科生4名）。总经理由达孜区委、区政府任命。公司下设现代农业产业园区管委会，1名管理人员，并聘用科技特派员4名，负责达孜县现代农业产业园区2500亩产业基地、高标准温室及净土健康产业的运营管理及项目建设工作。公司主要经营范围：农林牧种植、养殖产品销售、农副产品加工销售、休闲观光农业等。公司已经承担起达孜区净土健康产业相关项目的建设和运营管理，招商引资，农牧业生产、加工、对接等，全力打造全区乃至全国生态、健康、特色农业优秀产品。

【园区简介】 达孜区现代农业产业园位于邦堆乡林阿村，地处拉萨河以北，拉林公路沿线，具有良好的交通及优越的农业生产条件，园区占地面积约2500亩。自2012年成立以来，在区委、区政府的正确领导下，在上级有关部门及援藏对口单位的大力支持下，紧紧抓住项目机遇，主动对接，积极争取有关涉农项目，用于建设园区智能连动温室、种苗育苗基地、高校保险冷藏库、钢架结构温室大棚以及高标准温室大棚等同时园区还形成藏红花种植、设施油桃、火龙果、樱桃、葡萄等种植基地（葡萄包括红提、克伦生、蓝宝石等品种）以及以色列技术无土栽培多年生长蔬菜基地和植物育苗基地等，园区项目承载能力和示范带动作用不断增强。

【园区项目】 年内，已完成竣工总投资近6000万元的工厂化智能型育苗育种基地、休闲体验中心（藏家乐）、高效保鲜冷藏室3个援藏项目，其中工厂化智能型育苗育种基地、休闲体验中心（藏家乐）投入运营使用。冷藏库已完成合作事宜，不久就会投入运营使用。

【智能温室】 投资1600万元的援藏项目，7000平方米双层中空钢化玻璃智能温室，2019年4月开始种植无土栽培水果，主要种植葡萄品种有红提、克伦生、蓝宝石，第一年亩产量3000—5000斤，第二年以后每亩产量6000—8000斤。

【高标准温室大棚】 37栋（每栋1080平方米）高标准温室大棚项目，种植无土栽培蔬菜种植项目，该项目技术由国家无公害化认证并年亩产量达到1.5万公斤，种植品种有番茄、茄子、圣女果、螺丝椒等，年产值约达到179万元。

【新建钢架大棚】 12栋（每栋6000平方米）新建钢架大棚项目主要以达孜区净土产业投资开发

有限公司带头种植有机蔬菜，品种有辣椒、黄瓜、菜瓜、芫根、藏红花等，年产值达到864万元。

【新建高标准温室五期项目】 项目建设内容及规模：新建12米×90米温室大棚51栋，轻钢结构，项目资金来源为江苏援藏解决。

【现代高效节水灌溉设施项目】 建筑面积为1554.24平方米。道路硬化504.07平方米，管道工程，水表井305座，阀门井31座，深水井100米，清水蓄水池1148立方米，总平电气工程等，项目资金来源为援藏资金解决。

【雨水排水项目】 项目建设内容及规模：新建农业产业园区雨水排水系统，排水管道DN200—DN1500排水管道总长7.24千米（Ⅱ级离心钢筋混凝土管）。项目总投资及资金来源：项目资金来源为江苏援藏解决。

【邦堆乡新建藏鸡屠宰场项目】 项目建设内容及规模：新建屠宰场加工车间1栋，建筑面积1653.9平方米，一层，框架结构；锅炉房1栋，建筑面积124.14平方米，一层，框架结构；附属用房（含污水处理站及废弃物集存间）建筑面积558.3平方米；管理办公用房253.52平方米，一层框架机构；消防水泵房260.4平方米，一层，框架结构；新建围墙及其他附属工程，项目资金来源为江苏援藏解决。

【唐嘎泰成奶牛养殖示范基地】

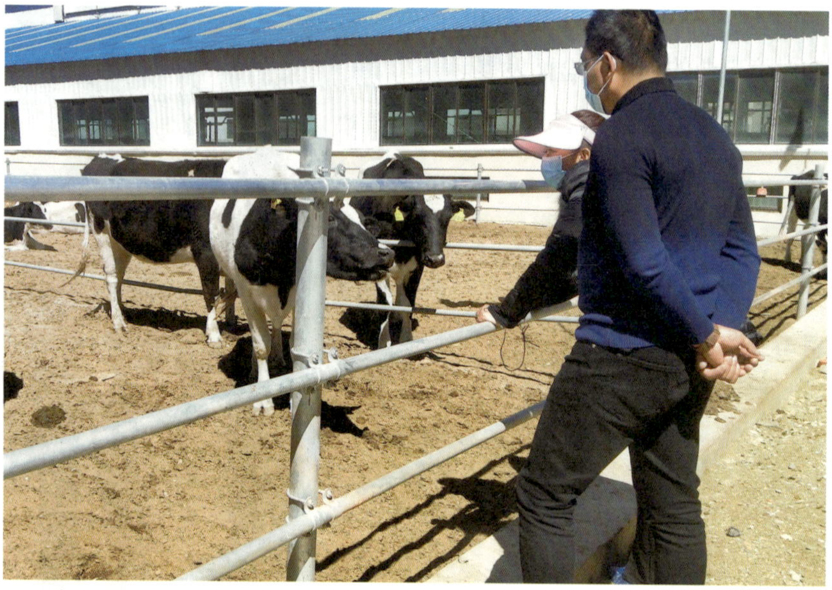

2019年3月8日，达孜区净土产业投资开发有限公司总经理赤列卓嘎（右一）到高标准奶牛场考察工作

实施千头牦牛品种改良繁殖项目；加紧推进清真乳制品加工厂项目，争取6月投产；新增达孜区雪乡扎西岗村流转土地3481亩，使公司流转土地面积增至近5000亩，可供饲草种植面积4800亩，2019年冬季起将实现牧草自给自足，从而降低饲喂成本，同时还将带动扎西岗村贫困户10户，户均年增收36000元；预计饲草种植期间根据生产需要将雇佣季节工100余人和该村委5台农业机械参与饲草种植，预计带动扎西岗村增收160万元。

落实与西藏农投集团子公司合作育肥牦牛的方案，以该公司投入资金，泰成乳业提供场地和技术的形式开展合作出栏4000头育肥牦牛的目标，探索出一条强强联合、优势互补、合作双赢的发展之路；加快向陕西商户长期销售活牛的合同落地，开辟更广阔的销售渠道；落实ISO9001质量管理体系的实施，向现代化企业进军，打造自治区级农牧业龙头企业。

【高标准良种奶牛养殖示范项目】

达孜区高标准良种奶牛养殖中心项目是自治区、拉萨市、达孜区“十三五”扶贫产业项目，是拉萨市委、市政府“万户百场十中心”的重点产业项目。项目基地位于达孜区塔杰乡塔杰村，总投资为1.6969亿（可研批复），其中融资贷款3600万元，其余13369.2万元为自治区、拉萨市、达孜区涉农资金。项目占地328.94亩，设计饲养规模2000头，实际引进1000头奶牛。

该养殖中心与青海湟源旺泉奶牛养殖合作社成立西藏泉峰高标准奶牛养殖发展有限公司（注册资本1000万元）进行运营、管理，走高效、生态的新型现代循环农牧业道路。在组织机构上，中心具有完善的协调机制，此外在“缺氧胁迫下奶牛各项生产性能受限”这一关键科学问题上，与区畜牧兽医研究所、中科院亚热带农业生态研究所签订战略协议，在引进奶牛高原适应性营养调控技术、健康养殖技术、农牧结合循环生态养殖技术等领域开展联合攻关。截至年底，奶牛场解决大学生就业10人，建档立卡贫困户长期就业4人，带动全县种植饲草面积6000余亩，800户并将达孜区建档立卡贫困户1815人纳入每年扶贫分红计划。2020年5月开始奶牛陆续产奶，繁育犊牛，每天每头奶牛产奶量达到25公斤，生产总产值达到2200万元，其中繁育奶牛550头，销售利润约达到1000万元。

【达孜特色原种藏鸡养殖场】 西藏唐嘎原种藏鸡养殖有限公司是达孜净土公司控股的一家养殖公司，主要以藏鸡孵化、藏鸡养殖、藏鸡屠宰、深加工及冷链销售为一体的净土健康产业，2020年扩大规模，添置设备，扩建鸡舍等。年存栏3.5万只鸡，年出栏8万只鸡。孵化量达到2万只，藏鸡蛋年产量125万枚（销售价格为2.5元/枚），年总产值将达900万元。项目带动：提供长期稳定就业8人，年实现分红42.75万，77户、225人，人均1500元。

（洛桑旦增）

【机构领导】

董事长

边巴次仁（藏族）

总经理

赤列卓嘎（女，藏族）

达孜区卫生健康委员会

【概况】 2019年3月29日，达孜区卫生健康委员会挂牌成立，由原卫生和计划生育委员会的职能（新农合除外）、安监局的职业健康、民政局的老龄工作整合后组建。内设办公室、医政科、流管科、爱卫办、藏医科等科室，下属机构有1个县级疾控中心、5个乡卫生院、16个行政村卫生室、2个自然村卫生室。达孜区卫生系统医务人员总数193人，其中编制内人数134人（副高职称5人、中级职称24人、初级职称61人、员级24人、公益性33人、聘用26人）。

【中央反馈问题整改】 年内，根据中央巡视组反馈医疗报销工作中存在过度保障的问题，遵照《关于明确建档立卡贫困人口农牧区医疗制度住院费用报销比例的通知》，专门下发通知，将建档立卡贫困户县级医院报销比例由95%下调为90%，市级及以上医院报销比例由90%下调为75%；非建档立卡贫困户县级医院报销比例由95%下调为85%，市级及以上医院报销比例由90%下调为70%；特殊门诊报销建档立卡贫困户由90%下调为75%，非建档立卡贫困户报销比例仍为70%；对未经逐级转院擅自前往上级医疗机构的患者，住院费用按50%报销（特殊急诊病例除外）。

【健康扶贫】 年内，“先诊疗、后结算”服务定点公立医院达到8家，专门为每个医院划拨20万元作为医疗保障金，确保达孜籍患病群众可以轻松入院、及时治疗。

年内，有建档立卡贫困户住院患者共194人，医疗总费用为238.9万元，农牧区医疗报销费用为151.2万元，2人在享受“大病保险”7万元的基础上，享受“超大额医疗保险”共17.2万元，192

2019年3月29日，达孜区卫生健康委员会揭牌仪式

人享受“医疗救助及兜底保障”共56.5万元。

【新农合医疗制度】 年内,新农合人均补助标准达677.5元,其中个人筹资30元。全年,农牧民门诊共64386人次,核销金额249.27万元;住院1541人,报销金额1367.84万元;产妇住院228人,报销金额202.94万元;特殊门诊195人,报销金额37.95万元。大病医疗保险申报37人,超大额医疗保险申报人数10人,报销金额共59.87万元。

2019年11月14日,达孜区卫建委主任尼玛卓嘎(左一)到邦堆乡检查卫生室改造情况

【“包虫病”病人随访】 在2018年完成手术救治的基础上,对确诊实变及钙化患者41人进行定期随访。

【家庭医生签约服务】 年内,坚持主动服务、上门服务,围绕家庭基本公共卫生服务和基本医疗服务,进一步提升入户服务质量,发挥好家庭医生健康“守门人”的作用。全年,建档立卡贫困户家庭医生签约服务签约率达100%,入户服务率达95%以上。

【“两癌”筛查】 年内,完成“两癌”筛查2998人,筛查率达56.9%,乳腺癌初筛阳性15人,宫颈癌初筛阳性126人。

【计划生育】 年内,完成奖励扶助和特别扶助资格确认、申报、网上录入及人员资金兑现。截至年底,奖励扶助为527人,特别扶助为86人。完成新婚待孕夫妇免费孕前健康检查400对、已怀孕夫妇出生缺陷干预检查140对。筛查出梅毒患者21人,出生缺陷唇腭裂患者2人,体检目标人数达到市级规定数量。对工业园区344名流动人口开展免费体检。

【“三病”筛查】 年内,启动风湿病、结核病补筛工作,共补筛风湿病2984人,发现疑似患者5人,总筛查人数达20746人,筛查率达93.17%;补筛结核病2984人次,发现疑似患者1人,总筛查人数达23547人,筛查率91.12%。

【藏医接诊】 年内,藏医门诊接诊13140余人次,住院120余人次,开展藏医外治1200余人次。截至年底,达孜区人民医院藏医科可开展藏医诊疗技术15项,乡卫生院可开展藏医诊疗技术6项。

【传染病防控】 年内,上报乙丙类传染病9种共105例,前三位依次为梅毒、肝炎、结核。传染病发病率318.95/10万,与2018年相比下降14.63%(2018年发病123例,发病率373.61/10万)。

【地方病防控】 年内,召开各种防治会议29次,覆盖人数1386余人,发放各类宣传画册1345份;氟调查人数9807人,其中Ⅰ度719人、中度469人、重度93人,筛查需要氟骨症拍片人数562人;砖茶入户采样200份,其中送检8份。碘盐全定量检测300份,采集尿碘200份,B超检查200份。对52例大骨节病人进行拍片检查,药物治疗病人15人,为338名病区村儿童开展大骨节病检查。

【慢性病管理】 年内,对35岁人群筛查确诊高血压病人810例、糖尿病63例、筛查出疑似重精患者48例。截至年底,高血压患病总数2304人,管理人数2304人,其中规范化管理人数 2254 人；Ⅱ型糖尿病患病总数 82 人、管理人数 82 人，其中规范化管理人数 79 人；重性精神病确诊患者总数 42 例，其中，管理患者人数 41 例、死亡患者 1 例，服药患者数 40 人，累计随访患者 189 人次。

【计划免疫】 年内，严格遵照国家免疫规划制度，开展辖区内儿童免疫规范工作。全年出生儿童 266 名，建卡率 100%，乙肝疫苗首针及时接种率 100%，乙肝应种 815 人、实种 811 人，接种率 99.5%；卡介苗应种 266 人、实种 266 人，接种率 100%；百白破应种 1176 人、实种 1168，接种率 99.3%；脊髓灰质炎应种 1177 人、实种 1171 人，接种率 99.5%；含麻类疫苗应种 625 人、实种 620，接种率 99.2%；流脑疫苗应种 1208 人、实种 1195 人，接种率 98.9%；甲肝疫苗应种 305 人、实种 301 人，接种率 98.6%；白破疫苗应种 93 人、实种 93 人，接种率 100%。完成新生入托入学儿童预防接种证查验及补种工作。

【卫生监督】 年内，对辖区内公共场所经常性卫生监督 57 次，监督抽检 2 次。开展学校卫生监督专项检查 3 次。对 1 家企业与人民医院开展消毒产品专项检查 1 次，立案 1 起，事由是医疗废弃物未按要求分类存放，处罚金额 5000 元。食源性疾病监测上报 29 例，食品风险监测采样 18 份。完成采集城镇、农村的枯水期、丰水期的生活饮用水 13 个点 56 个样送检和信息录入。

2019年4月19日，达孜区举行2019年卫生与健康大会暨创建全国健康促进县（区）启动仪式

【妇幼保健】 年内，孕产妇总数 382 人，建卡 382 人，建卡率为 100%。产前检查 5 次以上 263 人，检查率为 97.4%。产后访视 269 人，访视率为 99.6%。住院分娩活产数 270 人，住院分娩率为 100%。高危孕产妇 174 人，规范管理率 100%；0—7 岁儿童 2708 人，体检 2504 人，体检率 92.5%；婴儿死亡 6 例，死亡率 22.1‰。应发放儿童营养包人数 931 人，实发 720 人，累计发放营养包 5570 盒，服用率 77.3%。叶酸服用 182 人，叶酸服用率 67.6%。

【医药卫生体制改革】 年内，制定印发《中共拉萨市达孜区委员会办公室 拉萨市达孜区人民政府办公室关于达孜区医疗体制改革暨紧密型区域医疗卫生共同体（医疗集团）建设工作实施方案》，成立以区委书记为组长的工作领导小组，明确主要任务是实现“14 个统一”，专门成立医共体筹备领导小组和工作监督指导组，负责推进医共体建设具体工作。

年内，在人民医院挂牌拉萨市达孜区医疗集团，成立药械采购中心，完成章多乡和唐嘎乡卫生院统一信息平台系统建设。下一步，将根据既定的工作计划，推进资金资产的清查核算和医疗平台信息建设，真正实现人、财、物的统一管理，真正构建起区域医疗卫生机构责任、资源、利益、发展、服务共同体和整合型健康服务体系，推动形成基层首诊、双向转诊、急慢分治、上下联动的分级诊疗模式。

【健康促进县（区）】 年内，制定印发《关于印发〈拉萨市达孜区创建全国健康促进县（区）工作实施方案〉的通知》，成立以区长为组长、33 家单位参与的工作领导小组。先后制定印发《关于达孜区创建全国健康促进县（区）工作领导小组下设办公室和技术指导组人员组成的通知》《关于印发〈拉萨市达孜区创建全国健康促进县（区）基线调查工作方案〉的通知》《关于印发〈达孜区开展公共场所及工作场所全面禁烟工作实施方案〉的通知》等配套文件。

年内，始终认真贯彻“将健康融入所有政策”理念。投入资金1000余万元建设2个健康主题公园、2处健康步道。在各乡卫生院和健康促进试点村共设置12处自助检测点，配备血压表、血糖仪、血氧饱和仪等健康指标监测仪器。区直各部门、各乡镇（村）设置健康知识宣传展板共24块。共创建健康促进试点机关12家、健康试点村6个、健康促进试点学校2所、健康促进试点医院3家、健康促进试点企业2家，评选健康家庭100户，评选出健康促进指导员40人并开展培训。

举办健康宣传活动29场次，健康咨询4030余人次，健康知识讲座9次，重点疾病防治培训9次，播放宣传公益视频90余次。结合爱国卫生月活动，到辖区6个乡镇开展健康教育宣传活动，累计发放各种宣传资料1000余份、环保袋400余个、宣传太阳伞200余把、各种常规性药品价值1.1万元，接受群众咨询300余人次。还开展了爱国卫生宣传、城乡环境整治、病媒生物防治等活动。

【基础设施项目】 年内，开工建设3个基础设施项目，包括：达孜县卫生系统整体搬迁项目，总投资20722.61万元，其中中央专项投资5040万元、中央预算内投资4870万元、本级财政配套15852.61万元，于2019年4月开工建设，年底项目进度达到86.6%，预计2020年10月竣工；雪乡卫生院及周转房新建项目，总投资900.15万元，其中中央投资30万元、本级财政配套870.15万元，于2019年3月开工建设，年底项目已竣工投入使用。邦堆乡卫生院及周转房新建项目，总投资1058.05万元，其中中央投资25万元、本级财政配套1033.05万元，于2019年4月开工建设，年底项目进度达到70%，预计2020年5月完工。

【卫生人才队伍建设】 年内，以达孜区委名义出台《拉萨市达孜区医疗卫生人才队伍建设管理实施办法（2019—2022年）》，通过抓住人才吸引、培养和管理三个环节，进一步加强达孜区医疗卫生人才队伍建设，提高达孜区卫生人才整体水平。

截至年底，累计组织43名医务人员参加区市各类培训，其中执业（助理）医师组团培训13人、基层卫生人才能力提升项目培训24人、全科助理医生培训5人、全科医生转岗培训1人。全年招聘7名医学类大中专毕业生充实到各村卫室。先后招聘1名医生、8名护士充实达孜区人民医院。

【组团式医疗援藏】 年内，江苏省镇江市选派普通外科、妇产科、心血管内科等6名骨干医生在达孜区人民医院开展“组团式”医疗援藏服务。

年内，开展义诊活动10次，接诊患者共2500人次，开具处方2000多张，发放药品3万余元。完成德庆镇和塔杰乡7个驻村工作点的巡诊任务，为28名驻村干部建立个人健康档案。承担5次区域内旅游推介活动现场医疗保障。开展教学查房共95次，开展院级培训14期，培训245人次。开展科室培训40余次，培训123人次。共计会诊14人次，成功整治疑难病例6例。开展手术100台。配合开展健康讲座7次，培训346人次。

（王 婷）

【机构领导】

主 任

尼玛卓嘎（藏族）

副主任

边巴顿珠（藏族）

裴 小 龙

达孜区人民医院

【概况】 2019年，达孜区人民医院实有职工97人，卫生专业技术人员82人，本院副高级医师4人（藏医2人、西医2人），中级职称13人（外科3人、妇产科3人、藏医科4人、内科1人、药剂科1人、护理1人），初级职称31人；工勤人员5人，公益性岗位7人，外聘专技术人员13人（8名护士，4名医生，1名检验人员）；7名安保保洁人员。

2019年，医疗总收入达

2019年10月22日，达孜区人民医院党支部召开发展党员工作第一次支部大会

1145.05 万元，比 2018 年同期增长 44.32%，其中：药品收入 288.43 万元，药品占比 25.18%，比 2018 年同期上升 1.66%。门诊总人次达 37273 人，比 2018 年同期增加 2.9%；出院病人 1469 人，比 2018 年同期增加 31.28%；实际病床使用率 60.36%，实际占用总床日数为 11016，出院者平均住院天数为 7.56 日。开展各类手术 151 台，比 2018 年同期增长 14.39%，其中：开腹胆囊切除术 3 例，开腹阑尾切除术 12 例，腔镜胆囊切除术 53 台，腔镜阑尾切除术 30 台，剖宫产术 30 台，开腹输卵管结扎术 9 台，PPH 吻合环切术 3 台，静脉曲张高位结扎并剥脱术 3 台；住院分娩 185 人次。

【党建工作】 年内，达孜区人民医院党支部发展 2 名预备党员，共有党员 31 人。党支部以“学习、讨论、研究”为主，坚持从严要求，不断推进党内学习教育从“关键少数”向广大党员拓展，从集中性教育向经常性教育延伸，在推进全体党员领导干部政治理论学习和党的思想建设方面取得了较突出的成效。

开展“三会一课”“学习强国”“不忘初心、牢记使命”主题教育活动等，共进行政治理论学习 5 次，书记讲党课 4 次，政治理论考试 2 次，支部委员会 9 次、党员大会 1 次、职代会 1 次、谈心谈话 45 人次、党员座谈会 1 次，以“不忘初心、牢记使命”为主题，组织主题党日 7 次。同时，以党的十九大精神为统领，深入学习习近平总书记的系列讲话，提升党员对新常态的情况把握和理论联系实际，解决实际问题的能力。2019 年全体党员共计义诊 6 次、宣教 7 次。

【行政管理】 年内，为充分调动医务人员的工作积极性，全院于 4 月启用新版绩效考核方案，新方案建立以医院发展目标为导向，以医务人员劳动价值、工作量为评价基础，统筹效率、质量、成本的绩效管理和绩效工资分配体系，以体现“多劳多得、同工同酬、优绩优酬、增收节支”的原则，实施效果显著。年内，医疗总收入达 1145.05 万元，比 2018 年同期增长 44.32%。

1 月 6—9 日，医院卫生代表人员到对口援藏城市镇江市学习考察现代卫生事业管理与建设，进一步探讨“十三五”期间医疗人才“组团式”援藏工作对接及内涵建设，包括医院专科建设、人才队伍培养（双向互派与“短、中、长期支援”相结合的方式）及新建医院的卫生发展规划及实施。

【无烟医院创建】 年内，达孜区人民医院健康促进医院工作在上级主管部门的正确领导和指导下，在相关职能科室、临床科室的大力配合下稳步推进：建立并完善健康促进医院机构及网络；制定健康促进医院制度，全院范围内以科室为单位签订“健康促进医院”创建工作目标责任书；完善健康教育内容，共计制作健康处方 16 种，开展健康促进主题系列讲座 18 期（院内 9 期、院外 9 期），开展免费义诊 12 次，受益群众约 2500 人次，发放健康教育宣传知识上千份。

医院优化就诊环境，完善就医流程。开展全院干部职工免费健康体检工作并就体检结果进行汇总分析；针对患者定期开展健康教育活动满意度评估；全力创建无烟医院。设立戒烟门诊三处（内科、外科、藏医科门诊兼），配置CO检测仪等设备，规范吸烟区，推行院内零烟头原则，杜绝医务人员在工作区吸烟，并纳入国家戒烟门诊长期管控体系100人次。下一步将查漏补缺，补充完善详细工作细则，加大宣传宣教力度，形成长久、可持续的创建氛围。

【综合体制改革】 年内，为深入贯彻落实党的十九大、中央第六次西藏工作座谈会、全国卫生与健康大会精神，深入贯彻落实医疗卫生体制改革重点任务，切实解决人民群众“看病难、看病贵”问题，根据《拉萨市医疗体制改革暨紧密型县域医疗卫生共同体（医疗集团、县乡一体化）建设工作实施方案》要求，结合达孜区实际，制定完成《拉萨市达孜区医疗体制暨紧密型县城医疗共同体建设工作实施方案》，到2020年底初步建成目标明确、权责清晰、分工协作的新型县域医疗卫生服务体系，有序就医格局基本形成，县域就诊率达到90%以上，县域内基层就诊率达到65%以上，实现“小病不出乡、中病不出县”的目标。

完成新一轮绩效改革方案，全院范围内征求意见后，经职工代表大会会议通过，于2019年4月正式启用。

【受援工作】 年内，中组部及镇江市卫计委按照“好中选优，优中选强”的原则，选派6名政治思想过硬、技术水平高超的技术骨干开展“组团式”援藏工作，他们分别来自普通外科、妇产科、心血管内科及卫生事业管理领域。

2019年9月20日，达孜区人民医院党支部参加“不忘初心、牢记使命”主题歌咏比赛

5月1日，在援藏医疗队的帮助下，医院开设儿科住院病房，可以开展儿科呼吸系统、消化系统、泌尿系统等常见病、多发病的诊治，特别是针对儿童常见疾病和突发疾病的诊治。截至年底，共计接诊1250人次，收治住院病人131人次。大力提升医院儿科服务能力，受到本地群众一致好评。同时，依托医疗人才“组团式”援藏专家优势，结合自身专科特色，医院于8月5日正式开设专家、专科门诊。医院专家、专科门诊共有5名医师，其中副高职称专家3名，诊疗内容涵盖内科、外科、妇产科、儿科。主要解决门诊疑难疾病，满足多元化、多层次的就医需求。在一定程度上实现“专病专治”，为患者提供更加快捷、高效、优质的诊疗服务。截至年底，共计诊疗102人次，收治住院病人10人次。

截至年底，开展义诊活动10次，共计接待就诊及前往咨询农牧民2500人次，开具处方2000多张，发放药品3万余元；完成德庆镇、塔杰乡共计7个驻村工作点的巡诊任务，并为28名驻村干部建立健康档案。承担内地大型旅行活动现场医疗保障5次。

年内，共计教学查房95次，开展院级培训14期，培训245人次，科室培训约40次，培训123人次；共计会诊14人次，成功整治疑难病例6例；开展手术100台；配合辖区机关事业单位开展健康讲座7次，培训346人次。充分利用苏拉远程会诊系统，开展远程会诊1次，远程会议1次，远程授课8次。

【安全生产】 年内，积极贯彻“预防为主、保障安全、综合治理、确保安全”的十六字方针，以服务临床一线为宗旨，认真做好医院内部安全生产、治安保卫、消防安全工作。全年安全生产工作落实到位,未发生重大安全事故和火灾事故,保障了医院正常的医疗秩序。

（陈 洁）

【机构领导】

党支部书记、院长
杨江洲
副院长
李艳青(土家族)
巴 桑(女,藏族)

达孜区市场监督管理局

【概况】 2019年5月15日,达孜区市场监督管理局挂牌成立,合并工商、食药、质检等部门职能,现有干部19人,男9人,女10人,藏族12人,汉族6人,回族1人,行政编18名,工人1名,平均年龄34岁。

2019年,达孜区市场监督管理局面对机制改革、职能转变等新任务,在继续推进"放改服""商事制度改革"等改革上下功夫,全面落实食品、药品、医疗器械、特种设备安全监管职责,真抓实干,开拓进取,较好地完成各项工作任务。

【市场主体注册便利化改革】 年内,全面落实企业"多证合一"、个体工商户"两证整合"等各项改革政策,大力推进商事制度改革。在认真落实"一审一核、审核合一"的同时进一步健全措施,优化办事流程,缩短审批时限,实现企业2日办结,个体农专当日办结,为辖区市场主体发展打造优质高效的营商环境。深化和巩固全程电子化改革成果。

达孜区企业(除合伙企业法人外)、个体工商户、农专的名称核准、设立、变更、注销已全部实现全程电子化。此外,2019年12月在区农业银行大厅安装自助打照机,方便市场主体领取执照后直接办理开户业务。截至年底,达孜区共登记各类市场主体5031户,其中企业2113户,农民专业合作社328户,个体工商户2590户。全年新登记822户,其中企业168户,农民专业合作社20户,个体工商户634户。2019年度,全程电子化共办理498个,其中企业486个,个体商户12个。

【年报公示】 年内,积极开展年报公示工作,达孜区市场主体应年报4286户,已年报3857户,年报率90.0%,其中应年报企业2008户,已年报1820户,年报率90.6%;应年报农民专业合作社312户,已年报266户,年报率85.2%;应年报个体工商户1966户,已年报1771户,年报率90.1%。将未年报的429户市场主体列入异常名录或标记异常状态。切实履行"双告知"职责,发放《承诺书》和《后置审批告知函》270余份。严格执法监管,将未按规定公示应当公示信息的27户企业列入经营异常名录。

【食品安全隐患排查】 年内,以校园周边、超市、旅游休闲林卡等场所为重点,紧盯人民群众关切的热点问题、食品安全隐患多发领域和违法违规行为高发环节,集中开展各类专项整治。共检查食品经营户519户次、餐饮经营户473户次,没收过期变质、"三无"食品150余斤,下达责令整改通知书75份。

2019年5月15日,达孜区市场监督管理局挂牌仪式

【保障用药安全】 年内，联合医保局、疾控中心等部门开展疫苗、药品、药械“拉网式”安全隐患排查。重点检查疫苗冷链运输、疫苗储存、过期失效疫苗处置情况；药品药械购进渠道、索证索票、进货查验记录、使用储存情况；实行“零差价”销售、明码标价情况；药品不良事件监测工作开展情况。共检查主体43户次，下架近效药、医疗用品330盒，下达责令整改通知书9份。

【特种设备安全】 年内，突出“发展”和“民生”两个关键，严格风险监管措施，做好重大节假日、重点活动、重点场所特种设备全面隐患排查治理工作。共检查特种设备80余台次，其中电梯40余台次、起重机械20余台次、锅炉20余台次。

【维护价格秩序】 年内，围绕商品和服务价格、行政事业性收费、经营性和中介组织价格行为、电价等重点领域开展价格监管工作。开展商品和服务价格监督检查3次，查处价格违法行为1起，受理处置相关投诉2起。开展行政事业性收费、经营性和中介组织价格排查2次，未发现有违法违规行为。开展电价和转供电价格检查，全面清理转供电环节加价行为，排查整治转供电市场主体160余家。

【消费维权投诉】 年内，加强基层乡镇“12315”维权联络站建设，进一步规范维权联络站和联络员日常工作制度。同时以“12315”消费投诉平台和基层乡镇“12315”消费维权联络站为依托，积极采取多种措施，着力解决消费问题，推动消费维权工作取得实效。截至年底，共受理投诉举报74件，其中移交3件，为消费者挽回经济损失2.2万余元。

【“扫黑除恶”】 年内，成立领导小组，制定工作方案，严格落实各项措施。突出商贸集市、木材市场、车站景区等重点区域，严厉打击欺行霸市、强买强卖等“市霸”“行霸”“菜霸”“肉霸”等，以明察暗访等方式，排查问题隐患，及时向相关部门反馈线索。加大对外宣传工作和内部教育工作力度，层层签订《廉洁自律，不做黑恶势力“保护伞”承诺书》。

（相　锋）

【机构领导】

局　长

晋美朗吉（藏族）

副局长

琼　　达（女，藏族）

文 胜 利（藏族）

拉 毛 太（女，藏族）

达孜区医疗保障局

【概况】 2019年3月29日，达孜区医疗保障局正式挂牌成立，单位办公地点设立在达孜区人力资源和社会保障局院内，承担着农牧区新型合作医疗、医疗救助、城镇居民、干部、职工、住院生育报销，现行行政编制2人，其中，领导（副局长）1人，工作人员1人，借调事业人员2人，行政人员1人，已初步形成医疗保障体系。

【党务管理】 10月5日，成立中国共产党达孜区医疗保障局支部委员会，11月1日选举出一名书记和一名副书记，全局干部职工坚定政治立场和政治信仰，对党忠诚，在思想上政治上行动上时刻与以习近平同志为核心的党中央保持高度一致，树牢“四个意识”、坚定“四个自信”、坚决做到“两个维护”，学习贯彻落实习近平新时代中国特色社会主义思想，坚持以人民为中心的发展思想，深入开展“两学一做”“不忘初心、牢记使命”主题教育，用习近平新时代中国特色社会主义思想武装头脑，学党章党规，学习近平总书记系列重要讲话，做合格党员。

因单位新成立未建立党支部党员活动室，党组织活动在人力资源和社会保障局党支部开展，坚持“三会一课”制度，每月按时缴纳党费，按照学习计划，积极参加集中学习，认真开展参观爱国教育基地、重温入党誓词、加强民族团结“结对帮扶”、歌唱祖国等主题党日活动，认真开展自学每日不低于2学时，每日开展“学习强国”的学习并达到学分要求，通过理论学习，做到知行合一。严守党的政治纪律和政治规矩，坚决同以十四世达赖集团为首的分裂势力做斗争，维护民族团结，坚决为维护祖国统一。

【打击欺诈骗保】 年内，在达孜区（中）直部门发放宣传册，达孜区电视台播放宣传视频，e讯达孜发布宣传视频，达孜区工作微信群发通知，要求各单位积极组织学习加强打击欺诈骗保、维护基金安全宣传，确保知晓率和全覆盖。单位内部和各乡镇认真开展基金安全自查自纠，全局干部、乡镇分管领导及经办人员全部签订维护基金安全承诺书。在辖区的人民医院、乡镇卫生院、村委会、零售药店进行宣传并在醒目位置张贴宣传海报，发放宣传册。通过区人民医院在门诊导诊台宣传、下乡巡回义诊等多种方式进行宣传，部分单位通过LED显示屏滚动播放宣传标语。共计集中宣传10余场次，受教群众3000人，发放宣传海报60张，宣传册1000余份。

【药品价格监管】 年内，加快推动医疗、医保、医药联动，深入辖区人民医院、5家乡镇卫生院、18个村卫生室和3家零售药店开展医疗服务价格和药品价格监测检查10余次，详细了解查看进货清单和销售清单，通过几家药店的价格对比，准确进行辖区内药品价格的监测，同时与药店负责人进行交谈，提出药品质量和销售价格的相关要求，让广大群众买到质量和价格有保障的好药、放心药。

2019年3月29日，达孜区医疗保障局揭牌仪式

【农牧区基本医疗保障】 年内，不断加强农牧区合作医疗宣传力度，努力做到群众知晓率100%，实现应保尽保，确保全区广大农牧民群众100%享受农牧区基本医疗保障。落实好各项医疗惠民政策。严格执行《关于转发〈关于印发医疗救助与城乡居民大病保险有效衔接工作方案的通知〉的通知精神》，建档立卡贫困人口参加农牧区医疗制度的个人缴费部分由财政局给予补贴，《关于明确建档立卡贫困人口农牧区医疗制度住院费用报销比例的通知》，按照“对建档立卡贫困人口符合规定的住院医疗费用报销比例提高5%”的规定执行，报销比例为：乡镇卫生院建档立卡贫困户95%、一般农牧民90%；县人民医院建档立卡贫困户90%、一般农牧民85%；自治区、拉萨市（包括内地医院）医院建档立卡贫困户75%、一般农牧民70%，门诊特殊病报销比例建档立卡贫困人口为70%。组织干部到各乡镇及患病群众家中宣传医疗惠民政策5次，联系服务群众最后一公里，为患病群众送政策送温暖。

2019年，农牧民基本医疗保险，参保人数27718人（其中：一般农牧民23352人，建档立卡贫困户4250人、参保率100%，集中供养五保户103人，孤儿14人）。1—11月新农合基本医疗报销1854人，报销金额1800.68万元，住院1619人，报销金额1754.7万元；门诊特殊病报销235人，报销金额45.98万元；农牧民孕产妇生育奖励158人、金额58.38万元。其中建档立卡户报销254人，报销金额150.46万元，以助组42人，报销金额31.49万元。

开通“先诊疗、后结算”服务。在达孜区人民医院就诊的达孜籍农牧民群众100%享受“先诊疗、后结算”服务，分别与自治区人民医院、军区总医院、武警总医院、藏医院、拉萨市人民医院、自治区第二人民医院、自治区第三人民医院签订“先诊疗、后结算”协议，建档立卡贫困户均享受“先诊疗、后结算”医疗保障服务。为确保建档立卡贫困户100%享受“先诊疗、后结算”医疗保障服务，与达孜区人民医院达成协议，凡属于需转院治疗的建档立卡贫困户患者经人民医院确诊院领导签字后直接办理“先诊疗、后结算”绿卡。达孜区人民医院“先诊疗、后结算”建档立卡户141人，报销金额91.9687万元，以助组13人，报销金额13.8441万元，区市定点医疗机构办理“先诊疗、后结算”绿卡的建档立卡贫困户有28人，实际治疗24人、治疗费用75.32万元。确保建档立卡贫困户得了大病、重病基本生活有保障，减少家庭经济负担。

【大病补充保险】 年内，自治区人民政府为农牧民群众购买大病补充保险，基本医疗保险（6万元起付线）、大病补充保险（最高理赔7万元），2019年共计赔付37人，赔付金额99.68万元，其中建档立卡户2人，赔付金额10.06万元。达孜区人民政府为达孜籍每一名农牧民群众购买10元的超大额医疗保险，在基本医疗保险（6万元起付线）、大病补充保险（最高理赔7万元）的基础上最高理赔金额15万元。2019年共计赔付10例，赔付金额59.87万元，大大减少患重特大疾病农牧民家庭经济负担，有效防止因病返贫的发生。

【困难群众医疗救助】 年内，严格执行《关于印发〈西藏自治区医疗保障扶贫工作实施方案（2019—2020）〉的通知》精神，将农牧区建档立卡贫困人口作为医疗救助对象，100%享受医疗救助。普通医疗救助达到每年10万元，重特大疾病医疗救助达到每年20万元，对重特大疾病亟待解决的个案不受封顶线限制，充分利用社会救助协调工作机制，及时组织召开医疗救助专题会议，根据救助对象困难程度等因素一事一议、专题研究、限时解决，年度救助限额内农牧区贫困人口政策范围内个人自付住院医疗费用救助比例不低于70%。截至11月，已经进行医疗救助327人，救助资金138.33万元，其中建档立卡贫困户124人，救助金额32.91万元。

（徐世虎）

【机构领导】

副局长

涂光太（主持工作）

达孜区文化和旅游（文物）局

【概况】 2019年3月14日，因机构改革，达孜区文化旅游新闻出版广电（文物）局挂牌更名为达孜区文化和旅游（文物）局。达孜区文化和旅游（文物）局下设事业单位达孜区文化室（县级综合文化活动中心），全局应有编制9个，实有人数9人，其中行政编制3人，事业编制2人，工勤编制1人，公益性岗位3人。

【公共文化服务体系示范创建】 达孜区综合文化活动中心建于2004年，截至年底，已使用15年。因年久失修，屋面墙体、破损、墙皮脱落、屋内漏水，加之基础条件有限，缺乏相应的管理服务功能，严重制约为基层公共文化服务。为切实发挥达孜区综合文化活动中心服务群众各项功能，不断满足人民群众日益增长的精神文化需求，达孜区文化和旅游（文物）局联合区委宣传部积极争取项目资金300余万元对活动中心进行改造提升，项目前期准备工作已完成，待后续进一步完善，确保活动中心高效运行，更好地为达孜区广大农牧民群众提供免费开放服务。

达孜区文化和旅游（文物）局积极对接市文化局，通过下乡进行走访、调研等形式为达孜区6个贫困村采购合适的文化设备，共计12万元，并按实际需求进行配发。

为确保各乡（镇）公共文化服务点常态化运行，8月27日，举办2019年度达孜区基层公共文化服务学习交流培训班，达孜区综合文化活动中心、各乡（镇）文化站以及20个行政村文化室共计38人参加此次培训。课程结束后，文旅局带领各参训人员到邦堆乡文化站、塔杰乡文化站进行实地学习交流。对文化站的免费开放情况、各功能房设备情况、免费开放经费使用情况等进行全方面掌握。截至年底，共检查指导5次，并现场反馈检查问题，要求限期整改，确保文化站发挥实效。

【节庆活动】 1月8日，达孜区以“迈入新世代，起航新征程”为

2019年6月27日，达孜区文化和旅游（文物）局局长顿珠次仁（右二）到邦堆乡林阿村验收文化器材

主题，开展第一届"舞动虎峰"新年文艺演出活动，以喜闻乐见的文艺形式宣传贯彻党的十九大精神，极大丰富了广大农牧民群众的精神文化生活，营造了良好的节日氛围。建立健全达孜区"虎峰"艺术团各项管理规章制度，加大管理实施力度，实施规范管理，并签订劳务合同。同时与达孜区虎峰客运公司签订租车协议和责任书，确保艺术团规范运作，排除各项安全隐患。

达孜区"虎峰"艺术团结合春节、藏历新年、"百万农奴解放纪念日""中华人民共和国成立70周年大庆"等重大节日庆典活动，举办各类形式新颖多样、内容丰富多彩、群众喜闻乐见的文艺演出活动；积极参加市文化局组织的"第四届全市民间艺术团文艺调演活动"；积极协调德庆雪藏戏队参加2019年度"藏戏演出季"活动以及配合其他部门参演文艺活动。9月10—30日，达孜区虎峰艺术团参加由自治区文化厅、拉萨市宣传部开展的千人锅庄颂祖国演艺活动，共同为中华人民共和国成立70周年献礼。截至年底，共计开展文艺演出活动60场次，配合市级、文艺联动县区以及达孜区相关部门参与文艺活动20余场次。

9月24日，由达孜区文化和旅游（文物）局承办，在工业园区管委会楼前隆重举行达孜区"同声颂祖国"万人大合唱活动，此次活动演唱方式为县、乡（镇）、村三级合唱现场联动。各乡（镇）、村纷纷响应号召，汇聚党员干部、行业代表、农牧民群众等所有人员齐聚一堂共同为祖国颂歌，此次联动活动共计8000余人参加。

【文物安全】 年内，"萨嘎达瓦""雪顿节"等重要节点，积极联合区消防、区委统战部等相关部门，多次对达孜区文物保护单位开展消防安全检查工作，并于年初层层签订文物消防安全责任书，确保全区各文保单位排除安全消防隐患。同时，经过扎西迥寺遗址发生文物盗掘事件，为达孜区开展文物保护工作敲响警钟。为防止再次发生盗掘案件，积极协调主要领导，争取项目资金34万元，为达孜区扎西迥寺遗址安装天网监控，现已将扎西迥寺遗址天网监控项目同步至达孜区指挥中心监控系统中。积极争取协调区财政，将文物保护经费指标列入2019年经费预算中，对达孜区70处不可移动文物点进行立碑保护工作。4月9日，达孜区文化和旅游（文物）局派文物工作人员到唐嘎乡琼达村尼定寺遗址等24处不可移动文物保护点开展立碑保护工作，此项工作还在继续开展中。

5月，达孜区文化和旅游（文物）局派文物工作人员到各乡（镇）及行政村，对预选的10个文保单位开展实地调研工作。截至年底，已做好申报各项工作。达孜区"自治区级文物保护单位"扎叶巴寺整体电器线路改造工程以及"当杰拉康"保护维修工程项目前期工作正有序推进。

【非物质文化遗产保护】 年内，举办达孜区非物质文化遗产代表性传承人交流学习班，推动达孜区非物质文化遗产向"广"覆盖、向"精"发展，进一步适应新形势下的非物质文化遗产传承工作。5月16日，举办达孜区非物质文化遗产代表性传承人交流学习培训班，同时邀请拉萨市文化局非遗科的罗桑老师为此次培训班进行授课。达孜区各级非遗代表性传承人参加此次培训。

9月30日至10月3日，联合达孜区德庆镇、雪乡、唐嘎乡在德庆镇公园举办达孜区庆祝中华人民共和国成立70周年暨首届“达孜非遗时光”。丰富多彩的藏戏表演、惟妙惟肖的非遗产品展示，为游客呈现一场融合传统特色和现代元素的非遗文化盛宴，吸引游客达2000余人次。积极做好第五批“达孜区非物质文化遗产”项目及第四批“达孜区非物质文化遗产传承人”项目申报工作，后续将组织专家进行项目和传承人筛选、申报工作。

2019年8月27日，达孜区举办2019年基层公共文化服务交流学习培训班

【文化产业】 年内，达孜区积极引导本区文化产业经营活动，以罗占、玉佤仓、卓玛、优格仓、吞柏古企业成为园区文化产业主力，年产值5823.5万元。充分利用西藏旅游业急剧升温的有利条件，引导农牧区的能工巧匠进入园区，参加现代化生产，满足急剧膨胀的多样化、多层次的市场需求；千方百计创造条件引导拉萨旅游产品经销企业进驻达孜，构建公司订单+农牧民家庭式生产模式，促进农牧民在家创业、自主创业。

紧跟旅游市场趋势，大力开发特色精美旅游工艺产品，提高产品艺术价值，重点生产唐卡、金银铜器、泥塑、彩绘、石刻、藏式家具、藏香等具有浓郁西藏民族文化色彩的特色产品；不断提高达孜旅游产品的市场占用率和扩大产品知名度。截至年底，达孜区全面建立起与经济发展水平相适应的文化旅游产业发展格局，在完备文化基础设施功能的同时，全面提升公民的文化素养，并加快文旅融合产业形成规模，促进文化旅游市场开放秩序的形成。

【文化旅游】 年内，达孜区文化和旅游（文物）局牵头组成专项检查组对辖区内网吧、KTV、寺庙及旅游度假村进行专项整治检查。重点检查网吧、文化旅游度假村规范经营情况、寺庙“联合检查、部门排查、行业自查”情况及设施设备管理落实情况，同时，排查达孜区文化旅游市场影响社会稳定的矛盾纠纷，深入农牧民群众，纵向了解文化旅游市场潜在的矛盾纠纷隐患，全面提高化解稳控能力。

截至年底，共开展宣传活动2次、专项检查16次，对文化旅游市场进行全面的清查，市场秩序大为改观，人民群众的满意率大幅提高。

【全域旅游】 年内，达孜区文化和旅游（文物）局牵头组织，联合区市场监管局、区公安局、区卫计委及消防救援大队等相关成员单位，先后5次对达孜辖区内旅游景区、旅游度假村、寺庙、游客服务中心等开展文化旅游市场的环境卫生综合整治工作，本着“及时检查、立即解决”的工作原则，对辖区内的陈年垃圾堆放情况、白色污染治理情况及人居环境整洁情况进行排查，对不符合环境卫生治理要求的景区、度假村等进行现场指导，并要求限期整改，充分履行旅游市场监管职责，推动乡（镇）用实际行动美化乡村人居环境，实现干净、整洁、宜居的工作目标。

年内，根据拉萨市旅游局关于景区垃圾分类工作的部署要求，达孜区文化和旅游（文物）局已要求辖区内各乡（镇）确定旅游景区工作联络员，形成景区治理体系规范化，同时对各乡镇及旅游景点下达景区垃圾分类工作通知，要求各乡（镇）和景点结合各自实际情况整改落实辖区垃圾分类工作，确保辖区可视范围内无垃圾堆弃、白色污染等情况，并于10月28日前将生活垃圾分类工作推进情况形成工作总结报至达孜区文化和旅游（文物）局。

配合市旅游局确定高炮点位4个，已全部建成。为全面提高达孜区旅游景点、服务区、寺庙的旅游安全生产意识、农牧民群众及游客的环境卫生意识、消费安全意识，达孜区文化和旅游（文物）局充分利用文化、旅游市场综合执法多角度深入宣传，开展旅游安全生产意识、环境卫生意识和习惯养成教育，积极引导旅游景点、服务区、寺庙等的旅游安全生产意识、农牧民群众和游客注重旅游环境保护，提升文明旅游意识。

（卞新欣）

【机构领导】

局　长

顿珠次仁（藏族）

副局长

王　红（女）

达孜区农业农村局

【概况】 达孜区农业农村（科学技术、乡村产业发展）局位于区政府以西2公里处，为达孜区政府下属的正科级行政管理单位，与达孜区科学技术局、达孜区乡村产业发展局同设，下设达孜区农业技术推广站、达孜区畜牧兽医站、达孜区农牧业机械监理与技术推广站3个正股级事业单位，编制人员数为29人（机关行政编制5人、农业技术推广站10人、农牧业机械监理与技术推广站3人、畜牧兽防站11人）。实有干部职工46人（党员22人），退休职工11人，其中：行政人员7人（正科1人、副科2人、副主任科员2人、科员2人），专业技术人员18人，工人1人，借调8人，公益性岗位8人，聘用合同工4人，根据工作职责和分工设由办公室、科技办、项目办、草补办、畜牧办、党建办、产权办、确权办等业务科室。

【农牧业生产】 年内，落实农作物播种面积8.87万亩，其中落实粮食播种面积5.97万亩，经济作物1.95万亩，饲草作物0.96万亩，油料作物0.33万亩。实现粮食作物产量2.5万吨，经济作物产量5.99万吨。牲畜总存栏8.09万头（只、匹），其中牛存栏7.08万头，羊存栏0.81万只；马存栏0.03万匹；生猪存栏0.17万头；鸡存栏5.97万只，新生仔畜1.64万头（只），仔畜成活率96.7%，成畜死亡0.11万头（只），成畜死亡率1.2%，出栏总数3.24万头（只、匹），出栏率36.2%，实现猪牛羊肉产量0.45万吨，奶类产量1.58万吨，禽蛋类产量156.62吨，禽肉产量87.78吨。实施调种240吨，发放化肥1450吨，积造农家肥14万吨。

【农牧业产业化进程】 年内，建成“达孜区高原净土健康产业科技示范基地”，积极开展农牧业科技推广工作，申报科技项目4个，已批项目3个，项目资金达到145万元，全面提升农产品附加值。结合达孜实际，按照“育龙头、兴产业、带农户、连基地”的思路，大力推进农牧业产业化经营，达孜区合作社达到327家，注册资金超过1.5亿元，吸纳社员达到

2019年3月29日，达孜区农业农村局揭牌仪式

2300余人，分布达孜区五乡一镇、20个行政村。

年内，成功创建拉萨市“双创示范”百家示范农村专业合作社15家，市级示范合作社11家，国家级龙头企业1家，自治区级龙头企业2家，市级龙头企业11家，达孜区合作社和龙头企业总量不断增加，规模不断壮大，带动辐射作用明显增强，呈现出良好的发展势头。

【国家级农产品质量安全县(区)创建】 年内，达孜区已建设蔬菜标准化生产示范基地1处、有机青稞生产基地1处、规模化养殖场7处，种养殖合作社50余家，围绕标准化建设，加大农产品品牌培育力度；现正积极开展认证2处无公害蔬菜生产基地，完成地理标识认证2个，商标注册15个，在提升达孜农产品质量(区)安全的同时，也提升了达孜农产品市场影响力与竞争力。为深入贯彻中央农业部“两个零增长”“两下降”的具体目标要求，在区、市业务部门的正确领导下，因地制宜地开展切实可行、行之有效的绿色有机创建示范推广，在全区范围内建立青稞有机试点推广面积2000亩；开展示范、推广新品种5.12万亩，包括“藏青2000号”“喜拉22号”“山冬7号”“冬青18号”“苏拉青2号”。实施深松整地作业1.2万亩，促进农牧民增产增收。

年内，已成功创建国家级农产品质量安全县(区)，按照“一个确保，一个提高”的要求，加强领导，认真开展卫生及植物检疫检查、监督工作。与公安局、市场监督管理局、城管局组成联合执法队对农产品进行联合大检查5次，企业农产品生产基地检查2次，农资打假10次；2019年农产品抽样检测任务1000批/次，完成目标任务；连续四季度通过国家蔬菜抽样检测指标；开具动物产地检疫证469份(其中动物A证为9份，动物B证为239份，产品A证为15份，产品B证为206份)，立案查处6起、渔政检查24次。

2019年7月24日，西藏自治区农村农业系统参观学习达孜区粮食生产功能区划定成果工作

【涉农项目建设】 年内，立足达孜农牧业发展特点，统筹协调、科学谋划，深入调研，不断加大涉农民生类项目申报力度，不断增强农牧业发展基础，促进农牧民致富增收。各类涉农建设项目4个，项目资金6055.32万元。

达孜区农业农村局加强项目实施的全程监督管理，严格落实项目法人制、招投标制、工程监理制和合同管理制，按照“定目标、定时间、定责任”的“三定”要求，加强协调督办和综合调度，确保按期保质保量完成建设任务。

【防抗灾物资储备】 年内，高度重视今冬明春的防抗灾工作，制定切实可行的防抗灾措施，积极储备充足的抗灾物资。2019年旱情共落实35万元防抗灾物资储备资金(本级财政)，用于购买和发放抗旱饲料、水泵、化肥、农药、购置抗旱物资的资金、粮食等。

【强农惠农政策落实】 年内，按照中央、区、市强农惠农政策精神，2019年度涉农政策资金共673.77万元，其中2019年草原生态补助奖励机制资金182.25万元；农机购置补贴资金455.52万元；科技特派员生活补助36万元。

【动物疫病防控】 年内，认真贯彻落实区、市重大动物疫病防控工作会议精神，安排部署疫病防控工作，进一步分析形势、增强认识、统一思想，积极落实各项工作任务。同时，达孜区严格按照“政府保免疫密度、业务部门保免疫质量”的原则，和“六个不漏”的要求，以乡镇为单位逐村逐户开展拉网式免疫，切实做到“乡不漏村、村不漏户、户不漏畜、畜不漏针”。

年内，春秋两季防疫共使用口蹄疫疫苗免疫牲畜 15.29 万头(只)，其中：猪 0.11 万头，牛 13.87 万头，羊 1.31 万只；禽流感免疫家禽 3.98 万只，免疫率达到 100%。此外，落实防疫经费 100 万元(本级财政投入)用于重大动物疫病防控主要用于乡村兽医误工补贴、储备及应急药品、储备及应急物资等，确保一旦发生重大动物疫情能快速反应，有效处置。

【万户百场十中心建设】 年内，已完成创建示范户 569 户；完成创建养殖场(基地)6 个；投资 1.70 亿元建设达孜区塔杰乡高标准良种奶牛养殖中心，已引进 0.0756 万头。

【牦牛短期育肥】 年内，出栏 6021 头育肥牦牛，向拉萨市场提供牦牛肉 1022.58 吨，全年产值 7199 万元，实现利润 543 万元，带动贫困 89 户，348 人。

【畜牧良种改良】 年内，组织 12 名黄改技术人员开展为期 2 天的 2019 年黄牛改良直肠把握技术和建立系普档案等培训；为 14 个黄改点发放液氮储存罐 29 个 1740 立升、冻精 3000 支；根据拉萨市 2019 年畜牧良种补贴项目工作指标要求，现已完成配种 1500 头；根据拉萨市 2019 年牦牛经济杂交任务指标要求，犏牛改良任务 100 头，现已完成配种 121 头。

【包虫病防控】 年内，切实落实月月驱虫，完成家养犬驱虫投药 26 次；完成家犬芯片植入、狂犬病疫苗注射办理 0.39 万条；办理犬类免疫证 1988 本；完成牛羊抗体监测，其中羊血清采样 500 份、牛血清采样 500 份，收集新鲜犬粪 500 份，经调查采样后未发现牛羊病理变化；完成兑现牛羊血清及犬粪样品采集补贴资金，共 1.5 万元；组织各乡镇 20 余名兽医工作人员开展动物包虫病流行病学调查及采样实训。

【非洲猪瘟防控】 年内，达孜区非洲猪瘟防控指挥部与各乡镇、各大养猪场(户)签订《2019 年达孜区非洲猪瘟防控责任书》，明确各方的责任和惩处办法；开展监测排查，启动达孜区非洲猪瘟防控情况排查日报告制度，共排查生猪养殖场(户)191 户，生猪 0.05 万头；开展 4 次非洲猪瘟防控技术培训，进一步提高基层兽医人员对突发非洲猪瘟疫情的鉴别诊断、早期报告和规范应对能力；发放非洲猪瘟防控宣传资料 1.5 万余册；处理 4 起饲喂泔水情况，现达孜区范围内不存在使用餐厨剩余物饲喂生猪情况。年内，达孜区未发生非洲猪瘟疫病。

【农村改革】 年内，全面完成农村土地承包经营权登记颁证工作，达孜区实现土地流转 18912 亩，通过土地流转实现户均 2000 余元。农村集体产权制度改革推进有力，完成达孜区 20 个行政村、135 个小组的集体清产核资工作和村民小组成员身份界定登记工作，集体资产管理更加规范。

【农村人居环境整治】 年内，完成达孜区农村人居环境农村户用卫生厕所改建 2978 户。累计开展村庄清洁行动 10 次，农牧民群众参与共达到 4200 人次。

（覃升辉）

【机构领导】

局　长

　　次仁尼玛(藏族)

副局长

　　吴明辉

　　牛拉毛措(女，藏族)

达孜区扶贫开发办公室

【概况】 2019 年，达孜区有建档立卡贫困户 1074 户 4250 人，已全部实现脱贫退出。贫困人口人均可支配收入从 2015 年底的 2855 元增长到 2019 年底的 12908.8 元，同比 2018 年底人均可支配收入 11294.7 元，增加 1614.1 元，增长 14.3%，脱贫人口基本实现“两不愁三保障”目标。2019 年 12 月 21—28 日达孜区顺利通过中央财政专项扶贫资金绩效考核。

2019年机构改革原达孜区扶贫开发领导小组办公室更名为达孜区扶贫开发办公室。

【扶贫项目实施】 年内，达孜区2016—2019年共确定扶贫产业项目46个，总投资7.43亿元，已完工项目45个，在建项目1个（2018年塔杰榨油项目进度90%）。2019年涉农统筹整合资金支出进度达93%，无结转结余资金或沉淀资金，且项目、资金公示公告比例为100%。达孜区不断完善扶贫产业利益联结机制，2016—2018年实现产业分红5892人次1349.55万元。通过土地流转、原材料收购、务工就业等多种渠道，带动贫困群众增收致富。

达孜区2020年统筹整合财政涉农资金19324.54万元，计划实施五大类项目46个，其中：生产发展类项目22个，计划投资14633万元；基础设施类项目10个，计划投资3026万元；生态保护与建设类项目8个，计划投资991.2万元；政策保障类项目5个，计划投资136.92万元；其他类项目（贷款贴息项目）5个，计划投资537.42万元。正在做前期准备工作，预计4月陆续开工。将科学规范推进2020年统筹整合财政涉农资金项目进度，及时拨付资金，加强资金监管及绩效评价工作，保障项目建设进度、资金拨付进度及资金安全。

【转移就业】 年内，达孜区有建档立卡贫困劳动力1817人，已实现就业953人（其中，搬迁人口实现就业594人）。2019年，已开展各类培训23期1250人（其中建档立卡贫困人口558人），其中建档立卡贫困户实现转移就业198人。达孜区易地扶贫搬迁安置点有劳动力528户899人，为保障搬迁群众就近就便、不离乡不离土实现就业增收，有针对性地组织开展精准扶贫专场岗位对接会等招聘活动共计2场，已实现就业397户594人，有力解决了搬迁群众民生保障和后续发展问题。

2019年10月24日，拉萨市脱贫攻坚指挥部2019年度脱贫成效第四考核组一行到达孜区开展考核工作

【以迁脱贫】 年内，达孜区易地搬迁安置点6个，建设安置房644套，总投资2.93亿元，实现644户2523人搬迁入住。达孜区“三岩”片区跨地市易地搬迁137户842人，安置点搬迁136户841人（安置房136套，1户1人集中供养，建档立卡94户569人），已于2019年12月12日实现搬迁入住。藏历年前为搬迁群众842人每人发放1000元产业分红资金，共计84.2万元。

【以补脱贫】 年内，制定出台《达孜区生态补偿岗位管理考核补充办法》，杜绝“一人双岗”问题，解决“岗位责任片区不清和上岗履职不主动、不积极”问题。

年内，严格执行自治区3500元/人/年的补贴标准，上半年岗位工资2457人429.975万元，下半年岗位工资2149人376.075万元已全部通过“一卡通”兑现完成。

【以教脱贫】 年内，达孜区采取集中办学模式，确定“1所小学、1所中学、20所幼儿园”的布局，教职工409人，其中：中学专任教师123人、小学专任教师168人、学前专任教师121人；在校生4654人，其中：初中生992人、小学生2347人、在园幼儿1315人。建档立卡在校生1226人，其中：幼儿园至高中生1061人，大专及以上学生165人。坚持将每年政府财政收入的 20% 投入教育,2019 年投入 0.8 亿元用于教育事业发展。

在控辍保学工作中突出政府控辍保学一条线和教育系统控辍保学一条线"双线"责任体系建设和责任监督落实,对于无法到学校随班就读的 25 名适龄残疾儿童,开展"送教下乡"活动,义务教育阶段适龄儿童无一人失学辍学。严格落实自治区"三包"、营养改善、高等教育生活补助等政策,从构建完善的大学生资助体系入手,全面贯彻落实国家和区市资助政策,印发《关于做好达孜区 2019 至 2020 学年农牧民子女(含城镇低保户)在读大学生资助工作的通知》,正在开展 2019—2020 学年大学生资助前期工作。"三岩"搬迁中小学及幼儿学生 244 人,中、小学设置 4 个"零基础"班,将在开学后重点对"零基础"的学生进行辅导,"因材施教"提高"零基础"学生的知识水平。

2019年10月10日,达孜区脱贫攻坚指挥部、区委宣传部联合举办扶贫政策知识竞赛

【以助脱贫】 年内,建档立卡贫困户 2020 年度城乡居民基本医疗保险参保率 100%,在县域内享受"先诊疗后结算"100%,农牧区建档立卡贫困人口享受医疗救助 100%。普通医疗救助达到每年 10 万元,重特大疾病医疗救助达到每年 20 万元,正在积极有序开展 2020 年度城乡居民医疗报销、医疗救助结算工作。

自治区人民政府为农牧民群众购买大病补充保险,基本医疗保险(6 万元起付线)、大病补充保险(最高理赔 14 万元),2019 年共计赔付 37 人,赔付金额 99.68 万元,其中建档立卡户 2 人,赔付金额 10.06 万元。达孜区人民政府 2020 年度为达孜籍城乡居民购买 20 元的超大额医疗保险,在基本医疗保险(6 万元起付线)、大病补充保险(最高理赔 14 万元)的基础上最高理赔金额 15 万元,2019 年共计赔付 10 例,赔付金额 59.87 万元。启动家庭医生签约式服务,通过推行有偿服务,解决"重签约、轻服务"问题,建档立卡贫困户签约率达 100%,上门服务户均 6 次以上。

【以保脱贫】 年内,通过开展脱贫人口"回头看"工作,以保组对低保人员及建档立卡贫困户进行核查,按照"应保尽保、应退尽退"原则,达孜区现有农村低保户 87 户 250 人,达孜区严格按照拉萨市农低资金标准即 4550 元 / 人 / 年的标准实行差额发放,2019 年至 2020 年第一季度,共兑现低保资金为 68.75 万元。发放物价联动补贴 2.7 万元,将上级拨付的低保金全额、足额兑现完成,切实把"保障民生、落实民权、维护民利"的要求落到实处,让广大低收入人群得到实实在在的利益。

2019 年,城乡困难群众实施医疗救助 111 人 57.33 万元,城乡困难群众救助 17 人次 8.53 万元。2019 年,为重度残疾人 124 人发放护理补贴 29.76 万元,为困难残疾人 364 人发放困难补贴 43.68 万元,"两项补贴"资金共计 73.44 万元;为达孜区残疾人重点关爱对象 54 人发放资金 30.45 万元;为 38 名 0—16 岁残疾少儿发放康复补贴 8.94 万元;达孜区 16 岁以下留守儿童 102 人,困境儿童 24 人,申请资金 30 万元,在唐嘎乡和章多乡设立留守儿童快乐之家;2019 年,五保集中供养服务中心集中供养五保老人 100 人,分散供养 23 位五保老人,兑现全年五保供养金共计 140.15 万元(供养金标准为集中每人每年

12480元、分散为6675元)。达孜区五保集中供养中心于2019年10月15日通过国家级养老服务业标准化试点验收,成为全自治区首家国家级养老服务中心。

【结对帮扶】 年内,发挥好县级领导包乡、包村联系机制作用,县级领导带头到联系点督查精准扶贫台账资料整理、督查各项脱贫措施落实、组织乡村干部学习精准扶贫知识、帮助查找问题并督促整改等,助推脱贫攻坚工作,为顺利通过国家第三方评估验收发挥了重要作用。

在全自治区率先推行“321”结对帮扶模式,引导贫困群众摒弃“等靠要”的落后思想。2019年,由区委组织部牵头将达孜区902名干部对1074户建档立卡贫困户进行结对帮扶,帮助贫困户增收致富。

【宣传教育】 年内,成立达孜区委脱贫攻坚政策宣讲团,与乡镇、村(居)宣讲小分队一起协调配合、积极进村入户,进学校、入寺庙,广泛宣讲中央和区市各项扶贫政策。截至年底,共组织开展宣讲260场次,参与人数共14000余人次。以庆祝中华人民共和国成立70周年、民主改革60周年以及“3·28”百万农奴解放纪念日为主题。3月23日,达孜区文广局在德庆镇德庆村开展文艺联动演出活动。

e讯达孜开辟“决战决胜脱贫攻坚”专题专栏,集中报道脱贫攻坚的具体做法、取得成效、亮点特色、先进典型等动态新闻,大力宣传脱贫攻坚各项惠民政策落实情况。2019年向区、市各媒体报送相关扶贫信息160余条,西藏自治区传媒集团达孜区政府新闻网站采用50条,“网信达孜”推送相关新闻70余条,“e讯达孜”推送相关新闻400条;年内,向区、市各媒体报送相关扶贫信息20余条,西藏自治区传媒集团达孜区政府新闻网站采用15条,“网信达孜”推送相关新闻3条,“e讯达孜”推送相关新闻20条。

以“四讲四爱”群众教育实践活动为抓手,广泛宣传在基层涌现出的就业创业各类脱贫先进典型,大力发挥“典型”在脱贫攻坚中“扶志、扶智”的作用。已报道邦堆乡林阿村第一书记次旺、唐嘎乡唐嘎村第一书记旺杰、市妇联驻唐嘎乡穷达村工作队长达珍等先进典型人物。截至年底,达孜区农村电影公益放映308场次,观看人数达到6600余人次。通过各种形式的宣讲、宣传,进一步营造了浓厚的氛围,提高了广大干部群众的参与率、知晓率。

(王珊珊)

【机构领导】

主　任

普布扎西(藏族)

副主任

童　晋　美(藏族)

达孜区退役军人事务局

【概　况】 2019年3月29日,达孜区退役军人事务局正式挂牌设立,主要负责达孜区退役军人权益维护、退役安置、就业服务、教育培训、军休安置、优待抚恤、英烈褒扬、双拥工作。为进一步提升退役军人服务保障水平,解决退役军人政策落实和服务保障问题,根据中央、自治区、拉萨市关于建立退役军人服务保障体系的要求,2019年5月达孜区8个退役军人服务中心(站)陆续挂牌成立(其中:区级退役军人服务中心1个,乡镇退役军人服务站6个,村级退役军人服务站1个)。

【组织领导】 年内,达孜区委、区政府始终把退役军人服务管理工作作为一项重要政治任务,纳入重要议事日程,成立以达孜区委副书记春新为组长、达孜区直各单位主要负责人为成员的退役军人服务保障机构领导小组,达孜区委常委会、区政府常务会多次研究退役军人服务管理工作,协调解决工作中存在的困难和问题,确保工作的顺利推进。

达孜区退役军人事务局及时成立区、乡(镇)、村三级退役军人服务管理工作机构,多次召开专题会议,认真学习贯彻中央和西藏自治区、拉萨市军队退役人员服务管理工作会议精神,研究部署退役军人权益保障和稳控责任落实及矛盾化解工作,确保中央和西藏自治区、拉萨市退役军人服务管理会议精神贯彻落实到位,各项政策落地见效。

【保障合法权益】 年内,依据《退伍义务兵安置条例》《退役士兵安

2019年3月29日，达孜区退役军人事务局揭牌仪式

置条例》及相关文件，对2018年符合政府安排工作条件的4名退役士兵进行妥善安置。对符合领取兵役优待补助金条件的自主就业退役士兵，按照严格审查、确定标准、完善方式的要求将退役士兵兵役优待金发放到位。

年内，按照相关文件精神，达孜区从2018年8月1日起，提高各类优抚对象抚恤和生活补助标准，并按照“一册明、一折通”的要求，2019年共为58名优抚对象发放抚恤和生活补助资金，其中重点优抚对象生活补助241432元，60岁以上的农村籍退役士兵50人发放生活补助105140，有效保障他们的基本生活。

年内，全力开展矛盾化解和重点优抚对象帮扶解困。积极与公安、信访等部门及乡（镇）涉军工作进行常态化对接，加强人员排查，建立动态管理台账，确保化解工作抓早、抓小，矛盾纠纷消除在萌芽状态。做好帮扶解困，对驻地部队和重点优抚对象以及困难退役军人家庭开展走访慰问，严格落实抚恤优待政策。

【信息采集】 年内，为精准掌握达孜区退役军人基础数据信息，有效支撑退役军人服务保障工作，扎实推动达孜区退役军人领域治理体系和治理能力建设，达孜区退役军人事务局及时完善规整从民政交接过来的退役军人基本信息，结合正在开展的“基层基础基本建设年”活动安排，按照拉萨市《关于进一步做好退役军人和其他优抚对象信息采集工作的通知》精神，以及达孜区退役军人和优抚对象信息采集工作业务培训要求，全力做好信息采集和登记工作，确保统计到的每名退役军人信息准确无误。

【双拥工作】 年内，达孜区退役军人事务局始终将双拥工作作为重要的工作来抓。截至年底，达孜区退役军人事务局共展开集体慰问3次，涉及驻区部队、重点优抚对象，发放慰问品及慰问金共计36000余元。

【营造军人尊崇氛围】 年内，为落实党中央、国务院决策部署，弘扬拥军优属优良传统，推进军人荣誉体系建设，达孜区退役军人事务局在新单位成立不久后就及时向辖区内所有登记在册的退役军人家庭及烈属、军属家庭发放并悬挂410个光荣牌，使每一个退役军人家庭都能感受到党和政府深切的关怀和温暖，也让每一个献身国防事业的家庭感受到来自社会的尊敬和关爱，进一步激发广大退役军人始终听党指挥的政治本色，积极为社会主义现代化建设贡献智慧和力量。

通过成立三级退役军人服务中心（站）和“退役军人之家”为退役军人提供政策咨询、创业、就业机会，医疗、技能培训、精准帮扶等全方位服务保障，大力提升军人军属的荣誉感、获得感、幸福感，真正打造退役军人温馨之家。

（江才顿珠）

【机构领导】

副局长

拉　珍（女，藏族，主持工作）

董予川

达孜区水利局

【概况】 2019年，达孜区水利局行政编制4人，事业编制8人，下

2019年5月16日，拉萨市水利局局长韩云栓（中）到达孜区调研城区应急处险加固工程

设办公室、防办河管科、河长制办公室、农水科、规建科等5个科室。2019年，共实施重点水利项目4个，计划总投资2930.33万元，已完工项目3个；面上水利项目5个，总投资为380.2万元，已全部完成建设任务；续建项目2个，都属于PSL贷款项目。

【农村饮水】 年内，完成总投资为426.66万元的农田水利维修工程建设任务，解决4个工程点769户3129人（其中建档立卡109户427人）的饮水安全问题。年内，农村饮水安全工程已基本全覆盖，达孜区农村安全饮用水全年保障率达到95%，农村自来水普及率达到100%，饮用水水源地水质达标率100%。并落实农村饮水安全管护机制，落实三个责任，层层签订责任书。

【安全度汛防旱】 年内，召开防汛抗旱工作会议，部署防汛工作任务，成立防汛抗旱领导小组，制定相关规章制度和预案，并与各乡镇签订防汛工作责任书，进一步明确落实各级防汛工作责任。在汛前，重点对全区范围内水库、堤防、14条山沟小流域地段等实行全覆盖排查，共发现险工险段9处，总投资350万元，共计修建防洪堤2394米，河道清淤3600米。同时在汛前准备防汛储备物资吨袋1500个、防冲墩500个、铅丝笼4800平方米、编织袋40000条、救生衣50件、抗旱水泵8台。

年内，共发生灾情2处；受灾乡镇2个，受灾人口约2800人，农作物受灾约1450亩、损坏堤防700米，直接经济损失约181.55万元。累计投入防汛物资编织袋5000条、救生衣20件、砂石料3800立方米、铅丝笼1500平方米、吨袋500条、防冲墩400座。年内，实施达孜区城区水毁应急除险加固工程，累计投资1290万元，除险加固及修复2018年水毁堤坝共1400米。

【"河长制"工作】 年内，达孜区全面推行"河长制"河流19条，两座水库，河流总长为187.26公里。年内，确定28名区、乡级河长，20名村级河长及20名河段公安人员，共落实200万元河长制工作资金。

年内，共清理沿河垃圾约336.71吨，县级河长巡河6次，乡级河长巡河358次，利用世界水日、中国水周等契机，通过讲解、图说、海报宣传等方式向基层群众传达中央全面推行"河长制"工作的有关政策，累计参与河长制宣传人数156人次（其中市河长办2人），发放宣传图册3000余册、宣传海报20000张、宣传横幅8条、宣传标语1500余张、宣传纸杯30万个、宣传围裙3000件、笔记本400个等。

【河湖"清四乱"】 年内，根据《西藏自治区水利厅关于开展河湖"清四乱"专项行动的通知》要求，达孜区河长制办公室在全区范围开展"清四乱"排查。年内，共排查出4个四乱问题，累计清理德庆曲河道长约700米、河道清淤约4万立方米，拆除德庆曲沿线3栋违法房屋，1家砖厂，转运达孜区20400立方米堆料。

【安全生产】 年内，采取登记人口信息的方式，加强对各水利施工点所辖区域流动人口和施工人员的管理，做到流动及外来人员底数清、情况明；严格核实水利施工点保密要害部位的安全防范措施的到位情况，加大消防安全检查力度，努力消除火灾隐患，切实做到“看好自己的门、管好自己的人、办好自己的事”。同时，制订处置突发事件的工作预案，严格落实值班带班制度和报平安制度，由于责任到位、措施到位、落实到位，确保年内重要节点期间社会局势的安全稳定。

【“不忘初心、牢记使命”】年内，达孜区水利局全体职工认真学习党的十九大精神，以习近平新时代中国特色社会主义思想指导水利工作，以“不忘初心、牢记使命”主题教育活动为契机，团结、带领水利领导班子成员，认真抓好水利干部职工思想教育，积极履行各项工作职责，组织集中学习11余次，撰写心得体会40余篇；主要开展支部书记讲专题党课2次、开展结对帮扶2次、整治河湖环境的志愿活动1次、观看红色影片《建国大业》、廉政教育警示片《绝不饶恕》等、实地参观学习西藏百万农奴纪念馆1次、重温入党誓词2次等形式丰富多样的活动，整改问题条数4条。

【党风廉政建设】年内，组织党员干部认真学习党的十九大以及十九届二中、三中、四中全会精神，牢固树立“四个意识”、坚定“四个自信”、做到“两个维护”，全年共召开4次党风廉政工作部署会议，积极研究解决事关群众切身利益工作的党风廉政建设问题，安排部署具体工作；组织全体

2019年12月4日，达孜区水利局工作人员开展法制宣传活动

党员签订党员不信教承诺书，开展公车套牌自查和违反中央八项规定问题自查；加大水利施工项目廉政建设监督管理，与项目建设单位共签订《廉政工作责任书》6份，积极配合区纪检委整治漠视侵害群众利益问题4个，整治吃苦精神不强、作风“慵懒散”“中梗阻”，一旦有权、威风八面，高高在上、脱离群众等方面问题2个。

【人大建议、政协提案办理】年内，共收到人大代表建议25件，其中：由达孜区水利局转接区农业农村局人大建议6件，转交区自来水公司1件（并由达孜区水利局对代表进行答复），已完成或将在2020年4月30日前完成的有7件，已将建议列入项目计划2020年底内实施的有10件，因建设资金无法落实在3年内完成的有8件。

年内，共收到政协委员提案13件。其中：由达孜区水利局转接区农业农村局政协提案2件；已完成或将在2020年4月30日前完成的有7件；已将建议列入项目计划2020年底内实施的有1件；因建设资金无法落实在3年内完成不了的有5件。

【水利普法宣传】年内，以“世界水日”（3月22日）和“中国水周”（3月22—28日）为依托，结合达孜区司法局“宪法宣传周”的相关工作要求，向农牧民群众发放《中华人民共和国水土保持法》《西藏自治区实施〈中华人民共和国水土保持法〉办法》《拉萨市水资源保护条例》、扫黑除恶宣传海报等法律法规，并当面跟群众讲解有关法律法规及水政知识，有效地宣传了水行政法规，同时增强农牧民群众依法用水、节约用水意识，营造良好的水利普法宣传氛围。年内，宣传累计参与125人次，共发放宣传图册1700册，宣传海报及标语350张、宣

传纸杯 1200 个。

【节水型机关建设】 年内，为深入贯彻落实“节水优先”方针和国家节水行动，以节水设施补短板、节水过程强监管为主线，达孜区水利局率先开展节水行动，树立标杆，带动全区各行各业节水型机关（单位）建设。达孜区水利局节水机关建设共安装 6 个自动化流量监测水表，分别安装在主管道 1 个，卫生间 3 个，景观绿化区域 2 个；达孜区水利局节水机关建设预算经费 10 万元，已投入资金 9.19 万元。通过节水机关建设，达孜区水利局及用水单位水计量率达到 100%；次级用水单位水计量率达到 100% 以上；节水设备、器具普及率达到 100%；用水管网漏损率小于 1%；同时增强在职员工的节水意识，减少水资源的浪费，取得良好的经济、社会和环境效益。

【规范工程运行管理】 年内，坚持以习近平新时代中国特色社会主义思想为指导，深入学习贯彻党的十九大和十九届二中、三中全会精神，积极践行“节水优先、空间均衡、系统治理、两手发力”的治水方针，遵循“水利工程补短板、水利行业强监管”水利改革发展总基调，以确保水利工程运行安全、工程效益充分发挥、管理效能显著提升为目标，全面推进水利工程运行管理各项工作，为经济社会安全稳定发展提供保障，在水利工程的建设过程中，落实项目法人制、招标投标制、建设监理制、合同管理制和竣工验收制。

在工程运行管理中，把稳步推进水利工程运行管理的规范化、现代化建设，作为工作的基本立足点、出发点，锐意改革，刻意创新，不断提升管理水平，增强管理效益，工程建设完工验收通过后，将工程按时移交至所属乡村进行管理，并签订《建后管理协议书》和固定资产移交清单。

（刘 聚）

【机构领导】
局 长
索朗达瓦（藏族）
副局长
牛 妙 芹（女）

达孜区教育局（体育局）

【概况】 2019 年，达孜区共有各级各类学校 20 所（小学 1 所，中学 1 所，幼儿园 18 所）；有在校学生 4654 人（小学 2347 人，初中 992 人，幼儿园 1315 人）。有教职工 414 人、专任教师 409 人（小学教职工 170 人、专任教师 168 人；中学教职工 123 人、专任教师 120 人；幼儿园教职工 121 人，专任教师 121 人）。达孜区学前三年入园率 94.67%、小学入学率 100%、初中毛入学率 110.34%，义务教育巩固率达到 98.14%。

【党建工作】 年内，以习近平新时代中国特色社会主义思想为指导，深化实施党建统教发展战略，组织召开局党委会 6 次、党建专题会和党建工作例会 8 次，组织党员干部、党务工作者积极分子等开展培训 50 余人次，及时安排部署年度党建工作、检查督促工作落实，确保党建工作有序落实。深入开展“不忘初心、牢记使命”主题教育，对标“守初心、担使命、找差距、抓落实”的目标要求，结

2019年3月10日，达孜区教育局（体育局）召开素质教育迎检工作安排部署专题会

合党委理论中心组学习、“两学一做”等方式，组织开展集中学习8次，开展专题研讨3次，党员集中学习和个人自学时间累计不少于32学时，扎实推进了学习教育；围绕党的建设、校园稳定、教师队伍建设、教育质量提升、深化学校党的建设等重点领域和环节，通过实地走访、个别访谈等方式深入开展调研，梳理出师生群众关心的11项重点内容，持续深入开展调研工作；按照全方位检视不足原则找问题，按照边查边改、立查立改、即知即改原则落实整改工作，已通过学校提、自己查、群众帮等方式积极检视并整改即知即改问题2个，主题教育工作扎实推进。

做好庆祝中国共产党成立98周年和中华人民共和国成立70周年系列活动，组织开展党务知识竞赛、党员趣味运动等主题活动，组织学生和党员教师900余人参加“万人大合唱”、红色歌曲合唱比赛以及“升国旗、唱国歌”等活动，各级党组织也通过观看爱国主义题材电影、举办书画展、为学生讲述革命故事等方式开展丰富庆祝活动，全面激发了广大师生的爱党爱国热情。强化党建工作规范化建设，将党建工作纳入教育年度考核，将“三重一大”事项纳入党委议事日程，做到重要问题、重大事项集体讨论、民主决策，并组织起草制定党组织议事规则、学习教育等相关制度3项，学习强国、西藏先锋、共产党员等党员学习APP订阅率达到100%，党员学习、教育、宣传活动有序推进，党的建设取得了良好效果。

【提升教育教学质量】 年内，深化落实“五个100%”教育目标，按照区市“五个100%”要求，对中小学组织开展专项检查2次，对中小学课程设置、双语教育落实、中小学数理化生开课及实验教学情况进行全面清查，确保各项指标达到100%；全面强化教学常规管理，加大备课上课辅导监测等教学环节监督，年度检查作业10251本，组织实施覆盖全体教师的中小学2019年度业务考试，全面促进教师能力水平提升。

2019年，评选推荐高级教师4人、中级教师16人，投入资金82.5万元对表现突出的5个先进集体、团队和62名优秀教师进行表彰，有效激发教师从教热情；全面落实全区质量监测工作，对中学七年级8个科目、小学1—5年级8个科目进行全面质量检测，做好阅卷、登分、成绩分析、考核，为全面提升教育质量提供保障。

2019年，达孜区教育教学质量稳步提升，在内地西藏班招生考试工作中，共参考167人、录取23人，其中：中心小学全过程培养的考生120人、被录取16人，参考学生总成绩最高分达到355.5分，数学成绩最高分达到88分。同时，全面抓好语言文字工作，按照国家语委要求组织对达孜区各乡镇开展居民普通话调查摸底，共录制、上传400余份语音调查样本，全面促进了讲规范话、写规范字工作落实。

【巩固教脱贫工作成果】 年内，达孜区全面完善政府控辍保学一条线和教育系统控辍保学一条线“双线”责任体系建设和责任监督落实，对县域内0—15岁儿童少年进行全面摸底统计并建立信息库，区政府印发《达孜区关于进一步加强控辍保学提高义务教育巩固水平的实施方案》，全面建立起县乡村以及相关部门联动的控辍保学目标责任制，并以建档立卡贫困户为重点，全面做好流失学生少年排查工作，做好18名义务教育阶段残疾学生的送教工作，有力确保义务教育入学率达到100%，贫困家庭子女义务教育巩固率达到100%，有效巩固了脱贫攻坚成果。

【基建和学前教育】 年内，推进教育基础项目建设，总投资902.31万元的德庆镇白纳村幼儿园改扩建项目顺利推进，已完成总工程量的95%，总投资716.52万元的达孜区中心双语幼儿园标准化建设项目已进场开工。全面完成邦堆乡克日村幼儿园、章多乡尊木采村幼儿园、唐嘎乡穷达村穷普幼儿园、罗普村幼儿园等4所幼儿园续建项目建设，邦堆乡克日村幼儿园、章多乡尊木采村幼儿园、唐嘎乡穷达村穷普幼儿园已投入使用，唐嘎乡罗普村幼儿园、区第二双语幼儿园也计划于年内投入使用。

同时，投入资金58.9万元为新建村级幼儿园配备相关设施设备，投入31.038万元为13所乡村幼儿园补配床铺，投入资金78万元对2所乡幼儿园（章多乡幼儿园、邦堆乡幼儿园）食堂进行全面

2019年4月15日，达孜区教育局（体育局）召开"四讲四爱"群众教育实践活动动员部署会

改造，全面扩大学前教育覆盖、改善了学前办学条件。

【德育工作】 年内，坚持落实立德树人根本任务，以开展"四讲四爱"教育实践活动为重点，组织开展向雷锋同志学习系列活动、"西藏百万农奴解放纪念日""环境保护从我做起"等主题活动以及义务植树等各类德育教育活动27项，全面做好德育教育。

联合达孜区法院等相关部门开展普法讲座，扫黑除恶、禁毒等各项教育扎实落实，全面强化法治教育，2019年区中学被评为自治区级禁毒示范学校，并将接受国家考核验收；全面落实第三届"向上向善好队员"推荐评选，并先后开展德育主题宣讲27场，切实全面强化爱国主义、反分裂教育，引导广大师生树立好正确的人生观、价值观，有效落实了德育重点工作，确保了德育工作成效。

【规范财务管理】 年内，区"三包"及营养改善计划指标共计为1769.84万元，其中："三包"指标为1539.88万元、"营养"经费250.96万元。截至9月，共落实"三包"助学伙食费1130.01万元，其中：学前199.29万元、小学719.62万元、中学211.10万元；落实营养经费220.62万元，其中：小学174.68万元、中学45.94万元，严格按照规定及时足额落实了相关经费。

同时，全面做好年度财务决算、教职工的公积金调标录入、财政全口径债务系统、全国教育经费统计季报年报系统录入填报和全区438名教职工的工资调标上报工作，系统组织开展新政府会计制度的集中学习培训，完成新政府会计凭证的录入、工会人员信息录入工作、工会各项上报工作，完成2020年预算系统录入、2014—2018年社保清算以及2019年新基数核算工作，进一步确保了财务管理不断规范。

【教育信息化建设】 年内，坚持信息带教战略，对标"互联网＋教育"，开展"一师一优课，一课一名师"活动，年度推荐达孜区级优课49节；深化教育信息培训，组织开展达孜区幼儿园第一期信息技术应用能力提升培训，培训35人次、培训学时42学时，组织完成全区教师拉萨市教育云平台应用培训，培训472人次、培训学时30学时，组织完成全区教师西藏教育旗云平台的注册、应用培训，教师在拉萨市教育云平台上传教学资源超过100个，教育信息化系统使用水平全面提升。

全面完成中心小学校园安防监控的建设、录播教室建设，完成区中学8套教学触摸一体机的建设，及时做好与拉萨市教育局视频会议系统对接工作、中心小学校园广播维护工作，教育信息化普及水平进一步提升。

（李成纲）

【机构领导】

党委副书记、局长

扎西顿珠（藏族）

党委书记、副局长

张 玉 峰

副局长、纪检委员

江　　村（藏族）

达孜区中学

【概况】 达孜区中学距离拉萨25公里，学校始建于1976年9月，是达孜区唯一的一所中学，占地面积78003平方米，校舍面积30523平方米，现拥有24个初中教学班，在校生992人，教职工123人，专任教师120名。2019年，学校建有现代教学楼一栋，综合办公楼一栋，职业教育综合楼一栋，青少年活动中心楼一栋，综合实验楼一栋；另学校还配有多种功能教室，网络多媒体教室29间，网络计算机教室3间、录播教室1间，这些功能教室在学校的教学工作中发挥了极大的作用。

【办学理念】 年内，达孜区中学坚持“安全是基础，卫生是形象，后勤是保障，教学是中心，质量是生命，突出德育”的办学思想；坚持“为学生的终身发展负责，为教师的终身发展负责，为学校的长远发展负责”的办学理念，抓机遇，促发展，大幅度改善办学条件，本着打造符合区情、校情的校园特色，优化课题教学结构和提升教师综合素质来促进新课程改革在达孜区中学实施。

【内设机构】 年内，达孜区中学设有党办、校办、教务处、教研室、信息中心、安卫办、共青团委、总务处、财务室9个处室。

【文体活动】 年内，为促进校园文化，提高学生的德育文化，学校组织开展庆祝“十一”大型歌舞比赛；相关处室开展篮球比赛、足球比赛；为迎接自治区素质教育大检查及五个百分百教学质量提升活动，学校相关科室开展演讲比赛、推广普通话朗读比赛；生物、化学、物理实验操作比赛等活动，在活动中引导学生，锻炼、教育学生；展现教师魅力，体现了寓教于乐的教学观念。

2019年6月16日，达孜区中学党支部召开民主生活会

【安全教育】 年内，达孜区中学安全管理工作坚持“安全第一，预防为主，综合治理”方针，狠抓工作落实，积极巩固“平安校园”成果，大力推进隐患排查治理和安全专项整治，不断提升安全管理的规范化和科学化水平，利用主题班会对学生进行法制教育和各类校园安全教育。年内，学校还大力宣传禁毒知识，组织学生开展禁毒手抄报、手工作品、作文比赛等活动，被评选为全国禁毒示范学校。为师生营造安全、和谐、稳定的校园环境。

【举办校园运动会】 年内，第二十一届田径运动会在校运动场顺利举行，运动会为期3天，进行各类中学生运动项目，提高了学生的身体素质，丰富了校园文化。

【师资队伍建设】 年内，达孜区中学重视师资队伍建设，开展以“创文明校风、树师表形象”为重点的师德教育活动，以提升教师形象。加强常规管理，以制度制约，以机制激励，抓好教学流程的各个环节，规范教师的常规教育教学行为，提高了教师的工作积极性，团结、协调、凝聚的意识增强。

【教师培训】 年内，为落实教学五环节基本要求，不断提高课堂教学效益，活跃本校的教科研气氛，更快提高学校教师业务水平，达孜区中学以“请进来、走出去”的方式组织各科以及三科教师校内、外出学习培训，学校大多数教师参加了区内外各种专业能力提升培训和骨干教师培训，同时也不同程度地提高了学校的教学质量。各科教师在不同专业领域内进行专业能力培训和听专家讲座活动等取得不错的成效。

【表彰大会】 9月10日，举行第34个教师节纪念活动，表彰学校优秀教师、优秀中层、优秀干事、教学成绩奖，共有70多名教师获奖，区教育局领导出席表彰大会，达珍获得拉萨市优秀教师称号。

【以研兴教】 年内，达孜区中学组织全体教师学习思想政治水平提升活动；语文、道德与法治、历史的三科部编教材培训及课堂练兵活动举行，取得不错的成绩，得到上级领导机构高度认可。在教学、实践、研究的基础上，引导教师撰写教研论文，鼓励教师参加各级各类教育教学论文大赛。鼓励教师参加各级各类教学设计评比活动，也取得可喜成绩。

【年终工作】 年内，达孜区中学党办组织开展"四讲四爱""两学一做"精神等学习活动，组织思政教师的宣讲活动，加强支部的先锋带头作用；各办公室组织进行年终工作大检查，认真组织各级各类教学质量监测；各办公室制定下学年工作计划。

（德　吉）

【机构领导】

党支部书记

黄始全（苗族）

校　长

索　朗（藏族）

副校长

姜在文

贡　嘎（藏族）

达　珍（女，藏族）

达孜区供电有限公司

【概况】 达孜区供电有限公司前身为达孜区变电站，始建于2001年7月，主要负责达孜区五乡一镇的供应、销售、输变电和配电设施的建设，担负着达孜区工农业生产、人民生活、市政建设供电的职责。2014年11月24日，根据《西藏自治区农电代管办法》《西藏自治区国家电网覆盖区域农电代管试点工作方案》等农电体制改革工作的要求，成立达孜区供电有限公司，并按照同一机构设置标准要求，设置总经理、副经理等主要领导职位，综合部、运检部、营销部、安监部四个部门。

2019年，达孜区供电有限公司共有员工39人，其中事业单位编制3人、国网编制21人、援藏帮扶人员4人、国网拉萨公司帮扶人员1人、第三方劳务派遣人员11人。

【变电站】 年内，达孜区供电有限公司管辖范围内共有变电站3座，分别为110千伏桑珠林变电站（容量：80000千伏安）、35千伏达孜变电站（容量：20000千伏安）以及2018年11月投运的35千伏章多变电站（容量：4000千伏安）。

【输电线路】 截至年底，达孜区境内已铺设35千伏输电线路2条；10千伏输电线路10条，电网覆盖率达100%。

【党建工作】 年内，中共达孜区供电有限公司支部共有党员14人（包括预备党员3名），入党积极分子5人。达孜区供电有限公司党支部始终坚持学习习近平新时代中国特色社会主义思想、坚持贯彻党的十九大精神，牢固树立"四个意识"，坚持"四个信念"，自觉学习实践党的群众路线，积极投身"两学一做"学习教育。坚持执行

2019年6月12日，达孜区供电有限公司职工到中心小学保障考试用电

"三会一课"制度，定期召开支部党员大会、支部委员会，组织全体党员干部按时上党课、学习最新的理论知识；并且定期开展主题党日活动，切实加强党支部的建设。

年内，达孜区供电有限公司开展"不忘初心、牢记使命"主题教育工作。先后共计投资250万元对达孜区塔杰乡主西村放牧点开展新架设电力线路工程；对章多乡恰村、桑珠林7组开展电力设施升级改造工程；架设达帮线、章杰线联络点；为达孜区自来水公司架设双电源。切实履行了供电公司的职责与义务，同时也承担了国企应有的社会责任。

年内，达孜区供电有限公司全体职工参加国网拉萨供电公司组织的"颂歌献祖国、建工新时代——庆祝中华人民共和国成立70周年"歌咏比赛，并一举夺魁。公司全体员工通过歌声表达了对祖国的热爱与忠诚。

【安全生产】 年内，达孜区供电有限公司深化本质安全教育，牢固树立安全生产理念，不断完善"三票两制"，贯彻落实国网公司安全生产现场"十不干"。务实高效开展各项安全大检查及"三查三强化"等专题活动。

年内，为公司规范和改进达孜区供电有限公司日常生产工作以及项目质量安全管控工作，及时贯彻国家及自治区、市有关质量、安全生产的法律法规及标准规范，由安监部监督完善公司各项安全生产制度，对根治"习惯性违章"操作起到了重要作用。

2019年9月30日，达孜区供电有限公司职工参加国网拉萨公司国庆歌咏比赛

【人才培养】 年内，达孜区供电有限公司根据国网拉萨公司共有5名大学生入职。着力加强新进大学生的"传帮带"，达孜区供电有限公司充分利用业余时间建立晚间课堂、每周一课制度，考试成绩与绩效挂钩。2019年，达孜区供电有限公司派遣新入职大学生5人到国网镇江供电公司学习10千伏带电作业相关专业知识，为达孜区今后开展带电作业工作做好人才储备。

【服务品质】 年内，达孜区供电有限公司营销部开展营业普查工作，准确统计达孜区境内所有用电客户的信息。同时，针对达孜区虎峰佳苑、教师公寓开展注册缴纳、电费核实、催缴注销工作，切切实实将国家有关电费收缴的文件精神贯彻落到实处。

【社会责任】 年内，达孜区供电有限公司自筹资金250万余元，借助"不忘初心、牢记使命"主题教育工作的大好契机，为达孜区塔杰乡主西村放牧点开展新架设电力线路工程；对章多乡恰村、桑珠林7组开展电力设施升级改造工程；架设达帮线、章杰线联络点；为达孜区自来水公司架设双电源。11月，达孜区供电有限公司参加邦堆乡克日村双语幼儿园开园典礼，为该园师生送去慰问品，同时自筹资金结算该园新建儿童生活物资柜的款项共计3万元。

（达娃塔杰）

【机构领导】

总经理

强巴旦增（藏族）

副经理

焦 国 民

江　　山（江苏援藏）

城市建设·环保

达孜区住房和城乡建设局

【概况】 达孜区住房和城乡建设局是区人民政府组成部门，内设局办公室、住房保障办公室、建筑行业监管办公室、公房管理办公室、城市管理办公室、项目管理办公室。2019年，达孜区住房和城乡建设局机关在岗人员11人。其中，局长1人，副局长2人，副主任科员2人，科员1人，工人2人，公益性岗位2人，志愿者1人。

【虎峰大道沿线围墙改造】 年内，达孜区虎峰大道沿线围墙改造全面开工建设，该项目位于达孜区虎峰大道，由西藏博睿咨询管理有限公司评审，广州博厦建筑设计研究院有限公司进行设计。工程概算总投资277.03万元，包括：建筑安装工程费用248.17万元；工程建设其他费用20.79万元（含设计、监理咨询等费用）；工程预备费8.07万元；严格按基本建设程序报批后动用预备费。建设过程中，按照《2019年达孜区农牧民增收工作实施方案》，严格落实政策，为农牧民增收做出贡献。并在建设中加强工程质量、投资、进度监管工作，保质、保量如期完成，并在2019年10月大庆期间竣工并顺利交付使用。

【虎峰大道沿线整治项目】 年内，为推动绿色道路，加速经济发展，达孜区虎峰大道沿线整治项目全面开工建设，主要建设道路硬化工程9434.61平方米，彩砖铺设170.00平方米，铁皮围墙（H=3米）96.00米，铁皮围墙（H=2米）432米（草坪挡墙上部）；砖砌围墙55.00米，土方开挖及清运3158.28立方米，车位画线208.00个，台阶1项，草坪挡墙432.00米，国道维修工程240.00平方米，道路沿线藏式装饰线条145.00米及检查井维修，于2019年大庆期间竣工。

2019年7月13日，达孜区“三岩”片区搬迁点一期工程完工

【镇江公园提升改造项目】 年内，达孜区镇江公园提升改造项目总投资462.73万元，包括：建筑安装工程费用357.92万元；设备购置费57万元；工程建设其他费用34.34万元（含设计、监理、咨询等费用）；工程预备费13.47万元。项目建设内容及规模包括：铺装工程6045.57平方米（含花岗石地面，青石碎片地面，防腐木更换及其他石材地面），休息廊道78.00米，原有绿化草皮维护14626.60平方米，木凉亭2.00个，大理石小道85.00平方米，运动水刷石地面691.25平方米，地下水池60.00立方米，假山5.00座，木质小桥1.00座，黑颈鹤雕塑1.00座，新建围墙297.00米，围墙外道路硬化350.00平方米，石质小桥2.00座，台阶5.00个，18.00平方米休息长廊3米×6米，1.2米高铸铁栏杆125.00米，成品不锈钢旋转栏杆门2.00个。路口大型显示屏65.00平方米，生态木长条休闲椅12.00米（定制成品），大理石座椅25个（定制成品），文明宣传栏1个。改造如期完成，于2019年9月竣工。

【交警检查站项目】 年内，为保障人民出行安全，抑制违法犯罪活动，达孜区建设交警检查站。新建检查站总面积291平方米，围墙401.73米，大门座，硬化及停车场635平方米，绿化工程190平方米以及室外电气和给排水工程，总投资178.66万元。项目于2019年4月开工建设，8月竣工。

哈达小区

【便民服务中心】 年内，为方便达孜区人民群众，解决人民生活难题，提高人民生活满意度，2019年开始建设达孜区便民服务中心。项目建设内容及规模包括：便民服务办事大厅，各部门便民服务科室，综合会议室及附属设施，总建筑面积6832.56平方米。项目总投资3223.45万元。该项目于2019年11月正式开工，预计2020年底前竣工并投入使用。

【塔杰乡部队维修项目】 年内，为改善部队军人生活质量，于2019年为塔杰乡部队维修住房，总投资27万元，2019年7月竣工。

【塔杰乡主西村维修项目】 年内，为改善农村面貌，2019年维修老旧破损塔杰乡主西村村委会，总投资40万元，2019年7月竣工。

【城市管理】 年内，制定相应的道路清扫制度，明确工作责任，由区城市管理局全面督促第三方管理企业江苏天空物业公司对城区道路沿线垃圾进行清扫收集和转运，清扫和转运车辆印有统一标识，车辆规范操作统一调配，专人操作车辆，定期养护，严格执行清扫收集制度，在确保现有所有垃圾清运和收集车辆运行管理良好的同时，做到车辆整洁干净。此外，现有垃圾收集箱和垃圾桶，定期进行冲洗，箱内垃圾日清日集日转运，做到垃圾收集箱相容完好整洁，周围无垃圾散落堆放，无污迹和垃圾存留。

达孜区第三方企业严格落实“户集—村收—县清运，垃圾日产日清”的机制，真正做到城乡环境一体化，达孜区采用密闭式垃圾压缩车、垃圾转运车运往曲水垃圾填埋场以免造成二次污染。切实做到管辖无盲区，卫生无死角，“脏”“乱”“差”等环境问题得到有效解决。经过企业对环卫工人系统、正规培训，以“划区包干”的形式，每日普扫2次，企业管理员采取巡回监督实施长效机制，环境卫生大幅度提升，有效遏制乱倒、乱扔的现象，切实保证群众的生产生活水平。严格执法，认真查处建筑垃圾随意倾倒的现象，然而达孜区范围内无指定建筑垃圾堆放点，故此建筑垃圾处理问题仍有待进一步规范。

【房地产管理】 年内，在继续抓好房地产法规政策落实的同时，努力做好服务，积极主动地解决好公产房历史遗留问题，想方设法理顺好当前房管中的突出矛盾，提出合理化建议报请达孜区政府讨论，促成一些制度和规定的出台和实施。应中华人民共和国住房和城乡建设部要求，按时统计本区廉租房、公租房、周转房数据量，辅助全国公租房信息系统的建设。为保障城镇低收入家庭基本住房需要，改善城镇低收入住房困难家庭的居住条件，根据《西藏自治区城镇低收入家庭租赁住房补贴管理办法的通知》，对达孜区符合条件的11户城镇低收入住房困难家庭进行申请发放补贴。

【建筑工程管理】 年内，根据建筑法律法规和政策，认真贯彻建设工程招投标法和规章，不断完善建筑市场，严格执行招投标工作程序，实现建设工程公开、公正、公平竞争。同时，加大建筑领域监管力度，疫情后开复工以来，开展工地执法检查100余次，下达施工安全监督责令改正单20份，监督责令全面停工整改单0份，全面确保达孜工程领域“零”事故的实现。

为加强建筑工地扬尘污染防治，达孜区住房和城乡建设局给施工单位办理施工许可证时就进行严格的要求。对各建筑施工企业下发建筑工地施工扬尘治理相关措施，要求施工过程中统一设置围挡，工程渣土车辆运输过程中必须覆盖，严禁超载和途中撒漏，施工过程中的建筑物必须采用网纱全封闭围挡，易产生扬尘的建筑材料加盖防止扬撒。遇到风力较大时，停止易产生扬尘的作业，定时对施工现场进行洒水清扫，确保工地扬尘污染和卫生保洁。为全面提高农牧民施工队伍诚信意识和管理水平，提高建设工程质量，完善农牧民施工队伍管理体系，促进建筑业健康发展，依据《农牧民施工队管理办法》有关要求，结合达孜区实际，健全《达孜区农牧民施工队伍考核办法》相关处置，本处置在达孜区行政区域内，从事建筑工程施工活动的农牧民施工队（指：在本区取得资质的农牧民施工队和外来农牧民施工队）的管理考核，适用本办法，从而在平时工作中做到一定的监管。

（王　俊）

【机构领导】

局　长

次仁多吉（藏族）

副局长

何　　松

刘俊振（江苏援藏，8月任）

拉萨市生态环境局达孜区分局

【概况】 2019年，达孜区深入贯彻习近平生态文明思想，全面贯彻落实党的十九大和十九届二中、三中全会，区党委九届三次全会会议精神，围绕生态环境保护中心工作，全力推动环保督察整改，全面深入开展污染防治工作，严格建设项目管理，持续加大执法力度，提升环境监管实效，深化落实制度改革，进一步推进生态环境领域改革，积极开展生态建设，进一步拓展绿色发展空间，坚持以改善环境质量为核心，环境综合治理和生态保护得到全方位推进。

【环保格局】 年内，制定出台《达孜区经济社会发展与生态文明建设联席会议制度》《拉萨市达孜区“散乱污”企业专项整治工作实施方案》《达孜区〈美丽西藏建设规划纲要（2014—2030年）〉》《达孜区生态文明专班组工作任务清单》等重要文件，确保各项环保工作落实到位。区委、区政府高度重视环境保护，始终坚持“环保优先、生态立区”的理念。区委常委会议、区政府常务会议9次研究部署环境保护工作，听取情况汇报，主要领导多次作出重要批示，亲自协调解决重大问题；分管领导主要精力抓环保，定期召开调度会，深入现场检查，推进工作落实。区人大组织人大代表和新闻媒体开展环境基础设施专项视

2019年10月7日，达孜区委副书记、区长春新（中）检查指导唐嘎村垃圾分类工作开展情况

察，加强监督和支持。区政协组织政协委员加强提案力度，提出针对性意见和建议。区委组织部明确在相关干部拟提拔任用或进一步使用时，把履行环境保护职责情况作为重要参考，纳入干部工作调研、领导班子综合研判、干部考察的重要内容。

达孜区委宣传部将《习近平生态文明思想的六大原则》《关于深化生态环境保护综合行政执法改革的指导意见》等列入党委、政府（党组）理论中心组学习计划。区委党校组织各基层党组织书记、副科级以上党员领导干部学习《习近平生态文明思想》《新农村生态文明建设》，切实增强了党员领导对生态环境保护重要性的理解。各相关部门紧密配合，整体联动。工业园区管委会加大企业监管力度，制定各企业环境保护专项检查记录台账，并积极配合环保部门开展执法检查；区财政为全区环境治理提供了有力的资金保障；水利部门牵头抓好农村饮用水源地保护项目，确保农村饮水安全；住建部门完成达孜污水处理厂中水回用项目及环保竣工验收工作，并加大建筑扬尘的监管执法力度；城管部门24小时开展城市建筑工程垃圾和渣土运输车辆检查工作，并在重点路段和重要时段加大洒水降尘的保洁频次；公安部门大力推进黄标车淘汰；商务部门加大加油站油气回收工作力度；农牧部门加大畜禽禁养、退养工作力度；各乡（镇）和村（组）充分发挥属地职责，狠抓工作落实，全力改善辖区环境质量。全区形成分工负责、齐抓共管、高效运转的环保工作机制。

【中央环保督察反馈问题整改】 年内，为推动中央环保督察组反馈问题的整改工作，全区上下牢固树立“四个意识”，第一时间谋划部署各项工作，紧抓涉及达孜工业园区污水处理厂建设个性问题及29个共性问题不放手，截至年底，共性问题正逐一整改并长期坚持。个性问题“达孜工业园区未建成污水处理设施导致园区污水超标排放”的环境保护基础工作薄弱的问题，达孜区委、区政府深刻吸取教训，进一步理清思路，扎实推进整改工作。截至年底，达孜区污水管网全线贯通，污水处理厂全部建设完成。

4月，顺利通过《拉萨市达孜区污水处理厂及配套管网一期工程竣工环境保护与监测验收报告》专家评审，并完成公示期。为实现“污水资源化”，达孜区投资1220.08万元实施中水回用项目，铺设中水回用管道9330米，污水处理厂出水的水质达到国家一级A排放标准后，用于绿化浇灌、道路洒水等需求，达孜区污水处理厂运行正常。自治区环保督察反馈意见中达孜区涉及31大项、32子项整改任务、88项整改任务措施。截至年底，立行立改的问题已整改完成，长期坚持的问题正在稳步推进中。中央第六环保督察组入住期间，达孜区接到转办群众来电来信举报件案件5件、协办案件2件。达孜区高度重视，立行立改，举报案件全部已办结。同时，为防止死灰复燃，对已办结的案件开展“回头看”，确保整治成效。

【国家生态安全屏障】 年内，达孜区开展生态保护红线划定工作。为更好地统筹协调生态保护红线划定工作，达孜区建立生态保护红线划定工作协调机制，成立达孜区生态保护红线划定工作领导小组。先后通过征求意见、召开协调工作会议等方式，将达孜区生态红线方案反馈意见进行上报，全面完成达孜区生态保护红线划定工作，实现一条红线管控重要生态空间，给自然生态留下休养生息的时间和空间。其次，全区上下同心协力结合实际，按照生态县创建工作的部署，积极开展生态县创建各项工作，进一步完善生态县建设工作机制，加强生态环境建设，有效推进生态县创建工作的扎实开展。

截至年底，达孜区6个乡镇、20个行政村全部创建成为自治区级生态乡镇、生态村，达孜区创建成为自治区级生态县。环境基础设施规范化运行。为大力推进达孜区生态文明建设，切实加强生活垃圾规范化处置，达孜区从2017年起通过公开招投标方式，投资490余万元将达孜区生活垃圾转运站实行市场化运作，交由专业保洁公司代管，并在年底对其进行考核，乡镇垃圾收集实现一天一次全覆盖。章多乡垃圾转运站日处理垃圾20吨，该转运站已建成。达孜污水处理厂建设规模为日处理0.5万立方米，截至年底，日均处理污水为0.2万立方米，4月，达孜污水处理厂顺利通过竣工环保验收。截至年底，该污水处理厂由第三方负责运行维护，污水处理设施运行正常。

【生态环境治理】 年内，统筹山水林田湖草系统治理，推进乡村绿色发展，切实改善达孜生态环境，确保西藏生态环境良好。消除“无树户”“无树村”，实施退耕还林地面积1934.7亩，退耕还林37户。

【生态工程建设】 年内，达孜区累计投资0.5亿元，实施重要生态系统保护和修复工程。建立生态补偿机制，构建生态安全屏障，提升生态系统质量和稳定性。突出大气、水、土壤三大领域，坚决打好污染防治攻坚战，持续深入实施蓝天好水净土三大行动，结合实际、因地制宜，制定印发《达孜区2019年生态文明建设工作重点及工作任务清单》，从夯实生态文明建设责任、推进生态文化培育建设、打赢污染防治攻坚战、强化生态环境项目建设四个层面推动达孜区生态文明建设。

【水污染防治】 年内，加大执法力度，大力开展以保护饮用水源地和加强废水排污企业环境监管等为重点的水环境专项整治工作，全面掌握饮用水水源地环境安全状况，杜绝企业偷排漏排等环境违法行为的发生，严肃查处环境违法行为和破坏活动，并督促污水处理厂及各企业履行企业主体责任。

【水质监测】 年内，结合达孜区实际制定监测计划，并定期对国控、区控和集中式饮用水源点进行水质监测。投资80余万元实施《拉萨市达孜区德庆镇新仓河饮用水水源地保护项目》，进一步完善和规范饮用水水源保护区的范围标识，新建界桩100座、宣传牌10座、交通警示牌20座，防护栏2465米。

【农业面源污染防治】 年内，加强畜禽养殖场环境综合整治，达孜区2家畜禽规模养殖场户配套建设粪污处理设施，并投入运行。将畜禽养殖污染防治设施运行情况纳入“双随机”工作内容中，不

2019年1月22日，拉萨市生态环境局局长格桑巴珠（右一）到达孜污水处理厂调研

定期对达孜区规模养殖场污染防治设施运行情况进行现场检查，对存在的问题下发整改通知书，督促其按要求限期整改到位。

【大气污染防治】 首先，加大扬尘污染防治力度，增加城区机械洒水和清扫保洁频次，规范道路交通项目建设、建筑工地环境管理措施，对区域施工场地、料场、堆场、沙石运输车辆实施全封闭、全覆盖管理。其次，开展城市建筑工程垃圾和渣土运输整治工作，检查施工运输车辆230辆，并对符合条件的运输车辆发放《达孜区城市建筑垃圾和工程渣土运输车辆通行证》，严厉查处清运车辆无证私拉乱运建筑渣土、进出工地不按要求冲洗车身轮胎、沿途抛洒污染路面等行为，推广玉米秸秆青贮、小麦秸秆氨化等技术，从源头减少农作物废弃物污染。对辖区内燃煤锅炉进行再次排查，经排查辖区内无燃煤锅炉。此外，狠抓油气回收改造整改。达孜区现有加油站5座，全部已完成油气回收改造任务。

【土壤污染防治】 年内，严抓危废处置和转移。对达孜区涉危险（医疗）废物单位开展环境安全专项检查，责令企业自觉主动制定环境安全应急预案，对检查中发现的环境安全隐患立即整改。截至年底，各涉及企业均已制定应急预案，并对环境安全隐患进行整改。委托第三方对达孜农业产业园实施土壤监测工作，确保土壤环境安全。开展涉重金属重点行业企业全口径清查工作，督促企业网上填报信息。

2019年8月23日，拉萨市副市长刘广民（右三）到达达孜污水处理厂检查运行情况

【项目建设环境管理】 年内，把好环评审批关。严格执行相关规定，对于不符合环保准入条件、不符合产业政策、不符合污染物总量控制的项目不予审批。严肃查处超标排污、偷排偷放等环境违法行为，取缔、关闭和淘汰落后的生产工艺和设备。强化环境执法监督，加强日常监管，对超标排污的依法责令限期治理。组织开展应急演练、储备应急物资，对应急处置工作进行量化分解，落实到人，严格执行第一时间报告、第一时间赶赴现场、第一时间开展检测，防止因应急响应不当引发不良后果。每季度集中排查一次，排查范围包括饮用水水源防护区、工业园区等生态敏感区，并依托台账，不定期进行检查。

【环境监管】 年内，多管齐下，严格事中事后监管，切实开展辖区内排污企业的日常监管，完成“双随机”检查企业132家，下发整改通知书18家，对发现的问题均进行立行立改。2019年立案处罚7件，处罚金额14.55万元。按照《2019年生态环境保护执法大练兵实施方案》要求，在巩固2018年环境保护执法大练兵专项行动成果的基础上，积极开展环境保护执法大练兵工作。

为切实整治好事关群众切身利益的突出生态环境问题，维护环境安全，达孜区认真开展环境基础设施环保专项行动，并制定印发《达孜区2019年环境基础设施环保专项行动工作方案》，对工作重点、时间安排、处理措施都精心组织，严密部署，确保此次专项行动的有序开展。通过此次环境基础设施环保专项行动，逐步完善达孜区环境基础设施的环境管理工作，集中整治无证排污企业，解决事关群众切身利益的环境问题。全年共查处人民群众来信来访及污染纠纷5起。对每件群众来信来访，坚持文明受理、及时出现场、限期结案、跟踪问效、急事急办的原则，始终以受害人的切身利益为出发点，将人民满意作为工作的最终目标，积极参与协调和及时调查处理，办结率100%和群众满意率达95%以上。

【危险废物规范化管理】 年内，为切实保障固体废物环境安全，在达孜区范围内开展打击固体废物环境违法行为专项行动。重点对达孜区固体废物存量、固废产生源头、运输和处置能力实施系统排查，对发现的违法行为依法查处，坚决遏制固体废物非法转移倾倒案件发生，确保达孜生态环境安全。加强危险废物规范化管理，规范危险废物（含医疗废物）产生、收集、转移、利用、处置等行为，达孜区主要对工业危险废物产生单位、医疗废物产生单位以及汽车修理厂的危险废物暂时贮存设施、设备建立情况、转移联单制度执行情况和风险防控措施落实情况开展专项执法检查。对存在的问题单位（企业）提出了整改意见。将继续加强危险废物的环境监管，对产生单位非法转移危险废物的，坚决打击，从严处理。同时加强与公安、交通、卫生、应急管理等部门合作，联合打击危险废物非法转移、利用和处置的行为。

【污染源普查】 年内，达孜区采取六项措施高效推进污染源普查工作。即建立健全组织领导机构，为普查工作提供组织保障。广泛宣传发动，为普查工作营造浓厚的舆论氛围。精心选聘普查员、普查指导员，为普查工作提供得力人员。按照“应查尽查、不重不漏”等原则做到污染源清查全覆盖。根据污染源普查入户调查和数据审核工作方案，切实提高政治站位，全面认识开展第二次全国污染源普的重大意义，在入户调查、数据审核及数据录入高度重视，不断强化做好普查工作的责任感和使命感，高标准、高质量完成普查任务。结合污染源普查数据录入质量控制措施要求，按时完成数据录入工作，增强录入人员的责任意识，并通过初录、审核数据进行质量审核。

【生态环境宣传】 年内，达孜区以公众参与环境保护宣传教育活动为主，激励和动员广大群众积极参与环境保护，促进各项环保工作的顺利开展，营造良好的环境舆论和公众参与氛围。利用3月综治宣传日、“6·5”环境宣传日、“7·5”普法日等节日期间深入开展环保宣传教育活动，提高全民环境保护意识，积极开展环保知识“六进”活动。同时，邀请基层人大代表到达孜区环境基础设施建设运行情况进行参观学习，并对代表宣讲生态环境保护知识。以中华人民共和国成立70周年为契机开展生态环境保护和志愿服务活动宣传，发放各类宣传手册及环保纪念品900余份，营造了全民关注环保、参与环保的良好氛围。

【核查自然保护区内人类活动】 中央环保督察组转办案件涉及达孜区保护区问题7个，其中6个项目已全部关闭，恢复原房屋性质。唐嘎净土奶牛养殖项目已完成项目认定备案，环保设施设备已落实。自治区自然保护区领导小组于2019年10月8日下发《西藏泰成乳液有限公司奶牛养殖基地涉及西藏雅江黑颈鹤国家级自然保护区相关事宜的复函》，同意该项目的实施，要求完善自然生态系统影响与评价报告。完成2018年下半年西藏自治区国家级自然保护区人类活动动态遥感监测核实工作，达孜区涉及共7个点，经现场核实，1处为精准扶贫异地搬迁点（章多乡），2处为村委会（克日村、雪普村），1处为幼儿园（克日村），1处为居民点（已拆除）、1处为采石场（章多乡垃圾转运站后）、1处为宅基地（雪乡）。

（普布卓嘎）

【机构领导】

局　长

拉巴旺堆（藏族）

副局长

普布卓嘎（女，藏族）

达孜区城市管理和综合执法局

【概况】 2019年，根据中共中央、国务院下发的《关于深入推进城市执法体制改革、改进城市管理

2019年10月15日，达孜区城市管理和综合执法局工作人员开展整治占道经营

工作的指导意见》，要求将城市管理工作“重心下移、简政放权、放管结合、优化服务”。根据拉萨市、达孜区城市管理工作实际，达孜区城市管理和综合执法局下设4个科室：城市综合执法大队、局办公室、法规办公室、综合办公室。

达孜区城市管理和综合执法局于2019年4月挂牌成立，现有在编一线执法人员28人，其中公务员3人、工勤人员3人、协管员21人、公益性岗位1人。达孜区城市管理和综合执法局机关党支部现有支部委员5人，党员6人、预备党员0人、其中，男性5人，女性1人。现装备仅有5台执法车辆、手台28部、执法记录仪2台。

【统一装备标识】 年内，经达孜区政府会议通过，城市管理局更换全国统一城管执法制式服装。规范执法人员服装、肩章、胸号，通过全国统一的形象标识营造城管新形象，增强城管队伍的凝聚力。

【党支部改选补充】 11月4日，达孜区城市管理和综合执法局党支部组织召开支部委员会全体会议，集体讨论研究确定中共达孜区城市管理和综合执法局第一届委员会委员、候补委员和记录检查委员会委员候选人预备人选经中共达孜区达孜直属机关工作委员会党委批准，产生中共达孜区城市管理和综合执法局党支部委员会领导班子，达孜区城市管理和综合执法局党支部共配备支部班子5名，即党支部书记、党支部副书记、组织委员、纪检委员、宣传委员。

【党建活动】 12月6日，为深入开展2019年专题组织生活会，进一步加强和改进党员干部思想作风建设，经区直属机关委员会同意召开组织生活会。12月13日，达孜区城市管理和综合执法局召开专题组织生活会和民主评议党员会。

【文件保密】 年内，安排专职人员和专用文件柜用于文件的收发和管理，并对保密文件进行单独管理，严禁泄密；定期对办公室文件登记、传阅、存档和销毁情况进行自查；严禁使用U盘；组织涉密人员对旧文件进行集中存放、归档，并对无涉密级别文件统一销毁。

【印章管理】 年内，建立健全印章管理制度，没相关领导同意签字不得加盖印章；严格保管印章，专人负责，专人管理；移交印章有交接人员签字，签证人签字，同时谁要盖章谁要登记签字，事件记录等。

【档案管理】 年内，借阅档案（材料）做好登记，记录好借阅时间和归还时间，有领导和借阅人签字，管理人员在场查询材料是否完整；接收档案有交接手续，有交接人签字，切实做好收录分类登记，确保在短时间内查阅，做好备份。

【法制宣传】 年内，达孜区城市管理和综合执法局开展一系列法制宣传工作，着重宣讲市容市貌相关法律法规。共宣讲1次，受益450多人，同时发放资料777本，并对问题群众耐心细致讲解法律法规，解答群众在日常生活中所遇到的各种疑难问题，及涉及城市管理等方面的常识，有力提升了群众的相关法律意识，进一步营造良好的全民学法用法氛围，增强群众对城市管理工作的理解支持，提高了群众安全生产的法规意识，为达孜区城市管理和综合执法局综合治理工作和平安建设工作创造良好的环境。

【督查工作】 年内，达孜区城市管理和综合执法局坚持督查结果与绩效考核挂钩的原则，有效规范了执法人员行为，提高了执法效率成立督查大队，对各执法大队执法情况、人员在岗情况、履职尽责情况进行督查。城市管理局坚持督查结果与绩效考核挂钩的原则，有效规范了执法人员行为，提高了执法效率。

【履行职责】 年内，承担达孜区318国道渣土检查站以东达孜大桥以西辖区范围内城市主干道环境卫生秩序和城市管理秩序的责任；依据行使市容市貌卫生管理、环境保护管理等方面法规、规章行使行政处罚；依法负责本辖区执法工作；承担综合协调、督促落实达孜区行政区域内环境秩序整治职责；负责协调达孜区市政市容管理委员会部门对城市主干道开展市政养护和园林养护等管理工作；承办达孜区人民政府交办的其他事项，根据担负的上述六个方面的职责任务。

【执法整治】 年内，达孜区城市管理和综合执法局日平均上岗率达到99.5%以上，平均每日上路执法时长达到17小时以上。规范城市管理相对集中行政处罚权。

2019年8月26日，达孜区城市管理和综合执法局工作人员下发“门前四包”责任告知书

【“门前三包”责任制】 年内，达孜区城市管理和综合执法局下发给各街道“门前三包责任书”340份，各街道与辖区商户进行签订（一式两份），对商户门前绿化、环境卫生、秩序起到一定的规范和约束作用，对“美丽拉萨、幸福达孜”的建设提供了坚强保障。

【专项整治】 年内，开展冬季牛羊肉市场整顿、年货市场专项整治、露天烧烤专项整治、突出户外广告治理，维护良好城市景观、开展散养牛专项整治、开展香草专项整治、尾随兜售专项整治工作、渣土车辆、建筑垃圾乱倒专项整治等。检查渣土车辆1000多辆，查处各类违章行为为24起。

【临时性执法保障】 年内，达孜区城市管理和综合执法局出动执法人员1200余人次，共开展各类线路、节日活动保障，整治和规范各类违章行为20余起，保障达孜区市容环境秩序整洁有序。

【国庆期间重点整治】 年内，根据《关于做好318等国道沿线及重点景区环境整治工作的通知》，达孜区城市管理和综合执法局结合自身工作职责，国庆期间重点加强对318国道沿线及重点景区周边市容市貌环境管理和整治工作力度。投入专项经费24万余元，清运生活垃圾和建筑垃圾4700余方。

【信息报送、宣传报道】 年内，达孜区城市管理和综合执法局共编写上报简报38期，积极营造我爱家园，人人有责的良好氛围。

（洛桑扎西）

【机构领导】

局　长

多　吉（藏族）

交通·通信

达孜区交通运输局

【概况】 达孜区交通运输局是达孜区人民政府组成部分,为正科级,下设道路运输管理所,副科级建制。共有编制6人,其中行政编制3人,事业编制3人。现有干部职工8人,其中,正科1人,四级主任科员1人,一级科员4人(2人为借调人员),事业编制2人。2019年10月29日,达孜区交通运输局正式成立党支部,支部共有8名党员,按照规定程序,选举产生支部委员会,其中书记1名、副书记1名和委员1名。

【基本职能】 贯彻执行国家、自治区、拉萨市有关交通工作方针政策和法律法规。组织制定并监督实施达孜区公路、水路行业发展规划、中长期计划和年度工作计划,起草公路、水路行业的规范性文件。

承担涉及达孜区综合运输体系的规划协调工作,会同有关部门编制综合运输体系规划,拟定综合运输计划并组织实施,指导交通运输枢纽规划和管理,促进各种交通运输方式融合;拟定交通运输行业规划政策和标准,并监督实施;参与拟订物流业发展规划,指导公路、水路行业有关体制机制改革。

负责提出达孜区公路、水路固定资产投资规模和方向、财政性资金安排建议,按照规定权限审核规划内及年度计划规模内固定资产投资项目,监督实施公路、水路有关规费政策;承担公路、水路建设市场监管责任,组织协调公路、水路有关重点工程建设和工程质量、安全生产监督管理工作。承担达孜区内(国省干线公路除外)的管理和维护,指导交通运输基础设施的管理和维护。

承担公路、水路行业安全生产监督管理和应急处置工作。按规定组织协调国家重点物资和紧急客货运输,负责达孜区内公路(国省干线公路除外)运行监测和

2019年10月29日,达孜区交通运输局党支部召开党员大会选举支委会成员

协调。负责区域内道路抢险保通工作；负责指导农村客运及有关设施规划和管理，制定运营方案和突发事件应急预案，做好辖区内客运班线路况排查整治和客运车辆调度。

负责辖区内公路、水路路政管理，依法制止和查处交通运输违法行为；承担达孜区交通运输信息化建设，监测分析运行情况，负责行业统计、信息引导和交通战备有关工作；指导达孜区公路、水路行业环境保护和节能减排工作；负责协调中央垂直管理和邮政运输涉及地方的相关工作。履行渔业船舶检验和监督管理职责。

贯彻执行国家、自治区、拉萨市有关道路运输行业管理的方针政策和法律法规；负责辖区内道路运输管理工作，拟定行业发展规划和年度计划并组织实施；负责辖区内旅客运输、货物运输、站场经营、机动车维修、汽车租赁、城市客运、农村客运和城乡客运一体化等具体管理工作；负责道路运输行业的准入及事中事后监督；负责道路运输行业安全监管；负责辖区内道路运输行业的行政执法和举报受理工作。

【道路交通基本情况】 年内，达孜区辖区内农村公路总里程为281.908公里，已完成通畅里程200.445公里，等外公路里程81.463公里。县道旁墨线22.326公里（县道1条），乡道72.27公里（乡道6条），专有道路53.051公里（专有道路9条），农村公路134.261公里（村道66条）。自然村通畅78个、已通达未通畅53个，乡镇及行政村公路通达率100%，通畅率100%。

2019年2月27日，达孜区交通运输局联合拉萨市交通局执法支队、区交警大队开展打击非法营运车辆活动

【农村公路项目建设】 年内，达孜区交通运输局实施农村公路项目3个，分别为拉萨市村道公路生命安全防护工程（达孜区段），总投资66.1477万元，波形防护栏及水泥防护栏长1.034公里；达孜区德庆镇新仓域腾民爆中心专用公路工程，公路等级四级，总投资356.4万元（县级配套），路线全长2.252公里；达孜区塔杰奶牛场专用公路工程，公路等级四级，总投资379.91万元（县级配套），路线全长1.353公里。

【农村客运班线运营】 年内，为切实打通服务群众的最后一公里，方便达孜区农牧民群众的出行，进一步规范客运市场秩序，经达孜区交通运输局与达孜虎峰客运公司协调，3月新增达孜主城区至德庆镇白纳村、新仓村一条客运班线，行政村农村客运覆盖率达到90%。10月，新开通至主西村和雪普村的客运班线，达孜区20个行政村已全部开通农村客运班车，农村客运班线行政村覆盖率达到100%。

【运管业务办理】 6月20日，达孜区交通运输局开始承接拉萨市道路运输管理局下放业务，包括道路运输货物站（场）备案；县内客运业户开户、增项经营许可；道路货运经营许可；车辆运营证核发；道路旅客运输经营许可；道路运输从业资格证的诚信考核及继续教育考核。

10月20日，达孜区交通运输局安装运管工作专网，接入西藏自治区道路运输管理信息系统，实现本辖区内网上统一办理，进一步方便了群众办理业务。

【汛期抢险保通】 年内，汛期严重

时节，达孜区交通运输局启动汛期应急预案，联合相关区直部门，第一时间赶赴现场处理雪雪线小型涝灾，清铲卵石及泥土489方，填充掏空路基480余米；处理唐洛线5处小型泥石流灾害，清铲泥土1560余方，动用机械10余辆，耗时6小时左右。

【农村公路养护】 10月，成立达孜区县级养护站，县道、乡道、村道日常养护工作由养护站工作人员按照公路损毁情况和轻重缓急进行精细化养护，达孜区共有56名农村公路养护岗位人员和13名县级养护站工作人员，为实现农村公路养护工作标准化作业，达孜区交通运输局为69人每人购置冬、夏养护服各一套。

年内，共实施养护工程5个，分别为拉萨市达孜区邦堆乡叶巴村曲布防护工程，该项目主要建设规模为省查线末段修建重力式挡墙及斜拉式挡墙，修复常年滑坡导致的边坡凹陷、沥青路面断板及波形防护栏悬空，项目总投资36.362万元；达孜区塔杰乡主西村2、3组公路养护工程，该项目主要修复主西村2组和3组常年结冰路段（沥青路面修改成混凝土路面）、增加过水路面、桥涵洞身清理、边沟清理及沥青路面修补，项目总投资20.9206万元；旁墨线达孜段县道养护工程，该项目主要修补X108达孜段全线沥青路面修补，维修里程22.365公里，处理跳车桥涵54处，项目总投资48.728万元；达孜区范围内标识标牌及“爱路护路”标示牌查漏补缺工程，项目总投资37.54万元；国主线生命防护工程，该项目主要为在国主线几处临崖路段及急拐弯处增设共计500余米波形防护栏，项目总投资28.6万元。

【打击非法营运】 年内，为进一步规范达孜区道路旅客运输市场经营秩序，保障广大人民群众和经营者的合法权益，2月27日、9月8日，达孜区交通运输局和区公安局交警大队联系拉萨市交通综合执法支队在丹阳路与虎峰大道交汇路口设卡进行联合执法，对往来疑似“黑车”的7座车辆进行排查，严厉打击非法营运行为。

（张 强）

【机构领导】

局 长

俊美次旦（藏族）

达孜区邮政分公司

【概况】 2019年，达孜区邮政分公司共有干部职工13人，其中党员2名，积极分子1名。经营业务范围有函件、集邮、包裹、电商、分销、代理金融、代理保险等各类业务。2019年营业收入共计396万余元，居民个人储蓄余额共计1.5亿余元，服务范围涵盖达孜区各乡镇及行政村。

【党风廉政建设】 年内，达孜区邮政分公司以习近平新时代中国特色社会主义思想为指导，将学习领会贯彻落实好党的十九届四中全会精神视为首要的政治任务，深入贯彻落实党的十九届四中全会精神，增强“四个意识”、坚定“四个自信”、做到“两个维护”。干部职工真诚相待，密切合作，积极宣传党的思想，为党组织注入年轻的新鲜血液。积极组织党员

2019年12月25日，达孜区邮政分公司经理洛绒登召（左二）一行到检查站慰问民警

干部职工学习党的廉政教育思想，从思想上保持干部职工自身廉洁，在行动上坚决杜绝一切违反党章党规以及中央“八项规定”的行为。

【“不忘初心、牢记使命”】 年内，达孜区邮政分公司累计为区内各单位、乡镇、寺庙投递各类党报党刊、杂志共计3773005份，全年报刊杂志无积压、无延误。确保达孜区各族人民能够及时地听得到党的声音，了解到国家的各项惠民政策。全年为达孜区各族人民投递各类包裹邮件117895件，包裹邮件无积压。全年投递机要邮件336件，无丢失、无积压、无延误，确保党和国家秘密文件的安全和及时传递。努力完善各村邮站网点，实现村村通邮。

联合净云公司对各乡邮网点开展各项培训工作，提高各乡网点工作人员的专业技能，充实服务的内容，拓展服务方向和服务深度，提高普遍服务的质量。代理金融全年服务客户3862户，践行着邮政储蓄普惠金融的社会责任。在全面打赢脱贫攻坚战中，达孜区邮政分公司始终不忘习近平总书记的号召，惦记着困难群众的生产生活，联合达孜区内各中直单位为幸福新村异地扶贫搬迁户提供米、面、粮油价值共计8000余元。

【服务社会经济发展】 年内，达孜区邮政分公司积极与当地单位、企业开展合作，服务当地企业、单位。与当地企业、单位开展合作6家，确保当地企业货物安全及时地发往全国各地，与达孜区人民法院开展合作，对法院的各类法律文书进行及时准确的收寄投递。与公安交警部门展开合作，开通罚没款收缴渠道，方便当地人民群众缴纳交通罚没款，确保罚没款安全及时地上缴国库。

【安全生产】 年内，达孜区邮政分公司全体干部职工将安全生产牢记心中，不断提高全体干部职工安全生产责任意识。切实做好安全生产、安全保卫工作，严格落实各项收寄规章制度，杜绝安全事故隐患从邮政传递。牢固树立“治国必治边，治边先稳藏”的政治思想，严格执行各项维稳制度，制定各类应急方案，维护社会稳定。

（史永康）

【机构领导】

经　理

洛绒登召（藏族）

达孜区电信局

【概况】 2019年，达孜区电信局围绕“规模效益发展”这一工作主线，以移动业务、宽带业务、ICT业务、智能业务四轮驱动，切实做好“内强素质、外树形象”基础管理工作。近几年达孜区电信局移动用户持续在递增，新增手机用户中95%以上用户为4G智能手机，无线4G网络与有线智能光宽已经在悄然改变着达孜区广大农民的信息生活方式。全区电信宽带普及率40%以上，继续保持电信宽带的市场主导地位；天翼高清同办率不断提升，用户应用感知良好。此外，电信政企OA、电子政务、公安天网、智慧社区等一批信息化新业务，已在全区党政机关、公安、学校、中小企业等越来越多的行业领域得到应用，通过信息化手段提高他们的生产和管理效能。

【坚持党建统领】 年内，要牢记电信局是达孜区重要通信保障单位，要有责任感和使命感。作为党的企业，作为中央国企业基层单位，要带领团队为党工作，对党负责，牢固树立四个意识，担当起“政治、社会、经济”三大责任，落实好维稳值班、企业文化、团队建设等重点工作。

【资源覆盖】 年内，达孜区电信局持续加大基础资源建设力度，截至年底，建设宽带接入端口12184个，有线宽带服务能力领跑全行业。FTTH已全面覆盖各个新建小区、扶贫安置点、各乡和行政村，实现县域200M高速宽带接入，乡镇100M以上宽带接入。4G机站98个，无线网络已经覆盖全县所有乡镇和98%以上的自然村区域，以及境内高速公路、国道和省道全程覆盖，是拉萨市各县内覆盖最广的移动网络地区之一，已实现宽带天地一体化的通信网络。

【提速降费】 年内，为有效落实提速降费政策，结合各单位、中小企业对互联网接入产品的需求，更好地满足各单位、中小企业的相关要求，以“提升速度、充实产品、改善服务、树立品牌”为原则，按照“降价格、提速度、推新品、强填充、优服务”等五个工作方向，开展互联网专线资费下调、单位、中小企业宽带产品体系完善、切实为单位、中小企业提供了更优惠更实用的互联网接入产品。

【客户服务】 年内，达孜区电信局以“用户至上、用心服务”的服务理念，以提升用户满意度为指引以关键服务环节为切入，以感知测评为手段，强化差异化服务优势。有效落实“首问负责制”公约，积极参与政风行风建设，提速降费落实、通信扶贫行为，加强用户信息安全、网络安全和信息化建设。通过投诉预防体系、集中服务工单管理体系、客户体验感知等做好服务提升，实现事前防范，事中监督和事后管控。

【通信扶贫】 年内，根据中国电信集团公司对通信扶贫的相关政策，结合达孜区电信精准扶贫精准脱贫的相关指导，达孜区电信局严格落实集团公司部署的通信扶贫政策。

面向全部县以下行政村用户/使用电信移动业务的建档立卡贫困户、扶贫干部，每月免费赠送致富包；全部县以下行政村用户/面向新办理有线宽带业务或已安装宽带的建档立卡贫困户、扶贫干部，结合用户意愿，均可为其宽带加装1条IPTV；面向全县行政村/建档立卡贫困村党建活动室或文化室，赠送1条20M宽带，1条IPTV。截至9月，全区21个行政村的党建活动室全部完成免费安装宽带，对490余户建档立卡贫困户开通致富包。

（格桑尼玛）

2019年12月31日，达孜区电信局一行到“三岩”片区慰问搬迁户

【机构领导】
局　长
尼　　玛（藏族，8月免）
格桑尼玛（藏族，8月任）

中国移动通信集团西藏有限公司达孜区分公司

【概况】 2019年，达孜区移动分公司有在岗员工10人，正式党员1名，入党积极分子1名，员工平均年龄36.5岁；有自营厅1家，乡镇渠道4家；在网移动客户1.56万户，客户份额58.9%。

【市场经营】 年内，达孜区移动分公司工作以习近平新时代中国特色社会主义思想和党的十九大精神为统领，深入贯彻落实集团公司、西藏公司及拉萨公司相关工作要求，强化党建统领，承接“大连接”战略，深化“四轮驱动”，聚焦创新引领，开拓新思路、实施新举措、锻造竞争新优势，勇拓客户规模，实现价值提升。加速落实集团公司“创世界一流企业”目标，有效促进集团公司“力量大厦”策略在基层公司落地，圆满完成了县公司各项指标。

年内，达孜区移动分公司累计新增手机客户4653户，净增1682户，在网客户达到15024户，客户份额达到58.9%；新增有线宽带2165户，累计达到3621户；4G客户达到12391户，4G渗透率79.43%；同时，根据集团公司及区公司政策，全面落实提速降费工作，客户人均月流量使用达到

2019年7月29日，达孜区移动分公司员工到区交警大队慰问民警

10.24GB，同比提升456%，客户月均费用降至81.42元；推出手机号码月保底38元即可免费享受50M宽带，极大降低了客户使用宽带的成本。

年内，达孜区移动分公司与区经济和信息化局签订75个单位的电子政务外网协议；与公安局签订数条专线，保障公司局相关业务有序运行；与县人民医院签订数据专线多条；与武警达孜中队达成“和对讲”业务合作；与各乡镇、财政局、交警支队等多家单位达成业务合作协议。与工业园管委会、县委、县政府、组织部、农行、邮政、税务等单位保持良好健康的合作关系。

【服务支撑】 年内，达孜区移动分公司新建基站8个，基站总量达到264个，其中4G基站174个，覆盖全区五乡一镇21个行政村，信号无死角，网络能力大幅提升，网络质量得到明显提升；新建家宽资源小区17个，累计家宽资源小区达到102个，覆盖17个行政村，家宽端口超过9000个，可满足绝大部分用户的宽带使用需求；通过CPE无线覆盖的模式，实现家宽资源无法覆盖的行政村网络覆盖，保障村民宽带使用，实现达孜区所有行政村宽带资源覆盖。

年内，联合网信办开展扶贫终端捐赠仪式，对区内仅存的一户建档立卡贫困户赠送扶贫手机一部、号卡一张，为全面建成小康社会提供力所能及的支撑，践行央企的社会责任；对“幸福新村”136户居民进行慰问，同时还将在该小区投入超过50万，建设家宽资源，保障该小区用户的宽带使用。

【管理水平】 年内，达孜区移动分公司在管理上全面落实党建统领，以党章的规定严格进行各项管理，综合管理能力和水平得到全面提升。

年内，加强关键岗位防腐宣传工作，通过学习强国APP、微信课堂、移动网上大学、警示片集中观看等方式，进一步增强关键岗位防腐意识；执行分公司内部周周上讲堂活动，通过内部相互学习、协作、竞争的工作氛围，提升团队业务能力及团队协作能力，为区域客户提供优质的产品及服务。

年内，达孜区移动分公司严格落实区人民政府、市公司的相关规定和要求，对公司员工、代维、装维单位严格考核、检查和督促；建立“市公司—县公司—渠道”三级台账制度，公司所有活动资源的账本和员工销售统计登记本，所有关系到现金的都做了登记管理。加强安全生产管理，强化班前班后防火防盗检查工作及监督力度，全年落实值班及代班领导制度，在70周年大庆等活动上严格落实区政府的规定和要求，未发生违反相关规定的行为。

（土旦坚参）

【机构领导】

经 理

龚 毅

中国联合网络通信有限公司拉萨市分公司达孜区营业部

【概况】 2019年，联通达孜区营业部秉承“以客户为中心，用服务促发展”的服务理念，以为用户提供优质通信服务及促进社会和谐

达孜区联通营业部办公楼

为己任，倾力做到“消费请客户放心，服务让社会满意”。

【网络覆盖】 年内，联通达孜区营业部有自办营业厅1个、员工4人。联通达孜区营业部全体员工在联通拉萨分公司的直接领导下，服务于达孜区委、区政府的工作大局，团结拼搏、锐意进取，坚持以发展为中心，积极应对困难和挑战，采取有力措施，加快业务发展步伐；努力抓好集团营销与服务，做好行业信息化和新业务推广；抓好精细化管理，做到管理到位、责任分明；认真搞好服务管理与考核，根据实际情况完善、细化管理办法，制定合理的激励措施，改善了服务短板，确保服务质量的稳步上升，提高了客户满意度。

【产品营销】 年内，结合季度业务，着重发展主打产品并推进重点指标的改善，提升用户规模，鼓励各经营单元全面开展促销活动，以节日营销为契机，以指标改善为抓手，促进规模发展与效益提升，实现产品客户规模增长和社会渠道快速拓展的双丰收。

【渠道建设】 年内，联通达孜区营业部一直把渠道建设作为拓展市场的首要目标。渠道建设工作在省公司的政策指导下，在分公司的全局统筹、周密规划及分公司的全力推行下，共拓展合作营业厅及卡类代理点2个。

【网络建设】 年内，按照拉萨分公司网络流动规划，达孜区进行网络规划和移动基站、宽带业务及城区管道、县乡道路等的专业现场摸底，为2019年网络建设提供了翔实的资料。

年内，联通达孜区营业部全体员工在区委、区政府的直接领导下，专业知识和管理能力有了明显提高，圆满完成各项工作任务。将按照公司的总体要求，在大力拓展业务、做好固定电话和宽带业务推广的基础上，全面推进分公司各项工作，力争各项工作再上新台阶。

（赵晓东）

【机构领导】

经　理

赵晓东

金　融

中国农业银行股份有限公司达孜区支行

【概况】 2019年，中国农业银行股份有限公司达孜区支行下设1个营业网点（区支行营业室），4个营业所（蔡公堂营业所、拉木营业所、邦堆营业所、唐嘎营业所）。员工人数为39人，平均年龄37岁，其中正行长1名、纪委书记1名、副行长1名、网点主任5名、业务人员23人、安保3人，共有党员19名，占比49%。

【业务经营】 截至年底，农行达孜区支行各项存款202681万元，其中，对公存款131112万元，个人储蓄存款71569万元。各项贷款余额65469万元，其中，对公贷款9135万元，个人贷款23308万元，涉农贷款33026万元；较年初增加2775万元，中间业务收入163万元。

【党建工作】 年内，农行达孜区支行党建工作以《不忘初心、牢记使命》为载体、以新中国成立70周年，西藏民主改革60周年，农行恢复设立40年、股改10周年活动为契机，充分发挥基层党组织的战斗堡垒作用和党员的先锋模范带头作用，推动支行党建工作的科学化水平不断提高，为加快推进科学监管提供了坚强思想政治保证。

开展党委班子成员“亮身份、亮承诺、亮职责”的活动，并严格按照“三亮”原则积极推进各分管领域的工作，为全行全年工作健康有序开展发挥先锋模范作用和积极引领作用。制定安排党委理论中心组、党支部工作学习计划，确定学习时间、学习内容和主讲人，截至年底，党委理论中心组集中学习20次，党支部集中学习12次，纪检集中学习14 次，截至年底，员工注册“学习强国”APP注册率达到81%，其中党员注册率达到100%，理论知识的学习为全行员工进一步树立“四个意识”，

2019年7月8日，农行达孜区分行组织开展“三农金融服务点”集中培训及兑现2018年劳务费

2019年3月29日，达孜区邦堆乡林阿村成功挂牌“掌上银行村”

坚定“四个自信”和不断规范党内政治生活、提高政治素养提供了坚持指导保障。组织党员干部开展系列走进乡村、走进校园、走进贫困户、走进爱国主义教育基地等党日主题活动，不断提升全行党员的爱国情怀和无私奉献精神。成功召开党员领导干部民主生活会、基层党组织生活会和民主评议党员、脱贫攻坚专项巡视整改工作民主生活会和“不忘初心、牢记使命”主题教育专题民主生活会等，科学规范地落实各支部“三会一课”制度。

【服务“三农”】 年内，紧紧抓住服务“三农”和金融精准扶贫工作，坚持以服务乡村振兴为统领，进一步加大金融服务“三农”工作力度，全力推进互联网金融服务“三农”一号工程。着力打造“雪域惠农e贷”网络融资金融服务平台，11月16日成功发放西藏首批“雪域惠农e贷”，不断提升服务“三农”效率和水平，截至年底，涉农贷款33026万元，较年初增加3414万元；精准扶贫建档立卡户贷款累计发放223万元，新增“三农”金融服务点3户和挂牌掌上银行村12个。年内，全辖乡镇村全覆盖。

【基础管理】 年内，开展“合规文化宣讲”、案件风险排查、扫黑除恶专项斗争等工作，夯实基层和基础管理。制定实施《达孜区支行2019年合规文化宣讲方案》，成立《达孜区支行扫黑除恶专项斗争领导小组》，重点对对公业务、零售业务、信贷管理、运营管理、财务会计、反洗钱合规管理等重点领域进行专项治理。

组织全行员工开展以“加强合规文化建设，促使各项业务稳健业务稳健运行”为主题的合规宣讲活动。制定《农行达孜区支行2019年尽职监督检查》工作方案，按时完成检查、录入、整改等工作，有效防范业务操作违规违纪，提高基层基础业务质量，跟进“三极羊绒”核销贷款诉讼工作，成功还清全额贷款。

（巴 桑）

【机构领导】

行 长
张团结

纪委书记
袁 登（藏族，10月任）

副行长
卓玛旺姆（女，藏族）
边巴琼达（女，藏族，10月免）

行长助理
曲 珍（女，藏族，10月免）

乡（镇）概况

德庆镇

【概况】 德庆镇地处达孜城区以东1.5公里处，318国道穿境而过，是达孜区商流、物流、人流的中心，也是全区经济发展的重要区域。所辖德庆村、桑珠林村、白纳村、新仓村、幸福新村5个村民委员会，共有村民小组36个，其中5个牧业组。总户数2679户，总人口9468人（德庆村588户1746人，新仓村412户1691人，白纳村664户2646人，桑珠林村589户1872人，幸福新村426户1513人）。辖域面积246.2平方公里（369300亩），其中耕地面积14263亩（德庆村3272.9亩，新仓村2559.6亩，白纳村4042.8亩，桑珠林村4387.7亩），人均耕地面积1.81亩。

德庆镇政府共有干部职工67人，其中行政编制48人，事业编制10人，公益性岗位人员7人，政府购买人员2人。正科级干部6人，副科级干部15人。“3+1”专干12人，驻村干部3人，驻油库2人，抽借调人数11人，实际在位人数39人。

2019年7月2日，德庆镇党委召开庆祝建党98周年暨“七一”表彰大会

【经济发展】 年内，德庆镇地区生产总值2.133亿元，其中第一、二、三产业的收入分别为10047.03万元、4755.91万元、6535.02万元。工业增加值88.75万元，社会消费品零售总额4427.82万元，商品销售额达到963.5万元，零售额1689.79万元。

【基层党建】 年内，辖区内共有基层党组织32个，基层党委5个，党总支1个，党支部26个，现有党员693名（正式党员682名，预备党员11名），其中农牧民党员646名，约占全镇党员总数的93%。全年召开民主生活会2次，党建相关动员部署会议、述职会议和专题会议5次。德庆镇机关党支部开展支部委员会12次，支部党员大会4次，书记讲党课5次。

年内，镇党委集中学习习近

平新时代中国特色社会主义思想和十九大精神9次、“不忘初心、牢记使命”主题教育学习研讨12次，在学习领会全国、全区组织工作会议精神上，结合“两学一做”开展12次集中学习，党员政治教育2次、政治纪律教育8次、宪法学习1次、宗教事务条例1次等，为加强党员干部政治纪律意识，把宪法学习教育、党员队伍政治教育、党员党风廉政教育和读书计划加入学习计划中，为打造懂政治，守纪律队伍作为制度进行持续建设。为充实各村力量，贯彻拉萨市、达孜区党委“3+1”要求，德庆镇党委在各村分别派出第一书记1名、党建专干1名、宣传文化专干1名、经济发展专干1名，其中各村第一书记兼职党建专干，共计下派12名干部。

【抓党建促脱贫】 年内，德庆镇党委将基层队伍建设作为扶贫工作的重点之一，积极挖掘党员致富带头人工作。辖区内共有67家合作社，合作社负责人75%是正式党员，通过与合作社进行对接，为农牧民群众解决就业岗位300余个，带动贫困家庭10余家。年底慰问孤老寡人、贫困家庭50余家。年内，再次发展3名党员致富带头人。以“组团式党员结对群众”做好党员干部联系和服务群众工作，德庆镇村“两委”每名党员干部平均结对5名农牧民群众，6个党员为一个小组。在一个群众遇到困难时，以党员小组为主帮能手，组团式为群众解决困难。

2019年10月1日，德庆镇拍摄《我和我的祖国》微视频，庆祝中华人民共和国成立70周年

【党风廉政建设】 年内，组织全镇干部职工开展廉洁教育10次，开展扶贫领域腐败和作风问题专题教育8次，通报典型案例42起，组织纪检干部开展精准扶贫领域及《纪检监察干部培训系列课程讲义汇编》考试各1次。开展集中整治不作为慢作为等形式主义、官僚主义问题的自查整改工作，对全镇干部职工中存在的不作为慢作为、文山会海等形式主义、官僚主义突出问题进行自查自纠，通过逐一梳理汇总，查摆出12类22条问题，并形成自查报告向达孜区纪委进行汇报。加强对机关作风监督检查，重点对迟到、早退、旷工等问题进行查处。大力支持镇纪委对赌博情况进行检查，截至年底，德庆镇发现农牧民参与赌博或带有赌博性质娱乐活动的行为2起，已办结1起，办理结果移交至达孜区纪委，另一起正在进行初核。

【“不忘初心、牢记使命”】 6月，德庆镇第一批主题教育开始，结合德庆镇理论学习中心组每月1次的集中学习研讨，跟进学习《习近平在“不忘初心、牢记使命”主题教育工作会议上的讲话》《习近平关于“不忘初心、牢记使命”的重要论述》等相关内容。结合庆祝建党98周年、喜迎新中国成立70周年等重大节日，开展“不忘初心、牢记使命”主题党日，组织镇全体党员干部参观西藏百万农奴解放纪念馆、开展河道专项清理整治及国庆安保巡逻等志愿服务，观看《建国大业》《我和我的祖国》等爱国影片，组织辖区老党员老干部代表、少数民族代表、优秀群众代表等开展“讲历史、谈变化、颂党恩”大讨论活动等，在学习的同时开展调研和自我检视反思，了解到群众最关心的问题6条，检视到镇党员干部普遍存在的问题5条，并进一步找准整改方向，抓好落实。

【"四讲四爱"群众教育实践活动】 年内，德庆镇以中华人民共和国成立70周年，西藏民主改革60周年等重大节日为平台，将各类主题教育实践活动和农村重点工作结合起来，积极广泛开展一些富有教育意义的活动，充分拓展活动阵地，延伸活动范围，丰富活动开展形式，以激发群众参与兴趣，增强活动效果，全年共计开展各类活动50余次，其中文艺演出8次，参观红色基地7次，组织大讨论20余次，开展环境卫生整治活动10余次，其他活动10余次；开展各类宣讲41次，受众3700余人，其中邀请党校老师进行宣讲1次，受众160余人。

【人大工作】 年内，德庆镇人大主席团按照"九有"标准，打造规范化新仓村人大代表小组活动室。截至年底，德庆镇所属白纳村、新仓村人大代表小组活动室已全面建成并投入使用。顺利召开德庆镇第十三届人民代表大会第四次会议，圆满完成各项议程，各级人大代表认真履行职责，积极参政议政，围绕全镇经济建设和社会和谐、稳定建言献策，共提出意见建议34条，做到及时与上级协调解决，充分发挥群众与政府间的桥梁纽带作用。

【农牧民增收】 年内，德庆镇在农牧综合服务中心设立增收办，及时调整领导小组，制定工作实施方案，组成5个增收工作专班，分解增收职责。2019年德庆镇农牧民人均可支配收入达15996.4元，同比增长15.09%。定期开展区级监测点数据统计工作，制定详细的监测数据。统计收入与支出比例，分类统计，针对各村实际情况因地制宜地制定增收指标，按户施策。2019年辖区4个行政村各监测点，人均收入实现1.35万元以上。

【发展壮大合作社】 年内，德庆镇辖区内共有合作社71家，通过清理现正常运行合作社共67家，实现收入1100.8万元。其中有17家养殖合作社，占合作社总数的25.3%，实现收入149.1万元。民族手工业合作社18家，占合作社总数的26.9%，实现收入为890.3万元。度假林卡合作社7家，占合作社总数的11.9%，实现收入为61.4万元。此外，镇辖区内已具备一定规模的机械租赁车队有12家，实现收入1530.9万元。

【农村集体产权改革】 年内，成立镇村两级产权制度改革领导小组及办公室，截至年底，已全面完成全镇清产核资工作，清查4个行政村、36个小组的集体资产，同时德庆镇已完成全国农村集体资产清产核资系统录入工作。年内，全镇资产总计42394.91万元，其中经营性资产1452.07万元、非经营性资产40942.83万元，集体土地0.85万亩。全镇耕地流转面积为2422亩，实现收入813.5万元。

【田间管理】 年内，德庆镇农作物种植面积共计9258.69亩。其中小麦607亩、青稞6953.1亩、油菜434.9亩、土豆及萝卜1229.4亩、青饲料152亩，设施农业蔬菜面283.65亩。定期开展每日农田病虫害及受灾情况排查工作。6月，多日的高温无降雨天气，致农田受旱面积2972亩。为督促群众认真开展田间管理工作，开展4次田间管理培训会。发放各类生产资料共380.034吨，其中青贮

2019年7月30日，德庆镇党委组织易地搬迁点群众召开村民大会讨论成立幸福新村相关事宜

玉米饲料 90 吨、箭舌豌豆种子 20 袋、碘盐 43.934 吨、“两播”化肥 242.1 吨、各类农药 281 箱。

【动物疫病防控】 年内，德庆镇完成春季牲畜疫苗接种工作，涉及 1670 户群众、共计 21702 头（只）、畜禽（其中牦牛 9537 头，黄牛 4543 头，鸡 6384 只，猪 35 头，绵羊 658 只，山羊 545 只）。

【草原生态补助奖励】 年内，有序开展草原生态补助奖励机制工作，统计辖内 1615 户的牲畜存栏、出栏情况，根据草补机制及时核算超载户、未超载户统计表，2019 年德庆镇超载户共 373 户，同比下降 15.4%。兑现未超载 1242 户草补奖励资金共 70.52409 万元。德庆镇草补工作顺利通过区、市两级工作验收，并开展 2 次与兄弟县（区）的交流学习，为德庆镇 2020 年草补工作奠定良好基础。

【环保工作】 年内，德庆镇通过建立“户集村收镇转运处理”的生活垃圾处理体系，环卫“硬件”设施已基本形成，4 个村都建设垃圾收集点、配置清运车辆、清运保洁人员。在此基础上，由达孜区环保部门牵头，镇、各村积极配合，进一步规范全镇生活垃圾处理体系，健全完善运转有效的城镇生活垃圾处理机制；集中清理农村环境死角，对辖区范围内开展环境卫生死角的排查清理工作，全面清除村庄垃圾死角，重点清理村庄“四旁”（村旁、沟旁、坑旁、路旁）的垃圾、污水、粪便、散养畜禽，重点整治农村坑塘溪流、规范农村秸秆堆放、清除各种垃圾和水面漂浮物，做到村内村外无垃圾堆，切实解决垃圾围村、围田、围路等问题；落实好“门前三包”制度（包门前卫生、门前秩序、门前容貌），规范建立并良好运行集镇所在地和 318 沿线日常保洁，形成长效机制。

2019年7月23日，中国美术学院研究生支教团队一行到德庆镇白纳村开展美育下乡活动

【绿化工作】 年内，白纳沟绿色植物园项目总共投入 1000 万资金，种植绿化树种 18 类，面积 860 亩，主要品种为柏树、雪松、杨树、柳树、高山柏等，种植花卉和草坪面积 215 亩，配备水车 2 辆，进行灌溉工作，项目已完成 90%，树种存活率达到 90%。实现从无绿到有绿的改变，村容村貌焕然一新，人居环境得到质的改善。

【土地非法买卖】 年内，德庆镇开展非法买卖和违章建筑摸底排查工作，11 月配合达孜区国土资源局、城乡规划管理局、水利局等相关部门对部分侵占河道的违法建筑进行拆除。

【水利工作】 年内，共完成设立镇、村级河长、河道负责人 12 名，河道民警 4 人。同年完成镇级河长巡河 79 人次，村级河长巡河 189 人次，清理、转运河道垃圾 26 次，投入清理力量 1895 人次，清理转运 589.5 吨。

【“清四乱”工作】 年内，德庆镇每月定期开展“四乱”问题清查工作。11 月，对德庆中桥侵占河道问题进行及时销号工作，完成对 6 处违建的拆除，建立对“四乱”问题的监管长效机制。

【便民服务】 年内，德庆镇便民服务大厅民政窗口接待群众咨询及开展困难救助 120 余件；劳动保障窗口办理就业登记、就业咨询、职业推介80余个，调解纠纷40多起，办理农村养老保险3000余人；计划生育窗口对全镇流入流出育龄妇女进行妇检700余人次，并对农村独生子女伤残死亡家庭进行摸底，接受群众咨询70余次、开具综合证明700余份。

【卫生工作】 年内，开展风湿病、结核病、两癌筛查、"孕前优生"和"出生缺陷"以及干预体检工作，其中结核病4685人、风湿病5897人、"两癌"筛查759人、为43对夫妻、35名孕妇一级干预体检；开展健康知识讲座4次，共计300余人参加、发放健康知识宣传手册、计生用品共计400余份。

【食药工作】 年内，德庆镇共计开展食品药品知识宣传29次、各类检查执法15次，其中联合镇派出所开展食品、药品安全检查共计6次，镇工作人员单独抽样检查9次，基本完成对全镇食品、餐饮、药店化妆品店全覆盖检查。

【高校毕业生就业创业】 年内，实名登记应届高校毕业生89人，已就业84人，未就业5人，就业率达到94.3%。同时德庆镇已于2019年9月建立德庆镇高校结对帮扶机制，实行"321"帮扶对策，每月对结对学生的思想动态、就业动态进行监测。

【农牧民转移就业】 年内，针对德庆镇农牧民就业工作，进行全民摸底排查工作，根据排查全镇劳动力共计3416人。组织农牧民劳动力参加各类培训共计87人次，联合各村进行各类转移就业宣讲及宣传工作共计5次。

【精准扶贫】 年内，德庆镇共计召开脱贫攻坚相关会议10次、各村共召开政策宣讲会共计22次，每季度安排村工作队、扶贫专干入户宣传以及发放政策宣传册9次，通过宣传保证所有建档立卡户都能清楚、明白自己享有的惠民、优惠政策。截至2019年9月，全镇4个村委会完成共计217户建档立卡贫困户和52户边缘户的年度收入测算工作，完成收支分析表的填写、上报和系统录入工作。

2019年上半年，德庆镇扶持的门拉民族手工艺公司、雪域金铜民族手工艺合作社、罗占民族手工艺有限公司、刚组奶牛养殖合作社、边巴藏式家具合作社、德旺幸福藏餐合作社等合作社为建档立卡贫困户实现分红210户，每户分红2000—3000元，兑现分红金额57万元。边缘户分红52户，每户分红1000元，兑现分红金额5.2万元，年度共兑现资金62.2万元。同时通过向建档立卡贫困户、边缘户、非建档立卡低保户符合岗位条件的人员安排八大生态岗位的措施，以制定岗位责任书、考勤表的方式落实生态补偿岗位，2019年上半年全镇辖区4个村委会落实生态补偿岗位483个，每个岗位兑现资金1750元/半年，共打卡兑现资金845250元。下半年落实岗位427个，每个岗位兑现资金1750元/半年，共打卡兑现资金747250元，共兑现生态岗位资金1592500元整，达到了保护生态环境与贫困户增收的双重效果。

【扶贫项目落实】 年内，根据达孜区"十三五"产业规划文件要求，镇、村两级扶持德庆林佛像艺术农牧民专业合作社，和新仓村旦桑牦牛养殖合作社2个项目，项目投资金额分别为98.5万元和71.25万元。在镇、村两级工作人员的积极落实下，2个扶贫项目在吸纳当地农牧民群众就业的同时，以产业分红的形式带动建档立卡户增收，2个合作社将为19户19人进行分红，分红金额为3.24万元，实现产业"反哺"。

【旅游产业】 年内，白纳村旅游产业综合项目正在实施当中，白纳草莓基地坚持以做大集体经济为主要目的，带动本村42户，200余人参与经营，人均增收近4000元。同时，水磨糌粑坊修建完成，农牧民每户年均增加经济收入约500元，年增效益25万元；白纳村共建有3处休闲林卡点，年收入可达15万元；全村共有9处雕佛点，每处带薪学艺人为18人，平均每人年收入可达15000元；2019年已初步形成以阿古顿巴遗址为核心，以近拉萨市城区农牧区文化旅游为精髓，以美丽乡村风景为骨架，以大量带有西藏特色的农牧业产品和民族手工艺品为血肉的立体式的全域旅游发展框架。

【"幸福新村"建设】 8月，召开村民大会，经选举，易地扶贫搬迁安置点正式成立为德庆镇幸福新村委员会。年内，德庆镇积极组织搬迁户参与各类职业招聘会，针对建档立卡户劳动力进行职业推荐介绍。已实现集中搬迁点126户205人就业，确保稳定就业工作“搬得出，稳得住”。镇社保、农牧综合办公室全力配合达孜区人社局、农牧局做好就业培训。

2019年镇社保推介10名建档立卡户至达孜区社保局参加驾驶C照培训。在引导搬迁户就业工作过程中，德庆镇深挖致富先进典型，对开茶馆、小卖部增收致富的一部分搬迁户开展事迹宣讲活动，通过宣传，带动一部分村民转变思想，激发内生动力，寻找增收致富的方法途径。

【重要工作】 年内，德庆镇党委政府共计完成318改扩建征地835.76亩，发放征地拆迁款154204555.15元，树木苗木补偿32661022元。完成S5线征地，共计征地1463.503亩，发放补偿款122934252.5元，涉及辖区内德庆村和新仓村。完成新仓村8组民爆项目征地工作，发放炸药库土地补偿款700000元。

（白玛曲珍）

【机构领导】

党委书记

占　堆（藏族）

党委副书记、镇长

徐海伟（6月免）

李　鹏（6月任）

党委副书记、人大主席

次仁顿珠（藏族）

党委副书记

次旦央吉（女，藏族）

党委委员、纪委书记

李海祥

党委委员、人武部部长

多吉欧珠（藏族）

党委委员、组织委员

郭馨蔓（女）

副镇长

强巴平措（藏族）

哈米达（女，回族）

达　珍（女，藏族）

普布次仁（藏族）

邦堆乡

【概况】 邦堆乡地处达孜区以北6公里处，东临林周县边交林乡，西邻城关区纳金街道，北与林周县接壤，南与德庆镇、塔杰乡隔河相望，拉林公路贯通全乡，距市中心30公里，交通便利。距达孜区区城3公里，辖4个行政村，19个村民小组，全乡1172户4112人。2019年全乡农村经济总收入1.23亿元，同比增长14%，全乡社会消费品零售总额达2801万元，同比增长12%，农牧民人均可支配收入15422.5元，同比增长13.2%。

邦堆乡共有1所卫生院，4所卫生所；3所幼儿园，1所派出所，1个兽医站，1家工业企业光伏电站，寺庙日追、拉康3座。共有20个基层党组织，其中3个基层党委，2个党总支，15个党支部，共有448名党员，其中农牧民党员386人。区级人大代表12人、乡级人大代表42人，区级政协委员7人。

【党风廉政建设】 年内，明确党委党风廉政建设主体责任，纪委协力抓好党风廉政建设工作落实，以行动聚焦主责主业、落实监督执纪责任，深入推进党风廉政建设。

年内，把党风廉政教育纳入乡党委和村党委（党总支）学习宣传教育培训总体计划，及时与领导干部进行廉政谈话。各种节假期间加强廉洁自律和厉行节约工作监督。在中央脱贫攻坚专项巡视和专项整治漠视侵害群众利益中，深入基层贴近群众，敢于向漠视侵害群众利益问题亮剑，切实以铁的纪律护航巡视整改工作。

【党建工作】 年内，围绕主线深学细悟，推动“不忘初心、牢记使命”学习教育往心里走，以中华人民共和国成立70周年为契机，在全乡范围内先后开展歌唱祖国、村史家史大讨论、观看红色电影、升国旗唱国歌、观看阅兵仪式、举办茶话会、书记讲党课、环境卫生大整治和烈士陵园缅怀先烈等活动；同时扎实开展学习交流，针对不同主题前后学习交流7次，乡党委班子成员均发言2—3次，各村党委（党总支）第一书记均发言1次。

年内，乡党委多渠道、多形式、全方位做好党员干部联系和服务群众工作，提高了基层党组织的凝聚力和战斗力。邦堆乡386名村干部和农牧民党员分为33个小分队，结对3726名农牧民群众，每名党员平均结对9名农牧民群众。2018年林阿村出现一名白血病患者，治疗费用已花费几十万元，单凭家庭的力量已无法支撑压力。得悉情况后，由乡党委牵头组织发动全乡党员为尼珍捐款共计 18400 元，真心体现了党员为民服务无小事、真心关爱做表率的先锋模范作用。

【抓党建促脱贫攻坚】 年内，发挥组织优势，推动党建力量在基层一线发挥效力。注重发挥党建在脱贫攻坚上的组织优势和引领作用，实施两大措施，确保党的力量在基层一线发挥作用。坚持重心下移、资源下沉，注重统筹人力、物力、财力等各类资源向基层倾斜，推动党建资源向基层一线汇聚。实施党员致富带富“领头雁”工程，发挥村“两委”班子中的一批致富能力强的党员带富作用，打造形成一支有文化、能致富、服务强、会引路、永不走的脱贫攻坚基层领导队伍。

利用村“两委”、驻村工作队、“1+3”专干、乡村振兴专干和村级助理员扎实推动强基础惠民生工作，不断发展壮大村集体经济。邦堆乡现有 12 个村级集体经济（邦堆村 4 个、林阿村 1 个、叶巴村 2 个、克日村 5 个），在建设当中的有 2 个（林阿 1 个、叶巴 1 个）。2019 年林阿村村集体经济收入 93 万元，邦堆村村集体经济收入 15.3 万元，叶巴村村集体经济收入 15 万元，克日村村集体经济收入 15 万元。

2019年4月23日，邦堆乡召开第十三届人民代表大会第四次会议

【农牧工作】 年内，召开邦堆乡春季重大动物疫情防控动员部署会，签订重大动物疫病防控目标管理责任书；历经 15 日完成全乡牦牛 5144 头、黄牛 2632 头、绵羊 309 只、山羊 480 只、猪 142 头、家禽 1184 只的疫苗接种工作；2019 年邦堆乡秋播化肥供应 110.8 吨；邦堆乡扶贫商品房投入农牧民机械 10 辆，实现增收 10 余万元；全乡可利用草地面积 213573.49 亩，实施草畜平衡面积 212882.57 亩，2019 年达到草畜平衡的牧户 871 户，草畜平衡面积 138973.93 亩，草原补助奖励共计 208460.90 元；农村集体产权清查 4 个行政村、18 个小组的集体资产，确认集体经济组织成员 3995 人。全乡经营性资产 7717446.81 元、非经营性资产 133857780.52 元，集体土地 247344.94 亩。

【邦堆乡土豆】 邦堆乡地处青藏高原，地势高，昼夜温差大，盛产土豆且种植历史悠久，独特的气候条件有利于土豆的营养成分的积累。经成分分析发现邦堆乡生产的邦堆土豆含有的各种营养物质比其他地区所产土豆的营养成分高很多，尤其是淀粉含量超出国内土豆淀粉含量平均水平，所以邦堆乡又被称作“土豆之乡”。邦堆土豆型圆虫眼少，个体均匀，外沙里糯，香味独特，营养丰富在周边地区具有很高的知名度。

近年来，随着邦堆乡农业机械化水平的不断提高，在有关部门的支持下 2004 年 12 月 1 日成立邦堆乡土豆协会，协会主要为乡里的土豆种植农户提供生产资料购置、农产品收购、种植技术培训和引进新品种等服务，改变了原来传统种植的观念，更开阔了乡里人的眼界，土豆也变成了邦堆乡老百姓的主要作物。

【精准扶贫】 年内，把脱贫攻坚工作作为首要政治任务和民生工程，集全乡之力，扎实推进各项扶贫政策落地生根，各村基础设施逐步完善，各产业项目稳步推进，农牧民群众生活水平不断提高，脱贫攻坚工作取得显著成效。2019年全乡建档立卡户为130户470人，已全部实现脱贫，贫困发生率从11.61%降至0%，贫困群众收入从2015年的2800元以下提高到2019年的16120.28元。

【文教工作】 年内，落实各项“三包”政策，大学生资助政策，农牧区子女高等教育阶段学杂费、住宿费、交通费全额报销费用发放工作；严格按照政策对201名在校大学生（含中职生）每人建立档案并留档乡政府。

【卫生工作】 年内，开展健康家庭评选活动，综合评选出20户健康家庭；合作医疗筹资工作稳步推进，2019年群众合作医疗筹资4056人121680元；加强健康教育服务阵地的建设，在村文化活动室设立健康角，提供血压计、体重器、健康宣讲材料；开展健康教育5次，发放资料宣传单1200份；10月，顺利通过自治区健康促进验收；建立居民健康档案2461人；免费为200名65岁以上老年人、20名孕妇和30对计划怀孕夫妻、651名35—65岁妇女“两癌”筛查提供体检；与132户建档立卡户签约家庭医生，签约率达100；对村委会和幼儿园开展卫生大检查7次。

【民政社保】 年内，农村低保户11户42人兑现发放保障金75328元。五保户17人，其中五保供养中心集中供养12人，分散供养5人，分散五保老人全年供养金以6675元/人的标准按季度发放到位。年满70岁以上的老人共203人15300元补贴金发放到位。持证残疾人173人105600元补贴金发放到位，基本服务状况和需求信息数据动态更新工作、两项补贴统计及录入系统工作也顺利完成。退伍军人66人21000元补贴金发放到位。

2019年12月13日，邦堆乡党委召开“不忘初心、牢记使命”主题教育专题民主生活会

【环保工作】 年内，组织乡机关干部、村委会、乡保洁员开展乡村环境整治行动100余次，对主干道、村组角落、学校寺庙、建筑垃圾以及河道水面漂浮物进行全面排查清理，切实改善邦堆乡村容村貌及河道环境卫生。同时在邦堆乡第十三届人民代表大会第四次会议审议通过乡规民约报告，将环保工作纳入乡规民约，形成全民参与环保的良好氛围。

【水利工作】 年内，累计巡河24人次，清理河湖沿线及管理范围内垃圾52.8吨；有水资源管护员和水土保持监督员17名，河道管护人员15名；年内，完成克日水坝维修，受益43户实现增收54960元；排查整治沿拉萨河违规建设两处。

【林业工作】 年内，坚持把脱贫攻坚与生态保护相结合，2019年安排专职护林员33人补贴工资270962.22元，林业生态补偿岗位共计151人。

【综治工作】 年内，利用综治宣传月、宣传周、国际禁毒日等，结合扫黑除恶专项斗争深入田间地头发放宣传单2000余份，悬挂横幅60条，宣传面达到100%。全年共接到矛盾纠纷调处15起，调处化解14起，正在调解1起，始终保持“零上访”纪录。年前对全乡范围进行筛子、地毯式安全生产隐患大排查工作。坚决打赢重要期间消防安全形势,消防安全保卫攻坚战,力争实现“三个出”和“三无”的工作目标。

【“双联户”工作】 年内,进一步完善“双联户”建档工作,真正实现邦堆乡双联户服务管理工作的全覆盖、无死角、无漏洞;开展联户代表培训工作,综治办牵头组织87名联户长进行集中培训,有效提升联户长的业务素质;完善综治信息平台、幸福家园微信报平安制度;有序开展“先进双联户”创建评选活动。

【“扫黑除恶”】 年内,多次召开专题会议研究部署扫黑除恶专项斗争工作;深入排查,明确重点,深入分析排查可能存在的不稳定因素;加强引导,搞好宣传,在乡政府和村委会放置举报信箱。2019年召开部署会议12次,推进会12次,总结会10次,学习会6次,悬挂横幅50余条,发放宣传单1400余份,开展各类排查70余次,专项宣传30次,对东环北线开展矛盾纠纷排查10次,达到辖区100%覆盖、群众100%知晓。

【信息报送】 年内,邦堆乡积极报送信息材料,上报简报和各类信息500余期,e讯达孜采用400余期,力争每件事情都能及时反映到上级组织。并指定专人保管、归档所有的机密文件及下发文件,时刻做好保密工作。

(刘 昭)

【机构领导】
达孜区人大常委会副主任、邦堆乡党委书记
李 君
党委副书记、乡长
益西曲珍(女,藏族)
党委副书记、人大主席
边巴卓玛(女,藏族)
党委副书记
占 堆(藏族)
党委委员、纪委书记
白丽达(女,藏族)
党委组织委员
徐金梅(女)
党委委员、人武部部长
单真旺杰(藏族)
党委委员、副乡长
达娃桑珠(藏族)
陈 艳(女,藏族)
詹玉胜

塔杰乡

【概况】 塔杰乡居念青唐古拉山南麓,雅鲁藏布江之东北,处于北纬29° 18′,东经90° 18′—91° 38′之间,拉萨市以东36公里,距达孜区13公里处,平均海拔3680米。其东部与达孜区章多乡相连,西部与达孜区德庆镇相连,南部与山南市扎囊县隔山相望,北部靠拉萨市林周县,全境南北地长58公里,东西宽41公里,著名的川藏公路(318国道)贯通境内。

2019年,塔杰乡机关干部职工总数为64人,其中:公务员38人,事业编制人员16人,政府购买2人,公益性岗位人员7人,工人1人。

【生态环境】 塔杰乡为传统的农业区,水热条件优越,光能资源充足,具有较宽阔的草地资源,山地面积大,植被种类丰富,其中有乔本科、莎草科、豆科、毛茛科、蔷科、玄参科、石竹科等。土壤类型多,水资源丰富,生态条件良好,无污染源。

【基层党建】 塔杰乡共12个基层党支部,1个乡级党委,2个村级党委,1个村级党总支,党员310名,其中:农牧民党员274人。2019年结合本乡实际,实行“周一学习例会”,将“两学一做”“三会一课”以及相关理论知识进行集中学习,精简学习时间提高学习效率。

【“四讲四爱”群众教育实践活动】
年内,共开展宣讲70余次,受教群众4520人次。按照统一安排,在尊重广大群众在教育实践活动中的主人翁地位的前提下,最大限度调动群众的积极性和创造性,分层分级组织好群众想参与、能参与、会参与的实践活动,全年开展“四讲四爱”实践活动12次,以每月一次的活动频率激发群众讲党恩爱核心、讲团结爱祖国、讲贡献爱家园、讲文明爱生活。

【“五有五好”工作】 年内,塔杰乡党委以“五有五好”创建工作为重点,不断健全组织、完善制度,充分使用器械健身、球类运动、读书上

2019年4月2日，拉萨市歌舞团到塔杰乡开展“红色文艺轻骑兵”文艺演出

网等场地，成立“文明引导员队伍”为宣传活动提供人员保障，成立“志愿服务队”充分发挥党员先锋模范作用，开展志愿服务活动，全年共开展志愿服务活动20余次。

【经济发展】 年内，完成地方生产总值实现2.2亿元，同比增长10.04%，财政收入达40.95万元，同比增长5%，农牧民人均可支配收入达到15098.874元，同比增长13.2%，社会消费品零售额达2032.8万元，同比增长10%，农村经济总收入12550.98万元，同比增长10%；工业增加值达50万元，同比增长10%，固定资产投资完成6700万元。

【固定资产】 年内，固定资产投资完成6700万元，其中：基础设施建设资金达845万余元；水利设施项目资金达312.5万元；房屋建设资金达437.6万元；引进项目资金达2800万元；合作社建设项目投资366万元；其他投入资金达1938.9万元。

【农业发展】 年内，塔杰乡农作物总播种面积9169.59亩，实现粮食产量2827.4吨。在达孜区2019年农业大检查中，成绩突出，受到一致好评。

【牧业工作】 年内，塔杰乡牲畜存栏数为1.1万（头、只、匹），出栏率达到34.3%，实现畜产品总产量3467.8吨。完成春、秋两季重大动物疫病防疫率达100%，落实草补资金20.85万元。

【林业工作】 年内，开展植树造林宣传6次。兑现2017、2018年野生动物肇事补贴共计97.13万元，公益林管护人员工资26.6万元。

【水利工作】 年内，精心组织、周密部署，落实各项措施，对所辖28.57公里河道开展清淤工作，进一步改善水质、修复生态、改善环境、提升景观；将“河长制”工作纳入政府日常工作中，完善组织领导小组，建立健全五项工作制度，全年乡村两级河长巡河共计24次。

【脱贫攻坚】 年内，塔杰乡共有建档立卡贫困户179户728人。主要致贫原因有缺劳力、缺资金、自身发展内生动力不足。2016年脱贫54户168人，2017年脱贫116户537人，2018年脱贫9户19人，贫困发生率由2015年底的20.29%到现在实现全面脱贫，贫困发生率控制在3%以下。经过4年工作努力，2019年人均可支配收入达15098.874元，做到劳有所得，病有良医，老有善养，学有优教，居有所安。

【“两不愁、三保障”】 年内，严格按照文件内容认真完成排查工作，精心安排部署，成立乡党政班子、扶贫分管领导、村“两委”成员、驻村工作队、下沉干部、各组组长的工作小组，对塔杰乡875户3332人进行全面排查，经排查，全乡农牧民群众均能达到不愁吃、不愁穿，且达到2019年脱贫收入标准。

义务教育方面，无义务教育阶段失学辍学情况。基本医疗方面，全乡农牧民群众全部加入农村合作医疗，已实现农牧民家庭基本医疗保险、大病保险、医疗救助全覆盖，家庭医生签约率100%。住房安全方面，根据第三方房屋坚定结果反馈情况，及时组织施工队对32户C类房屋进行维修加固，维修工作已完成。饮水安全方面，全乡农牧民群众饮水安全已得到全面保障，并定期组织工作人员对水源地进行巡查，确保饮水安全。

【产业促脱贫】 年内，以项目产业、生态旅游为抓手，围绕以产业带动群众就业、产业提供技能培训、产业带动地方经济发展，让群众吃上了生态饭。2019年分红46.1万元，其中建档立卡贫困户分红38.8万元，136人受益分红，另外7.3万元针对73户边缘户分红（1000元/户）。

【搬迁工作】 3月2日，塔杰乡完成对全乡易地搬迁（相对搬迁）贫困户的集中排查2次。截至年底，塔杰乡搬迁贫困户全部实现"一户一就业"。5月14日，乡党委书记组织开展易地搬迁户搬迁后续问题调研工作，认真听取搬迁贫困户相关意见建议，并汇总研讨。

【生态脱贫】 3月12日，以补生态岗位清核工作完成，确定2019年生态岗位309个（其中建档立卡贫困户岗位228个，边缘户岗位81个），并已向社会公示，乡党委、政府已与各村"两委"签订岗位责任书，同时各村"两委"亦与生态岗位人员签订目标责任书。于6月和10月对2019年上半年、下半年以补岗位工资进行银行代发，全年共计发放98万元生态补偿岗位资金，现已将工资发放明细进行归档。

【增收工作】 年内，成立乡级专班工作领导小组，制定相应的实施方案。结合各村特点和工作实际，把工作目标层层分解，把目标任务具体分解到各村、进一步明确目标和责任，形成上下合力以此促进农牧民增收。

年内，召开增收专题班子成员会议12次，专题部署会10次，座谈会6次。组织全乡干部、村"两委"委员、下沉干部以及驻村工作队以2人一组的方式开展每月收入测算工作，完成全乡875户的收入统计工作。成立劳务输出连队，实现转移就业1500人，劳务输出4500人次，人均可支配收入达到15098.84元，同比增长13.2%。诚挚邀请辖区内企业、合作社等共计11位负责人，召开政企联席会议，就用工、劳务等问题征求意见建议，并签订用工意向书，为塔杰乡富余劳动力就近就便就业，带动农牧民增收致富搭建平台。

【民政工作】 年内，发放70岁及以上高龄老人健康补贴119人，共计发放71400元；为48名残疾人发放补助87600元。同时制定退伍军人工作方案、成立领导小组、制定"退伍军人"档案。

【卫生工作】 年内，塔杰乡参加合作医疗保险3332人，参保率100%；婴幼儿建档接种率达100%、家庭医生签约率达100%、孕产妇住院分娩率达100%。定期组织乡干部职工、农牧民党员、农牧民群众开展环境清洁工作。

【教育工作】 年内，完成35名应届毕业生信息统计工作，并录入市就业系统；组织参加北京援藏招聘会、乡村振兴岗位报名、达孜区就业招聘会，共计40余人次，对应往届毕业大学生就业情况进行动态监管。

【社保工作】 年内，100%完成农牧民养老保险收缴工作。截至年底，全乡征缴新农村社会养老保险资金共计14.97万元，参保人数达1440人，适龄人员参保率达90%。

【重点整治】 年内，建立健全规章制度和管理体系（签订环境保护责任书、安全协议责任书），环境卫生分片包干负责、定期不定期检查评比、相应配套奖惩办法及制度，确保环境治理、管理长效机制的相对稳定。塔杰乡现有保洁人员（以补岗位）23人（每周一、三、五在318国道沿线做保洁工作，二、四、六在村组做保洁工作）。全面加强水污染防治，持续推进污水治理，进一步改善水环境质量。

【人大、政协工作】 年内，组织7次共80余人次人大代表学习党的十九大三中、四中全会精神，传达会议精神；开展参观考察15次；节前慰问2次；走访调研3次。

4月24日，召开塔杰乡第十三届人民代表大会第四次会议。代表大会表决通过政府工作报告、人大工作报告及"乡规民约"，依法选举副乡长1名。5月，召开交办会，由政府将代表的议

2019年10月14日，西藏电视台采访塔杰乡村史讲解员

案和意见逐件落实到有关承办单位，做到件件有答复、事事有回音。全年紧紧围绕重点工作开展各项活动，密切联系代表，调动代表履职用心性，提升乡人大工作整体水平，为促进全乡的经济发展和社会稳定起到了用心作用。

【提效率转作风】 年内，以深入学习贯彻党的十九大精神为主线，抓好思想政治教育，精心组织好各类学习宣讲活动，推动党的十九大精神进农村、进机关、进校园。引导全乡党员干部树牢“四个意识”，坚定“四个自信”，发挥党委理论学习中心组和党员活动日作用，培养党员干部坚定的政治信仰、过硬的党性原则和良好的思想品行。充分发挥乡党委统揽全局、协调各方的领导核心作用，大力支持乡人大、政府、政协联络组依法依章行使职权、履行职责、发挥职能作用。

以蓝天、碧水、净土为目标，以上级工作要求及乡自查、彻查环境保护问题为抓手，全力抓好本乡环境综合整治工作。加大环境保护宣传力度，开展环保大宣讲，督促企业切实履行环保主体责任。加强信访矛盾点的梳理，尽快解决群众合理合法诉求，压减信访数量，力争把群众反映的环境问题消除在萌芽状态。

以社会治理法治化、科学化、专业化为引领，夯实基础，补齐短板，确保社会大局和谐稳定。以加强和创新网格化服务管理为契机，整合各类管理网格和条线专网端口，着力完善“乡村治理一张网”。利用网格化、智能化、信息化等手段，建立管理、服务一体化综合平台，推进社会治理体系和治理能力现代化。充分发挥群众与社会组织的能动作用，建立更具开放性、包容性的社会治理体系，夯实综治维稳举措，深入推进“平安塔杰”建设。

群众幸福是高质量发展的最终目的。要坚持民生发展优先考虑、民生事项优先落实、民生投入优先保障，切实赋予群众更多的获得感、满意度、归属感。

（贾　晋）

【机构领导】

党委书记

伦珠次仁（藏族）

党委副书记、人大主席

拉巴次仁（藏族）

党委副书记、乡长

刘 军 民（女）

党委副书记

单　　增（藏族）

党委委员、纪检书记

兰 春 红（女）

党委委员、组织委员

普布卓嘎（女，藏族）

党委委员、副乡长、塔杰村第一书记

拉　　巴（藏族）

党委委员、主西村第一书记

益西列措（藏族）

副乡长

扎西曲培（藏族）

唐 世 英（女）

唐嘎乡

【概况】 唐嘎乡位于达孜区城区以东，距离拉萨市60公里，距离达孜区37公里，东邻墨竹工卡县唐加乡，西接达孜区雪乡，南与达孜区章多乡拉木村隔河相邻，北与林周县接壤，所辖地区处于藏南谷地拉萨河上游，平均海拔3780米，河谷最低海拔3530米。气候条件属于温凉半干旱高原气候，年平均气温7.5℃，最高气温27.6℃，最低气温-17℃，年平均降雨量为450毫米，太阳辐射强烈，气温低，昼夜温差大，日照时间长，年平均日照3065小时，年无霜期130天，受温度、地貌与水分条件影响，全乡耕地面积集中，水资源丰富，耕地分布有明显的区域性。

2019年，唐嘎乡下辖3个行政村、25个村民小组，总户数1366户，总人口5509人，其中农业人口4884人，牧业人口625人。乡境内有3座寺庙、1座尼姑庵。乡机关共66名干部职工，包括34名行政人员，18名事业人员，10名聘用人员，4名临时工，其中正科4名，副科11名。2019年下派5名下沉干部，驻村干部2名，借调19名。

【经济发展】 年内，唐嘎乡国内生产总值18421.34万元，同比增长11%，其中：第一产业14093.29万元，同比增长7.96%；第二产业866.9万元，同比增长7.52%；第三产业3461.15万元，同比增长26.53%。完成固定资产投资13184.3万元；公共财政收入55.1万元，社会消费品零售总额9171.86万元，同比增长0.66%；工业增加值66.05万元，同比增长11.25%；人均收入15535.12元，同比增长13.1%。

【产业项目】 年内，唐嘎乡与达孜工业园区春光食品厂、吉顺青稞醋、藏缘青稞酒厂等企业合作达成万亩青稞订单。成立吉雄农产品收购农牧民专业合作社，收购藏青2000共计399147斤，按照每斤2.5元收购，每斤高于市场价0.6元，收入共计997867.5元，带动88户农牧民增收，平均每户净增收2721.47元。同时，唐嘎村与自治区农科院农业研究所签订3960亩的青稞（藏青2000、藏青17、藏青16）原种田种植精选及包衣合同，本次良种发放工作涉及唐嘎村285户，收购良种达10万斤，根据年初与自治区农科院农业研究所签订收购合同价格，每斤良种按2.5元，本次良种收购总价值达25万元整，平均每户净增收877.19元。8月，达孜区农业农村局向唐嘎村与穷达村共收购小麦184240斤，以每斤2.5元进行收购，两村共计创收460600元。

唐嘎乡结合属地产业优势，多措并举，通过与金麦穗农业科技发展有限公司流转村民土地1055.24亩，每亩每年900元，涉及农户242户，年租金总额949716元，人均增收3924.45元。涉及贫困户48人，共计增收153627元，贫困户人均增收3200.56元。西藏泰成乳业流转洛普村集体土地482亩，每亩每年租金500元，年租金241000元；流转洛普村村民土地466亩，每亩每年1000元，年租金466000元，带动村民123人。

【脱贫攻坚】 截至年底，唐嘎乡建档立卡贫困户278户1132人，已实现全部脱贫。按照2019年贫困户收入测算方案，唐嘎乡建档立卡贫困户可支配总收入1470.45万元，人均纯收入达12989.84元，同比增长24.7%，超额完成拉萨市制定的13.1%的增收目标，全面消除绝对贫困，群众满意度达到95%以上，脱贫人口全部实现“两不愁三保障”目标。

【产业分红】 6月，为建档立卡

2019年3月27日，达孜区唐嘎乡开展庆祝西藏百万农奴解放60周年纪念活动

贫困户产业分红1889500元，覆盖贫困户279户1116人，唐嘎原种藏鸡带动唐嘎村建档立卡贫困户328人分红，资金达427500元；穷达村金麦穗农业开发有限公司，带动唐嘎村建档立卡贫困户39人、穷达村建档立卡贫困户261人分红，分红资金30万元；穷达村巾帼羊毛加工合作社带动穷达村50人建档立卡贫困户分红，分红资金75000元；穷达村预制砖厂带动穷达村43人建档立卡贫困户分红43000元；洛普村泰成乳业带动洛普村建档立卡贫困户395人分红，分红资金达104.4万元。

【以迁脱贫】 年内，唐嘎乡共计完成搬迁197户782人，其中易地搬迁78户317人，唐嘎乡相对集中搬迁点入住89户411人，德庆镇公寓楼入住30户54人。唐嘎乡结合易地搬迁点招聘会、各类培训等机会，帮助搬迁户转移就业。截至年底，搬迁户中劳动力涉及户数已全部实现一户一就业的工作目标。

【以教脱贫】 年内，对171个大学生学费、住宿费、书本费、路费进行实报实销，兑现资金793897元；为19名建档立卡中职生兑现上学期生活补贴资金48000元。

【以补脱贫】 年内，唐嘎乡共安排生态岗位690人，其中建档立卡贫困户生态岗位420人，非建档立卡低收入人群生态岗位270人，并于6月按照1750元/人的标准兑现岗位工资，共计120.75万元。按照达孜区脱贫攻坚指挥部统一部署，下半年对非建档立卡低收入人群生态岗位进行调整，下半年生态岗位人员共计633人，其中建档立卡贫困户生态岗位420人，非建档立卡低收入人群生态岗位213人，于10月兑现生态岗位工资1107750元，全年共兑现生态岗位工资2315250元。

2019年7月18日，江苏省镇江市润州区党政代表团一行到达孜区唐嘎乡考察交流工作

【以助脱贫】 年内，根据《关于明确建档立卡贫困人口农牧区医疗制度住院费用报销比例的通知》对建档立卡贫困户实行救治，有效防止大病返贫，因病致贫现象发生。

【以保脱贫】 年内，根据《达孜区城乡低保困难群众临时救助实施方案》，唐嘎乡配合达孜区民政局，按照"应保尽保、应退尽退"的动态管理机制，进行动态调整。截至年底，全乡建档立卡低保户4户12人，集中供养五保户2户2人，季度资金均按时发放到户。

【以包脱贫】 年内，根据达孜区委、区政府统一安排，7名县（区）级领导、65名科级领导、110名一般干部已完成对唐嘎乡贫困户的结对帮扶，先后4次组织全乡干部职工开展结对帮扶活动。按照达孜区组织部要求，再为153户边缘户安排结对干部，并结合入户扶贫宣讲，动员村"两委"、工作队、广大干部职工参与其中，带着感情，带着对策，帮助边缘户改变现状。

【基层党建】 截至年底，唐嘎乡共有党员403名（含预备党员），其中乡政府机关支部47名，农牧民党员356名，唐嘎村116名，洛普村136名，穷达村104名。唐嘎乡党委积极规范党内组织生活，推进"两学一做"学习教育常态化制度化和"不忘初心、牢记使命"

主题教育等工作，共开展集中学习30余次，党委理论中心组学习12次，专题讨论12次，形成简报40余期，每名党员撰写心得体会不少于6篇。

【农业发展】 年内，唐嘎乡农作物播种面积24028.97亩，其中粮食播种面积：19459.97亩（青稞12111.37亩、小麦7348.6亩），经济作物（油菜）1050.7亩，蔬菜564.56亩（土豆414.56亩），青饲草2953.72亩；农作物总产量15277.82吨，其中粮食产量8417.46吨（青稞产量5147.33吨，小麦总产3270.13吨）；油菜产量186.49吨，蔬菜产量1242.27吨（土豆产量620.87吨），青饲草产量5431.6吨。

【牧业发展】 截至年底，唐嘎乡牲畜存栏量21864头：其中牛19692头（黄牛10304头，牦牛9335头，犏牛53头）、马167匹、驴96匹、猪137头、羊1772只（绵羊795只、山羊977只）、藏鸡1092只；2019年肉类总产量1169.58吨，其中猪肉3.2吨，牛肉1153.08吨，羊肉7.86吨，鸡肉5.45吨；牛奶产量2614.92吨。

【林业发展】 年内，唐嘎乡林地面积为92668.8亩，其中退耕还林253.2亩；植树造林动用人力达200余人次，种植树苗达41200余棵，造林成活率在95%以上，林业绿化工作成绩显著；人工种草面积达到3300余亩，受益群众达到270余人。同时，与各村委会签订植树造林绿化目标责任书，坚决消灭无树户，无树村，植树造林4万余株，参与人数达520人，共造林200余亩。

【农田水利】 年内，为切实解决唐嘎乡居民饮水、农田灌溉等方面的用水问题，营造全乡居民安全用水环境，乡政府积极向有关上级部门反映沟通，并争取相关优惠政策与资金。具体有：达孜区水利局出资12.2万元用于解决唐嘎村2组至5组居民饮水困难；区水利局出资15万元用于解决穷达村1组至4组居民饮水困难；区水利局出资1.2万元用于解决洛普村2组至4组居民饮水困难。2019年受雨季影响，洛普村3组至6组出现大面积泥石流，由区水利局出资10万用于消除影响。同时，区水利局出资32万元为位于洛普村的卓康幼儿园修建机井，保障幼儿园及周边群众日常安全顺畅用水。另区水利局出资8万元，乡政府补贴2万元，对洛普村水库进行清淤排污，净化水库水质，保障当地村民生活用水及农田灌溉。

【基础设施建设】 年内，村级组织标准化场所建成投入使用，新村委会设有便民服务大厅、“农家书屋”“妇女之家”、文化活动室、“党员之家”“人大之家”、阅览室、调解室、健身活动场所等功能区，功能齐全应有尽有。3个行政村均通路、通电、通网、通邮、通水、农网改造效果显现，农房及院落风貌整治悄然兴起，“四好农村路”扎实推进，河长制落实有力，高标准农田改造工程有序进行，集中式饮用水源地保护及农村饮水巩固提升工程扎实开展，“厕所革命”有序推进。

【转移就业】 年内，唐嘎乡劳动力共有2117人，其中女劳动力933人，男劳动力1184人；2019年，全乡累计转移就业1600人，月工资平均每人3500元左右，就业岗位类型主要包括安保业、司机、服务行业、个体工商业、手工业、公益性（协警、司机）、公务员及村“两委”委员、保洁员及专职护林员等。同时，有300余人次参与培训，通过各类培训（挖掘机、厨师、种植、养殖等），动员群众踊跃参加，鼓励农牧民群众掌握过硬技能，不断增强内生动力，顺利实现劳动力转移就业。

扶贫搬迁群众实现“一户一就业”目标。唐嘎乡扶贫搬迁户共196户779人，通过对接劳务输出，组织开展劳动力就业培训，积极组织群众参与“春风行动”招聘活动，促使搬迁群众实现每户至少有1人就业的目标，真正达到搬得出、稳得住、逐步能致富的要求。唐嘎乡积极召开高校毕业生就业座谈会传达学习就业政策和招聘信息，做好未就业大学生家访调研教育引导工作，在全乡共同努力下，2019年高校毕业生62人已实现全部就业，初次就业率达到100%；唐嘎乡依托产业优势，自主安排毕业大学生到本乡产业项目就业，为7名大学生解决就业岗位，为达孜区委、达孜区

2019年8月19日，达孜区唐嘎乡唐嘎村举办赛马节活动

政府分担减负。

【乡风文明】 年内，唐嘎乡组织4支党员志愿服务队开展“环境保护我先行”活动，通过乡村文化大舞台、“农家书屋”“五下乡”等活动，提高全乡群众文明程度。唐嘎村垃圾分类兑换中心率先实施，在总结其他地方工作经验的基础上创新推出“户整理、村清运、乡统筹”的垃圾分类收集处理和“垃圾分类兑换中心”有偿回收新模式。唐嘎村垃圾分类兑换中心运营良好，群众参与积极性高，回收塑料瓶、易拉罐、玻璃瓶等可再利用垃圾达10000余个。

【村集体经济】 年内，唐嘎村农机具合作社收入14.5万元，土地深耕深松32.8万元，村集体土地流转14.28万元，村集体种植叶麦草收入18.5万元，拖拉机耕地5.32万元，共计85.4万元。

2019年，洛普村预制砖厂收入17.2万元，土地流转共计收入54.1万元，共计收入71.3万元。

2019年，穷达村集体经济自主经营性收入5.5万元，商品房租赁收入2.5万元，土地流转收入7.5万元，共计收入15.5万元。

【人大工作】 年内，唐嘎乡依法依规召开人大代表大会1次，主席团会议5次，召开意见建议督办会4次，组织代表参加各种视察活动10余次，依法召开人大例会，会期全体代表针对热点难点问题提出意见建议24条；协同乡党委分别对穷达村5组水池维修、洛普村9、10组道路维修以及唐嘎村河道水坝维修等进行实地督办。完善全乡43名代表的基础台账、日常工作台账、经费台账、各项工作制表造册，汇编图片、简报、笔记、总结等资料。

【群团工作】 年内，召开共青团团员大会、开展卫生整治活动、开展高校毕业生就业与未就业情况调查工作；组织唐嘎乡机关党支部干部职工开展趣味运动会，从工会层面宣传帮扶困难职工大病救助相关政策；召开唐嘎乡妇女第一次代表大会，会上选举产生妇联执委会委员11名，常委会委员7名，妇联主席1名，专职副主席1名，兼职副主席3名。

（薛文丹）

【机构领导】

党委书记

李　安

党委副书记、乡长

普　多（藏族）

党委副书记、人大主席

达瓦泽仁（藏族）

党委副书记

米玛央金（女，藏族）

纪委书记

扎西卓玛（女，藏族）

党委委员

赵　晶（女）

人武部部长

扎西罗布（藏族）

副乡长

江才顿珠（藏族）

尼玛次仁（藏族）

亓　昊

雪　乡

【概况】 雪乡位于达孜区城以东往北28公里，面积185.9平方公里，占全区区划总面积13.6%。东与唐嘎乡接壤，南与章多乡相靠，西与林周县边交林乡相邻，北界墨竹工卡县阿郎乡。境内最高海拔 4317 米，最低海拔 4210 米，平均海拔 4231 米。雪乡属于高原温带半干旱季风气候，昼夜温差大，日照时间长，太阳辐射强烈。境内主要河流有拉萨河、雪普曲河，地下水资源丰富。雪乡下辖 2 个行政村（扎西岗村、雪普村），14 个村民小组，705 户、2968 人。

【经济发展】 年内，实现农村经济总收入 13678.73 万元；全社会固定资产投资额 8105.8 万元。农牧民人均纯收入 14866.97 元。其中第一产业收入 11710.91 万元（其中种植业收入 2210.42 万元、牧业收入 9500.48 万元）、第二产业收入 154.15 万元（其中工业收入 52.9 万元、建筑业收入 101.25 万元）、第三产业收入 1813.68 万元（其中交通运输业收入 221.69 万元、商业、饮食业收入 137.30 万元、服务业收入 115.27 万元、其他收入 1399.42 万元）。2019 年农牧民人均纯收入达到 14866.97 元，比 2018 年增加 1832.67 元，同比增长 13.8%。2019 年社会固定资产投资总额 8105.8 万元（上级财政拨款 658.7 万元，银行贷款 1000.05 万元，自筹资金 6447.05 万元）。

【农业发展】 年内，雪乡农作物播种面积 10179.35 亩，其中：粮食播种面积 6448.4 亩，经济作物 626.36 亩，饲草面积 3104.59 亩。农作物有害生物灾害损失率控制在 3% 以内，实现粮食作物产量 2665.244 吨（青稞 920.304 吨，小麦 1744.94 吨）；经济作物产量 303.1365 吨（土豆 223.44 吨、油菜 82.69 吨）；饲草产量 2729.24 吨。

【牧业发展】 截至年底，牲畜总存栏 7211 头 / 只 / 匹，成畜死亡率控制在 2%，仔畜成活率为 98%。重大动物疫病防控率为 100%。年内，雪乡猪牛羊共出栏 5074 头 / 只 / 匹，出栏率为 55.8%，肉类产量达到 720.42 吨。

【旅游产业】 年内，雪乡雪普村成立一家养殖孔雀特色合作社，吸引众多注重营养方面的人士，产生休闲农业的经济效应。雪乡旅游业发展滞后，游客接待量极少，旅游发展主要以雪寺参观旅客为主。近三年来，休闲农业与乡村旅游接待人次主要以寺庙和孔雀养殖合作社为主，共计接待 12500 人次，实现收入 17 万元。

【民生保障】 年内，坚持“以民为本、为民服务、为民解困”的工作理念，全面落实民政政策，认真做好各项民政工作。进一步加强本乡辖区内对拉萨河沿岸安全隐患和各村防洪沟及自然灾害点进行监督管理。年内，共排查安全隐患 8 次，对扎西岗村（1、2、4 组）和雪普村 5、7 组对直接威胁农户的地质灾害点和防洪沟进行重点检查、排查、监控和监督工作。2019 年县级防汛投入 15 万元，乡级投入 1 万余元。

【“禁白”工作】 年内，为使“禁白”宣传教育取得良好成效，促进环境保护意识的提升，乡政府结合“四讲四爱”的宣传活动先后对辖区内村委会、学校、商铺等发放宣传材料；为更好地吸纳广大群众参与到“禁白”工作中，在乡党委积极组织下，驻村工作队在村委会召开群众大会，对群众宣传白色污染的危害性。积极组织各类活动，发挥各级党组织战斗堡

2019年7月2日，雪乡召开庆祝建党98周年“不忘初心、牢记使命”主题表彰大会

垒作用，全年组织党员群众开展4次志愿活动，对全乡主干道开展卫生清扫活动，有效改善了乡容村貌。在乡党委、政府各类措施下，一次性发泡塑料餐具、塑料购物袋购买使用等得到了有效遏制，简易塑料袋使用后丢弃的量也明显减少。

【“河长制”工作】 年内，全面对雪乡境内河流、塘库的水资源、水环境、水生态状况进行调查，综合评价河库健康状况等问题，重点加强雪乡河道范围生态环境的多项整治及维护，因地制宜建设亲水生态岸线，综合整治农村水环境，推进美丽乡村建设。

认真贯彻落实中央、自治区、市、区关于“河长制”工作决策部署，召开“河长制”工作专题会议，认真梳理存在的问题，分析原因，科学制定工作任务和工作目标。按照区河长制办公室统一部署，认真开展河道巡查，乡党委班子成员牵头组织各村河长对所辖区进行全面巡查。年内，共巡河59人次，共清理河道垃圾30次，清理垃圾72吨；发现问题及时处理。

【卫生工作】 年内，共发放健康教育宣传册3种，230多张，流感防治知识资料2种，100多张，制作“健康达孜”横幅两张，让广大村民充分了解建设健康达孜的意义，为建设健康达孜营造了氛围。为进一步加强食品卫生安全监督管理，及时调整食品药品安全委员会，由乡政府牵头，与乡综治办、雪乡卫生院建立联席执法检查制度，持续加强食品药品安全大检查，2019年共检查12次，查没“三无”食品22件，过期食品30件。积极开展形式多样的食品药品安全科普宣教活动，上半年共开展宣传活动2次，悬挂横幅2条，发放宣传资料330份。

2019年9月23日，雪乡雪普村组织开展“讲历史、谈变化”活动

【教育发展】 年内，全面开展“以教脱贫”工作，对在校大学生、中职学院学生、民办学院学生和自学缴费等学生的档案收集，对15名建档立卡户学生和106名未建档立卡户学生形成“一人一档”。学费、住宿费、生活费和路费因政策变化暂未兑现。召开雪乡教育工作表彰会，对年度优秀幼儿园教师（4名优秀教师）、年度大学优秀大学生（54名应届高考录取生）和年度雪乡籍西藏班录取学生（3名优秀西藏班考生）进行表彰，表彰资金共计8600元。

【文化发展】 年内，雪乡文化站共整理编目政治、经济、教育、养殖、种植等图书3500余册，每个村均配备“农家书屋”，每个“农家书屋”藏书达1000册以上。在文化站外安装体育活动设施，极大地丰富了全乡干部群众的文化生活。文化站投入使用以来，坚持“以人为本、服务群众”的发展观，结合群众的实际需求，开展一系列文化服务活动，推进优秀文化站创建工作。2019年，共举办综合性大型文艺活动4场次，举办单项性活动及各类讲座、培训10余次。

【脱贫攻坚】 年内，组织学习习近平总书记关于扶贫工作重要论述和中央脱贫攻坚重大决策。积极参加上级各部门组织开展的扶贫政策培训，同时组织本单位干部认真学习《脱贫攻坚应知应会手册》，争做政策的明白人，并制定学习计划，定期组织本单位干部系统学习习近平总书记关于扶贫工作的重要论述，学习领会党的十八大以来中央关于脱贫攻坚的方针政策和党的十九大关于脱贫攻坚及实施乡村振兴战略等新部署新要求，深刻认识到脱贫攻坚工作的重要性。

针对达孜区关于落实中央脱贫攻坚专项巡视反馈问题（共性问题12类24项）自查整改工作清单，结合《中共拉萨市达孜区委员会拉萨市达孜区人民政府关于印发〈落实中央脱贫攻坚专项巡视反馈意见的整改方案〉的通知》，做好整改工作，2019年，雪乡针对国家专项巡视组提出的34项扶贫领域问题进行全面整改，成立6个专项问题整改领导小组，狠抓落实，持续推进问题整改工作，查缺补漏，现已完成全部整改销号工作并长期坚持。

积极整改国办系统问题数据，做到国办系统数据和建档立卡户档资料真实、一致，现已清洗问题数据9842条。雪乡将持续推进国办系统数据清洗核对工作，真正做到国办系统数据真实、正确、有效。

全面深入贯彻落实“一人一岗”的原则，组织人员核清8大生态岗位安排及资金兑现情况，及时清退不符合政策要求的人员，对享受定向补助、一二级残疾人员、长期外出打工、在校大学生、中职生以及两后生等坚决不予以安排岗位，并定期监督检查，雪乡生态岗位数已由2018年的641个减少到2019年的445个，严防出现生态补助福利化问题，确保政策落到实处，确保以补工作持续稳定推进。

2019年9月26日，雪乡开展庆祝中华人民共和国成立70周年“我和我的祖国”大合唱

2019年，雪乡总分红达51万元，受益贫困户166人、边缘户117人，人均分红1800余元。雪乡发展产业项目新模式，以合作社项目分红为主导，开拓贫困户致富新途径。达孜区阳光庄园项目带动44名贫困群众增收；扎西岗村扶贫商品房建设项目以村委会+贫困户入股的模式，带动50名贫困群众增收；扎西岗民间传统手工艺合作社扩建项目按照“能人+贫困群众”模式运行，带动60户建档立卡贫困群众增收；雪普村菜籽油加工坊扩建项目，总投资50万元，带动雪普村建档立卡户12人增收。全年带动扶贫户166人，边缘户117人，共计分红51万元。

抓好以包脱贫工作。选派3名正科级干部，8名副科级干部进行包村，全乡干部职工进行包组，每年包村包组干部多次看望慰问结对贫困户。截至年底，共计发放近6万元的物资和慰问金。同时督促雪乡结对帮扶干部职工对贫困户的思想意识进行正确的引导和教育，帮助结对贫困户进一步转变思想，积极主动转移就业。

【“扫黑除恶”】 年内，雪乡党委高度重视扫黑除恶专项斗争，认真贯彻落实中央、自治区、拉萨市和达孜区关于扫黑除恶专项斗争会议精神以及各级领导指示批示精神，切实加强组织领导、动员各方力量，积极发动群众，加大宣传摸排，将扫黑除恶专项斗争向纵深发展。乡扫黑办联合派出所通过发放扫黑除恶联系卡、印有扫黑除恶公众号二维码的圆珠笔、印有扫黑除恶字样的围裙以及工作手册等宣传资料，累计发放联系卡1500张、其他宣传资料600余份、圆珠笔300余支，张贴海报、各类标语210余份，悬挂横幅100余条，设置宣传栏7处、举报箱4个，总投入资金36000余元。

组织全体干部职工，村“两委”班子，驻村、驻寺干部线上、线下扫黑除恶知识测验，使广大干部职工更加深入了解扫黑除恶专项斗争，掌握相关法律法规知识，逐步夯实理论基础。年内，共开展10次宣传宣讲活动，召开4次推进会、2次专题会，组织2次知识测试，通过广泛宣传，进一步增强了广大干群的法治意识，提高了广大群众的参与度，为清除社会黑恶“毒瘤”打下坚实基础，确保全乡大局和谐稳定，为创建平安雪乡营造风清气正的社会环境。

【法治政府建设】 年内，配齐配强法律顾问，加强依法行政基础保障工作。制定法治政府建设年度工作方案和计划并按时报告年度的依法行政工作情况，落实法律顾问制度。完善行政决策程序，建立决策纠错机制，实行行政问责制度，是依法决策、科学决策、民主决策的重要保障，有利于行政机关谨慎决策，防止决策的盲目性、随意性，避免决策失误。

推进重大行政决策目录化管理、认真做好规范性文件制定、清理和发布工作。2019年，进一步加大政府信息公开力度，按照《政府信息公开条例》的要求，依托政府信息公开栏等宣传阵地，全面公开政务信息，保证人民群众的知情权、参与权和监督权，接受社会监督。2019年，印发《雪乡2019年学法计划》。累计开展集体学法4次。集中开展法治宣传活动10余场次，组织《宪法》专题学习2次，开展学法知识竞赛1次，积极营造遵法、守法、学法、用法的良好氛围。

（熊国宝）

【机构领导】
党委书记
李唐容（女）
党委副书记、乡长
扎西朗杰（藏族）
党委副书记、人大主席
普布次仁（藏族）
党委副书记
朗杰卓嘎（女，藏族）
纪委书记、监察室主任
索朗扎西（藏族）
党委委员、人武部部长
尼　玛（藏族）
党委组织委员
次　央（女，藏族）
党委宣传委员、副乡长
周　源
副乡长
李小飞

章多乡

【概况】 章多乡地处雅鲁藏布江河谷拉萨河支流中心区域，距离达孜区城23公里，平均海拔3750米，辖区内有著名的甘丹寺，下辖4个行政村、24个村民小组。2019年，全乡共有农村户数1231户，总人口4562人，其中，劳动力1740人。章多乡农作物总播种面积790.34公顷，其中粮食播种面积712.67公顷，占总播种面积的90.17%，主要种植冬小麦、青稞等传统农作物；经济作物播种面积45.59公顷，主要种植油菜、蔬菜等作物。全年造林面积23.33公顷，草场面积12354.7公顷。全乡存栏牲畜禽类共12734头（只、匹），主要以牦牛、黄牛、藏猪、绵羊、山羊和藏鸡养殖为主。2019年全乡经济总收入10235.57万元，其中，第一产业收入8634.27万元，第二产业收入382万元，第三产业收入1219.3万元。农牧民年人均可支配收入14839.63元，同比2018年增长13%。

章多乡共有1所卫生院，3所卫生所；3所幼儿园，1所派出所，1个兽医站，2所寺庙，1所日追。共有21个基层党组织，其中3个基层党委，2个党总支，16个党支部，共有425名党员，其中农牧民党员380人。市级人大代表1人、区级人大代表9人、乡级人大代表41人，市级政协委员1人、区级政协委员5人。

【党建工作】 年内，组织专题研究党建相关工作12次，到村组一线调研组织建设10余次。建立班子党建工作联系点制度，在班子分工中，明确每2名班子成员联系一个村，要求每人每年到联系村党委（党支）检查指导工作不得少于2次。年底，乡党委书记向上级党委述职，并组织本级机关党支部和各村党组织“第一书记”抓基层党建工作述职评议大会。

年内，召开13次党委理论中心组学习会；班子成员共形成调研报告7篇；通过各种形式检视自身问题6条，对于检视问题环

2019年10月11日，章多乡召开乡党委理论学习中心组学习暨“不忘初心、牢记使命”主题教育第一、二次专题学习研讨（扩大）会议

节剖析出来的6条问题，即知即改问题全部整改完成，需要长期坚持整改问题在下一步工作中将全力整改。5月7日至6月25日，区委巡察一组对章多乡党委进行巡察期间，针对巡察组反馈的问题，需即时整改的5项问题已整改到位，需长期坚持整改的6项问题，已建立问题清单、明确责任主体，确保整改工作长期坚持、落到实处。

年内，召开“七一”表彰大会，对全乡优秀基层党组织和27名优秀党务工作者、共产党员及下沉干部进行表彰；认真贯彻落实村级组织专干素质提升工程（“3+1”工程）部署要求，从全乡干部中精心遴选16人，12人已参加市一级岗前培训；年内，新发展农牧民党员9人，培养村级后备干部97人；新发展机关干部党员3人。10月，根据区委组织部要求，对全乡161名2014年以来发展的党员进行排查，发现问题9处，已整改完成；利用拉林高速匝道出口和318国道沿线的区位优势，积极引导各村灵活运用“资源、资产、资金”三要素优势，大力发展村集体经济，走出了一条党建工作与经济发展互动双赢的新路子。截至年底，章多乡4个村基本均能实现10万元。

【党风廉政建设】 年内，召开关于党风廉政建设会议共计10次，会议安排部署章多乡党风廉政建设开展及各类情况汇报；签订干部廉洁承诺书并上报廉洁类情况自查等共计5次；11—12月，报送关于漠视群众利益简报、“亮点工程”“政纪工程”自查报告各1份；2019年建立反腐败协调领导小组，反腐工作持续在全乡范围开展。全年乡纪委组织传达各类典型案例共计14次；以理论中心组为依托，针对反腐败安排及学习4次；组织观影警示教育2次。

【意识形态工作】 年内，章多乡党委开展意识形态学习内容10余次，乡党委组织意识形态相关学习集中学习8次，个人自学12次，上交各类心得体会50余篇。章多乡建立乡级文化活动中心1个，村级文化室4个，乡政府设立公益广告牌5个。在乡政府设置道德讲堂1个、善行义举榜1个，在各村设立善行义举榜4个，积极弘扬正能量的主阵地。

章多乡共配有5名文明引导员，设立志愿服务站。章多乡设立志愿服务站一个，志愿服务队5支，志愿者数量达432人。成立以乡党委书记为组长的“四讲四爱”宣讲小组，设立乡级骨干宣讲员1名，村级骨干宣讲员4名，章多乡与各村开展宣讲100余次，受讲群众5000余人次。章多乡建立扫黄打非办公室1个，扫黄打非站6个（4个村委会、2个寺庙），开展“扫黄打非”系列专项活动，排查辖区内各类非法出版物10余次。开展西藏百万农奴解放60周年纪念日庆祝活动，开展庆祝建党98周年暨“七一”表彰大会、开展中华人民共和国成立70周年系列实践活动等。

【经济发展】 年内，章多乡农作物总播种面积790.34公顷，其中粮食播种面积712.67公顷，占总播种面积90.17%，主要种植冬小麦、青稞等传统农作物；经济作物播种面积57.6公顷，同比2018年增长26.33%。主要种植油菜、蔬菜等作物。4月和10月全面完成春耕、秋播种子包衣工作任务，对全乡青稞、春小麦种子进行包衣和精选；及时向农户发放化肥合计307.7吨，其中发放二胺73.4吨、钾肥116.3吨、农家肥（复合肥）118吨。

存栏牲畜禽类共12734头（只、匹），其中牦牛8648头，同比2018年增长18.59%，黄牛3782头，同比2018年增长14.64%，藏鸡存栏1155只，同比2018年增长8.2%，全年出栏数为7141头，肉产量达113吨。全年牲畜接种疫苗率为100%。发动各方力量，积极动员部署，贯彻落实全面推行河长制实施方案。章多乡辖区内拉萨河河段长度为16.95千米，恰曲、拉木曲、尊木采曲3条支流共计19.59千米，沿河设立河长公示牌，接受群众监督，乡村两级河长共有8人，全年巡河248人次，其中汛期巡河120人次。每月定期开展河道周边垃圾清理工作，全年共计清理垃圾20余吨。积极检查整治违章项目，保证拉萨河章多乡河段流域水环境的安全。

【重点项目】 年内，依托水泥厂项目，推进工业转型发展。拉萨城投祁连山水泥有限公司年产120万吨熟料型干法水泥生产线项目落户章多乡尊木采村，项目总投资13.7亿，涉及近800亩生产厂区建设和519亩石灰岩采矿区建设。根据相关计划，拉萨城投祁连山水泥厂于2019年底进行初步试验，拟定在2020年全面投产。2019年，藏香草种植项目在原有规模的基础上继续扩大种植，建设扩大规模为170亩，争取援藏资金200万元。截至10月，现有藏香草种植项目规模共计300亩，投资金额384万元，资金来源全部为援藏资金。6月，种植阶段工作已经全部完成。种植期间，本地劳动力务工54人，工资为120元/天，共支付劳务费用19.44万元。后续为吸收更多的农牧民参与其中，走向共同富裕，解决34名群众就业问题，人均增收1500余元。按照“种一采三”，即一次播种采摘三次的模式，将有效提高藏香草的产量，为当地藏香草加工产业提供有力的原料保障，在壮大村集体经济的同时，更是可以带来近210万元的收益。

以乡村生态旅游为开发为统领，突出“三个特点”旅游定位，即：自然景观、民族文化、体验休闲；形成“章多精品一日游”结构布局，即：甘丹寺、章多村白塔和生态采摘园；抓好“三大工程”基础建设，即：饮食文化提升工程，民族手工艺产品开发工程，章多乡旅游形象宣传工程。依托甘丹寺优越的地理条件，打造恰村3组民宿体验产业，坚持“生态、民俗、休闲”的总体定位，并结合章多乡现有的林卡、藏餐馆等产业，以“章多一日游”为开发目标，围绕“一寺、一园、一白塔”，打造“章多精品一日游”短期出行路线。以旅游业带动第三产业经济快速发展，实现广大农牧民群众增收的最终目标。

【藏香草种植】 甘丹坎巴生长于海拔4100米左右的甘丹寺方圆五里内山坡上的甘丹坎巴草，非常独特。甘丹寺所在地系佛陀预言之圣地，也是宗喀巴大师成就藏传佛教格鲁派之地。生长于该地的药用菊科植物甘丹坎巴草，相传是宗喀巴大师为消除众生痛苦，削下自己头发撒播而生，故为此地独有。该草药在医药麻疹、中风、枕骨病、血管硬化引起的头

2019年9月18日，章多乡组织干部到西藏百万农奴解放纪念馆参观学习

2019年6月28日，章多乡召开精准扶贫2018年度产业分红大会

痛等方面，疗效显著，无副作用。其味甘而苦，性凉，有止血功能，用热水浸浴能消肢节肿胀，调气润神，因而受到医药界的广泛认可。该草药还可用作上好的熏香，具有辟邪益智之功效，常于佛塔和佛像装藏时用，也用于煨桑等，藏传佛教各教派诸多圣者对该草药都有过许多赞誉之词。

【实现增收】 年内，章多乡外出务工人员达1036人，其中区内务工人员240人，区外务工人员796人，上半年实现增收352.6371万元。全年共流转土地425亩，增加收入85万元。8月，为777户群众兑现2017年度野生动物肇事补贴资金32.2425万元；为41名群众发放2019年上半年专职护林人员工资共计19.8235万元。9月，为307户群众兑现2019年度草补资金累计61409.23元；为6户群众发放第七批农机具购置补贴资金6600元。

【脱贫攻坚】 年内，章多乡坚持落实恰村藏香草加工项目、拉木村民族手工艺合作社产业分红，上报申请4个扶贫产业项目（藏香草试种和技术推广、恰村3组旅游项目、拉木村藏猪养殖项目、苗圃种植项目）。6月28日，召开精准扶贫2018年度产业分红大会。为全乡126户建档立卡贫困户和62户边缘户群众发放分红资金共计37.2万元。

年内，重新申报调整生态补偿岗位260个（建档立卡贫困户以补岗位172个，边缘户以补岗位85个，非建档立卡低保户3个），其中林业生态补偿岗位199个、草原生态补偿岗位38个、水生态保护岗位12个、农村公路养护员4个、旅游厕所保洁员5个、城镇保洁员和村级环境监督员2个，按照每人每年4000元的工资标准，实现贫困户不离乡、不离土、长期稳定就业。6月27日，兑现2019年上半年以补岗位工资45.5万元，其中：兑现建档立卡贫困户以补岗位172人30.1万元，兑现边缘户以补岗位85人14.875万元，兑现非建档立卡低保户3人5250元。

章多乡现有易地搬迁户60户207人。其中：集中安置8户28人，公寓楼15户25人，相对集中搬迁37户154人。章多乡积极组织开展易地搬迁地劳动力和就业统计、旧房腾退意愿摸排、生产资料核查、相关政策宣讲等工作，了解掌握群众生产生活情况和思想动态，鼓励大家“搬得出、稳得住、能发展、能致富”。

坚持“整改不落实，就是对人民不负责”的原则，从党建、宣传教育、监督责任、政策落实等各方面入手，扎实推进各项整改工作。截至3月25日，涉及章多乡的4类23项共性整改任务均已见效并长期坚持、巩固成果。

【公共服务】 截至年底，2018—2019学年共分四批为贫困大学生171人次累计报销学杂费、住宿费、交通费和生活补贴等各项费用金额达119.6876万元，全面杜绝因贫失学、因学致贫现象。落实“控辍保学”措施，保障适龄学生100%入学。

截至10月，共落实81人的计生“两项扶助”，累计发放扶助资金12.744万元。全年先后配合上级部门组织开展免费孕前、优生健康检查工作、妇女“两癌”筛查工作和白内障诊疗工作。组织农牧民夫妻、基层干部职工和孕期夫妇参加免费孕前、优生健康检查工作，有效提高了待孕人群的参检意识。组织35—64周岁适龄妇女参加宫颈癌和乳腺癌筛查工作，进一步保障全乡妇女健康，家庭幸福，维护社会和谐稳定。9月18日，组织87名群众自愿参加白内障诊疗活动，经现场专家诊疗，后续有20名群众接受手术治疗。参加农牧区合作医疗筹资群众共4362人，累计缴费金额8.55万元。

【民生保障】 年内，为19户低保家庭兑现低保资金20749元；为2位五保老人兑现生活补助4545元。为全乡109名残疾人兑现“两项补贴”资金共计14.88万元，辖区内残疾人重点关爱对象15人，兑现前三季度补助金额累计6.75万元。全乡1224户4499名农牧民群众均已纳入社会保障体系，农牧民群众尤其是特殊群体合法权益进一步保障。

年内，高校应届毕业生55人，通过人社部门的大力宣传引导，18人实现灵活就业，3人对接区农业农村局提供的会计岗位，19人考录公务员、事业单位或国企，1人读研深造，1人延毕。截至10月，42人已就业，就业率达到76%。农牧民劳动力实现转移就业558人，参加驾驶培训25人，B转A驾驶培训47人。

【环保工作】 年内，严格落实“河长制”，确保拉萨河出境断面水质保持在国家Ⅱ类标准以上，实现河清水畅、碧水润乡。以建设“五美乡村”为目标，强化318国道沿线城乡环境综合治理力度。落实好各项环保政策宣传，呼吁广大农牧民群众共同参与，引导其自我治理、自我服务、自我监督，构建文明美丽乡风民俗。

结合“健康达孜”“健康促进”等各项工作，积极开展人居环境综合整治，全年组织乡级生态环境综合整治活动8次，村级人居环境综合整治活动累计20余次，累计动员干部群众500余人次。

大力提升318国道周边环境，严格整治“六乱”（乱搭乱建、乱堆乱放、乱设摊点、乱拉乱挂、乱贴乱写乱画和乱扔乱吐），着力推进“厕所革命”，实现精细化管理全覆盖。

【信息报送】 年内，章多乡积极报送信息材料，上报简报和各类信息158期，e讯达孜采用100余期，力争每件事情都能及时反映到上级组织。并指定专人保管、归档所有的机密文件及下发文件，时刻做好保密工作。

（李功飞）

【机构领导】

党委书记
　　达　珍（女，藏族）
党委副书记、乡长
　　王　力
党委副书记、人大主席
　　拉　巴（藏族）
党委副书记
　　曲军委
党委委员、纪委书记
　　阿旺群珠（藏族）
党委委员、人武部部长
　　普布格桑（藏族）
党委委员、副乡长
　　柯豆读
副乡长
　　龙　珍（女，藏族）
　　吉米旺久（藏族）

附 录

受区（县）级以上表彰的先进集体名录

获奖单位	获奖名称	表彰时间	授予单位
达孜区农业农村局	国家农产品质量安全县	2019 年	农业农村部
农行达孜区支行	全国农行“WE 竞技”信用卡发卡竞赛前 80 名荣誉榜单	2019 年	农业银行总行
达孜区林业局	全国绿化模范单位	2019 年	全国绿化委员会
达孜区五保集中供养服务中心	2019 年养老服务标准化优质服务示范单位	2019 年	中国标准化创新战略联盟老龄产业专业委员会
达孜区塔杰乡政府	2019 年西藏自治区“先进双联户”创建活动先进乡镇	2019 年	西藏自治区党委、自治区政府
达孜区塔杰乡主西村	西藏自治区创先争优强基础惠民生先进驻村工作队	2019 年	西藏自治区党委、自治区政府
达孜区尊木采寺专职管理特派员	2019 年自治区“遵行四条标准、争做先进僧尼”教育实践活动优秀组织单位	2019 年	西藏自治区党委、自治区政府
达孜区唐嘎乡政府	全区“遵行四条标准、争做先进僧尼”教育实践活动优秀组织单位	2019 年	西藏自治区党委、自治区政府
达孜区水利局	自治区创先争优强基础惠民生活动优秀组织单位	2019 年	西藏自治区党委、自治区政府
达孜区农业农村局	西藏自治区基层科普行动计划“先进单位”	2019 年	西藏自治区科学技术协会
达孜区德庆镇团委	自治区“五四红旗团委”	2019 年	共青团西藏自治区委员会
达孜区供电有限公司	“全区青年安全生产”示范岗称号	2019 年	共青团西藏自治区委员会、自治区应急管理厅
达孜区公安局唐嘎乡派出所	70 周年大庆安保集体嘉奖	2019 年	西藏自治区公安厅
达孜区人民政府	2019 年度全区生态环境保护考核评定等级“良好”	2020 年	西藏自治区生态环境保护考核工作领导小组
达孜区委组织部	全区离退休干部“辉煌 70 年、奋进新时代”文艺汇演纪念奖	2019 年	西藏自治区老干部局
达孜区水利局	自治区级优秀组织单位	2019 年	西藏自治区创先争优强基础惠民生领导小组办公室

续表

获奖单位	获奖名称	表彰时间	授予单位
达孜区农业农村局、水利局、政府办、塔杰乡联合驻塔杰乡主西村工作队	自治区级先进驻村工作队	2019 年	西藏自治区创先争优强基础惠民生领导小组办公室
达孜区信访局	2018 年度信访工作先进县（区）“二等奖”	2019 年	拉萨市委、市政府
达孜区委政法委	2019 年度拉萨市平安建设（综治工作）三等奖	2020 年	拉萨市委、市政府
达孜区委政法委	2019 年度“先进双联户”创建活动先进县（区）	2020 年	拉萨市委、市政府
达孜区农业农村局	2018 年度全市农牧民增收工作“一等奖”	2019 年	拉萨市委、市政府
达孜区尊木采寺专职管理特派员	2019 年拉萨市“遵行四条标准、争做先进僧尼”教育实践活动优秀组织单位	2019 年	拉萨市委、市政府
达孜区塔杰乡政府	达孜区扶贫政策知识竞赛一等奖	2019 年	拉萨市委、达孜区脱贫攻坚指挥部
达孜区塔杰乡塔杰村	拉萨市金牌调解室	2019 年	拉萨市委、拉萨市司法局
达孜区中学	拉萨市优秀团队	2019 年	拉萨市政府
达孜区财政局	“三八红旗”集体	2019 年	拉萨市人力资源和社会保障局、拉萨市妇女联合会
共青团达孜区委员会	2018 年度全市共青团工作第三等次	2019 年	共青团拉萨市委员会
达孜区人民检察院	基层检察院综治工作先进单位	2019 年	拉萨市人民检察院
达孜区人民检察院	“不忘初心、牢记使命暨庆祝中华人民共和国成立 70 周年文艺汇演二等奖”	2019 年	拉萨市人民检察院
达孜区人民法院	全市法院先进集体	2020 年	拉萨市中级人民法院
达孜区人民法院	全市法院第二届“天平杯”运动会暨民族传统体育运动会优秀组织奖	2019 年	拉萨市中级人民法院
达孜区文化和旅游（文物）局（虎峰艺术团）	第四届全市民间艺术团文艺调演活动比赛先进集体奖	2019 年	拉萨市文化局
拉萨市妇联驻达孜区唐嘎乡琼达村工作队	拉萨市级先进驻村工作队	2019 年	拉萨市创先争优强基础惠民生领导小组办公室
达孜区农业农村局	2018 年度全市农牧工作一等奖	2019 年	拉萨市农牧局
达孜区教育局（体育局）	2019 年拉萨市“城投杯”足球联赛体育道德风尚奖	2019 年	拉萨市体育局
达孜区城市管理和综合执法局	2019 年度城市管理工作先进集体	2019 年	拉萨市城市管理和综合执法局
达孜区总工会	拉萨市 2019 年职工运动会暨西藏自治区第三届职工运动会选拔赛体育道德风尚奖	2019 年	拉萨市总工会、拉萨市体育局
达孜区统计局	优秀组织奖	2019 年	拉萨市统计局

续表

获奖单位	获奖名称	表彰时间	授予单位
达孜区统计局	先进集体	2019 年	拉萨市统计局
达孜区教育局(体育局)	拉萨市教育系统 2019 年"教育杯"赛事精神文明奖	2019 年	拉萨市教育局
达孜区教育局(体育局)	拉萨市教育系统 2019 年"教育杯"女子篮球赛事第六名	2019 年	拉萨市教育局
达孜区教育局(体育局)	拉萨市教育系统 2019 年"教育杯"男子足球赛事一等奖	2019 年	拉萨市教育局
达孜区中心小学	先进基层党组织	2019 年	拉萨市教育局
达孜区邦堆乡幼儿园	先进基层党组织	2019 年	拉萨市教育局
达孜区教育局(体育局)	拉萨市教育系统 2019 年"教育杯"赛事精神文明奖	2019 年	拉萨市教育局
达孜区教育局(体育局)	拉萨市教育系统 2019 年"教育杯"女子篮球赛事第六名	2019 年	拉萨市教育局
达孜区教育局(体育局)	拉萨市教育系统 2019 年"教育杯"男子足球赛事一等奖	2019 年	拉萨市教育局
达孜区中心小学	先进基层党组织	2019 年	拉萨市教育局
达孜区邦堆乡幼儿园	先进基层党组织	2019 年	拉萨市教育局
农行达孜区支行	拉萨分行"内控合规知识竞赛"一等奖	2019 年	农业银行拉萨分行
农行达孜区支行	拉萨分行"三线一网格"演讲比赛三等奖	2019 年	农业银行拉萨分行
达孜区供电有限公司	庆祝"中华人民共和国成立 70 周年"歌咏比赛第一名	2019 年	国网拉萨供电公司
达孜区供电有限公司	2019 年"安康杯"安规知识竞赛第三名	2019 年	国网拉萨供电公司
达孜区教育系统驻巴嘎雪村工作队	达孜区创先争优强基础惠民生活动"先进驻村工作队"	2019 年	达孜区委、区政府
达孜区教育局(体育局)	达孜区创先争优强基础惠民生活动"优秀组织单位"	2019 年	达孜区委、区政府
达孜区教育局(体育局)	达孜区庆祝中华人民共和国成立 70 周年暨"不忘初心、牢记使命"主题教育红歌汇演第三名	2019 年	达孜区委、区政府
达孜区中心小学	优秀教研团队	2019 年	达孜区委、区政府
达孜区中学理化生办	优秀教研团队	2019 年	达孜区委、区政府
达孜区中心小学安卫办	优秀教研团队	2019 年	达孜区委、区政府
达孜区唐嘎乡双语幼儿园	优秀教研团队	2019 年	达孜区委、区政府

续表

获奖单位	获奖名称	表彰时间	授予单位
达孜区邦堆乡双语幼儿园	优秀教研团队	2019 年	达孜区委、区政府
达孜区教育系统驻巴嘎雪村工作队	达孜区创先争优强基础惠民生活动“先进驻村工作队”	2019 年	达孜区委、区政府
达孜区教育局（体育局）	达孜区创先争优强基础惠民生活动“优秀组织单位”	2019 年	达孜区委、区政府
达孜区教育局（体育局）	达孜区庆祝中华人民共和国成立 70 周年暨“不忘初心、牢记使命”主题教育红歌汇演第三名	2019 年	达孜区委、区政府
达孜区中心小学	优秀教研团队	2019 年	达孜区委、区政府
达孜区中学理化生办	优秀教研团队	2019 年	达孜区委、区政府
达孜区中心小学安卫办	优秀教研团队	2019 年	达孜区委、区政府
达孜区唐嘎乡双语幼儿园	优秀教研团队	2019 年	达孜区委、区政府
达孜区邦堆乡双语幼儿园	优秀教研团队	2019 年	达孜区委、区政府
达孜区章多乡恰村委员会	2019 年“先进双联户”评选创建活动先进集体	2019 年	达孜区委、区政府
达孜区公安局国保大队	2019 年度民族团结进步模范集体	2019 年	达孜区委、区政府
达孜区人民检察院	“庆祝中华人民共和国成立 70 周年暨不忘初心、牢记使命主题教育红歌会演第三名”	2019 年	达孜区委、区政府
达孜区人民检察院	“庆祝中华人民共和国成立 70 周年文艺汇演优秀组织奖”	2019 年	达孜区委、区政府
达孜区人民检察院	2017—2019 年青年维权岗	2019 年	达孜区委、区政府
达孜区塔杰乡政府	2019 年达孜区“先进双联户”创建活动先进集体	2019 年	达孜区委、区政府
达孜区塔杰乡机关支部	达孜区先进基层党组织	2019 年	达孜区委、区政府
达孜区水利局	2019 年度信访工作先进集体	2019 年	达孜区委、区政府
达孜区人民法院	达孜区 2018 年度目标绩效二等奖	2019 年	达孜区委、区政府
达孜区人民法院	达孜区 2018 年度“三八红旗集体”	2019 年	达孜区委、区政府
达孜区财政局	庆祝中华人民共和国成立 70 周年暨“不忘初心、牢记使命”主题教育红歌汇演优秀组织奖	2019 年	达孜区委、区政府
达孜区农业农村局	创先争优强基础惠民生活动“优秀组织单位”	2019 年	达孜区委、区政府
达孜区雪乡政府	达孜区扶贫政策知识竞赛二等奖	2019 年	达孜区委、区政府

续表

获奖单位	获奖名称	表彰时间	授予单位
达孜区扶贫开发办公室	2019 年度拉萨市脱贫攻坚综合评价好	2020 年	达孜区委、区政府
达孜区扶贫开发办公室	2019 年度拉萨市脱贫攻坚“三岩”片区跨市异地扶贫搬迁成效显著奖	2020 年	达孜区委、区政府
达孜区民族宗教事务局	2019 年达孜区民族团结进步模范集体	2019 年	达孜区委、区政府
达孜区尊木采寺专职管理特派员	2019 年达孜区“遵行四条标准、争做先进僧尼”教育实践活动优秀组织单位	2019 年	达孜区委、区政府
达孜区尊木采寺专职管理特派员	2019 年度民族团结进步模范集体	2019 年	达孜区委、区政府
达孜区帕木寺管委会	2019 年度“遵行四条标准、争做先进僧尼”优秀组织单位	2019 年	达孜区委、区政府
达孜区政府办公室	2019 年度民族团结进步模范集体	2019 年	达孜区委、区政府
达孜区政府办公室	2018 年度拉萨市达孜区重教先进单位	2019 年	达孜区委、区政府
达孜区政府办公室	达孜区庆祝中华人民共和国成立 70 周年暨“不忘初心、牢记使命“主题教育红歌汇演第三名	2019 年	达孜区委、区政府
达孜区委组织部	达孜区庆祝中华人民共和国成立 70 周年暨“不忘初心、牢记使命”主题教育红歌汇演优秀组织奖	2019 年	达孜区委、区政府
达孜区德庆镇政府	县(区)级优秀组织单位	2019 年	达孜区委、区政府
达孜区经济和信息化局	县(区)级优秀组织单位	2019 年	达孜区委、区政府
达孜区农业农村局	县(区)级优秀组织单位	2019 年	达孜区委、区政府
达孜区教育体育局	县(区)级优秀组织单位	2019 年	达孜区委、区政府
达孜区纪委、区法院、区团委、邦堆乡联合驻邦堆乡克日村工作队	县(区)级先进驻村工作队	2019 年	达孜区委、区政府
达孜区教育系统驻塔杰乡巴嘎雪村工作队	县(区)级先进驻村工作队	2019 年	达孜区委、区政府
达孜区人民法院	达孜区政法系统庆祝中华人民共和国成立 70 周年文艺表演优秀组织奖	2019 年	达孜区委
达孜区贡崩拉康专职管理特派员	2019 年达孜区先进专职管理特派员	2019 年	达孜区委
达孜区唐嘎乡政府	达孜区牦牛短期育肥先进集体	2019 年	达孜区政府

注：由于各单位资料提供不全，可能有遗漏

受区(县)级以上表彰的先进个人名录

姓名	性别	民族	工作单位	获奖名称	表彰时间	授予单位
曾治友	男	汉	达孜区司法局	全国“七五”普法中期先进个人	2019年	全国普法办
格平	男	藏	达孜区公安局	西藏自治区先进个人	2019年	西藏自治区党委、自治区政府
仁增	男	藏	达孜区水利局	自治区创先争优强基础惠民生活动先进驻村(居)工作队员	2019年	西藏自治区党委、自治区政府
旦增曲扎	男	藏	达孜区农业农村局	西藏自治区先进工作者	2019年	西藏自治区党委、自治区政府
巴桑次旺	女	藏	达孜区人民检察院	2018年自治区十大检察监督案件	2019年	西藏自治区人民检察院
旺杰	男	藏	达孜区帕尔寺管委会	西藏自治区党的十九届四中全会精神宣讲员	2019年	西藏自治区党委宣传部
卡珍	女	藏	达孜区人民法院	2019年全区法院基本解决执行难个人嘉奖	2020年	西藏自治区高级人民法院
次仁卓嘎	女	藏	达孜区农业农村局	自治区农村承包地确权登记颁证工作先进个人	2019年	西藏自治区农村工作领导小组办公室、自治区农业农村厅
次真旦增	男	藏	达孜区教育局(体育局)	2019年体育场地专项调查“优秀调查员”	2019年	西藏自治区体育局
冯虎	男	汉	达孜区雪乡政府(抽调区强基办)	2019年自治区级先进工作者	2019年	西藏自治区创先争优强基础惠民生领导小组办公室
仁增	男	藏	达孜区水利局	2019年自治区级先进驻村(居)工作队员	2019年	西藏自治区创先争优强基础惠民生领导小组办公室
泽西	女	藏	拉萨市移动公司	2019年自治区级先进驻村(居)工作队员	2019年	西藏自治区创先争优强基础惠民生领导小组办公室
仁青卓玛	女	藏	拉萨市纪委监委	2019年自治区级先进驻村(居)工作队员	2019年	西藏自治区创先争优强基础惠民生领导小组办公室
王兵华	男	汉	达孜区唐嘎乡政府	2018年度拉萨市脱贫攻坚贡献奖	2019年	拉萨市委、市政府
强白益西	男	藏	达孜区唐嘎乡政府	拉萨市创先争优强基惠民先进驻村工作队员	2019年	拉萨市委、市政府
索朗尼玛	男	藏	达孜区信访局	2018年度全市信访工作先进个人	2019年	拉萨市委、市政府
丹增曲培	男	藏	达孜区委政法委	2019年度拉萨市平安建设(综治工作)先进个人	2020年	拉萨市委、市政府
洛桑益西	男	藏	达孜区雪乡雪普村	2019年度市级“先进双联户”	2020年	拉萨市委、市政府

续表

姓　名	性别	民族	工作单位	获奖名称	表彰时间	授予单位
穷　达	男	藏	达孜区尊木采寺专职管理特派员	2019年优秀驻寺干部	2019年	拉萨市委、市政府
资佳晶	女	汉	达孜区邦堆乡政府	西藏工作岗前培训班优秀学员	2019年	西藏大学
王　婷	女	汉	达孜区塔杰乡政府	拉萨市扶贫政策知识竞赛第三名	2019年	拉萨市委、拉萨市脱贫攻坚指挥部
丁永志	男	汉	达孜区公安局	个人三等功	2019年	拉萨市公安局
巴　珠	男	藏	达孜区公安局	嘉奖	2019年	拉萨市公安局
洛桑扎西	男	藏	达孜区公安局	嘉奖	2019年	拉萨市公安局
赵　阳	男	汉	达孜区公安局	全市公安机关信息工作先进个人嘉奖	2019年	拉萨市公安局
桑布江村	男	藏	达孜区公安局	“不忘初心保平安·牢记使命勇担当”第四届书画摄影展三等奖	2019年	拉萨市公安局
伦珠坚才	男	藏	达孜区公安局	70周年大庆安保维稳工作优秀治安辅警员	2019年	拉萨市公安局
普布曲扎	男	藏	达孜区公安局	70周年大庆安保维稳工作优秀治安辅警员	2019年	拉萨市公安局
旦增克珠	男	藏	达孜区公安局	70周年大庆安保维稳工作优秀治安辅警员	2019年	拉萨市公安局
杨晓燕	女	汉	达孜区人民检察院	全市检察机关先进个人	2019年	拉萨市人民检察院
何　琪	男	汉	达孜区人民检察院	拉萨市检察机关法律监督十大典型案件	2019年	拉萨市人民检察院
格桑玉珍	女	藏	达孜区人民检察院	拉萨市检察机关法律监督十大典型案件	2019年	拉萨市人民检察院
旦增达瓦	男	藏	达孜区人民法院	2019年全市法院基本解决执行难个人嘉奖	2019年	拉萨市中级人民法院
任裕芬	女	汉	达孜区人民法院	拉萨法院调研工作先进个人	2020年	拉萨市中级人民法院
拉巴旺堆	男	藏	达孜区塔杰乡巴嘎雪村委会	拉萨市金牌调解员	2019年	拉萨市司法局、达孜区委
旦增罗布	男	藏	达孜区塔杰乡巴嘎雪村委会	拉萨市金牌调解员	2019年	拉萨市司法局、达孜区委
强白益西	男	藏	达孜区唐嘎乡政府	2019年拉萨市级先进驻村(居)工作队员	2019年	拉萨市创先争优强基础惠民生领导小组办公室
巴　珠	男	藏	达孜区德庆镇政府	2019年拉萨市级先进驻村(居)工作队员	2019年	拉萨市创先争优强基础惠民生领导小组办公室

续表

姓　名	性别	民族	工作单位	获奖名称	表彰时间	授予单位
巴桑卓玛	女	藏	拉萨市妇女联合会	2019年拉萨市级先进驻村(居)工作队员	2019年	拉萨市创先争优强基础惠民生领导小组办公室
李武学	男	汉	拉萨市委政法委	2019年拉萨市级先进驻村(居)工作队员	2019年	拉萨市创先争优强基础惠民生领导小组办公室
达　珍	女	藏	拉萨市妇女联合会	2019年拉萨市级先进驻村(居)工作队员	2019年	拉萨市创先争优强基础惠民生领导小组办公室
党成莲	女	汉	达孜区纪委	2019年拉萨市级先进驻村(居)工作队员	2019年	拉萨市创先争优强基础惠民生领导小组办公室
田瑞恒	男	汉	达孜区邦堆乡政府	"10·17"全国第6个扶贫日拉萨市知识竞赛三等奖	2019年	拉萨市扶贫办、拉萨市脱贫攻坚指挥部
孙榜衍	男	汉	达孜区雪乡政府	拉萨市扶贫政策知识竞赛三等奖	2019年	拉萨市脱贫攻坚指挥部
党成莲	女	汉	达孜区纪委	2019年拉萨市创先争优强基惠民生活动现金驻村(居)工作队员称号	2019年	拉萨市强基础惠民生领导小组办公室
高尚尚	男	汉	达孜区邦堆乡政府	达孜区邦堆乡"五有五好"文明村镇创建活动先进工作者	2019年	拉萨市精神文明建设指导委员会
顿珠次仁	男	藏	达孜区文化和旅游(文物)局	全市公共文化创建先进个人	2019年	拉萨市文化局
旦增坚才	男	藏	达孜区文化和旅游(文物)局(虎峰艺术团)	原创歌曲二等奖	2019年	拉萨市文化局
普布片多	女	藏	达孜区唐嘎乡政府	拉萨市第三次全国农业普查先进个人	2019年	拉萨市统计局
李成纲	男	汉	达孜区教育局(体育局)	优秀党务工作者	2019年	拉萨市教育局
次旦央宗	女	藏	达孜区新仓村双语幼儿园	优秀党务工作者	2019年	拉萨市教育局
马荟梅	女	回	达孜区中学	优秀党务工作者	2019年	拉萨市教育局
刘　曹	男	汉	达孜区中心小学	优秀党务工作者	2019年	拉萨市教育局
刚　组	女	藏	达孜区中心小学	优秀共产党员	2019年	拉萨市教育局
拉巴卓嘎	女	藏	达孜区中学	优秀共产党员	2019年	拉萨市教育局
拉　姆	女	藏	达孜区中学	优秀共产党员	2019年	拉萨市教育局
普　布	女	藏	达孜区桑珠林村双语幼儿园	优秀共产党员	2019年	拉萨市教育局
卓　玛	女	藏	达孜区白纳村双语幼儿园	优秀共产党员	2019年	拉萨市教育局

续表

姓　名	性别	民族	工作单位	获奖名称	表彰时间	授予单位
强巴次仁	男	藏	达孜区中心小学	拉萨市教育系统2019年"教育杯"足球联赛最佳射手	2019年	拉萨市教育局
扎西江村	男	藏	达孜区中学	拉萨市教育系统2019年"教育杯"足球联赛最佳守门员	2019年	拉萨市教育局
登珍旺加	男	藏	农行达孜区支行	先进个人	2019年	农业银行拉萨分行
曲　珍	女	藏	农行达孜区支行	优秀党务工作者	2019年	农业银行拉萨分行
巴　桑	男	藏	农行达孜区支行	优秀党员	2019年	农业银行拉萨分行
韩国强	男	汉	达孜区供电有限公司	国网拉萨供电公司2019年度先进工作者	2019年	国网拉萨供电公司
薛文丹	男	汉	达孜区唐嘎乡政府	驻村先进工作队员	2019年	达孜区委、区政府
薛文丹	男	汉	达孜区唐嘎乡政府	优秀公务员	2019年	达孜区委、区政府
薛文丹	男	汉	达孜区邦堆乡政府	2019年达孜区级先进驻村(居)工作队员	2019年	达孜区委、区政府
德吉群宗	女	藏	达孜区塔杰乡政府	2019年度考核优秀事业人员	2019年	达孜区委、区政府
德吉卓嘎	女	藏	达孜区中心小学	教育教学先进个人	2019年	达孜区委、区政府
德吉白姆	女	藏	达孜区中心小学	优秀教师	2019年	达孜区委、区政府
德　央	女	藏	达孜区新仓村双语幼儿园	模范班主任	2019年	达孜区委、区政府
甄富林	男	汉	达孜区雪乡政府	"五有五好"先进文明引导员	2019年	达孜区委、区政府
强巴单达	男	藏	达孜区中心小学	优秀教育工作者	2019年	达孜区委、区政府
强巴次仁	男	藏	达孜区中心小学	师德标兵	2019年	达孜区委、区政府
强　巴	女	藏	达孜区邦堆乡双语幼儿园	模范班主任	2019年	达孜区委、区政府
曾治友	男	汉	达孜区司法局	优秀公务员	2019年	达孜区委、区政府
普布顿珠	男	藏	达孜区罗寺管委会	"遵行四条标准、争做先进僧尼"教育实践活动"先进驻寺干部"	2019年	达孜区委、区政府
普布卓嘎	女	藏	达孜区塔杰乡政府	2019年度考核优秀人员	2019年	达孜区委、区政府
普布卓嘎	女	藏	达孜区塔杰乡政府	达孜区优秀党务工作者	2019年	达孜区委、区政府
普布卓玛	女	藏	达孜区中心小学	模范班主任	2019年	达孜区委、区政府

续表

姓　　名	性别	民族	工作单位	获奖名称	表彰时间	授予单位
普布玉珍	女	藏	达孜区白纳村双语幼儿园	模范班主任	2019年	达孜区委、区政府
普布扎西	男	藏	达孜区公安局	优秀公务员	2019年	达孜区委、区政府
程雪梅	女	汉	达孜区公安局	优秀公务员	2019年	达孜区委、区政府
韩玉宏	男	汉	达孜区中学	教坛新秀	2019年	达孜区委、区政府
琼　达	女	藏	达孜区中学	模范班主任	2019年	达孜区委、区政府
梁艳章	男	汉	达孜区公安局	优秀公务员	2019年	达孜区委、区政府
曹　坤	男	汉	达孜区唐嘎乡政府	优秀公务员	2019年	达孜区委、区政府
桑　吉	女	藏	达孜区人民法院	优秀公务员	2019年	达孜区委、区政府
益西曲珍	女	藏	达孜区章多乡双语幼儿园	模范班主任	2019年	达孜区委、区政府
郭秦曼	女	汉	拉萨市妇女联合会	2019年达孜区级先进驻村(居)工作队员	2019年	达孜区委、区政府
啊　里	男	回	达孜区公安局	民族团结进步模范个人	2019年	达孜区委、区政府
党成莲	女	汉	达孜区纪委	优秀公务员	2019年	达孜区委、区政府
党志阳	男	汉	达孜区公安局	优秀公务员	2019年	达孜区委、区政府
夏宇欣	女	汉	达孜区章多乡拉木村双语幼儿园	师德标兵	2019年	达孜区委、区政府
索朗念扎	男	藏	达孜区司法局	优秀公务员	2019年	达孜区委、区政府
索朗旺堆	男	藏	达孜区中学	优秀教育工作者	2019年	达孜区委、区政府
索朗卓玛	女	藏	达孜区人民检察院	优秀公务员	2019年	达孜区委、区政府
索娜措	女	藏	达孜区唐嘎乡洛普村卓康双语幼儿园	师德标兵	2019年	达孜区委、区政府
索南永措	女	藏	达孜区唐嘎乡穷达村幼儿园	教坛新秀	2019年	达孜区委、区政府
索郎加措	男	藏	达孜区人民检察院	优秀公务员	2019年	达孜区委、区政府
格桑曲珍	女	藏	达孜区中心小学	模范班主任	2019年	达孜区委、区政府
秦泗国	男	汉	达孜区公安局	优秀公务员	2019年	达孜区委、区政府
洛桑旦增	男	藏	达孜区公安局	优秀公务员	2019年	达孜区委、区政府
俄日多吉	男	藏	达孜区唐嘎乡双语幼儿园	优秀教育工作者	2019年	达孜区委、区政府

续表

姓　名	性别	民族	工作单位	获奖名称	表彰时间	授予单位
贵桑卓玛	女	藏	达孜区章多乡双语幼儿园	优秀校(园)长	2019年	达孜区委、区政府
查　堆	女	藏	达孜区中学	模范班主任	2019年	达孜区委、区政府
茹格叶	女	藏	达孜区人民检察院	优秀公务员	2019年	达孜区委、区政府
赵　晶	女	汉	达孜区唐嘎乡政府	优秀公务员	2019年	达孜区委、区政府
周鹏飞	男	汉	达孜区公安局	优秀公务员	2019年	达孜区委、区政府
金　花	女	藏	达孜区中学	教育教学先进个人	2019年	达孜区委、区政府
罗　珍	女	藏	达孜区政府办公室	优秀公务员	2019年	达孜区委、区政府
旺　杰	男	藏	达孜区帕尔寺管委会	“遵行四条标准、争做先进僧尼”教育实践活动“先进驻寺干部”	2019年	达孜区委、区政府
卓　玛	女	藏	达孜区中心小学	模范班主任	2019年	达孜区委、区政府
拉　珍	女	藏	达孜区中学	模范班主任	2019年	达孜区委、区政府
拉姆次仁	女	藏	达孜区中学	模范班主任	2019年	达孜区委、区政府
拉姆次仁	女	藏	达孜区中心小学	优秀教师	2019年	达孜区委、区政府
拉姆玉珍	女	藏	达孜区人民法院	优秀公务员	2019年	达孜区委、区政府
拉　姆	女	藏	达孜区中学	优秀教师	2019年	达孜区委、区政府
拉巴卓嘎	女	藏	达孜区中学	师德标兵	2019年	达孜区委、区政府
拉巴仓决	女	藏	达孜区中心小学	模范班主任	2019年	达孜区委、区政府
拉巴扎西	男	藏	达孜区公安局	优秀公务员	2019年	达孜区委、区政府
拉　仓	女	藏	达孜区公安局	优秀公务员	2019年	达孜区委、区政府
陈　江	男	汉	达孜区公安局	2019年达孜区级先进驻村(居)工作队员	2019年	达孜区委、区政府
陈　江	男	汉	达孜区公安局	优秀公务员	2019年	达孜区委、区政府
阿旺益西	男	藏	达孜区公安局	优秀公务员	2019年	达孜区委、区政府
阿旺米玛	男	藏	达孜区帕木寺管委会	2019年度优秀驻寺干部	2019年	达孜区委、区政府
阿伊霞	女	回	达孜区公安局	优秀公务员	2019年	达孜区委、区政府
汪孝冬	女	汉	达孜区“四讲四爱”办	优秀事业人员	2019年	达孜县委、区政府
余　锋	男	汉	达孜区公安局	优秀公务员	2019年	达孜区委、区政府
吴　丹	女	汉	达孜区人民法院	2018年信访工作先进个人	2019年	达孜区委、区政府

续表

姓　名	性别	民族	工作单位	获奖名称	表彰时间	授予单位
肖　凯	男	汉	达孜区公安局	优秀公务员	2019 年	达孜区委、区政府
坚　才	男	藏	达孜区中心小学	师德标兵	2019 年	达孜区委、区政府
李　琦	女	藏	达孜区人民法院	优秀党员	2019 年	达孜区委、区政府
李唐容	女	汉	达孜区雪乡政府	2019 年度民族团结进步模范家庭	2019 年	达孜区委、区政府
李万荣	男	汉	达孜区政府办公室	2019 年度信访工作先进个人	2019 年	达孜区委、区政府
李亚楼	男	汉	达孜区公安局	优秀公务员	2019 年	达孜区委、区政府
严李伟	男	汉	达孜区章多乡政府	2019 年度民族团结进步模范个人	2019 年	达孜区委、区政府
严李伟	男	汉	达孜区章多乡政府	2018—2019 年度驻村“先进工作队员”	2020 年	达孜区委、区政府
严李伟	男	汉	达孜区章多乡政府	2019 年达孜区级先进驻村(居)工作队员	2019 年	达孜区委、区政府
贡嘎罗布	男	藏	达孜区中心小学	优秀教育工作者	2019 年	达孜区委、区政府
贡嘎旺久	男	藏	达孜区中心小学	优秀教师	2019 年	达孜区委、区政府
贡　嘎	男	藏	达孜区中学	优秀校(园)长	2019 年	达孜区委、区政府
贡　桑	女	藏	达孜区塔杰乡政府	2019 年度考核优秀人员	2019 年	达孜区委、区政府
米玛卓玛	女	藏	达孜区塔杰乡政府	2019 年度考核优秀人员	2019 年	达孜区委、区政府
次登卓嘎	女	藏	达孜区中心小学	优秀教师	2019 年	达孜区委、区政府
次旦卓嘎	女	藏	达孜区雪乡双语幼儿园	模范班主任	2019 年	达孜区委、区政府
次旦卓嘎	女	藏	达孜区中学	模范班主任	2019 年	达孜区委、区政府
次旦卓玛	女	藏	达孜区公安局	优秀公务员	2019 年	达孜区委、区政府
次仁顿珠	男	藏	达孜区帕尔寺管委会	2019 年公务员年度考核(嘉奖)	2019 年	达孜区委、区政府
次仁顿珠	男	藏	达孜区帕尔寺管委会	“遵行四条标准、争做先进僧尼”教育实践活动“先进驻寺干部”	2019 年	达孜区委、区政府
次仁阿旺	男	藏	达孜区邦堆乡贡崩拉康专职管理特派员	“遵行四条标准、争做先进僧尼”教育实践活动先进个人	2019 年	达孜区委、区政府
次仁阿旺	男	藏	达孜区邦堆乡贡崩拉康专职管理特派员	2019 年“民族团结”个人奖	2019 年	达孜区委、区政府

续表

姓　　名	性别	民族	工作单位	获奖名称	表彰时间	授予单位
次仁达瓦	男	藏	达孜区公安局	优秀公务员	2019 年	达孜区委、区政府
次仁白姆	女	藏	达孜区中心小学	模范班主任	2019 年	达孜区委、区政府
次仁央宗	女	藏	达孜区邦堆乡巴资果村双语幼儿园	优秀教育工作者	2019 年	达孜区委、区政府
次仁平措	男	藏	达孜区中心小学	2019 年达孜区级先进驻村(居)工作队员	2019 年	达孜区委、区政府
次达瓦	男	藏	达孜区公安局	优秀公务员	2019 年	达孜区委、区政府
刘军民	女	汉	达孜区塔杰乡政府	2019 年度考核优秀人员	2019 年	达孜区委、区政府
多吉坚参	男	藏	达孜区信访局	2018 年度达孜区信访工作先进个人	2019 年	达孜区委、区政府
伊　　苏	男	回	达孜区中心小学	优秀教育工作者	2019 年	达孜区委、区政府
伊达依杜啦	男	藏	达孜区塔杰乡政府	达孜区强基惠民优秀驻村工作队员	2020 年	达孜区委、区政府
伊达伊杜拉	男	回	达孜区塔杰乡政府	2019 年达孜区级先进驻村(居)工作队员	2019 年	达孜区委、区政府
朱鹏举	男	汉	达孜区“四讲四爱”办	优秀公务员	2019 年	达孜县委、区政府
达　　嘎	女	藏	达孜区邦堆乡双语幼儿园	优秀教育工作者	2019 年	达孜区委、区政府
达　　顿	男	藏	达孜区中心小学	模范班主任	2019 年	达孜区委、区政府
达娃卓玛	女	藏	达孜区中学	优秀教育工作者	2019 年	达孜区委、区政府
达娃次仁	男	藏	达孜区水利局	2019 年度信访工作先进个人	2019 年	达孜区委、区政府
西　　洛	女	藏	达孜区中学	优秀教师	2019 年	达孜区委、区政府
亚哈呀	男	回	达孜区中心小学	优秀教师	2019 年	达孜区委、区政府
边　　珍	女	藏	达孜区唐嘎乡幼儿园	优秀校(园)长	2019 年	达孜区委、区政府
边巴卓玛(大)	女	藏	达孜区塔杰乡政府	达孜区机关优秀党员	2019 年	达孜区委、区政府
边巴次仁	男	藏	达孜区塔杰乡双语幼儿园	优秀校(园)长	2019 年	达孜区委、区政府
边巴次仁	男	藏	达孜区委组织部	2019 年达孜区级先进驻村(居)工作队员	2019 年	达孜区委、区政府
边巴吉巴	女	藏	达孜区中心小学	教坛新秀	2019 年	达孜区委、区政府

续表

姓　名	性别	民族	工作单位	获奖名称	表彰时间	授予单位
边巴仓决	女	藏	达孜区邦堆乡双语幼儿园	模范班主任	2019 年	达孜区委、区政府
尼玛旺堆	男	藏	达孜区公安局	优秀公务员	2019 年	达孜区委、区政府
尼　玛	男	藏	达孜区教育局	优秀教育工作者	2019 年	达孜区委、区政府
冯登亚	女	汉	达孜区委宣传部	优秀公务员	2019 年	达孜区委、区政府
白玛玉珍	女	藏	达孜区人民法院	优秀公务员	2019 年	达孜区委、区政府
白　姆	女	藏	达孜区公安局	优秀公务员	2019 年	达孜区委、区政府
四郎格来	男	藏	拉萨市公共安全服务有限公司	2019 年达孜区级先进驻村(居)工作队员	2019 年	达孜区委、区政府
央金拉姆	女	藏	达孜区公安局	优秀公务员	2019 年	达孜区委、区政府
央　金	女	藏	达孜区中学	教育教学先进个人	2019 年	达孜区委、区政府
央　拉	女	藏	达孜区委宣传部	优秀公务员	2019 年	达孜区委、区政府
田献振	男	汉	达孜区唐嘎乡政府	优秀公务员	2019 年	达孜区委、区政府
旦增卓嘎	女	藏	达孜区塔杰乡双语幼儿园	模范班主任	2019 年	达孜区委、区政府
旦增卓玛	女	藏	达孜区教育局	优秀教育工作者	2019 年	达孜区委、区政府
旦增赤列	男	藏	达孜区公安局	优秀公务员	2019 年	达孜区委、区政府
旦增达瓦	男	藏	达孜区人民法院	优秀公务员	2019 年	达孜区委、区政府
旦巴坚参	男	藏	达孜区中心小学	模范班主任	2019 年	达孜区委、区政府
旦巴坚才	男	藏	达孜区教育局	优秀教育工作者	2019 年	达孜区委、区政府
平措罗布	男	藏	达孜区公安局	优秀公务员	2019 年	达孜区委、区政府
平措列旦	男	藏	达孜区纪委	优秀共产党员	2019 年	达孜区委、区政府
平　措	男	藏	达孜区中心小学	优秀教育工作者	2019 年	达孜区委、区政府
艾中华	男	汉	达孜区公安局	优秀公务员	2019 年	达孜区委、区政府
巴桑罗布	男	藏	达孜区中学	优秀教育工作者	2019 年	达孜区委、区政府

续表

姓　名	性别	民族	工作单位	获奖名称	表彰时间	授予单位
巴桑次仁	男	藏	达孜区中心小学	优秀教师	2019 年	达孜区委、区政府
巴桑次仁	男	藏	达孜区帕木寺管委会	优秀公务员	2019 年	达孜区委、区政府
巴　桑	男	藏	达孜区中心小学	优秀校(园)长	2019 年	达孜区委、区政府
巴　桑	女	藏	达孜区中学	优秀教师	2019 年	达孜区委、区政府
巴　桑	女	藏	达孜区中心小学	优秀教师	2019 年	达孜区委、区政府
巴　桑	男	藏	达孜区公安局	优秀公务员	2019 年	达孜区委、区政府
方文团	男	汉	达孜区邦堆乡政府	2019 年达孜区级先进驻村(居)工作队员	2019 年	达孜区委、区政府
仁青次仁	男	藏	达孜区穷仓寺专职管理特派员	“遵行四条标准、争做先进僧尼”教育实践活动先进驻寺干部	2019 年	达孜区委、区政府
仁　白	女	藏	达孜区文化和旅游(文物)局	优秀公务员	2019 年	达孜区委、区政府
毛志鸿	男	汉	达孜区中学	优秀教师	2019 年	达孜区委、区政府
扎　桑	女	藏	达孜区章多乡双语幼儿园	模范班主任	2019 年	达孜区委、区政府
扎西泽姆	女	藏	达孜区纪委	优秀公务员	2019 年	达孜区委、区政府
扎西曲培	男	藏	达孜区塔杰乡政府	2019 年度考核优秀人员	2019 年	达孜区委、区政府
扎西平措	男	藏	达孜区帕木寺管委会	2019 年度民族团结进步模范个人	2019 年	达孜区委、区政府
元旦次旺	男	藏	达孜区政府办公室	优秀公务员	2019 年	达孜区委、区政府
王洪齐	男	汉	达孜区经济和信息化局	2019 年达孜区级先进驻村(居)工作队员	2019 年	达孜区委、区政府
王兵华	男	汉	达孜区唐嘎乡政府	民族团结进步模范家庭	2019 年	达孜区委、区政府
王志圆	男	汉	达孜区政府办公室	优秀公务员	2019 年	达孜区委、区政府
王全威	男	汉	达孜区公安局	优秀公务员	2019 年	达孜区委、区政府
小米玛次仁	男	藏	达孜区中心小学	教育教学先进个人	2019 年	达孜区委、区政府
才羊拉毛	女	藏	达孜区主西村双语幼儿园	模范班主任	2019 年	达孜区委、区政府
土旦次仁	男	藏	达孜区罗寺管委会	2019 年达孜区和谐模范寺庙表彰优秀干部	2020 年	达孜区委、区政府

续表

姓　　名	性别	民族	工作单位	获奖名称	表彰时间	授予单位
旦增卓玛	女	藏	达孜区审计局	优秀公务员	2019 年	达孜区委、区政府
陈　　江	男	汉	达孜区公安局	2018—2019 年度创先争优强基惠民活动驻村先进工作队员	2020 年	达孜区委
巴　　桑	男	藏	达孜区公安局	优秀驻寺干部	2019 年	达孜区委
方 文 团	男	汉	达孜区邦堆乡政府	2019 年优秀驻村队队员	2019 年	达孜区委
泽仁卓玛	女	藏	达孜区公安局	优秀信访工作者	2019 年	达孜区政府
巴桑次旺	女	藏	达孜区人民检察院	曲水县公安局优秀家属	2019 年	曲水县委、县政府

注：由于各单位资料提供不全，可能有遗漏

2019 年达孜区国民经济和社会发展统计公报

2019 年，达孜区上下深入贯彻习近平新时代中国特色社会主义思想，全面落实市委、市政府各项决策部署，坚持稳中求进工作总基调，以新发展理念为引领，以提高发展质量和效益为中心，以推进供给侧结构性改革为主线，保态势、创优势，迎难而上，拼搏进取，达孜区经济保持稳中有进、稳中向好发展态势，为决胜全面小康迈出坚实步伐。

一、综 合

2019 年，达孜区完成地区生产总值 15.31 亿元，按可比价计算，比 2018 年增长 8%。其中：第一产业增加值 1.94 亿元，同比增长 6.2%；第二产业增加值 5.73 亿元，同比增长 8.5%；第三产业增加值 7.64 亿元，同比增长 8.1%；三次产业结构比为 12.67 ∶ 37.43 ∶ 49.9。

全社会固定资产投资同比增长 24%。社会消费品零售总额 2.4 亿元，同比增长 7%。农村经济总收入 88571.41 万元，其中第一产业 62469.43 万元，第二产业 8806.63 万元，第三产业 18185.35 万元；农牧民人均可支配收入 15321.00 元，同比增长 13.1%，规模以上工业增加值同比增长 5.7%（可比价）。

表 1 达孜区 2018—2019 年主要经济指标数据情况表

指标	2018年		2019年	
	总量	增速（%）	总量	增速（%）
地区生产总值（亿元）	18.44	9.8	15.31	8
其中：第一产业	1.82	3.3	1.94	6.2
第二产业	10.69	14.2	5.73	8.5
第三产业	5.66	4.1	7.64	8.1
规模以上工业增加值		−25		5.7
全社会固定资产投资完成额		50.5		24
社会消费品零售总额（亿元）		13.6	2.4	7
农牧民人均可支配收入（元）	13550	10.96	15321	13.1

二、农 业

2019 年，达孜区农林牧总产值 3.61 亿元，同比增长 4.34%（现价）；其中农业 1.998 亿元，林业 0.135 亿元，牧业 1.478 亿元。

农业：2019 年，达孜区农作物总播种面积 5986.15 公顷，其中粮食作物 3978.11 公顷，油料作物 218.19 公顷，蔬菜 1147.75 公顷，饲料 637.102 公顷，瓜果 5 公顷。全年粮食产量 24555.22 吨，油料作物产量 573.0485 吨，蔬菜产量 58730.05 吨，同比增长 17.38%，饲料 14222.236 吨，瓜果类 80.141 吨。

林业：2019 年，达孜区当年造林面积 220.83 公顷，零星植树 370000 株，果园面积 61.08 公顷，水果产量 36.2 吨，其中苹果产量 31.4 吨。

牧业：2019 年，达孜区牲畜总头数 80929 头（匹 / 只），其中大牲畜存栏 71174 头（匹），猪存栏 1655 头，羊存栏 8100 只，年末家禽数 59682 只。当年肉产 4507.132 吨，其中猪肉 357.995 吨，牛肉 3922.525 吨，羊肉 138.837 吨，禽肉 87.115 吨。牛奶产量 15768.51 吨,山羊毛产量 1.5871 吨,鸡蛋产量 156.616 吨,绵羊毛产量 1.18 吨,牛皮产量 26704 张,羊皮产量 6203 张。

三、工 业

2019 年,达孜区在库规上工业企业 9 家、规下工业企业 84 家。由于一家企业停产,另一家企业受各类影响,产值比 2018 年明显下降,这 2 家企业的情况对全区规模以上工业产值的影响较大,但总体来说是增长趋势。2019 年,达孜区新增规模以上工业企业 10 家,比 2018 年减少 1 家,截至 2019 年底共有规模以上企业 9 家,规模以上工业增加值同比增长 5.7%。

四、固定资产投资

达孜区积极落实各项政策,狠抓项目落实、积极推进重大项目落地生根。截至年底,入库项目共计 86 个。其中 5000 万以上投资项目 11 个。固定资产投资完成额同比增长 24%。

五、人民生活

2019 年,达孜区牧民人均可支配收入 15321.00 元,同比增长 13.1%。从构成来看,民生事业持续改善、精准扶贫力度持续加大,转移性收入增加,受农牧民务工总量和工资水平双增长影响,工资性收入保持较快增长,贡献较大。

六、批发零售贸易

达孜区贸易整体运行增长较快,全年社会消费品零售总额达到 2.4 亿元,同比增长 7%。2019 年,达孜区消费环境逐渐改善,网络消费、假日消费等新兴消费热点和消费模式加速形成,特别是二、三季度出行旅游增多,民间消费拉动批发、零售、餐饮业增长迅速,贸易运行整体呈现上升趋势。

七、财政金融

2019 年,达孜区一般公共预算收入 48120 万元,各项税收 45146 万元,地方财政一般预算支出 158215 万元,其中农业支出 31919 万元,科学技术支出 109 万元,医疗卫生支出 22280 万元,教育支出 21573 万元。

八、教育文化

2019 年,达孜区普通中学 1 所,普通中学专任教师数 445 人,普通中学在校学生 982 人;小学 1 所,专任教师 169 人,小学在校学生 2347 人。学龄儿童入学率 100%,初中升学率 100%。

2019 年达孜区农业科技与服务单位 1 家,体育场馆 1 个,剧场和影剧院 1 个,医院、卫生院共计 6 所,医院及卫生院床位共计 76 床,达孜区卫生技术人员总数 193 人,区、乡医生数 162 人;村医 31 人,其中聘用医生 26 人;县(区)级护理人员 23 人,卫生防疫人员 15 人。

九、社会保障

2019 年达孜区各种社会福利收养性单位数 1 个,床位数共计 120 床。参加基本养老保险的职工 1577 人,参加基本医疗保险的职工 1850 人,参加失业保险人数 885 人。城镇居民最低生活保障 87 户,农民居民最低生活保障 89 户,250 人。参加农村养老保险人数 17908 人,参加农村医疗保险的人数 21718 人。特困老人数共 184 人,其中集中供养 124 人,分散供养 24 人。

十、旅游、运输运输、邮电通信

2019 年,达孜区接待国内外游客 89.21 万人次,旅游收入 2750.45 万元,寺庙 8 个,旅游景区 4 个,度假村 34 个,农家乐 25 个,旅游大巴 4 辆,旅游项目建设 4 个,旅游项目投资 4939.4 万元,星级酒店 1 个,旅行社、旅游企业 1 个。境内公路里程

280.83 公里；民用汽车拥有量 3231 辆；本地电话年末用户 11713 户，住宅电话年末用户 5864 户，其中乡村电话用户 2590 户；互联网用户 9755 户；全年用电量 31966700 千瓦 / 时，其中工业用电量为 12338600 千瓦 / 时，农村用电量 5361933 千瓦 / 时。

十一、气候环境

达孜区位于高原温带半干旱季风气候区，平均海拔 4100 米，河谷最低海拔 3730 米，年平均气温 7.5 摄氏度，年平均日照 3065 小时，平均降雨量 450 毫米。空气稀薄，气温低，日温差大，冬春干燥，多大风，年无霜期 130 天左右。年降水量 444 毫米，80%—90% 集中在夏天，多夜雨。自然灾害主要有旱、涝、山洪、泥石流、冰雹、霜灾、虫灾等。

十二、精准扶贫脱贫情况

截至年底，动态调整，国办系统中建档立卡贫困人口数 1074 户，4250 人；截至年底，实际脱贫人数 1074 户，4251 人；剩余贫困人口 0 户，0 人。

索 引

说 明

一、本索引采用主题分析法编制。索引范围包括篇目、类目、部(门)目、条目等。
二、本索引按主题词首字汉语拼音音序(同音按音调)排列,若首字拼音相同则按第二字音序排列,以此类推。
三、索引款目后的数字表示内容所在的页码,数字后的拉丁字母(a、b、c)表示栏别(从左至右)。
四、篇目、类目、部(门)目用黑体字。

C

D

E

F

G

H

N

P

Q

R

Z